JN437185

신글로벌통상문화론

강경훈 · 박종삼 공저

도서출판 두남

머리말

우리가 살아가는 시대의 변화는 갖가지 물질적 존재와 우리 인간의 자유로움이 절묘한 조화를 이루어 살아가는 흔히 문화의 글로벌화 이라고 일컫는 시대에 살고 있다.

문화의 글로벌화라는 말이 유행처럼 되고 있듯이, 문화는 21세기의 중심축으로 떠오르고 있으며 세계 곳곳에서 자신들만의 문화를 세계에 내보이며 하나의 상품으로 만들어 문화적 가치를 추구하고 있다. 우리나라 역시 정책적으로 문화산업을 지원 육성하기 위해 많은 슬로건을 내놓으며 각 지방마다 독특한 지역문화를 가지고 세계화를 위해 부단한 노력을 하고 있다. 아울러 기업들도 문화마케팅에 적극적으로 참여하고 있다.

세계적인 경제학자이며 미래학자인 피터 드러커는 "21세기는 문화산업에서 각국의 승패가 결정될 것이고 승부처가 바로 문화산업이다."라고 주장한 것은 문화산업이 반짝이는 아이디어와 창의성으로 승부할 수 있는 가장 자유로운 환경 친화적인 고부가가치 산업이기 때문이다

이러한 시대적 큰 변혁 속에서 우리가 추구하고자 하는 효용가치는 문화의 참다운 자유로움을 어떻게 획득하고, 누리고, 활용하는데 있다고 본다. 다만 그 자유로움은 개인의 개성이 가장 자유롭게 소통과 표현을 통해 지적역량이 극대화될 때 개개인과 인류사회는 발전한다고 생각한다.

특히 우리가 누려야 할 많은 문화적 효용을 추구하는 방법과 수단은 많지만, 이 책에서는 문화산업이라는 한 측면에서 말하고자 하는데, 문화는 진정 여러 문화적 주체와 객체가 어울려 상호 주고받고 하는 자유로운 행위를 통하여 궁극적으로 상호간 효용가치를 추구하는 행위이다.

이러한 문화적 행위를 통하여 효용가치를 추구하는 단계에서 문화 추구의 합리화와 원활화를 위하여 다양한 매체공간을 활용하여 문화의 본질과 국내외 문화산업과 글로벌 지역문화 고찰 등의 지식을 함양하여 문화의 진정한 자유로움을 향유하는 방법을 이 책에서 조금이나마 터득하는데 집필의 의미를 두었다.

또한, 이 책은 문화산업에 대해 일찍이 그 중요성과 실효성에 대해 넓고, 깊은 식견과 지식을 겸비한 강경훈 교수님의『글로벌상거래문화』책을 바탕으로 인생과 학문적 선배님으로 늘 한결같으신 우애와 존경심을 간직해온 공저자들 간의 뜻을 담은 책이라는 점에도 큰 의미를 부여하고 싶다.

따라서, 이 책은 모두 13장으로 구성되어 있는데 그 주요내용들을 간략하게 소개하면, 문화의 재음미, 지역문화, 문화산업, K콘텐츠산업, 4차산업시대의 문화산업, 글로벌상거래, 글로벌 각 지역별 문화연구 등으로 구성되어 있다.

그러나 이 책은 형식이나 내용면에서 공저자의 능력 부족함이 적지 않으나, 더욱더 문화의 자유로움 효용가치를 높일 수 있는 유익한 책이 되도록, 부족하고 미흡한 점에 대하여는 계속 수정·보완해 나갈 것이고, 독자들의 주의 깊은 질책과 편달을 바라마지 않는다.

무엇보다 이 책이 출간될 때까지 문화산업에 관한 이론정립은 물론 세세한 내용부문까지 한결같은 높은 식견과 깊은 영감과 가르침으로 아낌없는 조언과 격려를 지금까지 주시고 계시는 전 한국무역학회 회장과 숭실대학교 부총장님을 역임하신 강이수 교수님, 전 성균관대학교 무역대학원장님을 역임하신 이대근 교수님, 전 고려대학교 임상치과대학원 초대원장님이신 권종진 교수님과 지금까지 늘 가까운 자리에서 많은 도움을 주는 동료이자 제자인 이규창 교수에게도 항상 존경과 감사의 말씀을 올린다.

끝으로, 늘 가까이서 지금까지 뛰어난 지혜와 고매한 감성과 지극정성으로 도와주고 있는 사랑하는 가족들에게 무한한 고마움을 드린다. 또한 이 책의 발간을 위해 애쓴 도서출판 두남 전두표 사장님과 편집부 여러분께 감사를 표한다.

2021년 12월
목포, 천안 연구실에서
공저자 씀

차 례

Part I 문화의 이해

Part Ⅱ 글로벌 상거래의 이해

Part III 글로벌 지역문화연구

PART I

문화의 이해

Chapter 1

문화의 개념

제 1 절 문화의 기본개념

1. 문화란 무엇인가?

文化(culture)란 인간이 자연 상태에서 벗어나 일정한 목적 또는 생활 이상(理想)을 실현하려는 활동의 과정 및 그 과정에서 이룩한 물질적·정신적 소득의 총칭, 특히 학문·예술·종교·도덕 등 인간의 내적 정신활동의 소산을 가리킨다.

본래 문화라는 말은 인류의 이상을 실현해 가는 정신의 활동을 뜻하는 경우와 생활양식을 총칭하는 경우가 있다. 이런 의미에서 문화에 관한 정의는 다양하며 그에 따른 시대적 변화도 엿볼 수 있다.

인간은 모두가 개인으로 존재하며, 개인은 혼자서 살아 갈 수가 없고 반드시 다른 인간과 집단을 이루어 자연에 순응하고 작용하면서 살아간다.[1)]

자연계에 존재하는 모든 생물은 군집을 이루어 자연에 적응하면서 살아가며, 이 경우 개체로서의 생물은 군집과 자연이라는 2가지 환경에 지배를 받는다. 인간도 또한 생물의 범주에 속하는 이상의 2가지 환경에 지배를 받는 것은 당연하나 2가지 점에서 다른 생물과 근본적인 차이가 있다.

첫째, 인간은 자연에 적응만 하는 것이 아니라 자연에 대해서 적극적으로 작용을 하게 된다. 영어에서 문화를 culture라고 하는 것은 라틴어의 경작한다는 뜻에서 유래

---

1) 김일곤, 「유교문화권의 질서와 경제」, 한경문고 3, 1984.12, p.36.

한다. 이것은 인간이 자연에 대해서 작용한다는 것을 의미하는 것으로 이는 인간이 단순히 생존하고만 있는 것이 아니라 자연과 더불어 생활을 영위한다는 것을 의미하는 것이다.

그러므로 문화라는 것은 인간에게만 있는 현상이며 다른 생물에게는 없으며 인간만이 생존이 아닌 생활을 갖는다는 것을 뜻한다.

둘째, 인간은 개인과 집단이 조직적으로 기능분담을 하면서 생활을 영위한다. 생산과 소비라는 경제행위도 조직적으로 자연에 작용함으로써 이루어지는 것이다. 그러므로 문화는 그 가장 오래된 원형에 있어서 이미 집단현상이며 또한 경제생활을 영위하는 것이었다고 할 수 있다.

이와 같은 내용을 종합해 볼 때 "문화라는 것은 어떤 인간집단의 생활능력이다."라고 규정할 수 있을 것이다. 원래 문화라는 것은 집단현상일 뿐만 아니라 경제를 기반으로 하는 여러 가지의 생활능력 내지 생활방식이라 할 수 있기 때문이다.

우리는 일상생활에서 문화라는 말을 자주 사용하고 있으나 문화에 대한 정의를 내리는 것은 쉬운 일이 아니다. 이는 문화가 다양한 의미를 내포하고 있어 문화를 접근하는 관점에 따라 다르기 때문이다.

문화라는 용어는 사람에 따라 다양한 뜻으로 사용되고 있다. Edware B. Taylor는 "사회 구성원인 인간에 의해 습득된 지식, 신념, 기술, 도구, 도덕, 법률, 관습 및 그 밖의 능력과 습관 등을 포함하는 총합체"라고 문화를 규정하고 있다. 이 정의는 너무나 광범위 하지만 다른 수많은 개념의 기초가 되고 있다.[2)]

문화의 사전적 의미를 살펴보면

① 인지가 깨고 세상이 열리어 밝게 됨,

② 권력보다는 문덕으로써 백성을 가르쳐 이끎,

③ 인간 사회가 자연 상태에서 벗어나 일정한 목적 또는 생활 이상을 실현하려는 활동의 과정 및 그 과정에서 이룩해 낸 물질적·정신적 소득의 총칭(특히 학문·예술·종교·도덕 등의 정신적 소득을 가리킴)으로 정의하고 있다.[3)]

여기서 ③번 개념인 물질적·정신적 소득의 총칭이 경제적 개념하에서 가장 근접한 개념이라 할 수 있으며, 인류로부터 한 사람에 이르기까지 그들이 추구하며 살아온 정신과 사상과 그것이 다스려 온 물질이 세계에 대한 훌륭한, 우수함 그리고 친숙

---

2) Macmillan Co. and Free Press, 「International Encyclopedia of the Social Science」, 1980, Vol.3, p.527.

3) 민중서관, 「민중 엣센스 국어사전」, 1996, 4판.

함을 느끼게 하는 힘이다. 그래서 문화란 어떠한 경우에도 그 인류에 대한 존경심을 가지게 하며, 이 존경심은 그들이 지키고 다듬어 온 오랜 전통의 역사적 성과이다.[4)]

개인으로서 인간은 태어나서 성장하고 그리고 죽음으로써 한 생애를 마감한다. 그러나 그 개인이 살아가고 있는 "場"인 "自然"과 인간의 집단인 "社會"는 죽지 않고 계속해서 발전해 나간다. 개인과 집단사이에 펼쳐지는 끊임없는 관계에 의하여 문화는 번영하고, 쇠퇴하고 또한 차이를 가져왔으며 이것에 의하여 새로운 역사는 만들어지는 것이다.

2. 문화의 주체와 객체

문화를 창조하는 것은 인간이다. 그러나 문화를 창조하는 주체를 단지 인간이라 하는 경우 본래 집단적인 현상인 문화의 동태적인 모습을 올바르게 파악할 수가 없다. 그렇다고 집단 또는 사회의 입장에서만 보는 경우 같은 난점에 빠지기 쉽다. 그러므로 문화의 동태적인 주체는 개인과 모든 수준에서의 인간집단의 복합체로서의 사회라는 2가지로 구분할 필요가 있다. 사회는 단순히 개인의 집합체라 할 수 없다. 이는 그 자체가 개인과는 다른 집단의지와 메카니즘을 가지고 있기 때문이다. 그렇다고 해서 개인을 사회의 한 구성원으로서 인식해서는 안 된다. 왜냐하면 개인은 사회와 협조도 하지만 대립도 하는 독립체로서 존재하고 있기 때문이다.

문화는 개인의 자연 및 사회에 대한 사고로부터 출발하여 어떤 범위의 인간집단에 영향을 미치고, 거기에서 하나의 공감·공유현상에 일어나고 공통된 의지·행동이 나타남으로써 형성되는 것이다. 이와 같은 문화의 움직임은 여러 가지 인간집단의 수준에서 나타난다. 그리고 그들은 전체로서의 사회를 변혁시켜 나가는 것이다. 이와 같이 문화는 현실이며 살아서 움직이고 있는 것이지만, 그 문화를 현재 지니고 있는 것은 거기에 살고 있는 개인과 단순한 개인의 집합이 아닌 사회인 것이다. 이렇게 생각하면 어떤 사회의 문화를 창출하고 또 유지해 가는 주체는 개인과 사회라고 말할 수 있다.

그리고 이 개인과 사회는 자연에 대응하면서도 작용을 하여 생산과 소비라는 경제활동을 행하게 된다. 이 경우 자연과 경제는 문화의 객체라고 해도 좋을 것으로 생각된다. 그렇다면 2개의 주체와 2개의 객체의 상호관계에 의해서 창출되는 것이 문화

---

4) 문화관광부·한국경제신문사, "문화적 센스가 있는 상품개발 전략", 「상품의 문화화를 위한 21세기 전략」, 1999, p.17.

라고 할 수 있을 것이다. 그러나 개인과 사회는 자연과 경제 이외에 인간의 생활방식에 관한 역사와 인간생활의 보다 바람직한 존립에 관한 사상이라는 추상적인 문화의 객체도 가지고 있는 것이다. 이렇게 보았을 때 문화활동이란 개인과 사회를 주체로 하고 자연과 경제라는 현실적인 객체와, 사상과 역사라는 추상적인 객체 사이에 펼쳐지는 어떤 사회에 있어서의 기본적인 관계구조라고 생각할 수 있다.

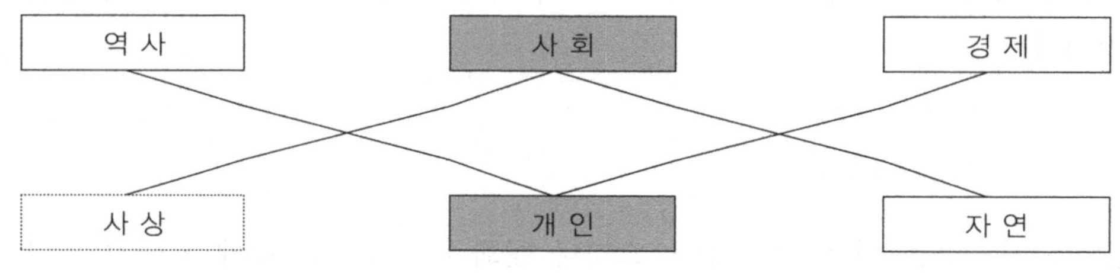

[그림 1] 문화활동의 관계구조

3. 문화의 구조

문화는 집단현상이지만 개인의 입장에서 봄으로써 사회의 관점에서의 문화와 대응관계를 명확히 할 수 있다.

개인의 입장에서는 2개의 문화가 있는 것으로 생각된다. 하나는 생활문화이고 다른 하나는 사고문화이다. 먼저 개인은 사회와의 관계를 유지하면서 자연에 적용하고 작용하며 사회적인 경제활동에 노동을 제공하고 그 반대급부로서 분배된 것으로서 의·식·주 등의 소비생활을 행하게 된다. 이와 같은 개인의 의·식·주·성 등의 생리적 욕구충족과 관계가 있는 기본적인 생활의 능력 또는 생활방식이 생활문화가 된다. 여기서 생활이라는 것은 사회전체로서의 생활에 비하여 좁은 의미로서의 생활을 가리킨다. 이 생활문화가 번영하는 것의 척도는 민중의 수준에서의 생활수준의 향상 즉 부유함과 다양성이라 할 수가 있다.

다음으로 개인은 인간으로서 단지 생리적인 욕구충족만 하는 것이 아니다. 언제나 사고라는 것을 가지고 살아간다. 이 사고라는 것은 마음과 생각이며, 자연, 사회, 경제와의 관련에 있어서 주로 역사, 사상의 영향을 받아서 형성되는 것이라 할 수 있다. 이와 같은 개인의 자기와 사회와의 생활방식에 관한 감성적, 지성적인 생활능력을 사고문화라 부를 수가 있다. 사고문화의 구체적인 표상은 예술 또는 학문 등이며 이것은 생활문화를 뒷받침하는 것이기도 하다. 사고문화의 번영의 척도는 보람과 창조성에 있는 것으로 생각된다.

개인의 관점에서 본 생활문화와 사고문화를 묶어서 개성문화라 부를 수가 있을 것이다. 왜냐하면 사고문화도 생활문화도 개인의 개성이 신장되는 경우에 번영하는 것으로 생각되기 때문이다. 이 개성문화의 번영을 가져오는 척도는 창조성과 다양성이라 할 수 있다.

또 하나의 문화의 주체인 사회의 관점에서 문화를 생각해 보면 역시 2개의 문화가 있는 것으로 생각된다. 그 하나는 집단문화이며 다른 하나는 경제문화이다. 사회는 원래 개인의 집합이지만 사상과 역사가 가져온 집단의지와 매카니즘에 의해서 개인들을 조직하고 제도를 설정하여 개인을 규제한다. 이와 같은 인간관계를 중심으로 한 사회의 집단적인 생활능력 또는 생활방식이 집단문화가 되는 것이다. 여기서 집단이라는 것은 어떤 인간집단의 생활능력이라는 문화의 일반적 정의의 구체적인 형태이며, 주로 조직 지배 등의 인간관계에서 본 집단을 말한다. 이 집단문화의 번영을 가져오는 척도는 인간집단의 도덕과 규율의 존재방식이라 생각된다.

다음으로 사회는 넓은 의미에서의 생활공동체로서 자연에 작용하고 생산과 소비를 결부하는 경제조직을 운영하고 있다. 이와 같은 경제조직을 운영하는 사회의 생활능력 또는 생활방식이 경제문화가 되는 것이다. 이 경제문화의 번영을 가져오는 척도는 경제조직을 어떻게 효율적으로 또한 합리적으로 운영하는가에 있는 것으로 생각된다.

사회의 관점에서 본 2개의 문화 즉 집단문화와 경제문화를 묶어서 질서문화라 불러도 좋을 것이다. 왜냐하면 집단문화나 경제문화도 조직적인 개인의 집단으로서 거기에 질서가 없으면 안 되는 것이기 때문이다. 질서가 없으면 그 사회는 어지러워지고 혼란해지며 집단문화나 경제문화도 쇠퇴한다고 생각되는 것이다. 이 질서문화의 번영을 가져오는 척도는 안정성과 발전성이라고 말할 수 있다.

이상과 같이 생각해 보면 어떤 사회(나라)의 문화는 [그림 2]와 같은 기본구조를 가지고 있다고 볼 수 있다. 이 경우 생활문화는 경제문화와 집단문화의 하위개념이 되

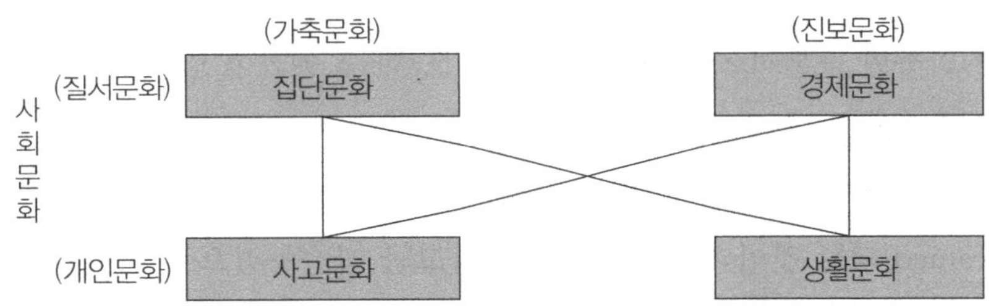

[그림 2] 문화의 기본구조

고 사고문화도 집단문화와 경제문화의 하위개념이 된다고 할 수 있다. 그러나 이것은 어디까지나 사회적 관심에서 파악되면 그렇게 된다는 의미이다. 현실에 있어서는 각 문화가 서로 영향을 미치면서 어떤 사회의 문화를 형성하고 있다고 말할 수 있는 것이다.

한편 그림의 세로 쪽에서 보면 집단문화는 기축문화라 부를 수 있고 경제문화와 생활문화는 이를 묶어서 진보문화라 표현할 수 있을 것이다.

사고문화와 집단문화는 사회에 따라 큰 차이를 가지고 있다. 그렇지만 이것은 그다지 잘 바뀌지 않는다는 특징을 가지고 있다. 그것은 기축문화가 주로 사상과 역사에 의해서 규정되는 것이기 때문이다. 그러나 같은 기축문화라고 할지라도 사고문화는 개성문화이면서도 기축문화이고, 집단문화는 질서문화이면서도 기축문화이다.

다음으로 생활문화와 경제문화는 물질적인 생활이 진보하는 것을 반영하는 문화라 할 수 있다. 이 진보문화를 가져오는 것은 주로 과학과 기술의 진보라 할 수 있다. 그러나 같은 진보문화라 할지라도 생활문화는 개성문화이면서도 진보문화이기 때문에 의·식·주에 있어서 생활양식은 별로 달라지지 않지만 가전제품의 발달에서 볼 수 있는 것처럼 생활의 내용은 진보해 나아가는 것이다. 그리고 경제문화도 질서문화이면서 경제가 발전해 가는 진보문화인 것이다.

이와 같이 생각해 보면 어떤 사회의 정신활동, 집단의 존재방식과 관련되는 사고문화와 집단문화를 기축문화로서 유지하면서, 다른 한편으로 욕망의 충족과 물자의 생산·소비와 관련이 있는 생활문화 및 경제문화를 진보문화로서 유지해 가는 것이라 할 수 있다.

4. 문화의 특성

문화에 대한 정의는 다양하나 문화가 가지고 있는 특성에 대해서는 공통적인 의견을 가지고 있다. 머덕(Murdock)은 모든 인간의 문화가 다양함에도 불구하고 비교문화 조사에 의하면 근본적으로 다음과 같은 상당한 공통점이 있음을 지적하고 있다.[5)]

① 문화는 학습되는 것이다.

문화는 본능적이거나 태어나면서 얻어지는 것이 아니라 출생 후 생활경험을 통하여 학습(learned)되는 것이다. 어떤 개인이 타고난 학습능력으로 어떠한 문화를 학습할 것인지는 성장과정에서 사회화(sociallization) 또는 문화화(enculturation)과정을 거

5) 이광자·엄신자·손승영·전신현 공저, 「21세기의 사회학」, 학지사, 2000.1, p.59.

치면서 그가 접한 문화적인 환경에 의해서 결정된다. 한국인들이 식사할 때 칼이나 포크 대신 수저를 사용하는 것은 그렇게 행동하도록 학습되어졌기 때문이다.

② 문화는 전수되는 것이다.

모든 동물은 생활에 필요한 어떤 양식을 배울 수 있지만 인간만이 배운 것을 후손에게 전해 줄 수 있다.

③ 문화는 사회적이며 공유되는 것이다.

문화는 조직집단이나 사회에 사는 사람들이 함께 공유하는 사회적인 것이다. 문화는 사회구성원들의 행위에서 다른 집단과 구별되는 공통적인 경향으로 그 문화에 속한 구성원들간에 원활한 사회생활을 가능하게 한다. 또한 특정한 상황에서 상대방의 행동과 기대되는 것을 예측할 수 있는 기능을 가지고 있다.[6] 따라서 사람이 한 사회에서 다른 사회로 옮길 때는 새로운 문화에 자신을 다시 적응시켜야 하며, 낯선 문화에 처함으로써 겪게 되는 부적응현상을 '문화충격(cultural shock)'이라 한다. 문화 충격의 강도는 모국문화와 이국문화의 차이 정도, 새로운 문화에 대한 준비나 지식의 수준, 휴가·직장·전쟁 등 주위의 환경 등에 의하여 좌우되며 이러한 문화적 충격이 너무 클 때는 병에 걸리게 된다.

④ 문화는 관념적이고 만족을 주는 것이다.

문화는 이상적 행동규범이나 유형으로 개념화된 집단의 습관으로 구성되는 것으로 기본적 신체욕구와 그것으로 수반되는 2차적 욕구를 항상 만족시킨다.

⑤ 문화는 적응하는 것이다.

문화는 고정된 것이 아니라 변화를 통하여 적응한다. 문화는 지리적 환경에 적응하려고 하며, 또한 차용(borrowing)과 조직을 통하여 이웃사람들의 사회적 환경에 적응한다. 문화는 또한 말할 것도 없이 인간 유기체의 신체적, 심리적, 요구에 적응하려고 한다. 프랑스에서 개최되었던 월드컵 축구에서 보여주었던 세계인의 관심은 축구가 한 나라의 운동이 아님을 잘 보여주고 있다

⑥ 문화는 체계적이고 통합적이다.

한 사회집단의 문화는 수많은 부분들로 구성되어 있다. 이러한 문화의 요소들은 다른 요소들과의 상호 긴밀한 관계를 유지하며, 전체적으로 통합되어 조화를 이루게 된다. 따라서 어느 한 부분에서의 변화는 다른 영역의 변화에 영향을 미치게 된다.

---

6) 이영진·권대응, 「문화와 관광」, 학문사, 1999, p.21.

⑦ **문화는 지속적으로 쌓이면서 변화한다.**

문화는 지속적으로 어떤 장치에 의해 쌓여가며 시간이 경과함 따라 새로운 지식들이 추가되면서 팽창되어 간다. 과거 문화의 변화과정에서는 언어와 문서 형태가 주류를 이루었으나 최근에는 컴퓨터이용의 증가로 전달속도와 전파속도가 빨라지고 추가되는 지식의 양도 급속히 증가하고 있다. 이러한 전달과정에서 문화는 점진적인 변화를 거듭하게 된다. 이 과정에서 문화의 급격한 변화는 적응에 따른 위험을 수반하므로 대부분의 구성원들은 관습적인 행동유형을 유지하려는 경향을 보이고 있기 때문에 전체적으로 쉽게 변동이 이루어지지 않는 가운데 집단의 사회적 균형상태(social equilibrium)를 유지하게 된다.

1) 문화의 구성 요소

문화는 어떻게 만들어지게 되는지 문화를 구성하고 있는 요인들을 보면 다음과 같다.[7)]

(1) 신념(belief)

신념은 사람들이 사실이라고 받아들이는 것으로 관찰, 논리, 전통, 다른 사람의 견해나 믿음 등으로부터 생긴다. 한 문화권에 사는 사람들이 모두 같은 신념을 공유하여야 하는 것은 아니지만 신념은 사람들에게 인식의 기본적인 틀을 제공한다.

(2) 기술(technology)

어떤 실용적인 목적을 달성하기 위하여 사람들이 환경을 조작하는 데 사용하는 반복적인 조작을 말한다. 망치와 같은 단순한 연장에서 복잡한 컴퓨터에 이르기까지 기술에 속하는 범위는 대단히 넓다. 기술은 우리의 일상생활에도 영향을 미치는 데 예를 들면 기존 직업에 영향을 미쳐 요즘은 교육, 군사, 의학, 의상 등 컴퓨터 기술을 요구하는 분야가 많다. 또한 기술의 발달로 인하여 과거에는 없던 우주비행사, 컴퓨터 프로그래머, 방사선치료사, 지하철 운전기사 등의 새로운 직업이 생겨나기도 한다. 그러나 고도의 기술발달로 인하여 사회가 그 기술을 받아들일 수 있는 사회적 규범이 전혀 정립되지 않은 상태에서 기술이 먼저 도입될 때는 문화지체현상이 생기게 된다.

Willian F. Ogburn에 의한 문화지체이론(The theory of the cultural lag)은 문화지체는 서로 관련되는 문화의 2부분 중 한 부분이 먼저 변화하거나, 다른 부분보다 한 부분

---

7) 상게서, pp.62-65.

이 상당히 많이 변화될 때 발생하는 것으로 그 결과 2부분의 관계가 이전보다 잘 적응하지 못하게 된다는 것이다.

문화지체이론은 다음과 같은 단계를 거친다.

① 적어도 2개의 변수가 있어야 한다.
② 이들 2 변수가 조화를 이루고 있었음을 보인다.
③ 한 변수가 변화되었는데 다른 변수가 변하지 않았거나 한 변수가 다른 변수보다 많이 변화했음을 시간으로 측정한다.
④ 한 변수가 먼저 변화하였거나 다른 변수보다 많이 변화하였을 때 이전보다 적응 만족도가 적다.

(3) 규범(norm)

규범은 사람들이 주어진 상황에서 무엇을 하고 무엇을 하지 말아야 하는지 또한 적합한 행동이 무엇인지 알려 주는 지표가 되고, 다른 사람이 나에게 어떠한 기대를 하고 있는지 알려주게 된다. 규범은 사회에 따라 다르고 시대에 따라 변하고 상황에 따라 상이하게 해석된다. 어떤 규범은 다른 규범보다 더 중요하다. 예를 들어 '살인을 하지 마라'는 집단의 안전을 위하여 '식사를 꼭 규칙적으로 하라'는 개인건강에 대한 문제보다 더 중요한 행위이다.

Willian Graham Sumner(1906)는 기본적 규범의 유형을 민습(folkways), 제재(sanction), 원규(mores), 법(law) 등으로 나누어 설명하고 있다. 민습은 한 세대에서 다음 세대로 전해 내려오는 관습으로 일상적인 습관이나 깊이를 생각하지 않고 무의식적으로 따르는 관습을 말한다. 일반적으로 볼 때 집단의 생존에 절대 필요한 것은 아니기 때문에 민습을 범했을 때는 법적인 제제를 받지 않고 말이나 제스처를 통해서 압력이 가해진다. 예를 들어 맨발로 다닌다거나 양말을 한 짝만 신고 다닌다면 법적인 처벌은 받지 않지만 사람들은 얼굴을 찌푸리게 한다거나 비웃음을 사게 된다.

제재는 어떤 행동을 인정하고 어떤 행동을 받아들이지 않는지를 알리는 우리 행동의 옳고 그름을 알려 주는 다른 사람들의 반응이다. 즉, 행동에 따라 보상과 처벌이 주어진다. 반응이 긍정적일 경우에는 행동을 강화시키고 부정적일 경우에는 규범을 어겼다는 것을 알려 준다.

원규는 꼭 지켜야 하는 규범으로 집단의 안녕을 위해 꼭 있어야 하는 것이다. 원규를 위반했을 때는 민습보다 더 심한 제재를 받게 되며 집단을 유지하는 데 필요한 것이다. 근친상간을 금하는 것을 원규의 예로 들 수 있다.

〈표 1〉 문화적 차이의 각국별 사례

행동약식	국 가	내 용
악수	일 본	지위가 낮은 사람이 오랫동안 인사하게 됨
	중 국	손을 잡고 크게 흔드는 것은 기쁨을 표시
	한 국	미팅이 성공적이면 말미에 더 큰 절을 함
	유럽·남미	아침에 악수했어도 오후에 다시 만나면 다시 악수(절친한 친구사이에도 유행)
	케 냐	다시 만나면 서로 악수(악수하는 데 인색하면 믿지 못함)
	프랑스	유럽인 중 가장 과묵함, 악수할 때 손을 잡고 흔드는 것은 교양 없는 행위로 간주
	아 랍	악수를 오래 끔
	미 국	손을 꽉 잡아서 상대방을 불쾌하게 하는 경향이 있음
	사우디·태국	여성에게 악수를 금함
대화	아시아	Yes 또는 No라는 단순한 대답을 구하기 힘듦(No라는 말을 좀처럼 쓰지 않음)
	태 국	No라는 말이 없음(상대방 체면을 고려하여 쓰지 않음)
	일 본	Yes는 상대방의 말을 알아들었다는 의미임(No라는 말을 쓰지 않기 위해 여러 가지 표현이 있음)
	프랑스·독일	No는 maybe라는 뜻 내포됨
	멕시코	길 안내 시 대부분 틀린 길을 가르쳐 줌(고의적이 아니라 모르는 길을 가르쳐주어 상대방을 기쁘게 해 주도록 하는 노력임)
	파키스탄·파라과이	거리를 물으면 멀지 않다고 대답함
감정표시	미 국	결혼한 커플이 키스나 포옹을 하지 않으면 결혼상태 의심
	영국 스칸디나비아	애정표현에 냉담함
	프랑스·브라질	공공장소에서 정열적으로 포옹함
	아시아	미국인을 혈기왕성한 사람으로 평가
	유 럽	미국인을 떠들썩한 사람으로 평가
	라틴 아메리카	미국인을 냉정한 사람으로 평가
	미 국	영국인을 무관심한 사람, 프랑스인을 겸손한 사람으로 평가
	아 랍	거리낌 없이 감정표현, 큰 소리는 박력을 상징함
	중 국	당황할 때 웃는 경향 있음
신체언어	이란·가나	엄지손가락을 세우는 것은 무례한 행동임
	미 국	가운데 손가락을 세우는 것은 무례한 행동임 멀리 보는 사람보다 똑바로 보는 사람을 신뢰함
	싱가포르·태국	머리를 만지는 것을 금함
	일 본	손윗사람을 쳐다보는 것은 적대시하는 경우이며, 손아래사람을 쳐다보는 것은 벌을 주거나 훈계하는 경우임
	아 랍	눈 맞춤을 좋아함
	아시아	제스처는 사람의 신경을 거슬림
	라틴 아메리카 이탈리아	제스처는 자기표현의 중요한 몫으로 쓰지 않으면 무관심을 뜻함

법은 행동을 규제하는 규범으로 집단의 존속을 위해 필수적인 것이다. 법은 명문화된 규정을 통하여 모든 사회의 성원들에게 적용되며 이를 어겼을 때는 공식적인 제재가 가해지게 된다.

(4) 가치관(value)

무엇이 사실인지에 관한 것이 신념이라면 문화적 가치관은 어떤 것이 더 바람직한 것인지를 상대적으로 평가할 수 있는 기준이 되는 것이다. 가치관은 추상적인 사고이기 때문에 직접 관찰할 수 없지만 사람들이 규범을 따르는 방식을 통해서 추론할 수 있다. 규범은 가치관에서 나온 것이고 우리는 옳다고 생각하는 가치관에 따라 움직이게 된다.

가치관은 사회에 따라 다르며 또한 시대에 따라서도 변한다. 그 예로 우리나라는 '나'의 개념보다 '우리'의 개념을 더 중시한다. 즉 개인주의 가치관보다는 가족주의 가치관을 우선시 한다. 부부 사이의 관계를 보면 과거에는 권위적이고 남성중심적인 가부장적 가정이 보편적이었지만 현대사회에서는 부부중심의 평등 지향적인 민주적인 가정에 대한 가치가 더 선호되고 있다.

(5) 상징과 언어(symbol and language)

상징은 어떤 대상, 제스처, 소리, 색 등 그 자체가 지니고 있는 의미가 아닌 다른 의미가 부여된 것을 말한다. 예를 들어 십자가는 기독교인들에게는 단순히 2개의 막대기를 교차한 것이 아닌 인간의 죄를 대신하신 그리스도의 사랑을 포함하고 있는 매우 종교적인 상징물이다. 언어는 상징의 집합으로 언어를 지배하는 법칙이 있고 그것에 의해 우리는 해석하고 타인과 의사소통을 할 수 있다. 언어가 없다면 무엇을 먹어도 되며, 무엇이 독성이 있는 것인지 구별하기가 힘들 것이다. 같은 집단에 속하는 사람들이 비슷한 문화를 공유하며 그 문화가 다음 세대로 전해질 수 있는 것도 언어가 있음으로 해서 가능한 일이다.

2) 문화의 변천과정

문화는 시간이 지남에 따라 변화하고 또 한 곳에서 다른 곳으로 이동하며 유전되는 것이 아니라 학습의 소산이다. 문화는 습관이 형성되는 것과 같은 과정을 통하여 학습되며 사회의 성원들이 공유하는 습관으로 구성되고 있다. 어떤 문화는 시간이 지남에 따라 사회에 '확산(diffusion)'된다. 그 예로 청바지, 커피, 컴퓨터 등을 들 수 있다.

〈표 2〉 eye contact의 문화적 차이

방 법	지 역	의 미
매우 직접적(very direct)	중동, 라틴 아메리카, 프랑스, 이탈리아	성실, 진실, 진심, 열정
직접적(direct)	미국, 북유럽, 캐나다	관심, 적극적 경청, 호감
직접적 eye contact 회피	아시아, 인도, 아프리카 일부 지역	존경, 겸손

〈표 3〉 제스처의 문화적 차이

종 류		지 역	의 미
OK표시		미국	좋음, 만족
		프랑스	없음, 제로
		한국, 일본	돈
		브라질	외설적 표현
		지중해 연안	동성연애(코끝)
V표시	손바닥	영국, 호주, 뉴질랜드, 유럽	승리
	손 등		경멸
머리 아래위로 흔들기		네팔, 그리스, 불가리아	긍정, 좋음
		대부분의 지역	부정, 나쁨
엄지손가락 세우기		영국, 호주, 뉴질랜드	자동차 세우기
		그리스	비켜줄 것을 요구

자료 : 여운걸, "국제비지니스 매너와 성공적인 Image-making 전략", 「최고 경영자를 위한 국제비지니스 매너와 커뮤니케이션 기법」, 전경련 국제산업협력재단 외, 2001.4.

〈표 4〉 국가별 관습의 차이와 유의점

국 가	유 의 사 항
일 본	• 소식(小食)하는 경향이 있음 • 짝으로 된 것이 행운을 준다고 믿음(단, 4는 불행을 가져온다고 믿음) • 밥그릇, 국그릇을 들어서 음식을 먹음 • 흰색은 죽음을 상징함
중 국	• 청색과 백색은 장례식 색깔임 • 박쥐는 행운을 전하는 동물이나, 학이나 거북은 사람을 바보로 취급하는 말임 • 술자리에서 노래나 떠드는 버릇이 없음 • 술를 마실 때 건배를 함 • 자기가 사용하던 젓가락으로 음식을 집어줌 • 괘종시계는 장례식을 상징함 • 작은 일에도 박수를 잘 침
태 국	• 불상, 승려를 신성시하며, 왕실에 대한 존경심을 가짐 • 머리를 신성시 하여 만지지 않도록 하여야 함 • 인사 시 두 손을 턱 근처에서 배례하듯 모아 "와이(Wai)"라 함
말레이시아, 인도네시아	• 이슬람교도는 술과 돼지고기를 먹지 않음 • 개는 깨끗하지 않은 동물로 인식함 • 왼손을 불결하다고 여겨 식사, 악수시 오른손을 사용함 • 머리를 신성시 하여 만지지 않도록 하여야 함

국 가	유 의 사 항
인 도	• 남자와 인사 시 악수를 하며, 여자에게는 합장을 하면서 허리를 숙임 • 힌두교도는 소를 신성시하여 먹지 않음 • 음식을 전할 때 오른손 사용
미 국	• 동료나 친수사이에는 소개받은 후 이름 부름 • 점심을 가볍게 하고 저녁을 주된 식사로 여김
캐나다	• 공원에서 술을 먹지 않음 • 흰 백합은 장례용 꽃임
중남미국가	• 대부분 스페인어 사용 • 시간관념이 비교적 느슨함 • 이야기할 때 격식을 차리지 않고 가까이서 건드리기도 하며, 친한 경우 포옹함
영 국	• 음식을 권할 때 사양하는 것을 예의로 생각함 • 흰 백합은 죽음을 상징함
프랑스	• 좋은 음식과 포도주를 중시함 • 모든 문제에 대하여 토론과 논쟁을 좋아함
독 일	• 생활규율을 엄격히 지키고 매사에 격식과 진지함을 중시 • 상대방이 원하는 경우에만 이름 부름 • 꽃은 포장하지 않은 채 선물하고, 짝수송이로 선물하지 않음(단, 13은 불길한 숫자임)
동유럽국가	• 레이디 퍼스트가 적용됨 • 매춘부이외에는 여성이 술을 따르지 않음

자료 : 사단법인 한국라보 · 서울특별시, 「SEOUL 2002 민박안내서」, 2002, pp.15-18 정리.

머독(Murdock)은 문화가 어떻게 변하는지 그 변천과정을 혁신(innovation), 사회적 순응(social acceptance), 선택적 소거(selective elimination), 통합(integration) 등의 4단계로 설명하고 있다.

혁신은 한 사람의 새로운 습관이 그 사회의 다른 사람에게도 받아들여져서 형성되는 것으로 혁신에는 변동, 창안, 시험, 문화의 차용 등 4가지 유형이 있다. 변동(variation)은 이전의 습관이 조금 바뀌는 것을 말하며, 창안(invention)은 습관적 행동이 한 상황에서 다른 상황으로 바뀌거나 새로운 방법으로 통합되는 것을 말한다. 시험(tentation)은 기존 습관의 단순한 수정이나 재결합인 이전 단계와 달리 과거의 행동을 더 이상 지속하지 않는 것이다. 문화의 차용은 혁신 중에 가장 보편적이고 중요한 것으로 종교, 커피, 담배 등을 예로 들 수 있다.

사회적 순응은 소수의 사람들에 의해서 새로운 습관이 채택됨으로써 시작한다.

선택적 소거는 시행착오 혹은 사회 경쟁을 통해 적합하지 않은 요소는 제거되는 것으로 자연상태에서 적자생존의 과정과 같다.

통합은 새로운 패턴이 문화 사회적 적응에 굴곡을 보이다가 적응하고 기존 패턴은 새로운 요소와 점진적으로 서로 적응하며 합쳐져 결과적으로 통합된 총체를 이루게 된다.

따라서 문화의 변천과정은 혁신(변동, 창안, 시험, 문화의 차용) → 사회적 순응 → 선택적 소거 → 통합의 과정으로 변천한다고 할 수 있다.

제 2 절 문화의 본질

1. 문화의 자유로움

문화는 우리 인간들이 지니고 있는 고유한 속성을 실현하는 장이고, 우리가 공유하는 가치와 행동양식이 과거로부터 다음 세대까지 전하면서 가치를 인정을 받는 의미와 기능을 지니고 있다. 오늘날에 이러한 문화의 의미에 커다란 새로운 변수로 등장한 것이 다양한 정보매체의 출현이고 발전으로 새로운 문화를 창조하고 한계성을 극복할 수 있는 매체로서 역할도 하지만 동시에 그것이 잘못 왜곡되는 결과도 낳기도 한다.

흔히 문화를 가리키는 서양어 culture, Kultur는 라틴어 어원은 cultura다. 라틴어 cultura는 그 시대의 라틴어 colore 라는 낱말과 함께 밭을 갈다, 포도를 재배하다 등의 의미에서 보듯이, 크게 두 가지 의미, 즉 씨앗을 심고 가꾸다(hegen)의 의미와 어떤 것을 기르고 돌봐주다(pflegen)의 의미를 지니고 있었다.[8)]

즉, 문화는 흔히 그렇게 생각하듯, 단지 자연에 인위를 가한 인간행위요 그래서 자연과 대립적인 보다 고급스런 정신적 인위라는 의미에서 당시 라틴인들의 삶에서 가장 중요한 삶의 영역을 집어내어 생성된 낱말인 것이다.

또한 마르쿠제는 문화를 억압 없는 문명된 사회를 넘겨볼 수 있게 하는 것이 심미적 차원(aesthetic dimension)의 문화라고 하는데, 사람의 본능과 이성의 요구와 충동과 욕망의 현실원리가 하나로 통합될 수 있다고 주장하고 있다.[9)]

문화의 범주는 우선, 크게 다섯 가지 범주, 즉 시간적 범주, 공간적 범주, 집단적 범주, 평가적 범주, 실존적 범주로 나누어지는데 이 가운데 실존적 범주가 문화의 근본 뜻에 가까우며, 문화의 의미를 존재론적 의미로써 규명되고 있다.[10)]

---

8) 여기서 hegen과 pflegen은 둘 다 돌봄의 의미가 있지만, hegen은 토지나 목초를 경작해서 돌본다는 의미이며, pflegen은 가축이나 사람을 돌본다는 의미가 강하다.(염재철, 2012)

9) 김우창, "무화의 기율과 자유", 고려대학교 응용문화연구소, 2007, pp.7-11.

10) 염재철, "문화개념의 존재론적 규명", 민족미학회/민족미학, 2012, pp.151-181.

이 같은 문화의 직접적 연관성은 삶과 문화 사이에 드러난 문화를 존재론적으로 보다 깊이 규명할 것을 요구하며, 특히 문화를 인간의 삶, 즉 실존 속에서 존재하는 생산적 논의를 위해 무엇보다 먼저 삶 자체의 성격과 실존구조가 무엇인지에 대하여 창조된 대중의 문화를 구원함으로써 그 가치를 확보해 주는 데 있었으며, 애초부터 문화가 삶과 직접적으로 연관되어 있다는 자각에서 출발한 것이 아니기 때문이다.

반면 문화와 삶과의 직접적 연관성을 일깨우는 문화철학적 접근은 문화는 근원적으로 고급한 것도, 더욱이 예술적인 것도 아니고, 문화는 삶 자체가 특정한 영역이자 여러 양식이라 하였다. 만약 우리가 심미적인 문화만을 문화로 여긴다면, 그것은 문화에 대해 차후에 어떤 평가가 내려진 판단이라고 본다.[11)]

우리의 「문화기본법」 제2조에서는 '문화의 가치가 교육, 환경, 인권, 복지, 정치, 경제, 여가 등 우리 사회 영역 전반에 확산될 수 있도록 국가와 지방자치단체가 그 역할을 다하며, 개인이 문화표현과 활동에서 차별받지 아니하도록 하고 문화의 다양성, 자율성과 창조성 원리가 조화롭게 실현되도록 하는 것'을 문화의 기본이념으로 채택하고 있다.[12)]

그러므로 문화는 우리생활의 정신적·물질적 영역에서 자신의 지니고 있는 고유한 정신적 가치를 자유롭게 표출하고 내재화 하는 실천방식을 가지고 있다.

우리가 사는 세대는 아날로그와 디지털이 공존하는 생활 속에서 과연 문화가 어떻게 우리들에게 자유로움을 표출시켜는 그 무언가를 탐색하고, 호기심 있게 느끼고, 보는 것을 마음에 담아 잔잔히 고민해 보는 것도 문화의 자유로움이 주는 흥미로움과 친밀감을 보여주는 첫걸음이라고 여긴다.

한편, 문화의 핵심요소는 자기(we)와 타자(others)의 끊임없는 상호작용이라는 점에서 이들 사이에 커뮤니케이션, 대화, 만남, 인적교류 등이 일어나는 공공영역을 창출하는 일이 무엇보다 중요하다.[13)]

이러한 문화의 요소 속에 문화라는 낱말의 사용이 시작된 역사를 간략하게 살펴보면, 그 속에서 문화의 실존적 근원성은 사라지고 오히려 문화의 인위적이면서 동시에 정신적 측면이 부각되어 왔다. 서구 근대에 들어서서 코기토적 이성이 자신의 능력을 자각하기 시작했던 17C경에 문화라는 낱말은 그 당시 새롭게 생성된 문명(civilization) 이라는 의미와 함께 한 사회의 지적 도덕적 발전 상태를 지칭하는 것으

11) 염재철, 상게서.

12) 문화체육관광부, 「우리나라 문화비전 2030 사람이 있는 문화」, 2018, p.239.

13) 장예진, "신자유주의와 낭만주의 네트워크 파워", 전남대학교 세계한상문화연구단, 2008, pp.229-239.

로 변천하게 된다.[14)]

그러다가 코기토적 이성의 계몽주의가 그 정점에 도달했던 시기인 18C말경부터 서서히 문명은 물질적 발전상태를 지칭하고, 문화는 정신적 발전상태를 지칭하는 것으로 분리되어 사용되기 시작했으며,[15)] 근대 실용과학의 산물인 산업혁명이 전 유럽의 생활을 변화하게 하여 19C에 이르러 그동안 정신적 발전 상태를 지칭하던 문화는 당대의 과학 물질적 소산물과 대비적으로 구분되면서 특별히 인간의 상상력이나 주체적 표현정신과 결부된 예술활동을 주로 지칭하게 된다.

한편, 문화의 본질은 사람이 그의 내면과 외적 조건, 개인으로서의 존재와 집단의 요구를 조화해 주는 매개체로서의 문화의 영역에서 어떤 의미를 가질 수 있는가를 말한 것이다. 그것은 단순한 합리성의 세계, 특히 그것이 이끌려 들어가기 쉬운 조종의 세계, 또 그것의 배경에 있는 인간소외의 세계를 넘어서, 보다 큰 인간현실의 전체성 속에 위치할 때 참으로 문화의 의미가 심오하고 자유롭게 될 것이라고 본다.

그러나 경직된 심미적 문화는 하부구조의 대중문화의 주목은 단지, 상부구조의 심미적인 문화만이 아니라 대해 살아 있는 서민 대중의 문화도 문화라는 사실을 일깨워주며, 이는 결국 삶 일반의 양식들 모두가 문화가 될 수 있다는 인식을 일깨워준다. 특히 인간의 존재나 삶을 가리키는 우리인간의 내적 경향성과 구조의 측면에서 개념화 하고 논리화해서 논의를 전개할 때 우리는 그것을 흔히 문화의 속성이라고 일컫는다.[16)]

문화정치학적인 입장에서 문화의 민주화나 문화의 대중화라는 말을 한다면, 그런 태도는 그 담론의 민주적 대중적 우호성에도 불구하고, 이미 심미적인 상위 문화만을 문화로 전제하는 오류를 범하고 있다. 문화는 심미 되지 않아도 이미 그 자체가 바로 문화라고 볼 수 있다.

문화가 본능적 충동과 욕망 그리고 사회적 억압 또는 필요가 서로 타협한 결과라면, 전자매체의 발달과 그로 인한 정보의 확산과 시각화가 이러한 타협으로서의 문화를 크게 변화시킬 것으로 생각할 수 있다. 또한 정보매체의 발달로 인하여 문화의 확대와 관련하여 문화조성과 문화보호범위도 현대의 다양한 문화들에 적합한 방향

---

14) Perpeet, Kultur, 「Historisches Wörterbuchder Philosophie」, Bd.4, Stuffgart, 1976.

15) 이 시기 문화를 문명으로부터 구분하여 사용하기 시작하는 대표적 계몽주의 철학자가 Kant다. Historisches Wörterbuch der Philosophie, S.1318 18.

16) 김남시, "문화학", 미학대계 제3권, 서울대학교 출판부, 2007; 이명옥, "대중(예술)문화", 미학대계 제3권, 서울대학교 출판부, 2007.

으로 확대되고 변화된 모습이 요구되고 있다.

문화는 우리가 공유하는 가치와 행동양식이 과거로부터 현재까지 영속되어 살아 있고 받아들이고 다음 세대에 전하여 가치를 인정을 받는 그 무엇이라고 하는 것처럼 우리 삶의 총체적인 양식에서 공유되는 가치와 행동양식을 뜻하고 과거로부터 현재까지 지속되어 현재에도 전해지고 계속 살아 움직이며, 그것을 받아들여 다음 세대에 전달되어 우리들이 자유로움을 만끽하는 그 무엇이라고 한다.[17)]

따라서 문화는 우리들에 의해서 영속하여, 섞이고, 잊어지고, 새롭게 만들어지는 과정 속에서 향유하는 자에는 언제나 소유되고, 공유화되고, 사회화를 통하여 학습되고, 지식과 경험을 더하여 축적되어 다양한 요소와 관계를 맺어 우리 삶 전반에 확산되어 진정한 자유로움이 탄생하는 의미를 지니고 있다.

우선, 우리의 생활 속에서 진정한 자유로움이란 과연 있을까? 그들은 정신적이든 육체적이든 자유도 속박처럼 굴레이자 사슬이며, 환상이자 허구라는 사실을 감추기 위해 진실을 앞세운다. 따라서 현실을 형상화하는 수단 가운데 음, 색, 몸짓, 조형, 말과 글 등은 기존의 것들을 부정하고 타파하면서 새로운 진실을 위해 기존의 진실의 저항 속에서 자유로움을 추구해야 하는 것이다. 흔히, 파괴를 통해 비로소 자유로움을 허구적 공간에서 추구하려고 하면서 실천하는 방법도 다양하며, 독특한 양상을 띤다. 이처럼 문화는 지배, 억압하는 대상이 아니라 그 억압 속에서 진정성이 묻어 있는 새로운 문화의 자유로움 패러다임을 지양하는 데 있을 것이다.

프로이트는 문화는 억압의 소산이라고 하는데, 이 억압은 사람이 주어진 현실에 사는 한 불가피하므로 그 현실의 원리가 우리에게 억압을 요구하고 억압은 이성을 통하여 조절이 이루어지는데 이 이성은 사회의 필요와 순리에 따라 개인들의 충동과 욕망을 순치하여 윤리 도덕적의 규칙과 현실의 합리적 법칙의 규범에 의해 다스려지는 것이다. 때로는 개인의 문화의 자유로움은 사회적 실천 윤리법칙과 규범을 통한 강제성에 의해서 억압되는 경우도 있다.[18)]

이성의 원리가 문화의 자유로움과 사람의 내면에 있는 자연세계에 적용되는 원리이지만, 이것은 개인과 사회의 내면에 여러 가지의 변화를 가져온다. 충동과 욕망은 억압의 과정에서 다른 것으로 변화되는데 이 변화의 결과가 개인의 심리적 차원에서 승화이고 사회 전체의 관점에서는 문화가 나타나는 이러한 문화의 자유로움 변화는

---

17) 박종삼, “지역문화축제의 효율적 운용방안에 관한 연구”, 문화산업연구 제19권 제2호, 2019, pp.37-44.

18) 김우창, 전게서.

사회가 집단의 이익을 위하여 금지하는 것을 개인이 스스로의 규율로서 내면화여 나타내고 있는 것을 의미한다.[19)]

문화의 자유로움은 예술적 직관에서 자연은 쉴러의 말대로, 자유의지의 현존, 있는 대로의 사물의 지속, 그들 자체의 변함없는 법칙에 따른 자체적 존재이고, 자연의 사물들이 보여주는 고요한 창조의 삶과 스스로에서 나오는 고요한 작용이다. 그리고 자율에 따른 현존, 내적인 필연성, 스스로와의 영원한 일체성속에서 우리가 스스로 문화의 주체로서 깨닫는 정신의 탄생을 통해서 우리는 이러한 문화의 자유로움을 누리게 된다고 본다.[20)]

우리들은 문화의 자유로움을 전자매체의 발달로 집단의 관점에서 재현된 현실의 모습에서 개인은 어떤 곳의 누구에게도 근접감각, 공감각, 그리고 역동적 감각 등을 타인에게 줄 수 있다. 이것이 주는 교훈의 하나는 물질세계가 객관적으로 쉽게 정리되거나 조종될 수 없다는 사실이다. 그리고 이 창구를 통하여 주어진 세계 속에 사는 우리 인간의 삶의 행복의 근원인 문화가 자유로움을 표출하고 있는 현상이다.

문화의 자유로움은 예술과 이의 수용은 솔직함이 전제되어야 한다. 인간을 욕망구조에서 본다면, 대부분 간접적인 것들로 채워지기 마련이다. 예술은 이런 측면에서 대리경험을 중재하는 역할과 기능을 맡는다. 그러나 문화 창조자들은 자유로운 공간에서 진실을 주장하고 이를 알리고자 애쓰는 자이기도 하다.[21)]

또한 우리가 문화의 자유로움을 향유하기 위해서는 문화에 접근하여야 하고 또 접근한 문화를 표현할 수 있어야 한다. 그런데 우리 헌법은 문화의 평등권을 보장한다고 명시하고 있는데 이 의미는 문화의 접근 기회가 누구에게나 보장되고, 누구든지 문화를 표현할 수 있다는 의미이다. 문화의 특성을 통하여 이용자의 집단 창조적 행위를 이끌어내어 우리 공동체의 진정한 삶의 진화를 이루는 표현의 자유가 전자매체에서 문화의 자유로움 형성의 목적이다.

결국 문화의 자유로움은 정부의 직접적인 규제와 자율적인 규제의 조화 속에서 발전하지만, 비판적이고, 주관적 사고와 표현을 통제한다면 성숙한 문화의 자유로움을 형성했다고 보기에는 어려울 것이다. 따라서 새로운 형태의 문화주체들과의 적극적

---

19) 김우창, 상게서.

20) Friedrich Schiller, überNaive und Sentimetalische Dishtung, Schillers Werke, 2er Band, Knauer, 1964, pp.642-643.

21) 이상금, “민족미학은 문화의 자주적 개체성과 생성적 우기체성을 토대로 한 자유로움 지향”, 민족미학회/민족미학, 2011, pp.210-213.

인 참여와 표현 속에서 문화의 자유로움을 조화롭게 구성해 나가야 할 것이다.

또한 문화의 자유로움 형태에 주목할 필요가 있다. 즉 언어, 풍습, 전통, 삶의 가치와 현실적으로 연관성을 맺고 있는 문화의 형태는 기성적 가치에 저항하는 것으로 인식되는 기존의 오류를 수정해 나가면서 점진적으로 인종적, 국가적, 닫친 문화의 규범적 틀을 합리적으로 개선시키고, 조화를 이루면서 형성해 나가야 한다.

특히, 다중언어, 다중민족, 다중사회에 접어든 현실에서 예술과 문화는 인종, 국가, 사상으로부터 벗어나려는 진보성과 개혁을 지양함으로써, 협의의 민족개념에 물리적인 결합을 꾀할 것이 아니라 보편타당성을 견지한 유연한 공간속에서 문화의 자유로움이 우선하는 것으로 바뀌어야 하고, 우리문화에 대한 기억이 과거와 현재 속에서 상호 공존하여 조화롭게 전달되고 의미를 느낄 수 있도록 인식 전환의 노력이 우선적으로 필요하다도 본다.[22]

다른 한편으로, 칸트는 문화의 자유로움을『실천이성비판』을 통해서 초감성적인 영역에 놓인 보편타당한 실천적 행위 규범으로서의 도덕법칙(혹은 보편타당한 의지의 자유의 가능성)속에 창조의 삶과 실천이성을 통해 찾고자 하였다. 이런 까닭에 자연의 영역과 실천이성이 의식하는 자유의 영역 간에 메울 수 없는 심연(Klift) 속에 있는데 이러한 심연을 메우는 문제를 판단력비판을 통해서 해결하고자 했다.

결론부터 말하자면, 우리인간이 자연에서 미룰 느낄 때, 유기체를 목적론적으로 판단할 때 감성적인 영역으로부터 초감성적인 영역으로의 사유의 이행(Übergang)이 일어난다. 게다가 도덕적 인간을 정점으로 해서 자연전체를 목적들의 체계로 파악할 때에는 문화의 성숙을 통해 인간의 삶에서 자유로움이 사유의 이행을 가능케 하는 이성능력이 선험적 원리를 추가하는 자연의 합목적성의 자체에서 초 감성적인 자유로움이 시작된다는 바람을 품을 수 있었다.[23]

그러므로 문화의 자유로움은 그것이 생산되고, 수용하는 과정에서 매번 새롭게 재창조되고, 재해석 되는 의미화의 과정일 뿐, 고정화된 소비재로 머무는 것이 아니고 교류와 변용을 통해 지속적으로 형성되어 우리들의 생활양식의 총체로서 우리의 내면적, 정신적 활동의 소산으로 표출되고 있다.

따라서 문화의 자유로움은 다양한 축면에서 살펴본 바와 같이 우리가 누려야 할 많은 정신적, 물질적 측면에서 추구하는 방법과 수단은 많지만, 문화는 진정 여러 자

---

22) 이상금, 전게서.

23) 최준호, "자연으로부터 자유로이 이행과 문화의 성숙을 통한 자유의 실현을 다룬 이성의 자기비판의 마지막 작업", 철학과 현실, 철학문제연구소, 2003, pp.229-239.

유로움의 주체와 객체가 어울려 주고받고 하는 참다운 행위를 통하여 궁극적으로 자유의지의 공존, 고요하고 초 감성적인 심연, 나와의 영원한 일체성 등과의 상호간 자유로운 효용가치를 추구하는 행위이다.

진정 참되고 친밀한 문화의 자유로움은 우리 개인의 각자 지니고 있는 소중한 정체성을 가장 편하게 꺼리 김 없이 타인과 편하게 소통하고 표현하는데서 참된 자유로움을 느끼고, 진정한 행복감을 간직한다고 본다.

특히, 문화의 자유로움은 우리 인간의 삶과 생활 전반에 걸친 친밀감 있고 다양한 가치창조를 발견하는 이론적 연구와 문화객체간의 창조적 융합 등을 통하여 문화의 자유로움의 가치실현과 증진을 도모하는데 많은 기여와 계기가 될 것을 기대하고 있다.

그러므로 특히 인간의 지적능력과 창의성을 바탕으로 한 다양한 요소와 친화적 융합될 때 우리가 추구하고자 하는 가치의 목표는 각 사회에서 원하는 바에 따라 차이가 날 수 있으나, 궁극적으로는 인간 본연의 자유로움을 어떻게 획득하고, 누리는 데 있다고 본다.

궁극적으로, 참다운 자유로움을 추구하는 주체에 따라 객체와 다양한 모습으로 형태를 나타날 수 있는데, 진정 인간은 자기가 지니고 있는 본성을 자유롭게 발휘하고 누리고자 하는 문화의 자유로움에서 찾아볼 수 있다고 본다. 즉 개인의 개성과 표현의 개인문화가 타인과 자유롭게 공유되고, 가치 소통할 수 있는 타인문화와 잘 융합되어 극대화 될 때 우리가 사는 사회를 발전을 한다고 한다. 그 중심에는 문화의 자유로움이 존재한다고 볼 수 있다.

2. 웰빙문화의 의미

1) 웰빙문화의 의미

우리 인간은 옛부터 개인이나 공동체에서 행복, 삶의 만족을 추구하는데 최상의 목표를 두고 생활해 오면서 우리가 원하는 육체적, 정신적인 건강과 조화를 잘 이루어 개인의 건강과 친환경적 생활양식이나 향상된 문화를 추구 하고자 부단한 노력을 경주하고 있다.

이러한 우리 인간의 소망인 건강과 장수의 핵심 트렌드로 등장한 웰빙(Well-Being)이 크게 각광을 받으면서 갈수록 환경의 악화, 고령화, 복잡다기화 사회가 진행됨에 따라 개인이나 기업에서는 웰빙문화가 하나의 생활양식과 경영전략으로 정착되어 그 중요성이 갈수록 증대되고 있다.

기원전 4세기 아리스토텔레스는 그의 저서 윤리학에서 '윤리학은 우리의 삶을 개선하기 위한 것이므로 주된 관심은 인간의 행복을 달성하는 구체적 방안으로 웰빙을 주목할 필요'가 있다고 주장하고 있다.[24)]

최근 국립국어연구원, 동아일보, 케이티문화재단이 함께 벌이고 있는 우리말 다듬기에서 웰빙을 '참살이'로 선정되었으나[25)] '안녕', '건강' 등으로 번역해서 사용하던 웰빙이 新 외래어로 정착되어 있다. 20세기 초에 등장한 사회대안운동은 개인의 건강을 추구하고 친환경성을 강조한다는 점에서 웰빙과 뿌리가 깊다. 현대문명의 기계화와 심각해진 환경오염에 대한 반성으로 채식주의,[26)] 생태주의,[27)] 슬로우푸드,[28)] 다운시프드,[29)] 로하스족[30)] 등이 대표적인 사회대안운동으로 활발히 전개되고 있는데 이런 사회대안운동의 패턴도 웰빙 개념과 유사하다.[31)]

---

24) http://www.plato.stanford.edu/entries/aristotle-ethics/

25) http://www.malteo.net

26) 채식주의는 건강지향, 식량문제, 동물애호, 환경보호를 목적으로 하는 사회대안운동으로 이를 실천하는 채식주의자라는 용어는 1847년 채식주의자 연합회의가 영국에서 개최하면서 사용되기 시작하여1908년 IVU를 결성 함.(삼성경제연구소, 『웰빙문화의 등장과 향후전망』, 2005, p.3)

27) 생태주의는 학문적, 사회적으로 큰 성과를 가지면서 1866년 헥켈(Ernst Haeckel)에 의해 사용된 개념이나 구체적으로 체계화 된 것은 1930년대 이후(김기윤, "생태학의 문화적 배경에 관한 역사적 고찰과 환경문제", Bio Wave, 2001.12) 미국의 훼손된 초지와 가뭄 속에서 흉작을 개선하기 위한 해결책으로 이에 대한 연구를 진행하여 1970년 이후 본격적인 활동 속에서 환경운동 뿐 아니라 좀 더 인간다운 삶의 조건들을 만들어 내기 위해 노력을 경주하고 있음.(삼성경제연구소, 전게서, pp.3-5)

28) 1986년 달팽이로 상징되는 슬로우푸드 운동은 이탈리아에서 시작되어 처음에는 反패스트푸드 운동으로 시작되어 스위스(1995), 독일(1998), 미국(2000), 프랑스(2003) 등으로 확산되었으며, 현재 100여 개국 8만 명 이상의 회원들이 활발하게 활동하면서 요즘은 속도만을 중요시하는 현대문명에 대한 반성으로 슬로우시티 운동(Slow Cities Movement)으로 발전되어 시민으로서의 삶의 질 개선을 위해 노력하는 것으로 1999년 첫 번째 세계대회를 개최하고 있음.(삼성경제연구소, 전게서, p.4)

29) 영국에서는 다운시프드(Downshift)족의 등장과 함께 여가활동을 중요시하는 생활양식이 정착되어 처음에는 다운시프드족은 저단기어로 변속해서 자동차 속도를 줄인다는 뜻에서 유래되어 금전적 수입보다 여유 있는 삶을 더욱 중시하여 스스로 근무시간을 단축하거나 도시에서 시골로 이주하여 정착하는 형태에서 1970년대 이후 태어난 유럽의 젊은 직장인들을 중심으로 확산되어 2003년 유럽의 다운시프드족은 1천2백만 명으로 지난 6년 동안 30%이상 증가하고 있음.(신철호·한지연, "웰빙과 웰빙산업", 한국여가문화학회 연차학술대회논문집, 2004, p.5; 삼성경제연구소, 전게서, pp.4-5)

30) 미국에서 등장한 로하스(Lohas)족의 생활패턴은 사회적 지위나 물질적 풍요에 대한 집착을 버리고 가족의 건강을 추구하면서 유기농산물과 에너지효율을 높인 가전제품을 사용하고 요가를 즐기는 집단으로 사회적 책임도 중요시 하고 집단을 뜻함.(삼성경제연구소, 전게서, 2005, p.5)

31) 삼성경제연구소, 전게서, pp.2-5.

따라서 웰빙문화는 우리 인간과 자연환경에서 육체적, 정신적, 사회적 건강과 조화의 의미 속에서 질병이 없는 상태에서 점차 우리의 행복, 삶의 만족을 개선하여 사회전반에 걸친 안녕상태로 광범위하게 확대되는 사회전반의 문화를 의미하는 것으로 해석된다.[32]

다만, 웰빙문화는 끊임없이 신조어를 추구하는 세대에 따라 용어에 대한 의미도 변화가 있을 것으로 전망되고 있다.

2) 웰빙문화의 각국 변화 추이[33]

(1) 구미의 경우

① 등장시기 : 1930년대 이후

② 등장배경 : 기계화된 현대문명과 환경오염에 대안 사회대안운동 확산과 함께 생활 속에서 웰빙개념 체득

③ 사회적 웰빙과의 관련성 : 여성건강 및 복지와 관련

④ 웰빙시장의 범위 : 요가관련 상품, 유기농·자연식품

(2) 일본의 경우

① 등장시기 : 1990년대 이후

② 등장배경 : 건강붐 조성, 복지차원에서 도입

③ 사회적 웰빙과의 관련성 : 고령자, 장애인 등의 복지와 관련

④ 웰빙시장의 범위 : 건강식품 중심

(3) 한국의 경우

① 등장시기 : 2000년대 이후

② 등장배경 : 대중매체의 적극적 개입, 황사나 광우병 등 환경재해에 대한 공포

③ 사회적 웰빙과의 관련성 : 복지와는 무관, 개인적 웰빙 추구에 집중

④ 웰빙시장의 범위 : 식품, 가전, 섬유, 건설 등 전 분야에 영향

---

32) Dong-Jin Lee, M. Joseph Sirgy, Well Being Marketing, Seoul: Pakyoungsa, 2005.1, pp.12-13.

33) 이하, 삼성경제연구소, 전게서, pp.11-12.

(4) 한국의 웰빙문화의 단계별 특성

① 도입단계 : 대중매체들의 적극적인 소개로 철학적 사고 혹은 사회대안운동으로서 존재하던 웰빙이라는 용어가 확산

- 2001년 이후 '웰빙족', '웰빙 라이프스타일'에 대한 대중매체의 집중적인 소개로 생활의 전 영역에 폭넓게 사용

② 확산단계 : 웰빙을 적극적으로 활용하기 위한 기업의 마케팅 전략에 따라 건강식품, 공기청정기 등의 매출이 급증

- 아파트 분양광고에서도 웰빙이라는 단어가 경쟁적으로 등장

③ 활용단계 : 웰빙에 적합한 새로운 기능을 부가한 다양한 웰빙형 신상품이 등장하고 점차 일반인들에게 웰빙 열풍 형성

3) 웰빙문화의 신 트렌드[34)]

(1) 로하스(Lohas) : 건강+환경

로하스는 건강과 황경이 결합된 소비자들의 생활 패턴으로, 건강과 환경을 심각하게 생각 하는 소비로 웰빙과 유사하다. 그러나 이들은 정보에 밝고 상품광고에 현혹되지 않으며, 독자적이고 비판적인 시각을 갖고 있는 것이 특징이다. 이들의 소비패턴은 유기농재배 농산물을 비롯하여 에너지 효율 가전제품, 태양열 전력, 대체 의약품과 요가테이프, 환경친화적 여행상품 등에 이르기까지 광범위하다.

(2) 웰루킹(Well-looking) : 건강+미용

글자그대로, 건강하면서 예쁘게 보이려는 소비 성향이라고 볼 수 있겠다. 그러나 단지 '멋지게 보이기'가 아니라, 개성과 장점을 잘 살릴 수 있는 외모, 건강과 미용을 위한 운동, 철저한 자기관리를 통해 활력 넘치는 삶을 추구한다. 웰루킹족에게 가장 인기 있는 것은 천연소재 상품인데, 무자극, 무향의 기초화장품, 피부자극이 덜한 숯비누, 천연소재를 이용한 타월 등이 큰 호응을 얻고 있다. 물새 깃털만을 이용한 깃털베개, 멧돼지 털을 이용한 건강 빗도 웰루킹족을 위한 상품이다. 또한 웰루킹족을 어디서나 사용이 가능한 휴대용 제품을 선호하고 있다.

---

34) 이하, 삼성경제연구소, (주)휴넷 경영지식 생산본부, "웰빙문화속의 마케팅 트렌드(6,7)", 2004.6.16., 2004.7.6.

(3) 슬로비(Slobbie) : 건강+가정

슬로비족은 물질보다 마음을 출세보다 가정생활을 중요시한다. 빠르게 돌아가는 생활 속에 건강과 여유를 찾자는 것으로, 슬로비족은 직장을 옮기지 않는 범위 내에서 맡은 일에 충실하고, 저축을 통해 자산을 불린다. 또한 이들은 가정을 중요하게 여겨 하루에 2시간 이상은 가족들과 함께 보낸다. 슬로비족의 느리게 살기 운동은 슬로우푸드 운동 즉, 느림 건강법으로 이어진다. 이들은 된장, 간장, 고추장은 물론이고, 곰탕, 삼계탕, 묵 등 우리 전통음식이 훌륭한 슬로우푸드라는 것을 알리고 식생활에서 패스트푸드를 밀어내고 있다.

(4) 리빙헬퍼(Living Helper) : 건강+비서

리빙헬퍼는 가사 도우미', 파출부로 인식하기 쉬우나, 총체적인 가사일과 비서, 심부름 등을 겸비한 전문직으로 고객은 고연봉 직장인, 연예인들의 '매니저'의 역할과 개인 생활 비서를 갖는 효과를 주는 역할을 하고, 실버세대를 대상으로 하는 건강관리 매니저업 등도 웰빙 열풍이 불면서 더욱 각광을 받고 있다.

(5) 인생코치(Life Coach) : 건강+코치

현대인이 일상의 스트레스로 인한 비만·우울증·대인관계·낭비벽·연봉협상·성적문제 등 온갖 고민 정신적 위안과 내면의 평화를 위해 인생을 이끌어 주는 직업도 등장했는데, 특히, 비만·우울증·대인관계·낭비벽·연봉협상·성적문제 등 온갖 고민을 들어주고 해결책을 찾아주는 인생코치가 신트렌드로 등장하고 있다.

그러나 이렇게 새롭게 등장하는 웰빙문화 트렌드들도 웰빙의 근본적인 개념과 다를 바가 없어 보인다. 결국 이 모든 신 웰빙트렌드들이 추구하는 바는 몸과 마음, 일과 휴식, 가정과 사회, 나와 공동체 모두가 조화를 이루면서 좀 더 평안하고, 건강하고, 행복하게 사는 삶이 웰빙문화가 아니겠는가?

4) 웰빙문화의 전망

상기에서 살펴본 바와 같이 웰빙은 몸과 마음이 상호적으로 결합되어 풍요롭고 아름다운 인생을 영위하자는 새로운 생활양식으로 행복이나 삶의 만족을 추구하면서 잘 먹고 잘 사는 것 건강하고 여유롭게 사는 것이 중요하며, 물질보다 정신을 중시하고, 여유로운 생활을 지속적으로 유지하는 의미와 일맥상통하다고 본다.

웰빙문화는 사회전반에 다양한 형태와 방식으로 도입되어 이에 관련된 유무형의 상품들이 존재하는데 개인이나 기업들이 현재 친(親)건강, 친 환경개념을 강조한 웰빙상품개발과 이를 마케팅에 적극 활용하고 있는 추세이다. 따라서 향후 웰빙문화는 다음과 같은 방향으로 전개될 것으로 전망되고 있다.[35]

(1) 웰빙트렌드는 전세계적 현상

'건강',[36] '장수' 등은 모든 인류가 추구하는 가치이며, 이를 지향하는 웰빙개념은 전세계적으로 파급되기 쉬운 속성을 지니면서 오늘날에는 단지 '살아 있는 것'보다 '건강하게 장수하는 것'이 더욱 중요해졌다.[37] 우리는 더 이상 장수라는 것 자체에만 관심을 갖지 않고 우리의 삶의 질과 가치를 높이고 싶어 하면서[38] 현대문명에 환경오염의 심화, 새로운 질병의 확산, 고령화 사회의 진입 등에 대한 비판과 새로운 미래사회 대안을 모색하는데 웰빙 트렌드는 전세계적으로 급속히 확산되고 파급될 것으로 전망된다.

(2) 웰빙이 하나의 생활양식으로 정착

인간들의 건강과 행복추구에 대한 관심이 지속적으로 증가에 따라 한국은 주5일 근무제가 확대된 후 웰빙형 생활양식도 더욱 확산되어 우선, 시간여유가 늘어나면서 자연친화적인 아웃도어(outdoor)형 관광이나 레저를 즐기는 사람들이 점차 증가되고 이는 기계화된 현대문명에서 벗어나 자연과 벗 삼아 정신적, 육체적 삶의 질을 높이는 웰빙 생활양식으로 변하고 있다.[39]

---

35) 이하, 삼성경제연구소, 전게서, pp.24-32.

36) 우리나라는 2026년경 65세 이상 인구가 전체인구의 20%를 차지하여 초고령사회가 될 것으로 추정되고(고령화사회(aging society)는 전체인구 중 65세이상 인구의 수가 7%에 도달한 사회를 말하며, 14%를 초과할 경우 고령화사회(aged society), 20% 이상은 초고령화사회(super-aged society)로 지칭.

37) '2003 한국의 사회지표'에 따르면, 일반인들의 건강에 대한 관심은 1998년 36.7%에서 2002년 44.9%로 증가.("2003 한국의 사회지표", 통계청 홈페이지, 2004)

38) 페이스 팝콘(Faith Popcorn)·리스마리골드(Lys Marigold), 『클릭! 미래속으로』, 김영신·조은정 역, 서울: 21세기 북스, 1999, p.209.

39) 주5일 근무제 실시 전에는 주말여가형태로서 관광여행이 5.4%, 레저스포츠가 7.6%를 차지하였으나, 실시 후에는 각각 23.1%, 17.1%로 증가.(국가균형발전위원회, 『주5일근무제 실시에 따른 국민여가활동 및 농산어촌 활성화 방안 실태조사 분석보고서』, 국가균형발전위원회, 2007.4, p.17)

(3) 웰빙문화가 확산에 관련된 신 직업군 등장

대학에서는 웰빙문화와 관련되는 학과가 개설되고, 직업의 종류가 급격히 변화하고 있는 가운데 정보화, 세계화, 사업서비스, 첨단과학, 문화산업, 노인 및 의료, 웰빙과 관련된 직업이 유망[40]업종으로 등장하여 웰빙이 새로운 문화로 정착되고 있음을 반영한다.

(4) 웰빙문화가 마케팅 전략으로 적극적으로 활용

일반 소비자들이 제품의 실용적인 가치를 중요시하는 웰빙 마케팅이 폭넓은 대중성을 확보할 수 있다는 전략을 가지면서 이를 적극적으로 기업경영전략에 반영시키고 있다. 다만, 명품 마케팅, 아이덴터티(Identity) 마케팅은 각가 고소득층, 10-20대라는 특정계층을 대상으로 하면서 웰빙 트렌드에 맞게 새로운 기술개발이나 아이디어 창출이 가능한 산업분야는 폭발적 인기와 신장세가 예측된다.

(5) 기업의 '환경경영'이 '웰빙경영'으로 진화

환경에 대한 기업의 사회적 책임문제가 부각되면서 선진기업들은 환경친화적 경영을 시작하여 환경경영은 기업이미지 제고와 시장점유율의 신장, 주식가격의 상승 등으로 이어 지면서 환경친화적 기업이미지에 '건강'이라는 개념을 덧붙여 조직문화로 체화하고 있는 추세이고, 이는·'웰빙'의 영향으로 건강과 환경을 컨셉으로 브랜드를 고급화하고 근로자들의 건강증진과 생산의욕을 고취시키고 있고, 갈수록 환경규제가 급속도로 강화되고 있는 가운데 환경경영은 세계 시장에서 기업경쟁력 강화의 필수조건으로 등장한다.

(6) 융·복합을 통한 웰빙의 새로운 형태로 진화

예컨대, 자연의 소리와 융합하여 명상을 위한 음악, 자연의 소리 등 웰빙 컨텐츠 개발로 이어지고 이를 휴대폰 등을 통해 제공되는 '자연의 소리', '폰다이어트' 등에 활용하여 조류, 동물, 곤충, 물소리 등 자연의 소리를 모바일 컨텐츠로 제공하고 있다. 또한 자연 속에서 황토방, 온천 및 유기농 농산물로 만든 음식 등을 체험할 수 있는 건강프로그램을 운영하면서 웰빙과 관광의 접목으로 '장수촌'과 같은 새로운 관광자원 개발도 가능하도록 하고, 의학분야에서 대안의료가 발달하고 농촌지역에서

---

40) 대한상공회의소, "산업구조의 변화와 뜨는 직업 지는 직업," 2004.8.

는 자연환경, 농촌경관, 신지식농업 등의 자원을 활용한 산업이 고부가가치를 창출하는 웰빙문화로 등장한다.

(7) 웰빙개념이 개입된 신 도시 출현

사회전체의 건강을 추구하는·'웰빙도시',[41] '웰빙 소사이어티'[42]로 진화 방향으로 확대될 전망이다. 즉 개인이 웰빙형 상품의 구매를 통해 개인의 행복을 실현하고자 하는 욕구를 개인보다 사회전체가 공동분담하고 책임을 지는 사회로 구축되고 진화한다.

결론적으로, 상기에서 살펴본 바와 같이 웰빙문화가 우리 개인이나 사회전체에 전파 적용되어 많은 변화를 낳고 있는데 정착 변화하고, 진화하는 웰빙문화를 과연 우리가 얼마나 이를 우리생활에 잘 적용하고, 활용하고 나아가 실천하는 새로운 사회의 대안적 담론이자 삶의 긍정적 함의로써의 생활철학으로 삼아야 하는 것이 중요한 과제로 남아 있다.

---

41) 웰빙도시란 현재 많은 도시에서 추구하고 있는 생태도시개념을 뛰어넘어 건강도시를 구현하는 것을 의미하면서 도시건설의 목표를 친건강성에 둠으로 녹지·바람통로 등 생태적 개념들을 인프라로 이해하고 건강효과 측면에서 재평가하여 토지이용 및 도시건축 등에 적용되고 있는 도시를 뜻한다.

42) 웰빙 소사이어티란 개개인의 행복추구를 사회적 안전망으로 해결해 나가는 것을 의미로써 사회봉사·사회적 책임 등 정신적 측면의 건강을 중요하게 생각하는 사회이다. 국내에서도 웰빙을 복지의 확대된 개념으로 이해하고 웰빙형 상품의 구매가 어려운 계층을 위해 새로운 안정망을 구축할 필요가 있다.

2 문화의 재음미

제 1 절 글로벌 시대의 문화

1. 글로벌 문화의 존재

1) 문화의 존재

우리는 하루하루 대중문화 속에서 살고 있다고 해도 과언이 아니다. 우리 주변의 음식, 의복, 전화기, 만화, 영화, TV, 탤런트, 자동차, 구두, 시계, 집, 옷, 운동경기, 베스트셀러나 책, 노래방, 컴퓨터 등등 이 모든 것들이 모두 대중문화에 속한다.[43)]

문화의 어원을 보면 "밭을 경작한다."는 의미를 가진 것으로 "자연에 노동을 가하여 수확한다."는 뜻이 변화하여 가치를 상승시킨다는 뜻이 되었고 여기에 다시 가치를 창조시킨다는 뜻을 가지게 되어 교양이나 세련의 의미를 갖게 되었다.[44)]

문화는 "의미 있는 상품의 사회적 영역" 또는 "사람들이 그들 스스로와 삶을 인식하는 과정"으로 인간이 사회의 일원으로서 습득한 지식, 신앙, 예술, 도덕, 법, 관습 그리고 기타의 모든 능력과 습관을 포함한 복합적인 개념이라고 정의함으로써 매우 광범위한 내용을 갖고 있다.

이러한 문화는 인간이 사회생활 속에서 학습(learning)되어지고 습득(acquire)되어지며 이러한 과정을 통해 전승(transmit)되어 일정한 집단이 서로 공유(share)하게 된

43) 이정호, 「포스트모던 문화읽기」, 서울대학교출판부, 1996, p.21.

44) 이장주, "21세기 문화산업 육성을 통한 실업문제와 지역갈등 해소방안에 관한 연구", 「목포 권발전론」, 서남권발전연구원, 2000.11, p.15.

다. 또한 문화는 인간의 과거와 현재 그리고 미래를 형성하며 그 변화의 속도나 형태가 사회의 구성원과 시대에 따라 차이가 있을 뿐 항상 지속적으로 변화되어가고 있다.

2. 글로벌 문화의식

1) 상호문화성의 세계

사람들마다 주관은 다르지만 사람들 사이에 공통된 주관성이 존재하듯이, 각각의 문화들은 독특한 개별성을 가지고 있지만 문화들 사이에도 공통된 보편성이 존재한다. 동·서양의 문화와 세계의 문화들을 통합하여 21세기의 새로운 세계문화를 형성하기 위해서는 '이것도 저것도 함께'라는 절충주의가 아니라, 문화들의 '상호문화성(Interkulturalitat)'을 발견하는 일이 공동의 세계문화를 창조하는 데 중요하다. '상호문화성'은 다른 문화간의 접촉이나 교류의 차원을 말하는 것이 아니라 문화들 속에 내재해 있는 보편적 성격과 문화들 사이에 존재하는 깊은 유대감과 내적인 연관성을 드러내는 개념이다.

오늘날 각 문화들간의 상호작용은 자연과학, 기술, 경제의 국제주의를 넘어 철학과 종교, 가치의 정신적인 차원에 이르기까지 균일화시키는 현상을 낳고 있다. 이러한 현상은 당분간 문화들 사이의 갈등을 심화시킬 것이나 궁극적으로는 하나의 세계문화로 통합되는 과정에서 발생하는 현상이다. 21세기의 세계문화에 대비하고, 세계문화를 준비하기 위해 '상호문화성'에 대한 개념을 확립하고 그에 대한 이해를 가지는 것이 우리 문화의 세계화를 위해서도 필요하다.

지구상에 존재하는 어떠한 문화도 다른 문화와 섞이지 않은 순수한 문화일 수는 없으며, 문화의 근본속성은 상호적(inter)이라는 데 있다. 여기서 상호적이라는 말은 문화들 사이에서의 상관성을 의미함과 동시에 그들 사이의 차이점과 유사점을 인정함으로써 모든 인종, 모든 문화, 모든 철학과 모든 언어가 동등한 위치와 가치를 부여받는 것을 의미한다. 이 개념은 오늘날 전세계적 문화의 교류와 접촉의 시대에 하나의 문화 또는 자국의 문화를 세계 문화화시키고자 하는 경향을 막을 수 있을 뿐만 아니라, 문화와 철학·종교의 건강한 소프트웨어의 다양성을 지켜줄 수 있을 것이다.

상호문화성은 종교적인 측면에서는 종교적인 관용을, 정치적인 측면에서는 다원적이고 민주적인 사유방식을 낳는다. 이것들은 우리의 조화로운 공동의 삶을 형성하는 전제일 뿐만 아니라, 미래의 세계문화의 사회에서 실현되어야 할 규범들이다.

모든 문화는 상호 연관 시스템 속에 있고, 상호 겹쳐 있다. 오늘날 문화들 사이의 여러 차원에서의 커뮤니케이션을 가능하게 할 수 있는 것은 문화들의 복합적 다양성의 개념이다. 상호문화성은 상호 문화적인 사회, 즉 경제, 권력정치 행동의 면에서 복합문화적이고자 하는 사회의 기능성의 전제가 될 뿐만 아니라, 상호 문화적인 정신과 태도에서 문화들의 공존과 섞임을 위협이나 소외로 느끼는 것이 아니라 오히려 문화들의 조화와 서로 다른 사유의 전통 속에서 자라온 철학이나 문화의 평화적 공존을 찾아내고자 하는 것을 목표로 한다.

오늘날 복잡한 문화접촉에서 어떻게 하면 모든 문화들 사이의 갈등과 소외를 제거하고 문화들이 조화롭게 공존할 수 있고, 나아가서는 인류 공동의 보편적 문화와 진리로 나아갈 수 있는 미래를 위해서 우리는 상호문화성을 진지하게 이해해야 될 것이다. 상호문화성은 문화의 국제주의이기도 하고, 세계문화 속에서의 그리고 세계문화를 지향하는 우리의 행위와 태도이다.

2) 지역문화 · 민족문화 · 세계문화

지역문화들과 민족문화들의 차별성과 특수성에도 불구하고 앞으로 다가올 미래에는 소위 말하는 '세계문화'가 지금까지 보다 훨씬 중요한 역할을 하게 될 것이다. 지금까지 하나의 국가가 문화적 주도권을 가진 것으로 여겨졌다면 앞으로의 전망은 국가를 넘어선 국가간의 연합(대서양연합, 태평양연합, 혹은 2개 이상의 결합 등)에 의해서 문화의 주도권이 행해질 것이다. 그리고 문화는 지식과 기술의 발전, 교육과 재능의 신장, 정보교환과 매스컴의 발달로 사회기능적인 측면에서 가장 중요한 자리를 차지하게 될 것이다.

이제 민족문화에 대한 찬양과 집착보다는 문화들의 상호보완성과 문화들의 종합과 통합의 기능이 강조되어야 한다. 과거의 위대한 민족문화들, 즉 중국문화, 인도문화, 스페인문화, 프랑스문화, 독일문화 등은 다른 문화요소들을 통합해서 새로운 문화적 통합을 이루어냈기 때문이고, 다른 한편으로 열려진 세계 속으로 전파되어 다른 민족들의 미래적인 삶을 형성하는데 대한 어떤 새로운 전망을 가져다주었기 때문이다.

세계문화는 폐쇄된 종족이나 민족문화와 비교될 수 있는 것이 아니다. 민족문화는 하급문화에서 생활문화를 거쳐 상급문화로 성장하고, 문화의 각 차원에서 다소간에 같은 양식적인 요소들을 가지고 있는 반면에, 세계문화는 문화의 각 차원에서 같은 방식으로 나타나지 않는다. 세계문화는 무엇보다도 매스컴에 의한 대중문화의 차원에서 먼저 눈에 띈다. 그리고 학문과 사유의 높은 문화차원에서 세계문화는 두드러지게 나타난다.

세계적인 대중문화는 무엇보다도 대중전달매체에 의해서 전파되는데 이 대중전달매체문화 뒤에는 고도로 발달한 기술과 강력한 사회조직이 있다. 이 전달기술은 위성전파가 가장 전형적인 것으로 범세계적인 관계를 만들어낸다. 물론 이 위성전파는 아주 새로운 상황을 가져오지는 못할 것이지만 광섬유·컴퓨터에 의한 통로의 다양화와 용량의 증대를 통해 사회조직, 전세계적인 생산조직과 분배조직에 영향을 끼치고 영화, TV, 레코드, 의상패션, 관광, 잡지뿐만 아니라 정치적 이념, 종교운동, 테러와 마약, 생활수단, 가족과 성에 대한 태도 등 다양한 문화 내용의 전파속도를 촉진시킬 것이다.

민족문화와 지역문화에 대중전달매체에 의해서 범세계적인 대중문화가 밀려 들어오고, 다른 한편에서는 학문과 기술을 통해서 범세계적인 학문 기술문화가 형성된다. 그렇다고 학자나 학문의 '국제화'를 말하는 것은 아니다. 물론 전세계적인 회의를 통해 서로 접촉하고, 같은 실험기구와 측정기구를 사용하고, 출판물을 교환하지만, 더 크고 직접적인 문화의 의미는 지식과 기술이 지식 소비자에게 기치는 영향이다. 그것은 지식의 생산물에 대한 사용습관과 소비욕구, 삶에 대한 기대, 가치관, 인생관 등에 미치는 영향이다. 바깥으로 나타나는 학문과 지식에 대한 회의에도 불구하고 사람들의 가치관은 근본적으로 변형된다. 이미 자동차, TV는 새로운 것에 대한 갈망을 증대시키고 새로운 것은 항상 더 좋은 것으로 간주된다. 어떤 것도 고정되거나 불변한 것으로 받아들여지지 않는다.

세계문화와 민족문화는 서로 대립적인 것이 아니다. 세계문화와 민족문화는 문화의 여러 차원에서 서로 만나기 때문이고 기술과 매스컴에 의해서 나타나는 세계적인 기술 대중문화는 각 민족의 고급 정신문화에 대해서 반대일 수가 없기 때문이다. 세계문화적인 평준화가 계속되면 될수록 구별과 차이에 대한 욕구는 더욱 강해질 뿐만 아니라 무엇과도 바꿀 수 없는 자신의 정체성에 대한 욕구가 상승한다. 이러한 욕구는 무엇과도 바꿀 수 없는 자산의 정체성에 대한 욕구가 상승한다. 이러한 욕구는 각 민족의 상위문화와 생활문화 속에서만 충족될 수 있다. 그리고 많은 민족들의 상위문화와 생활문화 속에서만 충족될 수 있다.

민족문화들 사이의 상호관계는 '문화통합이론'(Konvergenztheorie)이나 '문화독자성이론'(Unvergleichbarkeitsdogma)[45]으로 파악 될 것이 아니라 '관계이론'(Bezugsgruppentheorie)[46]으로 파악되는 것이 바람직하다. 통합이론은 기술과 산업의 동일한 발

45) Walter L. B hi, Kulturwandel, WBG, Darmstadt, 1987, p.160.

46) T. S. Eliot에 의해 처음으로 제기되었다. T. S. Eliot, Zum Begriff der Kultur(영어판, 1948) Reinbek 참조.

전, 같은 시장구조와 커뮤니케이션구조의 바탕 위에서 언어나 풍습의 민족적인 차이는 그렇게 빨리 사라지지는 않지만 언어의 사회적인 사용과 사유방식, 생활형태의 근본은 거의 도처에서 동일한 것으로 변화될 것이라는 견해에서 출발하고 있다.

문화에서의 '민족적인 것'은 상호작용의 특별한 형태이다. 그것은 문화의 전이와 가공에 의해 생겨난 새로운 형태이다. '민족적인 것'은 종종 '창조적 오해'의 결과일 수 있다. 독일의 고전주의자들은 희랍의 고대와 이태리의 르네상스를 이해한 것처럼 오늘날의 우리들은 이해할 수 없다. 독일의 고전주의자들은 우리와는 다른 눈으로 희랍문화와 르네상스를 보았다. 그러나 이들의 바라보는 관점과 얻는 내용과 문제는 보편적 인간성이다. '세계시민'과 '민족국가', '세계문화'와 '민족문화'는 서로를 배제하는 것이 아니라, 상호적으로 규정한다. 독일과 유럽의 문화는 서로를 배제하지 않는다. 변화하는 연관의 틀 속에서 서로 서로에 대한 관련성 속에서 각각의 문화들은 그 내용과 발전가능성을 규정받게 된다. 여러 문화들(유럽·중국·한국 또는 유럽 안에서의 색손·갈리아·튜톤)은 지적양식에 따라(이론적·경험적 또는 폐쇄성·개방성) 구별될 뿐만 아니라 시간과 공간, 사회제도, 자연과의 관계에 의해서 구별되지만 이 점이 문화독자성이론이나 '민족성'에 의한 문화특성 이론을 지지해 주는 것으로 오해되어서는 안된다. 중국문화의 자극과 수용, 새로운 변형, 유태교나 기독교 사이의 대립과 종합, 유럽문화에서의 희랍문화의 역할, 프랑스와 영국, 또는 프랑스와 독일의 문화에서 보이는 상호 긍정적이거나 다시 상호 부정적 관계로 나타나는 문화의 대비, 이와 같은 상호관계와 상호작용이 없이는 문화의 형성은 불가능하다.

제 2 절 지역문화 개념

1. 지역문화축제의 의미

흔히 문화는 우리가 공유하는 가치와 행동양식이 과거로부터 현재까지 영속되어 살아있고 받아들이고 다음 세대에 전하여 가치를 인정을 받는 그 무엇이라고 하는데, 지역문화는 그 지역의 전통적인 문화가 우리의 신체와 결부되어 풍습의 영역에서 지역이 지니고 있는 고유한 정신적 가치를 지닌 실천적 영속성이 겸비된 방식의 문화라고 일컫고 있다.

우리의 지역문화축제는 지방화가 실시되는 1990년대 들어서 수도권을 중심으로 지역의 문화 축제로 발전하며 지역의 역사적 가치보존과 계승에 중점을 두어 축제화한 것으로 축제로 효과를 기대하면서 지역문화축제를 개최 하고 있는 실정이다. 이렇든 우리의 지역문화축제의 역사는 짧지만 긍정적인 평가를 받는 지역문화축제도 있지만 그렇지 못한 지역문화축제도 있다.

우선, 축제는 인간이 일상에서 벗어나 일탈적 사회적 융합과 집단적 완전한 삶이 가장 심화되는 생(生)의 욕구를 탐구하고 일상의 공간에서 식으로 충족시키는 행위이다. 그러므로 축제는 일상의 생활에서 이루어지는 평상의 행동과는 구별되고, 인간은 이를 통해서 삶의 존재성을 재확인하고 문화적 가치를 이해하며 상호 간의 연대감을 공고히 하여 과거, 현재, 미래의 반복 가능한 시간으로 향해 가는 시간을 창조하고 앞으로 나아가는 개념도 지니고 있다.[47)]

한편, 지역문화축제란 지역과의 문화적 상관성 속에서 생성, 계승된 그 지역의 고유한 전통적인 문화유산을 축제화한 협의적인 의미도 있지만, 지역의 전통적 축제 발산뿐만 아니라 흔히 말하는 문화제, 예술제, 예술경연대회, 산업축제, 스포츠축제, 음식축제 등의 전반적인 문화관광 행사 등의 포함한 개념이라고 볼 수 있다.

지역문화축제는 오늘날 그 시대적 흐름에 따라 그 양상을 달리하면서 다양한 모습으로 변화하면서 우리의 감정과 정서, 신뢰감 등으로 다양한 문화적 요소와 자연친화적인 요소 등이 통합되어 계승·발전하고 있다.

1) 지역문화축제의 특성

지역문화축제는 일상생활을 통하여 우리의 감정과 정서, 신뢰감등으로 일정 장소에 뿌리내리게 함으로써 지역정체성을 만들어 낸다. 즉 지역정체성은 지역이 범주적 실체로 가능하다는 것을 의미하고, 지역의 개별성원들의 의식을 전체로 통합한 것이기 때문에 이는 곧 지역의 문화에 기반을 둔 문화적 요소와 밀접한 관계를 두고 있다.

따라서 지역문화축제는 우리의 역사적 관계와 사상 나아가 지역공동체의 인간과 공간을 어우르는 문화성, 체험성, 교육성, 유희성 등의 본질을 지니면서 다음과 같은 특성을 지니고 있다.[48)]

첫째, 지역문화축제는 지역성을 나타내는 것이 필수적인 특징인데 지역의 사회,

---

47) 박종삼, "지역문화축제의 제반 만족도에 대한 소교", 한국문화산업학회, 동계학술대회 발표논문집, 2018.

48) 박종삼, 상게서.

경제, 문화적 토대 등의 객관적인 모습을 통해서 드러난다. 또한 지역의 상징적 가치를 지역문화화 하여 그 문화는 지역에 정체성을 부여하여 하나의 주관적인 상징을 통해서 형성되는 성격을 지니고 있다.

둘째, 지역문화축제는 행위를 통해서 이를 분출하여 상징적인 전통을 활용하며 축제의 의미를 변화시키고 의식이나 사상으로 형성되어 지속적으로 반복되어 내려오기도 한다.

셋째, 지역문화축제는 지역의 역사적으로 다양하게 나타나는 인간과 시간적, 공간 사이의 관계들로서 일상을 넘어서 그것을 창조하고 질서가 없는 공간을 생성시키는 가상세계와 대면하여 인물들은 사물이나 세상의 질서를 바꾸는 기회나 가능성을 나타내는 것이다.

마지막으로, 지역문화축제는 공동체의 특별한 의미가 있는 역사적 시대의 사건을 기념하기 위한 의식행위를 말한다. 그러므로 축제는 지역사회의 공동체를 결속시키는 힘을 갖는다. 작은 마을이건 큰 도시이건 지역의 구성원들은 축제의 의미를 깊이 공감하고 적극적으로 참여함으로써 심리적 문화적 결속력을 강화하여 지역의 차별화된 문화요소를 응집하여 집약적으로 단시일 안에 펼쳐 보인다는 장점을 안고 있다.

따라서, 지역문화축제의 특징은 특정한 지역에 함께 살고 있는 사람들에 의한 지역공동체의 문화행위로써 지역사회 구성원들끼리 서로의 존재를 확인하고, 서로간의 유대를 공유하기 위한 창조적 문화행위라고 할 수 있다.

2) 지역문화축제의 기능

지역문화축제는 지역이 지니고 있는 다양한 이질적인 요소들이 통합되고 다시 분산되는 과정을 통해 지역의 문화욕구를 충족시키고 문화예술의 계승과 선양, 교류를 통해 경제적이고 생산적인 활동에 기여하여 새롭게 하는 기능으로 행복한 선순환 생활이 지속적으로 영위되는 효과를 지니면서 이에 따른 그 기능들을 살펴보면 다음과 같다.(박종삼, 2018)

첫째, 지역문화축제는 전통적이고 역사적인 내용의 축제는 현재에 사는 우리에게 과거의 모습들을 이어주고, 현재의 축제 내용은 미래로 이어 주는 교량적인 역할을 하여 새로움을 낳고 있다.

둘째, 일상적인 삶의 질적 수준을 높이는 기능을 한다. 지역주민들이 축제를 준비하고 운영 과정에 참여하면서 체험과 교육의 기회를 제공하고 지역주민간의 공동체 의식을 향상시켜 지역의 전통문화를 이해하여 삶의 질을 높이는 계기가 된다.

셋째, 지역문화축제는 지방의 고용창출과 지역경제 활성화를 가져오는 역할을 한다. 지역에서 지니고 있는 다양한 문화적 가치를 시간적, 공간적으로 연결하여 많은 관광객을 지역으로 유치시켜 지역 관광자원의 수요를 증가시켜 지역경제를 향상시키는 계기가 되고 된다.

마지막으로, 지역문화축제는 지역 간, 나아가 국가 간 문화적 교류나 지역을 홍보할 수 있는 문화의 장을 넓히는 효과를 가져 올 수 있다. 즉 지역 간 국가 간에 특유한 예술적 능력을 지니고 있는 예술인과 문화적 교류를 통해 우리들의 새로운 정체성 확립에 영향을 주고 있다.

따라서, 우리들은 지역문화축제를 통하여 잠시나마 지나온 과거, 현재 앞으로의 미래에 대한 전통과 상상에 잠기는 인간본연의 고귀함과 역사의 연속성을 인식하여 우리 인간의 숭고한 가치를 향상시켜 서로 간 사랑하고, 이해하고, 섬김의 정신을 바탕으로 원활한 소통의 장을 열어주는 역할을 지니고 있다.

3) 지역문화축제의 국내외 현황

국내외 각 지역에서 개최되는 축제는 개개의 축제마다 지역적으로 나타나는 현황과 특성이 각각 다르다. 이는 각 지역의 역사적, 지리적, 정치적, 산업적, 사회문화적 상황 등에서 나타나는 각기 다른 성격이나 특성을 내포하고 있기 때문이다.

나아가 지역문화축제가 축제 구조 안에서 주민들의 참여가 증대되고 이를 통하여 지역민들의 삶의 질을 향상시키고 지역의 이미지를 확대시키고 지역민의 조직력강화와 사회적 발전을 이루고자 하는 목표를 지니고 있다.

이와 같은 지역문화축제의 성격과 목표 하에서 실시되고 있는 국내외 지역문화축제에 살펴보면 다음과 같다.

(1) 국내 지역문화축제

우리나라 지역문화축제는 전국적으로 매년 다양한 주제와 유형으로 지속적으로 개최되고 있다. 또한 지역문화축제를 통해 지역관광 활성화 및 국내외 관광객 유치확대를 통해 세계적인 축제육성과 지역 경제활성화 등의 효과도 낳는 축제로 지원과 육성을 확대하고 있다. 다만, 지역문화축제의 질적 수준향상을 위해 무엇보다도 정부에서 추진하고 있는 문화관광축제 지원사업은 지역의 관광활성화 및 외국인 관람객 유치확대를 통한 세계적인 축제로 발전하고 육성하는 것을 기본방향으로 국내의 전통문화와 독특한 주제를 바탕으로 한 지역축제 중 관광 상품성이 큰 축제를 대상으로 1995년부터 재정적 지원과 이 원활하게 이루어지도록 육성과 지원을 하고 있다. 다음에는 연도별 지역문화관광축제의 선정현황과 주요 지역문화축제의 내용 등을 살펴보기로 한다.

문화체육관광부에서는 관광, 축제분야의 전문가들로 구성된 선정위원회에서 축제 프로그램, 콘텐츠, 축제운영 우수성, 축제발전역량 등을 기준으로 매년 개최되는 지역문화축제를 선정하여 지원육성하고 있다.

〈표 5〉 연도별 문화관광축제 선정 현황

연도	1998	1999	2000	2001	2002	2003	2004	2005	2006	2007
개수	18	21	25	30	29	30	37	45	52	52
연도	2008	2009	2010	2011	2012	2013	2014	2015	2016	2017
개수	56	57	44	44	45	42	40	44	43	41

자료 : 문화체육관광부, 『2017년 문화관광축제 종합평가 보고서』, 2018.10 참조.

〈표 6〉 대표적인 지역문화축제

지역	축제명	기간	장소	주요프로그램
서울	한성백제문화제	9.21~9.24	올림픽공원 일대	• 한성백제 혼불 채화식, 몽촌토성 성곽돌기, 역사문화거리행렬 등
부산	광안리어방축제	5.12~5.14	광안리 해수욕장 일원	• 그물끌기 한마당, 어방민속마을, 경상좌수사행렬 등
대구	대구약령시 한방문화축제	5.03~5.07	대구 중구 약령시 일원	• 고유제, 어지전달, 2017명 경성탕 나누기, 200가지 한약제 전시 등
인천	인천펜타포트 음악축제	8.11~8.13	달빛축제공원 일대	• 펜타포트 락 페스티벌, 펜타슈퍼루키, 라이브 딜리버리, 사인회 등
광주	추억의 충장축제	10.18~10.22	국립아시아문화전당, 충장로, 금남로 등	• 충장 퍼레이드, 추억전시관, 충장으로 롤러가자 등
대전	효문화 뿌리축제	9.22~9.24	「효! 월드」 뿌리공원 및 원도심 일원	• 문중 퍼레이드, 중문화예술제, 효문화대상, 효주제관 등
울산	울산옹기축제	5.4~5.7	외고산 옹기마을 일원	• 옹기 장수촌, 옹기 산적촌, 옹기 장난촌, 옹기 난장촌, 옹기 도깨비촌, 옹기 팔러 나가는 날 등
경기	가평 자라섬 재즈페스티벌	10.20~10.22	자라섬 및 가평읍내 일원	• 재즈 아일랜드, 파티스테이지, 페스티벌 라운지, 재즈팔레트, 재즈 큐브 등
	수원화성문화제	9.22~9.24	수원화성 일원	• 정조대왕 능행차, 개막연 '화락', 무예브랜드 공연, 무과재현, 혜경궁 홍씨 진찬연 등
강원	화천 산천어 축제	1.7~1.29	화천군 화천읍 및 3개면 일원	• 얼음낚시, 루어낚시, 맨손잡기, 산천어 밤낚시, 실내낚시, 얼곰이성, 야간얼음광장 등
	평창효석문화제	9.2~9.10	봉평면 효석 문화마을 일원	• 문학의 밤, 문화산책, 메밀꽃, 소원풍등날리기, 거리상황극, 추억의 영화감상 등
충북	괴산고추축제	8.31~9.3	괴산군청 앞 광장	• 세계고추전시회, 괴산고추품평회, 괴산고추홍보관, 고추 속체험, 대동놀이 등

지역	축제명	기간	장소	주요프로그램
충남	서산해미읍성 축제	10.6~10.8	서산시 해미읍성 일원	• 병영마당, 병영음식마당, 병영관아/옥사마당, 태종대왕강무장, 엽전체험, 소원지쓰기 등
전북	김제지평선 축제	9.20~9.24	김제시 일원 (벽 골제 중심)	• 벽골제 전설 쌍룡놀이, 풍년기원 입석줄다리기, 야(夜)한 밤에, 웰컴투 조선 등
	무주반딧불축제	8.26~9.3	무주군 일원	• 반딧불이 주제관, 땟목체험, 꿈을 담은 반디별 찾기, 삼베짜기체험 등
전남	진도신비의 바닷길축제	4.26~4.29	진도군 고군면 회동리 일원	• 신비의 바닷길체험, 영등살 놀이, 불놀이 퍼레이드, 뽕할머니 제례, 회동무대 공연 등
	보성다향대축제	5.3~5.7	한국차문화공원 및 보성차밭 일원	• 충무공 이순신 오국다례제, 다신제, 한강달빛차회, 한국명차선정대회, 보성달빛차회 등
경북	고령대가야체험 축제	4.6~4.9	대가야역사테마관광지, 대가양읍 일원	• 퍼레이드 '대가야 건국신화', 역사채현극 '대가야, 건국의 시대', 대가야 건국 보물찾기 등
경남	통영한산대첩 축제	8.11~8.15	문화마당 및 한산 대첩광장, 당포항 등	• 이순신장군 행렬 및 군점, 한산해전 출정식 및 한산대첩 재현, 공중 한산해전 등
제주	제주들불축제	3.2'3.5	제주시 일원(주행사장 : 애월읍 봉성리 새별오름 일대)	• 오름불놓기, '희망달집'만들기 경영대회, 집줄놓기 경영, 넉둥베기 경영대회, 듬돌들기 경연대회, 사랑의 횃불 대행진 등

자료 : 문화체육관광부, 『2017년 문화관광축제 종합평가 보고서』, 2018.10 참조.

사례

천안 국제흥타령 춤 문화축제[49)]

천안흥타령 축제는 2003년 이후 매년 개최하여 지금은 국제 천안흥타령페스티벌로 발전하였다. 작년 2011.9.28~10.03까지 총 6일간 "천안흥타령축제2011"라는 축제이름으로 '다함께 흥겨운 춤을' 라는 주제를 가지고 천안삼거리와 천안역 등에서 실시하였다.

1. 천안흥타령 문화축제의 개요

(1) 기본테마

- 천안삼거리 옛 고유정서를 담아내는 → "특성화"된 축제
- 전국 유일의 춤을 테마로 참여하는 → "신명"나는 축제
- 시민 스스로 만들고, 모두가 참여하는 → "함께"하는 축제

(2) 주제

- "다함께 흥겨운 춤을!" Let's dance in Cheonan!"

49) 천안시, 『천안흥타령춤축제2011』, 평가보고서, 2011.

(3) 슬로건

- 춤으로 만나는 세상! 가자, 천안으로 ……

(4) 지향목표

- 축제브랜드 가치 제고를 통한 → 세계화 및 천안 이미지 홍보
- 관람위주 소극적 참여의지 → 시민이 축제 주인의식 함양
- 국내최고 '관광축제' 지정 → 관광마케팅 및 지역경제 활성화 목표

(5) 주요내용

- 전야제(축하음악회)
- 개·폐막식 - 환영리셉션, 개막식, 폐막식
- 국제민속춤대회 - 20개국 21팀
- 춤경연 -215팀(학생부, 일반수, 흥타령부, 실버부)
- 거리퍼레이드 - 2회(각51회)
- 테마프로그램 - 춤장난, 마당극 능소전, 춤과 패션의 만남 흥타령춤경연, 월드컨테스트 펀-펀
- 읍면동 화합한마당 - 흥타령춤경연, 그네뛰기, 줄넘기, 투호던지기
- 무대운영 - 4개소(삼거리공원 : 2, 아라리오광장, 종합운동장광장)
- 외국인참여행사 - 춤경연은 한국전통혼례 등의 8종
- 부대행사- 풍물난장, 대학동아리 한마당 등의 10종
- 체험행사 - 세계문화체험 등의 24종
- 거봉포도 와이너리 - 포도음식, 와인만들기, 포도밟기 등
- 음식, 농특산물 판매장 운영 - 2개소팀 2,395명

2. 축제주요프로그램의 평가와 분석

- 천안 흥타령 춤 축제의 메인 프로그램인 국제민속춤대회, 전국춤경연대회, 그리고 거리 퍼레이드 공연이 축제방문객으로부터 호응을 얻고 있다는 점은 매우 긍정적인 시그널이다. 특히 거리 퍼레이드 공연과 마당극 능소전이 방문객으로부터 호응도가 높다는 점을 적극 활용할 필요가 있음.
- 읍면동 화합 한마당 등의 프로그램은 기획의도에서 지역주민의 참여를 유도하는 것이기 때문에 아무래도 축제 방문객에게는 호응도가 떨어질 수 있을 것으로 판단된다. 하지만 춤난장의 요소인 시끌벅적 댄스파티와 춤따라 배우기의 프로그램의 호응도가 떨어지는 점에서는 시정 사항으로 사료됨.
- 국제민속춤 대회의 참가 인원의 확대[20개국 21팀으로의 참가 확대]는 천안흥타령춤축제가 국내뿐만 아니라 국외에서의 인지도를 향상시킬 수 있는 기회를 가지는 것으로 평가됨. 또한 국제춤축제 연맹을 구축하고 천안이 동 연맹의

본부로서 활동할 수 있는 기반을 마련한 것은 향후 축제의 국제적 발전을 고려할 때 매우 긍정적인 시그널로 인지될 수 있음.

- 춤 난장 운영의 시간의 확대와 더불어 다른 나라의 춤 배우기 행사를 더함으로써 방문객의 참여를 확대하고자 했다는 점에서는 좋은 평가를 할 수 있으며, 춤과 패션의 만남, 월드콘테스트 펀-펀 등의 주체프로그램을 확대했다는 것은 긍정적인 평가를 받을 수 있음.
- 축제 재정 자립도의 확대를 위하여 기업홍보 부스, 편의점 입창 모집, 그리고 먹거리 장터의 음식업소 참가비 등을 통하여 부분적으로나마 재정 확보를 위한 노력이 있었음을 나타냄.
- 방문객의 축제 후의 참여 확대를 위하여 사진 공모전, 동영상 공모전, 학생 체험활동 등으로 확대함으로써 축제 기간뿐만 아니라 축제가 끝난 후에도 지속적으로 천안흥타령을 상기시킬 수 있으며, 홍보할 수 있는 기회를 제공한다는 점이 긍정적임.

3. 축제프로그램 시사점

- 거리 퍼레이드 공연은 천안흥타령 춤축제의 메인 요소로서 작용하고 있으며 참가인원의 확대와 더불어 천안시민 및 축제 방문객의 호응도를 이끌어 낼 수 있는 주요 프로그램으로 성장하고 있음.
- 특히 2011 천안시 농특산물 한마당 큰 잔치의 경우에는 시민 및 방문객의 직접 참여 기회를 제공하고 있다는 점에서 함께 하는 축제로서의 의미를 높여주고 있음.
- 마당극 능소전은 천안의 문화를 알릴 수 있는 프로그램으로서 많은 방문객으로부터 좋은 평가를 받고 있으며, 호응도 또한 높은 것으로 평가됨.
- 천안시의 특산물 중 하나인 거봉을 활용한 와이너리 체험관의 경우에 부스의 위치적 문제점과 체험 시간 안내 표지판의 문제점을 들 수 있음. 체험시간을 알리는 안내판이 규모가 너무나 작으며, 구석진 곳에 설치됨으로ㅆ 체험 방문객을 이끌어 들이지 못하고 있다는 점에 아쉬움으로 지적됨.
- 천안 e-스포츠 문화축제의 프로그램의 경우에 참여 신청자를 제외한 일반 방문객을 위한 체험프로그램이 부족하다는 점이 아쉬움으로 지적됨.

(2) 국외 대표적인 지역문화축제

외국의 대표적 지역문화축제는 각 국가에서 추구하고자 하는 문화축제에 대한 정책적 특징과 축제의 효율적인 운영내용 등을 중심으로 살펴보면 다음과 같다.[50]

외국의 사례 중 먼저, 프랑스의 경우, 말로의 문화정책으로부터 대중적인 생활문화에 중점을 둔 쟈크 랑에 이르는 문화정책의 흐름을 주의 깊게 살펴보아야 한다. 프랑스는 문화정책과 축제의 외면적인 상관관계 속에서 전통적인 예술문화와 대중적인 생활문화가 서로 배제하지 않고 적극적인 상호 상승작용을 보여줄 수 있는 것은 수십 여 년에 걸쳐 단절되지 않고 일관성 있게 지속적으로 이어진 문화정책에 기인된 이유라고 본다.

프랑스의 대표적인 지역문화축제인 아비뇽 페스티벌(Festival d'Avignon)은 프랑스의 유서 깊은 역사도시 아비뇽에서는 매년 7월 세계적인 연극축제 '아비뇽 페스티벌'이 개최되는데 세계 각국에서 수많은 관람객이 참여하여 그 옛날 중세시대에 가톨릭 교황청 궁전 마당을 거대한 야외무대로 삼아 거리와 광장에서 벌어지는 각양각색의 공연과 퍼포먼스는 사람들의 발길을 멈추게 하고, 매일 밤 선보이는 새로운 작품들은 수많은 관객들을 매료시킨다.

여기서 아비뇽 페스티벌은 상업적인 논리나 단순한 오락으로 관람객들을 유치하지 않고 뭔가 색다른 형식의 공연으로 관객들을 자극하고 깨우치는 창조적 문화행사이고 젊은 예술가에게는 도전과 기회의 장소이며, 새로운 작품의 실험장이고, 토론장이며, 교육장이다. 또한 소규모의 동네축제로 출발했던 아비뇽 연극제가 세계적인 유명 축제로 성공하기까지는 탁월한 연극배우이자 무대감독인 장 발라르의 25년간의 헌신적인 노력과 희생도 크게 작용하여 지속적이고 자유로움을 추구하는 문화에 대한 토론과 비평, 연구 등이 축제의 성공적인 요소로 등장하고 있는 것이 프랑스 지역문화축제의 한 면을 보여 주고 있다.[51)]

따라서, 프랑스 지역문화 축제는 철저하게 지역 현실에 기반을 두고 국가의 관여는 창조의 자유에 해로운 영향을 끼치지 않는 원칙을 지킴으로써, 폭넓은 지역주민의 적극적인 참여와 외국인들의 자발적인 참여를 유도하여 성공적인 지역문화축제를 매년 개최하고 있다.

독일의 경우, 우선 세계적인 지역음악축제인 잘츠부르크 페스티벌(Salzburger Festspiele)에서는[52)] 모차르트의 고향, 음악의 도시, 고색창연한 호엔잘츠부르크 성과 아름다운 미라벨 정원, 역사의 향기가 스며있는 시가지, 이 모든 것이 한데 어우러져 오케스트라

50) 최락인, "지역문화축제의 효과성 제고를 통한 수익성 모형개발을 위한 연구", 한국지방자치학회지, 제23권제4호, 한국지방자치학회, 2011, p.158.

51) 신은경, "지역축제 경영 활성화 전략 방안연구 : 외국축제 운영사례를 중심으로", 음악응용연구, 3, 2010, pp.107-112.

52) 신은경, 상게서.

의 선율처럼 아름다운 분위기를 연출하고 있는 도시가 잘츠부르크이다.

이 아름다운 도시에서 매년 여름 세계 최고 수준의 음악제인 잘츠부르크 페스티벌이 개최되는데 축제기간이 되면 세계 각국의 음악 애호가들이 잘츠부르크에서 모차르트의 음악을 비롯하여 당대의 대표적인 오케스트라와 명 지휘자속에 주옥같은 음악축제 속에서 잘츠부르크는 지역이 낳은 모차르트라는 유명한 음악가를 토대로 세계에서 가장 수준 높고 유명한 음악축제를 통하여 그들은 고전적 유산을 오늘날의 청중들에게 현대적 방식을 통해 전달함으로써 전통과 현대의 완벽한 조화를 추구하는 방법으로 매년 수많은 관람객들이 참여하고 이를 통하여 경제적, 문화적 파급효과를 단단히 나타내는 축제로 거듭나고 있다.

따라서 독일은 축제에 대한 공공 부문의 지원은 그 비중이 낮은 반면, 다양한 형태를 띠면서 축제에 대한 지원정책은 문화적 분권주의와 다원주의에 입각한 새로운 다원적 가치와 열린 동질성을 추구하며 짓눌린 일상으로부터의 일시적인 도피 내지 전환, 신명나는 삶의 증폭, 생산성 향상을 지향하면서 지역의 고유성을 매체로 현대적 문화요소와 잘 융합하여 늘 새로움을 창조하는 지역문화축제로 거듭나고 있다.

영국의 경우, 에딘버러 축제는[53] 인구 약 45만 명으로 크지 않은 도시이지만, 문화와 학술활동이 비교적 왕성하며 도시 건물이 대부분 400년이 넘는 것들로서 중세건축물 박물관 또는 북방의 아테네로 불리고 있고, 20여 개의 축제가 연중 개최되는 에딘버러에는 매년 수천만 명의 관광객이 찾아오는 대표적인 지역문화의 성공축제로 발전, 계승되고 있다. 에딘버러 축제의 대표적인 사례인 군악대 축제(Edinburgh Military Tattoo)는 1950년에 스코틀랜드 군악대가 참여함으로써 시작되어 오늘날 축제는 아름다운 에딘버러 성의 조명을 배경으로 독특한 음악과 의식, 엔터테인먼트가 벌어진다. 군악대 축제의 수만 명 관람객 중 70%는 스코틀랜드 이외의 지역에서 온 관람객으로 전체 입장객의 35%는 해외에서 온 방문객들로 채워지고, 약 1억 명의 세계 시청자가 TV로 군악대 축제를 보면서 군악대 축제가 지역경제에 미치는 효과는 파급효과도 대단하다고 한다. 그리고 에딘버러 군악대 축제는 축제의 성공요소는 축제장소 선정시 지역의 문화적 특성과 축제의 성격이 잘 조화를 이루는 장소를 선정하였고, 독특한 스코틀랜드 군악대의 전통과, 고성인 에딘버러 성채, 이 두 가지의 독특한 문화적·공간적 자원을 절묘하게 조화시켰기 때문이다. 나아가 최신 기법의 조명이나 음향시설을 이용하여 축제공간이나 공연무대를 환상적으로 연출하여 신비스럽고 매력적으

53) 신은경, 상게서.

로 축제 보여 줌으로써 대규모의 자본투자 없이 지역고유성을 활용하여 비용을 절감하고, 직접 관람객들과 체험할 수 있는 여건이 축제의 역동성을 느끼면서 현대적이고 동적인 관광축제에 부합되는 성공적인 지역문화축제로 거듭나고 있는 사례라고 본다.

일본의 경우, 무엇보다 공동운명체로서의 지역사회의 일체감 확인과 지역공동체 간의 교류와 유대감 강화시키는 내용의 축제를 각 지역마다 특색 있는 음식, 놀이, 관광상품을 중심으로 지역문화축제를 정기적으로 실시하여 지역공동체의 유대강화와 관광객 유치 등의 효과를 꾀하고 있다.

터키의 경우, 동서양의 교통물류의 중심지를 활용하여 세계최대의 역사적 천연관광자원을 중심으로 한 지역문화축제를 매년 실시하여 국가의 이미지 제고와 경제적 소득증대를 가져오면서 대부분 축제 행사의 주최, 진행 면에서는 관의 주도나 적극적 개입 없이 지역주민의 대표에 의해 구성되고 지역주민의 의사에 따라 행사가 진행되는 특성을 지니고 있다.

4) 지역문화축제의 운용상 문제점

우리나라 지역문화축제는 지난 1990년대 이후 지방자치제가 실시된 후 각 지역문화축제는 자생적인 축제 개최라기보다는 지방의 행정절차상 필요한 내용의 의도적인 기획축제가 우후죽순으로 생겨난 것이 특징이다. 원래의 축제는 그 해당지역에서 오랜 전통적 계승·발전해 온 우리 고유의 멋과 행위를 갖가지 형태로 연출해 내는 것이 원래의 의미인데 요즘은 너무나 보는 것, 사는 것, 먹을 것, 해보는 축제로 전환되어 축제구성의 다양한 내용 미흡, 특정 연령층에 편중, 축제의 마케팅기법 부족, 지역 통합 공동체적인 프로그램 구성 및 홍보면에서 문제점들이 나타나고 있다.

따라서 우리나라에서 개최되는 지역문화축제의 운용상 나타나는 문제점들을 살펴보면 다음과 같다.

첫째, 몇몇 지역문화축제는 당초 계획하고 준비한 축제의 주제(Theme)와 내용(Concept)이 불명확하다. 우리나라 각 지역에서 개최되는 지역축제는 대부분 주제만 상이하고 그 행사 내용이나 일정이 유사해서 주제의 설정이나 내용 면에서 체계가 불명확하여 축제 관람객에게 혼란만 초래하고 명확한 이미지를 전달치 못하고 있는 것이 현실이다. 예컨대, 지방정부는 지역이 낳은 역사적 인물과 그 전통 유적유지를 위해서는 매년 많은 예산을 투입해서 관리는 지속적으로 하고 있으나, 이들 자원을 적극적으로 발굴하여 지역문화축제의 콘텐츠로 활용·발전시키지 못하고 있는 것이 실정이다. 즉 그 지방만이 지니고 있는 독특한 고유성 있는 문화콘텐츠의 개발 발전이 충분하지 못하여 전국 어디서나 같은 공연과 행사 위주의 상업적 내용으로 구성되어 있다. 갈수록 집단적 참여축제에서 관람형 축제로 변화되어 축제의 중심이 되는 지역주민의 적극적이고 자발적인 참여 부족으로 공감대 형성과 집단문화 의식이 결여된 축제로 변모되고 있는 상황이다.

둘째, 축제의 성공요건은 다양한 요건이 있는데, 그중에서 축제에 관여하고 참여하는 전문가와 행정조직들 간의 협력적 파트너십이 축제 성공의 주요한 관건이 되는데 현재의 대부분 축제의 조직은 관위주로 이루어져서 진정한 축제의 의미가 소홀히 되는 경우가 많다. 또한 상기에서 살펴본 외국 지역문화축제들은 관이 대부분 배제된 '독립성의 원칙'에 따라 운영되고 있으며, 축제를 이끌어 가는 전문 축제 운영단체를 두고 있다. 주민주체의 축제경영을 하고 있으며, 높은 전문성을 지닌 축제 경영시스템은 다양한 아이디어와 경쟁력을 갖추고 있는데 비해 우리는 지역주민들의 주체적 참여의식이 결여된 조직형태로 축제운용이 이루어지고 있다. 다만 지역의 역량을 벗어난 소규모의 축제인 경우에는 영리를 목적으로 하는 축제 대행사를 선정해 민간조직이 주도적으로 개최되고 있다. 요즘의 축제는 많은 지방정부가 경쟁적으로 주최하면서 천편일률적인 내용, 축제시기의 집중화, 축제장소의 획일화 등의 문제점을 발생시키면서 지역축제 개최자의 운용조직이 아직 미정립 되어 전문적이고 독립성이 결여되어 효율적인 지역축제의 속성을 살릴지 못하는 축제로 전략되고 있는 축제들이 개최되고 있다.

셋째, 오늘날 축제는 종래의 자발성 기능이 강조된 축제라기보다 Joy(즐기는)놀이 축제가 많은데 이에 적합한 축제마케팅 전략이 미흡하다. 축제에 참여하는 방문객들의 참여동기, 태도, 라이프사이클, 가치관, 행동양식, 기대감, 잠재적 스폰서, 체험프로그램 유·무, 축제관련 기념품, 행사장 접근성 등에 대한 내용의 제반 만족도에 대한 평가를 정확히 검토하여 마케팅 전략에 포함시키는 것이 중요하다. 현재 진행되고 있는 지역문화축제는 규모면에서 영세성과 축제내용의 부실로 관광객 유입력이 부족하고 주변 관광자원과의 연계성이 미비한 점들도 도출되어 지역문화축제를 기획부터 평가까지의 전반적인 축제마케팅전략과 이를 수행하는 전문인력 확보 및 홍보면에서 부족한 점들이 나타나고 있다.

넷째, 지역문화축제는 지역의 자연적인 문화유산의 보전과 관광자원 개발과 특유의 문화축제 프로그램을 근간으로 하고 있다. 그러나 현재 지역문화축제에서는 외형상으로는 문화와 자연을 주제로 하고 있지만 실질적으로 축제의 의미, 역할, 영향에 대한 충분하고 심층적인 연구와 평가 없이 일부 축제는 경제적 효과와 유희성에 치중되어 그 지역이 가지고 있는 교유한 자연 생태적 우위를 기반으로 자연을 주제로 한 진정한 환경 친화적 축제가 운용되고 있지 않는 것이 지역문화축제의 한 실정이라고 볼 수 있다.

마지막으로, 1990년대 지방자치제 이후 개최되는 지역문화축제는 지역 자생적 축제라기보다는 의도적으로 기획된 축제들이 많다. 이는 축제 기획과 운영의 경험과 전문성이 아직 미숙하고 축제 후, 이를 객관적으로 평가하는 시스템의 부재와 다양한 계층의 지역 주민들이 적극적 참여로 전통적이고 현대적인 지역문화의 계승이라는 인식전환과 지역 문화개발이라는 슬로건 아래 걸 맞는 행정조직을 통해 진정한 공감대를 형성하여 축제의 기능과 재미가 공존하는 방향으로 나아가는 축제의 운용기법이 미흡한 점들이 문제점으로 나타나고 있다.

5) 지역문화축제의 효율적 운용방안

상기에서 도출된 지역문화축제의 갖가지 문제점에 대하여 다음과 같은 효율적인 운용과제에 대하여 관, 민, 학 단체들이 이에 대한 명확한 판단과 실천의지를 지니고 이를 순리적으로 실행한다는 자세가 매우 중요하다고 본다.

첫째, 지역문화축제는 해당지역의 관민들의 통합과 범지역적 협력이 전제되어야 축제의 성공을 이끌어 낼 수 있다. 이는 기존의 지역축제에 대한 인식에서 전환하여 새로운 인식의 가치를 창출해 내는 것이 필수적인 과정이다. 예컨대 한 지역의 축제가 시작하면 인근 지역에서도 축제가 시작되므로 상호 건전한 경쟁의식 속에서 더욱 친밀감과 생동감이 발휘되어 많은 관람객을 유치와 축제내용의 가치화를 통하여 축제의 경제적 효과와 지역 간 상호 친밀한 생활문화 교류와 지역의 개성 및 문화적 특성을 응집시켜는 효과를 낳을 수 있으므로 인근 지역간 축제에 대한 긴밀한 연계 전략과 공동마케팅 전략을 도입하여 지역 간 상호 상생하는 홍보와 정보교류가 요구된다고 본다.[54)]

둘째, 지역문화축제의 성공적인 핵심 역량은 물적 인프라(축제기반시설)와 인적 인프라(축제운용기반)가 적절히 존재하여야 하고 조화롭게 이를 활용하여야 한다. 주변의 천연적인 자연자원과 이에 과학적 조건을 융합시켜 무한 가능성을 보여주어는 인적자원이 조화를 이룬다면 훌륭한 지역문화축제를 이룰 수 있다고 본다. 즉 열악한 제반조건하에서도 창조적이고 경제적인 기획과 프로그램이 생산되고 이를 실행하는 전문성과 행정력이 뒷받침 된다면 성공적인 축제가 될 가능성도 높고 상설적

54) 안성혜, "지역문화축제 활성화를 위한 전략적 기획방안의 모색", 한국문화콘텐츠학회논문지, 제8권제12호, 한국문화콘텐츠학회, 2008, pp.169-170.

으로 축제의 지속성을 가져올 수 있다. 물론 이러한 인적, 물적 인프라의 양성과 준비는 단번에 되는 것은 어렵지만 이를 지원하는 정책 당국이나 지역 주민들의 제도적·정책적 지원과 관심이 요구된다고 본다. 특히 축제 전문인력 양성프로그램 개발, 교육과 축제운영조직의 상설화와 재정확보에는 중앙정부, 지방정부, 교육기관, 기업들의 전폭적인 지원과 노력이 주요한 축제의 성공역량이라고 본다.[55)]

셋째, 지역문화축제 관광객을 유치하는데 연계관광 상품의 개발 역시 중요하다. 많은 관광객 유치로써 지역문화축제의 관람객 목표 달성, 지역경제유발효과, 지역 브랜드(이미지) 구축 및 전파 등 축제목표를 달성할 수 있다. 그러므로 축제와 연계된 관광상품의 개발과 해당 관련업계가 함께 어우러지는 지역관광 역량과 기반을 강화하여 지역주도형 관광산업 생태계 조성, 관광개발 평가와 환류기능을 강화하여 사업 효율성과 효과성 제고시키는 수요자 중심의 안내체계 개선과 서비스 품질 개선과 지역관광 접근성을 제고하기 위한 교통 연계망 구축, 대중교통 이용에 편의성 제공과 다양한 숙박시설 제공 등에 대한 기획과 투자 및 맞춤형 마케팅 전략이 요구된다고 본다.

넷째, 상기에서 제시된 외국 지역문화축제의 사례에서도 지역문화축제는 축제의 이해와 재미를 배가시키기 위해 축제에 참여하는 관람객들이 실질적으로 축제를 체험하고 학습하고 재미를 느끼는 프로그램을 축제에서도 기획되어야 한다. 즉 다양한 체험프로그램을 통해서 축제의 매력을 높이고 학생들의 학습체험률이 부모님의 동반 참여율을 가져와서 축제가 그저 보고 가는 것이 아니라 체류관광으로 연결되어 경제적 효과도 창출하여 이러한 축제가 지역문화축제의 정수를 보여주는 계기가 될 것으로 본다.[56)]

다섯째, 지역문화축제는 앞으로 자연친화적, 생태적 문화 축제로 나아가야할 것이다. 즉, 지역축제 프로그램 중 자연의 생태학습 관광화를 위해 사계절 내내 관람할 수 있는 생태자원의 개발과 자연과 지역과 나아가 우리 모두를 살리는 살린다는 평범한 진리의 슬로건에 걸맞는 지역 특유의 자연친화적 생태 관광상품을 개발하여 축제운용비용도 절감하고 타 축제하고는 차별성을 통하여 경쟁력을 견지하여 성공적인 지역축제가 될 수 있다고 본다.

여섯째, 지역문화축제는 특색 없는 붕어빵 축제화, 지방자치단체장의 연임을 위한 축제 등에 예산과 행정력이 낭비되어서는 안 되고, 해당 지역문화가 축제의 구심점

---

55) 최락인, 전게서.

56) 제갈돈 외, "지방정부의 지역축제 차별화 전략", 한국지역개발학회지, 한국지역개발학회, 제18권 제2호, 2006, pp.95-123.

기능을 갖고 재정투명성과 효율성을 갖춘 규모의 경제실현, 지역주민의 자발적 참여와 문화정체성의 확립을 통한 지역주민의 공동체 의식의 강화, 그리고 전통문화 계승을 통한 지역이미지의 향상 등 사회문화적 효과를 가져 올 수 있는 보다 내실 있는 수익형 문화축제 모형구축과 나아가 지역문화 빅테이터를 구축하여 차별화 되고 특화된 문화콘텐츠 개발이 지속적으로 이루어져야 한다.

마지막으로, 지역문화축제는 마을 단위를 중심으로 한 생활문화 축제가 되어야 한다. 지역에는 제각기 다른 마을집단들이 존재 하는데 이들 마을들이 마을합창단, 마을풍물단, 마을오케스트라 등의 풀뿌리 문화를 기반 하여 다양한 지역문화의 기반을 구축하고 이를 통하여 생활문화가 활성화를 꾀할 수 있다고 본다. 즉 생활문화를 활성화를 위하여 지역주민들이 자발적으로 축제를 이해하고 참여할 수 있는 민, 관, 학 전체 지역 구성원들이 그 지역의 경제적, 정치적, 문화생활에 대한 자기표현 및 참여를 위한 충분한 기회를 가질 수 있도록 하고, 독창성 있는 주제, 콘텐츠 발굴과 이를 지원화 할 수 있는 지역의 모든 생활문화 단위들이 적극적인 파트너십 발휘와 네트워크가 구축된다면 지역문화축제의 가치를 더욱 증진시켜 나가는 새로운 촉매제 역할을 할 수 있다고 본다.

따라서, 이러한 지역문화축제를 효율적으로 활성화 시킬 수 있는 인적, 물리적 인프라가 융합적으로 조화를 이룰 때 지역주의적 지역문화축제는 전통문화와 현존하는 문화가 지역주민의 자발적인 참여와 고용창출을 이룰 수 있는 지속가능한 새로운 가치의 지역문화축제가 될 것으로 본다.

오늘날 사회는 저출산과 고령화가 급속도록 진행되면서 대다수 지역의 인구는 지속적으로 감소하고 있으며, 지역소멸에 대한 위기감이 확산되는 상황 하에서 지역주민의 문화적 삶의 질이 높아지고 문화를 향유하는 과정 그 자체가 그 지역의 고유한 문화가 되는 생활문화가 형성되어 일상 속에서 문화를 누리는 여가가 있는 삶을 달성할 수 있도록 마을문화가 바탕이 된 생활문화에 걸 맞는 지역문화 정책시책 등이 수립되어야 한다.

또한 지역 간 문화여건을 진단하고 여건에 따라 차등 지원·맞춤형 지원 등 정책을 연계하여 실효성 제고되도록 지역문화 실태조사를 정례화하고, 국가승인통계로 지정 추진되어 장기적으로 문화향유 시설의 사각 지역부터 우선 지원하는 등 여건에 따른 지역문화 맞춤형 지원방안 등이 추진되어야 한다.

우리나라 지역문화축제는 1990년대 들어서 수도권을 중심지역 문화축제로 지역축제, 지방축제가 급속도로 발전하여 지역 활성화, 지역 문화보전과 가치창조에 많은 기여를 하고 있다. 그리고 우리나라에서 개최되는 지역문화축제는 역사는 짧지만 좋은 평가를 받는 문화축제도 있지만 그렇지 못한 지역문화축제도 있다고 본다. 일례로 살펴본 천안흥타령문화축제는 역사는 짧지만 단기간에 국제문화축제로 성장하여 이제는 천안지역을 벗어나 세계문화 춤 축제로 발돋움하는 것에 찬사와 성과를 낳고 있다.

한편, 상기에서 살펴본 바와 같이, 지역문화축제의 운용상 나타나는 문제점들은 지역문화축제의 주제와 내용의 불명확, 전문성 결여 및 협력적 파트너십 미흡, 전략적 지역문화축제 마케팅전략 미비, 축제 참여 구성원의 비효율성 및 홍보 부족, 의도적인 기획성 문화축제 난발 등의 문제점들이 나타나고 있는데, 이렇게 도출된 지역문화축제가 앞으로 지속 발전가능성을 견지하기 위해서는 해당지역의 민·관·학 단체의 화합과 범지역적 협력, 물적, 인적 인프라의 핵심역량 강화, 연계 관광상품 개발, 다양한 체험프로그램 개발, 자연생태적 친화적 문화축제, 지역 특화문화 콘텐츠개발, 빅데이터를 활용한 지역문화정보네트워크 구축, 생활문화축제의 기획 및 축제의 실행 시 전후 명확한 기획과 평가 등의 효율적 방안들이 모색되어야 할 것으로 판단된다.

그러므로 성공적인 지역문화축제는 시작부터 계획적이고 조화로운 운영을 해야 할 뿐만 아니라 지속적으로 발전·유지·계승되는 지역문화축제가 되어야 한다고 본다.

지역문화축제는 말 그대로 해당 지역의 전통과 직간접적으로 관련성 속에 민, 관, 학의 적극적인 참여와 지원 속에서 진정한 공감대가 형성되어 진행될 때 그 속에서 의미를 찾을 수 있다고 본다.

나아가 지역문화축제의 기반인 지역 특화 문화 콘텐츠를 육성 지원하기 위해서 지역의 핵심 스토리를 발굴하고 스토리·문화자원 등과 결합한 지역별 핵심 콘텐츠를 중심으로 축제를 평가하여 등급별로 서열화 하고 차등화 하여 지역 맞춤형 축제에 지원과 정책을 지원하는 방식으로 정책 전환이 이루어져야 할 것이고, 이를 위해서 축제 지원 및 평가 전담기관 지정하고, 축제 정보 플랫폼 구축·운영, 글로벌 축제를 발굴하기 위한 조사·컨설팅, 축제 전문인력 보수 교육 지원·협력 및 축제 빅데이터 구축, 시민축제 평가단 운영하여 지역문화축제에 대한 사업타당성과 사후성과 평가결과에 따라 예산과 행정력지원이 철저하게 이루어져야 성공적인 지역문화축제가 된다고 본다.

따라서, 오늘날 지역문화축제는 지역이 축제를 통해 추구하고자 하는 목표지향적 문화축제에서 한 과정 과정마다 문화축제의 운용 최소단위인 지역마을 주민과 관람객들이 자발적으로 참여하고, 느끼고, 즐기는 진정 자유로움을 향유할 수 있는 축제의 속성이 발휘되는 과정지향적으로 전환하여 마을문화를 기반으로 한 생활문화 축제로 거듭나는 노력과 열정이 영속적으로 실행되어야만 지역문화축제의 진정한 의미를 그 속에서 찾을 수 있다고 생각된다.

천안삼거리 문화축제 명소화 전략

천안은 옛날부터 한양(서울)을 오가는 삼남의 길목이었고 만남과 헤어짐 그리고 다시 기쁜 마음으로 상봉하면서 춤과 흥이 가득한 고장으로 우리의 민요 흥타령의 발상지뿐만 아니라 교통과 문화의 요충지다.

이러한 지리적 특유한 장점을 살려 새로운 문화콘텐츠 개념인 글로벌푸드 테마공원(Global Ethnic Food Park)을 조성하여 이를 통해 음식과 콘텐츠문화의 이해와 학습·체험·전시 및 외식공간을 창출함으로써 지역문화 발전에 기여하고 있다.

나아가 지역의 로컬푸드와 연계 발전시켜 도농교류의 거점지역으로 지역경제 활성화, 소득창출 및 지역 전통문화의 계기가 되어 천안삼거리의 이미지 개선과 문화의 랜드마크화를 위한 명소화 전략을 수립할 필요성이 제기되고 있다.

1. 천안삼거리 이미지 평가

(1) 천안삼거리 과거

- 천안삼거리는 옛 부터 한양과 삼남의 길목으로 사람과 물자가 이동하는 물리적 공간으로서 이동통로 역할을 수행한 장소
- 교통의 십자로 역할을 수행하며 국내의 모든 정보가 소통하는 소통의 장소
- 많은 사연을 갖은 사람들의 헤어짐과 만남이 있는 즐거움이 있는 장소
- 만남과 화합의 가교역할을 하는 장소
- 쉬어가는 장소로서 휴식을 갖는 장소
- 과거의 천안삼거리를 컨셉트화 하면 도로가 연결되면서 형성된 삼거리
- 서울과 영남, 호남의 사람과 물자가 만나고 이동하는 통로

(2) 천안삼거리 현재

- 교통수단의 변화로 인하여 과거와 같은 물자와 사람의 이동통로 역할 기능의 급격한 쇠퇴
- 정보와 커뮤니케이션의 소통통로 역할기능의 부재
- 현재 인근의 천안박물관, 천안예술의전당 등이 위치
- 『흥타령 축제, 농기계박람회 등』을 통하여 흥이 있는 도시와 장소로서의 이미지 정립노력
- 천안시민대상조사결과 젊은층에서는 천안삼거리가 천안의 대표이미지로 인식되지 않고 있음(설문분석결과 참조)
- 타시도 거주자의 경우에도 천안의 대표이미지에 대한 인식이 낮을 것으로 사료됨.

• 만남과 헤어짐이 있는 장소, 흥겨움이 있는 곳이었으나 현재는 과거의 천안삼거리가 가지고 있는 이미지와 역할이 전혀 이루어지고 있지 않음.
• 따라서, 천안삼거리의 이미지를 만드는 노력이 필요함.

2. 천안삼거리 미래

• 천안삼거리에 대한 이미지를 현대적으로 재조명할 필요성이 있으며 이를 통하여 지역민들의 지역애향심을 제고시키고 자긍심을 고취시킬 수 있음.
• 과거 천안삼거리가 갖고 있었던 이미지를 미래지향적으로 재해석, 재조명할 수 있는 방향으로 추진되어야 하며 천안을 대표할 수 있는 통합적인 이미지 메이킹이 되어야 함.
⇨ 다시 가고 싶은 장소
⇨ 가면 즐겁고 흥겨운 장소
⇨ 천안시민들에게 사랑받는 장소
⇨ 다른 사람들에게 추천하고 싶은 장소
• 삼거리는 숫자 3, 세 가지, 지역 간의 화합, 서로 다른 문화간의 소통, 새롭고 재미와 흥이 있는 곳 등의 이야기를 담고 있어 이를 토대로 한 미래형 컨셉으로 구상하여야 함.
• 물리적 소통의 공간으로서의 삼거리 ⇛ 문화가 소통하는 장소로서의 천안삼거리
⇨ 팔도의 음식과 한국의 음식문화 있는 장소
⇨ 세계의 음식과 음식문화가 융화되고 소통하는 장소
⇨ 다문화시대 다양한 계층과 세계인이 화합하는 장소
• 과거의 컨셉에 숫자 3을 기본으로 하여 세 가지 재미(fun)있는 요소를 추가함.
⇨ 보는 재미(fun of seeing)가 있는 곳
⇨ 먹는 재미(fun of eating)가 있는 곳
⇨ 즐기는 재미(fun of enjoying)가 있는 곳

[천안삼거리의 과거 – 현재 – 미래]

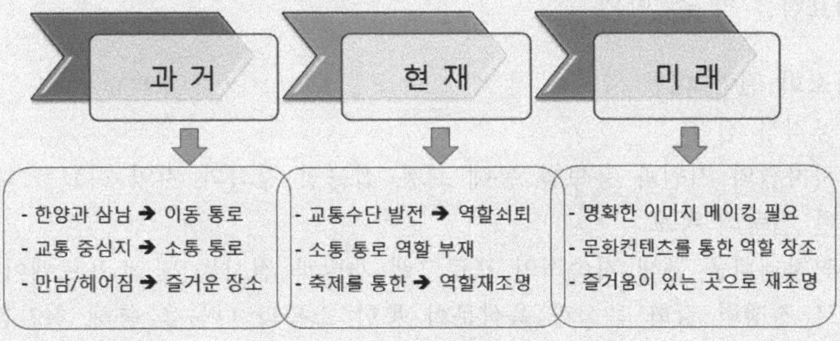

• 삼(3, 세 가지) + 거리에서 거리를 베이스로 하여 새로운 천안삼거리를 컨 셉트화 함.
⇨ 볼거리
⇨ 먹을거리
⇨ 즐길거리

(1) 설문조사 분석

역사와 문화적 관점에서 천안시를 대표하는 이미지는 무엇인지에 대한 설문에 대한 응답결과 전체 729명의 응답자 중 천안삼거리가 335명(45.95%), 호두과자가 250명(34.49%), 흥타령축제가 56명(7.68%), 능수버들이 40명(5.49%), 거봉이 22명(3.02%), 천안배가 11명(1.51%)으로 조사되었음.

- 천안시 12경중 제1경인 천안삼거리에 대한 지역민들의 이미지 인식에 대해서는 보다 세밀한 분석을 하고자 연령별 교차분석결과 응답자 전체의 분석결과와는 다른 내용이 도출됨.
- 20대 응답자의 천안대표이미지는 50%가 호두과자라고 응답하였으며 천안삼거리는 28%수준으로 나타남.
- 30대 응답자의 경우 호두과자가 43%, 천안삼거리가 42%로 나타남.
- 40대 응답자의 50%가 천안삼거리를 대표이미지라고 응답하였고 호두과자가 34%를 차지함.
- 50대 응답자의 경우 65%이상이 천안삼거리, 호두과자가 14%로 나타남
- 결과를 종합하면 20~30대에 있어서는 천안삼거리가 천안을 대표하는 이미지로 자리 잡지 못하고 있는 반면 40대 이상에서는 천안삼거리가 높은 수준으로 인식되고 있음을 알 수 있음.
- 이를 토대로 유추해 보면, 20대 이하의 계층에서는 천안삼거리에 대한 인지도가 낮을 뿐 아니라 역사적 의미나 문화적 의미가 퇴색해가고 있음을 알 수 있음.

따라서, 20~30대 대상, 20대 이하 계층을 대상으로 하는 다양한 홍보활동이 필요함을 알 수 있음.

(2) 명소화 전략 대안

① 공격적 전략

- 시차원의 지원과 홍보를 통해 교통 접근성 강화와 지역 학교를 대상으로 한 전략적 홍보
- 연차계획을 통해 지속적인 프로그램 개발과 전시물 및 소프트웨어의 확보로 경쟁력 강화 음식과 음식문화 통한 소통과 나눔을 통해 천안삼거리의

장소 이미지 메이킹과 정체성확보

- 청소년들의 야외활동과 체험프로그램을 연계한 1일 체류형 목적지로 개발【(삼거리공원 + 체육공원 + 주차장시설을 활용한 야외활동) + (세계민족음식테마관 전시실 + 음식체험)】
- 지역축제와 연계한 win-win 프로그램 운영(홍보와 축제개최시 실내 프로그램 운영 및 다목적 공간으로 활용)
- 음식과 관련한 다양한 콘텐츠의 지속적 개발·운영을 통해 지역의 상권과 지역식품산업과 연계를 통한 발전방향 모색

② 방향전환 전략

- 전통적인 교통중심지 이미지 ⇨ 문화소통중심지로 전환
- 낮은 브랜드 인지도향상을 위한 교육체험 프로그램의 상설화(천안교육지원청과 협조)
- 청소년 계층의 활동성을 감안하여 주변시설과 공간을 활용한 프로그램개발 운영(카트 경기장, 어린이 자전거 면허장, 걷기 마스터, 등)

③ 방어적 전략

- 다양한 체험프로그램 운영의 전문성 확보를 위하여 지역대학과 연계운영
- 취약한 상권과 입지성 극복을 위하여 야외공간 을 활용한 수요농산물 직거래 장터 등 을 활용 한 상권개선 추진(인지도와 홍보 강화목적)
- 불확실한 수요에 대비한 소모임 등의 적극적 유치와 홍보(1차 - 지자체 및 공공단체 중심, 2차 민간 기업으로 확대)
- 타시도의 유사시설 도입시 발생할 수 있는 경 쟁문제에 적극 대처하기 위한 연차별 시 설 개보수 및 지속적 프로그램 개발
- 따라서, 문화이벤트를 통한 홍보 마케팅(다문화가정과 나라별 모임 등을 활용한 다문화 음식체험과 이해 프로그램, 전통한식과 발효음식 프로그램, 도농교류 프로그램으로서의 수요장터 등의 다양한 프로그램 개발운영)
- 정적인 요소(글로벌푸드테마관) + 약한 동적 요소(테마관의 음식체험 프로그램) + 강한 동적 요소(야외 레저활동 프로그램) 연계를 통한 차별화된 장소화 특화전략 시도
- 역사적 장소(교통이동과 물리적 소통)에서 세계의 음식문화가 소통하는 스토리가 있는 문화소통의 장소

  ◇ 먹을거리 + 볼거리 + 즐길거리가 있는 명소화

  ◇ 장기적으로 관광객을 유인하는 관광명소화

  ◇ 천안시민들로부터 사랑받는 장소로서의 포지셔닝 전략은 크게 3가지로 활동주체 측면의 포지셔닝, 문화활동 측면의 포지셔닝, 생활활동 측면의

포지셔닝 전략 추진

㉠ 활동주체로서의 포지셔닝
- 참여가자 민족과 지역의 음식을 직접 체험하고 이해하는 주체가 될 수 있는 장소
- 음식체험과 이해를 통해 세대간 계층간의 차이를 이해를 화합할 수 있는 장소

㉡ 문화활동 측면의 포지셔닝
- 체험자 스스로가 음식문화에 대한 욕구를 해소하고 즐기는 장소
- 직접적인 참여를 통해 소통하고 융합이 가능한 장소

㉢ 생활활동 측면의 포지셔닝
- 참여를 통해 다양한 여가활동을 즐길 수 있는 장소
- 교육과 소비가 가능한 다목적 활동의 장소
- 가족, 계층, 다문화가 생활측면의 활동을 통해 소통하는 장소

따라서, 천안의 대표이미지에 대한 설문 조사 결과 20~30대(젊은층)에 있어서는 천안삼거리가 천안을 대표하는 이미지로 자리 잡지 못하고 있는 반면 40세 이상에서는 천안삼거리가 높은 수준으로 인식되고 있음.
- 20대 이하의 계층에서는 천안삼거리에 대한 인지도가 낮을 뿐 아니라 역사적 의미나 문화적 의미가 퇴색해가고 있음을 알 수 있음.
- 20~30대 대상, 20대 이하 계층을 대상으로 하는 다양한 홍보활동이 필요함.
- 따라서, 천안삼거리의 장소이미지 심볼 마크개발, 글로벌푸드테마관시설을 활용한 문화적 랜드마크화(국내유일 글로벌푸드테마 문화 이해 및 학습공간 + 체험공간 + 소통공간 + 외식공간)
- 향후 천안삼거리가 지역의 명소를 벗어나 세계 각지에서 찾아오는 문화·음 식·소통의 중심지가 되도록 산·학·관·연의 지속적이고, 유기적인 협조체제 구축이 요구됨.

2. 지역문화축제의 만족도

1) 지역문화축제의 만족도의 의의

오늘날의 21세기는 지난 세기의 제조업을 중심으로 한 양적 성장의 산업사회에서 제반 ICT기술 등을 기반으로 한 융합기술시대를 맞고 있다. 이에 산업과 문화가 조화

를 이루어 우리문화생활이 갈수록 개성화, 고도화 및 지방화가 가속될수록 좀 더 지역사회문화에 대한 이해와 관심 속에 지역문화의 활성화가 지역경제발전의 돌파구를 찾아주는 경향도 나타나고 있다.

특히 지역에서 펼쳐지는 문화축제는 지역문화에 대한 재인식 기회 제공과 유명한 문화산업으로 성장할 수 있는 토대를 제공하고 나아가 지역 문화 정체성을 유지·발전시키는 계기기 되고 있다.

아울러 지역문화축제가 종료되고 나서 과연 문화축제가 지역주민과 방문객들에게 개관적으로 어떠한 만족도를 제공 했는지에 대하여 이를 살펴보고, 이를 바탕으로 성공적인 문화축제로 지속가능하도록 역량을 제고시키는 방안을 제시하는 것이 필요하다고 본다.

2) 지역문화 축제의 만족도 분석

지역문화축제는 경험적 품질이라는 속성을 가지는 대표적인 서비스품질의 속성을 지니고 있다. 그러므로 지역문화축제의 만족도는 향후 차별화된 마케팅전략에 반영되는 피드백의 역할을 하게 될 것이고, 궁극적으로 해당 지역문화의 인지도, 지역민에 대한 부가가치 창출과 같은 상승효과도 기대할 수 있을 것이다. 또한 서비스 상품으로서의 특성인 생산과 소비가 동시에 이루어지는 동시성과 서비스의 무형성으로 인해 생산자는 소비자들에게 서비스 경험을 미리 이해시킬 수 있는 유형적인 단서를 표출시켜 주고 있다.

따라서 지역문화축제에 대한 만족도 분석은 방문객 만족도, 소비지출 만족도, 지역이미지 만족도에 한하여 제반 만 논문 등을 참조하여 개괄적인 내용을 기술하고자 한다.

(1) 방문객 만족도 분석

지역문화축제의 주요 과제는 바로 방문객 만족도라 할 만큼 핵심전략이기도 하다. 즉, 방문객들의 만족도가 높으면 이들의 재방문과 주변추천이 높아지는 상관관계가 있기 때문이다. 최근 들어서 축제기획의 주요 과제가 바로 고객만족(customer satisfaction: CS)이라할 만큼 중요시되고 있다. 그 이유는 참가자 만족과 전반적 만족도, 축제에 대한 충성도와는 상관관계가 있기 때문이다. 참가자들의 만족도가 높으면 이들에 의한 추천율과 재방문율이 높아지는데다 많은 소비지출의 의향도 생기게 된다는 것이다.

축제방문객 만족은 소비자 행동측면과 관광객 행동측면으로 나눌 수 있다. 전자의 경우는 축제경험의 경험행동에 대한 태도 평가로서 축제프로그램, 음식 등 핵심서비스이고, 후자는 인적서비스와 같은 지원서비스 및 서비스 환경 등이 해당된다.

또한 방문객 만족도는 축제프로그램에 대한 기대성과의 차이로 표시된다. 만족과 불만족의 결과에 따라 참여자의 재방문 의사와 축제 선택에 영향을 미치며, 다른 사람에게 축제를 추천하거나 방문을 권유하는 등의 구전 의사에도 영향을 미치게 된다. 따라서 재방문율은 방문객과의 현장체험에서 지각하는 정도에 좌우될 만큼 해당 축제의 충성도에도 직접적인 영향을 주게 된다.

(2) 소비지출 만족도 분석

축제 만족 요인으로는 모든 축제에서 문화체육관광부에서 공통으로 요구하는 축제 만족도 조사결과에서 소비지출과 직간접적으로 관련이 높다고 판단되는 놀거리, 먹거리, 살거리, 부대편의시설, 정보안내서비스와 같은 5개의 요인을 고려하여 소비 지출행동은 식·음료비, 숙박비, 쇼핑비, 유흥비, 입장료, 체험비 등을 포함한 실제 소비 지출액이 만족도 분석 도구로 사용되었다. 최근에는 축제의 만족도뿐만 아니라 축제로 인한 지역의 발전, 특히 경제적 효과 관점에서 바라보는 관심이 커지고 있다. 경제적 효과 중에서도 방문객이 축제에 참여하여 실제 체류하면서 먹고, 쓰고, 자고, 놀고 하는데 소요되는 지출 금액이 가장 중요하게 고려되고 있다.

소비 지출은 1인당 총 지출 금액이 고려되었으며, 여기에는 교통비, 숙박비, 식·음료비, 유흥비, 쇼핑비, 기타비용의 총합으로 계산되었다. 기타비용의 경우 축제마다 차이가 있겠지만, 입장료, 관람료, 체험료 등을 의미하고 있다.

대체적으로 소비지출 만족도 분석 결과는 지역문화축제의 만족 요인 중에서 놀거리와 부대편의시설이 소비 지출에 긍정적으로 유의한 영향을 미친 것으로 나타났다. 안내지원서비스, 살거리, 먹거리는 소비 지출에 미치는 영향력이 유의하지 않은 것으로 발견되었다. 살거리와 먹거리는 소비 지출에 직접적으로 영향을 주지 않는 것으로 나타났지만, 실제로 효과가 없는 것인지 아니면 놀거리와의 상호작용 효과가 존재하는 것인지는 추가적인 분석과 해석이 필요하다.

결과적으로 소비 지출에 가장 크게 공헌하는 것은 역시 축제의 핵심이라 할 수 있는 컨텐츠나 프로그램과 같은 양질의 놀거리가 얼마나 준비되어 있는가에 달려있다고 볼 수 있다. 부대편의시설은 축제 장소에서 즐김과 동시에 중간에 쉴 수 있는 것들이 얼마나 확보되어 있는가도 소비 지출에 중요한 역할을 하고 있다고 볼 수 있다.

(3) 지역이미지 만족도 분석

지역이미지는 지역의 신념, 사고, 인상의 환경적 요소가 매력성, 독특성, 복합성으로 구성된 지역에 대한 방문객들의 경험과 지식 및 신념을 바탕으로 만들어낸 지각의 총체이며, 방문객의 소비행동에 강력한 영향을 미쳐 지역축제의 성공과 그 후방효과로 인한 지역발전에 기여하는 원동력이 될 수 있다. 특히. 즉, 어떤 지역축제에 좋은 이미지를 가지면, 비록 동기가 강하지 않더라도 축제 참여행동을 야기 할 수 있지만, 동기가 강하더라도 지역이미지가 좋지 않다면 축제방문 의사는 유발하지 않을 수 있다.

또한 지역이미지는 제품이나 서비스도 아니지만 관광지를 선택하는데 있어서 관광객에게 동기를 부여하는 중요한 역할을 함으로써 관심의 대상이 되어 왔다. 특히 그 지역에 대한 긍정적인 이미지는 관광 목적지에 대한 선호도와 직접적으로 연결되어 관광객 유치의 성패를 좌우하는 중요한 요인으로 작용할 수 있다.

아울러 관광지 이미지는 서로 상호작용하는 인지적, 정서적, 행동적 세 가지 구성요소로 형성되며, 평가차원은 각각 지식동기 경험의 수준과 관련 되는데 이 요소들간의 상호관계가 관광상품이나 관광지의 이미지가 결정된다고 하였다

따라서 지역이미지 개선 만족도는 지역이미지 개선, 외부 방문객 유치를 통한 지역경제 발전에 대한 기대와 함께 문화관광의 확대로 그 성장 속도가 가속화 되고 있으며, 아울러 축제로 인해 지역경제 활성화는 지역 이미지도 상승효과를 가져오고 지역사회통합과 지역문화 성장에 큰 효과도 나타내고 있다.

3) 지역문화축제 만족도 증진방안

우리나라 지역문화축제는 1990년대 들어서 수도권을 중심지역 문화축제로 지역축제, 지방축제가 급속도로 발전하여 지역 활성화, 지역 문화보전과 가치창조에 많은 기여를 하고 있다.

지역문화축제의 일반적인 문제점은 지역문화축제의 주제와 내용의 불명확, 전문성 결여 및 협력적 파트너십 미흡, 전략적 지역문화축제 마케팅 미비, 축제 참여 구성원의 비효율성 및 홍보 부족, 의도적인 기획성 문화축제 난발 등이 나타나고 있는데 이러한 문제점들을 개선하여 지역문화축제는 다음과 같은 만족도 증진방안이 제시되어 이를 순리적으로 잘 실천하는 것이 중요하다고 본다.

첫째, 지역문화축제의 성공적인 핵심 역량은 물적 인프라(축제기반시설)와 인적

인프라가 적절히 존재하고 조화롭게 이를 활용하여야 한다. 주변의 자연자원과 이에 과학적 조건을 조화시켜 불가능한 요건을 극복하여 창조적이고 경제적인 기획과 프로그램이 생산되고 이를 실행하는 전문성을 겸비한 행정력이 뒷받침 된다면 축제의 성공 가능성도 높고 상설적으로 축제의 지속성을 가져올 수 있다.

둘째, 지역문화축제 관광객을 유치하는데 축제와 연계된 관광상품의 개발과 해당 관련업계가 함께 어우러지는 지역축제에 대한 기획과 투자 및 맞춤형 마케팅 전략을 구사하여 지역문화축제의 참여객 목표 달성, 지역경제유발효과, 지역 브랜드(이미지) 구축 및 전파 등 축제목표를 달성할 수 있다.

셋째, 지역문화축제는 축제의 이해와 재미를 배가시키기 위해 축제에 참여하는 참여객들이 실질적으로 축제를 체험하고 학습하는 다양한 체험프로그램을 통해서 자아실현과 동기부여를 통하여 축제의 매력을 높이고 있다. 이러한 학생들의 학습체험률이 부모님의 동반 참여율을 가져와서 축제가 그저 보고 가는 것이 아니라 체류관광으로 연결되어 경제적 효과를 창출할 수 있다고 본다.

넷째, 지역문화축제는 앞으로 자연친화적, 생태적 문화 축제로 나아가야할 것이다. 즉, 지역축제 프로그램 중 자연의 생태학습 관광화를 위해 사계절 내내 관람할 수 있는 생태자원의 개발과 지역 특유의 자연친화적 생태 관광상품을 개발하여 자연과 연계된 축제가 되어야 경쟁력 있는 지역문화축제가 될 수 있다고 본다.

마지막으로, 지역문화축제는 지역의 모든 문화 단위들이 적극적인 파트너십과 네트워크를 구축하여 그 지역의 경제적, 정치적, 문화생활에 대한 자기표현 및 참여를 위한 충분한 기회를 가질 수 있도록 해야 한다. 독창성 있는 주제, 콘텐츠 발굴과 이를 지원화 하고 운영하는 부문이 전략적인 축제기획으로 나아갈 때 지역문화축제의 가치를 증진시켜 줄 수 있다고 본다.

지역문화축제는 이러한 인적, 물리적 인프라가 복합적으로 융합되고, 지역주민의 자발적인 참여와 지역경제의 활성화를 통하여 지역의 새로운 가치를 높일 때 축제의 만족도도 증진되고, 여기서 진정한 축제의 의미를 찾을 수 있다고 본다.

나아가 지역문화축제는 문화적 주체성을 확립하는 역할을 할 때, 비로소 진정한 축제로 자리매김할 수 있으며, 지역사회의 문화자산이 되고 경제적 부가가치 창출도 극대화 될 것이고, 이와 더불어 재정투명성과 효율성을 갖춘 규모의 경제실현 등이 이루어질 때 지역문화축제의 사회문화적 효과도 가져올 수 있다

결론적으로, 특색 없는 붕어빵 축제화, 지방자치단체장의 연임을 위한 축제 등에 예산과 행정력이 낭비되어서는 안 되고, 명실 공히 지역문화축제는 지역주민과 관람

객이 중심이 되는 맞춤형 문화콘텐츠 개발이 이루어지고 이에 적합한 수익형 모형 구축이 필요한 시점이다. 아울러 정부는 이러한 지역문화축제에 대한 사업타당성과 사후성과 평가가 철저하게 이루어져야 할 것이고, 지역문화축제는 목표지향적 문화축제가 아니라 과정지향적 문화축제로 영속적으로 이행되어야만 성공적인 지역문화축제로 자리매김을 할 수 있을 것으로 본다.

3. 지역문화축제의 활성화 방안

1) 지역문화축제 활성화 의의

우리인간은 각자 지니는 지적능력과 창의성을 바탕으로 한 다양한 요소와 융합될 때 우리가 추구하고자 하는 가치의 목표는 어느 정도 이루어지고, 이렇게 추구된 가치는 인간 본연의 자유로움을 바탕으로 한 문화를 어떻게 획득하고, 누리는데 있다고 본다.

이 참다운 자유로운 개인의 개성과 표현의 개인문화가 타인과 자유롭게 공유되고, 그 가치를 자유롭게 소통하는 타인문화와 잘 융합되어 극대화 될 때 우리는 진정 문화의 자유로움을 향유하는 정신을 바탕으로 공동체의 자유로움 공감대가 형성될 수 있다고 본다.

흔히 지역문화는 그 지역의 전통적인 문화가 우리의 신체와 결부되어 풍습의 영역에서 지역이 지니고 있는 고유한 정신적 가치를 지닌 실천적 영속성이 겸비된 방식의 문화라고 일컫고 있다.

1995년 지방자치제도가 처음 시행된 이후 많은 지자체가 지역 경제 활성화를 목적으로 지역 축제를 기획·운영하고 있다. 문화체육관광부에 따르면 3일 이상 지속하는 축제를 기준으로 현재 600개 이상의 수도권을 중심으로 지역 문화축제로 발전하며 지역의 역사적 가치보존과 계승에 중점을 두어 축제화 하여 차별화된 문화요소와 융합하여 지속적으로 반복, 계승되어 내려오고 있다.

지역문화축제란 일상생활을 통하여 우리의 감정과 정서, 신뢰감등으로 지역정체성의 문화적 상관성 속에서 생성, 계승된 그 지역의 고유한 전통적인 문화유산을 축제화한 협의적인 의미도 있지만, 지역의 전통적 축제 발산뿐만 아니라 흔히 말하는 문화제, 예술제, 예술경연대회, 산업축제, 스포츠축제, 음식축제 등의 전반적인 문화관광 행사 등의 포함한 개념이라고 볼 수 있다.

지역문화축제는 오늘날 그 시대적 흐름에 따라 그 양상을 달리하면서 다양한 모습으로 변화하면서 우리의 감정과 정서, 신뢰감, 유대감 등으로 다양한 지역의 문화적 요소와 자연친화적인 요소 등이 창조되고 통합되어 계승·발전하고 있다.

따라서, 지역문화축제를 통하여 잠시나마 지나온 과거, 현재 앞으로의 미래에 대한 전통과 상상에 잠기는 인간본연의 고귀함과 역사의 연속성을 인식하여 우리 인간의 숭고한 가치를 향상시켜 서로 간 사랑하고, 이해하고, 섬김의 정신을 바탕으로 원활한 소통의 장을 열어주는 역할을 지니고 있다.

2) 지역문화축제의 성공과제

우리나라 지역문화축제는 지난 1990년대 이후 지방자치제가 실시된 후 각 지역문화축제는 자생적인 축제 개최라기보다는 지방의 행정절차상 필요한 내용의 의도적인 기획축제가 우후죽순으로 생겨난 것이 특징이다. 그러므로 이러한 지역문화축제의 갖가지 문제점에 대하여 다음과 같이 제시되는 성공과제에 대하여 산학관 단체들이 이에 대한 명확한 판단과 실천의지를 지니고 이를 순리적으로 실행한다는 자세가 요구된다고 본다.

첫째, 지역문화축제는 해당지역의 주민들의 통합과 범지역적 산학관 협력이 전제되어야 축제의 성공을 이끌어 낼 수 있다. 이는 기존의 지역축제에 대한 인식에서 전환하여 새로운 인식의 가치를 창출해 내는 것이 필수적인 과정이다. 예컨대, 가까운 일본의 나오시마 섬은 과거의 죽어가는 섬에서 이제는 해마다 100만 명의 관광객이 찾아오는 살아 있는 섬으로 명소로 전환되고 있다. 이러한 오지섬에 유명한 작가의 걸작품이 전시되어 있는 미술관이 3개나 즐비하고 젊은 예술가의 위트와 유머스러운 상상으로 동네목욕탕을 일약 톱으로 각광을 받는 지역문화의 진수를 구현한 예이다. 이는 지역주민들은 도슨트 역할을 하고, 일본 베네세그룹의 소이치로 회장의 지역문화에 대한 전폭적인 지원과 지방정부의 공공선을 추구하는 행복한 믿음의 산물로 빚어낸 산학관 지역문화예술의 성공적인 결과이다.

둘째, 지역문화축제의 성공적인 핵심 역량은 물적 인프라(축제기반시설)와 인적 인프라(축제운용기반)가 적절히 존재하여야 하고 조화롭게 이를 활용하여야 한다. 특히 축제 전문인력 양성프로그램 개발, 교육과 축제운영조직의 상설화와 재정확보에는 중앙정부, 지방정부, 교육기관, 기업들의 전폭적인 지원과 노력이 주요한 축제의 성공과제라고 본다.

셋째, 지역문화축제 관광객을 유치하는데 연계관광 상품의 개발, 축제와 연계된 관광상품의 개발과 해당 관련업계가 함께 어우러지는 지역관광 역량과 기반을 강화하여 사업 효율성과 효과성 제고시키는 편의성 제공과 다양한 숙박시설 제공 등에 대한 기획과 투자 및 맞춤형 마케팅 전략이 요구된다고 본다.

넷째, 지역문화축제는 축제의 이해와 재미를 배가시키기 위해 축제에 참여하는 관람객들이 실질적으로 축제를 체험하고 학습하고 재미를 느끼는 다양한 체험프로그램을 통해서 축제의 매력을 높이고 학생들의 학습체험률이 부모님의 동반 참여율을 가져와서 축제가 그저 보고 가는 것이 아니라 체류관광으로 연결되어 경제적 효과도 창출하여 이러한 축제가 지역문화축제의 정수를 보여주는 계기가 될 것으로 본다.

다섯째, 최근 제주관광공사의 조사에 의하면 여전히 지역문화축제는 지역축제와 관광지를 순회하는 관광패턴이 주였지만 이제는 다양한 모바일을 통한 경험을 공유하고, 힐링하는 트랜드로 변하고 있으므로 지역문화관광축제도 휴양중심, 이색관광 콘텐츠 중심으로 전환되어야 할 것이다.

마지막으로, 지역문화축제는 마을 단위를 중심으로 한 생활문화 축제가 되어야 한다. 지역에는 제각기 다른 마을집단들이 존재 하는데 이들 마을들이 마을합창단, 마을풍물단, 마을오케스트라 등의 풀뿌리 문화를 기반 하여 다양한 지역문화의 기반을 구축하고 지역의 모든 생활문화 단위들이 적극적인 파트너십 발휘와 네트워크가 구축된다면 지역문화축제의 가치를 더욱 증진시켜 나가는 새로운 촉매제 역할을 할 수 있다고 본다.

지역문화축제는 지역의 문화가 과거로부터 현재까지 지속되어 현재에도 전해지고, 다음 세대에도 전해져 우리 신체와 관련된 동작들, 물질문화, 풍습의 영역에서 우리들이 지니고 있는 고유한 정신적 가치를 지닌 실천방식이라고 한다. 나아가 다양한 문화적 요소와 결합하여 더욱 개발되고 발전하여 경쟁력 있는 문화콘텐츠산업으로 성장하는 토대를 마련해주고 있다.

예컨대, 요즘의 제4차 산업혁명의 키워드인 빅데이터, 인공지능 등의 신 성장동력 산업군은 고령층의 참여와 성과를 문화축제에서는 기대하는 것은 제한이 있다. 이런 상황에서는 디자인을 바탕으로 한 지역문화축제가 유용한 키워드로 등장하는데, 디자인 역량은 수많은 경험과 시행착오 끝에 발휘되는 경우가 많고, 연령대도 10~70대까지 다양하고, 축제비용 대비 경제성 측면에서도 유리하다.

디자인에 대한 투자는 일반적인 연구개발(R&D)투자 대비 3배 이상 많은 부가가치를 가져 오고, 일자리 측면에서도 한국은행 고용유발계수 기준으로 자동차는 7.9, 반도체는 4.8 수준인데 비해 디자인 분야의 고용유발 계수는 16으로 디자인을 활용한 지역문화축제도 기획되고 실행되어야 할 것이다.

또 한 예로서 다양한 정보통신기술을 활용하여 정보의 접근성을 높여 소소한 것을 발견하고 그것을 경험하며 가치를 부여하고 서로간의 공감대를 형성할 수 있는 스마트 관광여행이 대세다. 그래서 지역관광지에 대한 무한한 콘텐츠의 확장과 패턴의 다양화를 추구하여 스마트 관광축제가 되도록 산학관의 노력과 지원이 필요하다고 본다.

나아가 지역문화축제의 기반인 지역 특화 문화 콘텐츠를 육성 지원하기 위해서 지역의 핵심 스토리를 발굴하고 스토리·문화자원 등과 결합한 지역별 핵심 콘텐츠를 중심으로 지역 맞춤형 생활문화축제에 지원과 정책을 지원하는 방식으로 정책 전환이 이루어져야 할 것이다.

이를 위해서 축제 지원 및 평가 전담기관 지정하고, 축제 정보 플랫폼 구축·운영, 글로벌 축제를 발굴하기 위한 조사·컨설팅, 축제 전문인력 보수 교육 지원·협력 및 축제 빅데이터 구축, 시민축제 평가단 운영하여 지역문화축제에 대한 사업타당성과 사후성과 평가결과에 따라 예산과 행정력지원이 철저하게 이루어져야 성공적이고, 지속가능한 새로운 가치를 지닌 생활문화가 중심이 되는 지역문화축제가 될 것으로 본다.

따라서, 오늘날 지역문화축제는 지역이 축제를 통해 추구하고자 하는 목표지향적 문화축제에서 한 과정 과정마다 문화축제의 운용 최소단위인 지역마을 주민과 관람객들이 자발적으로 참여하고, 느끼고, 즐기는 진정 자유로움을 향유하고, 창조하는 축제의 속성이 발휘되는 과정지향적 마을문화를 기반으로 한 문화향유형 공동체 구축과 지역주민의 개인, 공동체간 공감, 보유자원의 공유와 나눔이라는 문화적 행위를 통하여 지역문화의 문제점을 해소시키는 문화적 혁신공동체를 통한 생활문화 축제로 거듭나는 노력과 열정이 영속적으로 실행되어야만 성공적인 지역문화축제의 진정한 의미를 그 속에서 찾아 볼 수 있다고 생각된다.

Chapter 3

문화산업의 개요

제 1 절 문화산업의 의미

1. 문화산업의 정의와 특성

헤겔은 문화란 '인간이 현실을 이해하고 지배할 수 있게 해주는 역사적 과정'이라고 말하고 있다. 이처럼 문화의 중요한 의미 속에서 새롭게 시작된 21세기는 군사적·경제적 힘의 하드웨어 중심에서 이제는 문화적 소프트 중심의 힘으로 패러다임이 전환되고 있는 시대라고 일컫고 있다.

세계가 정치·경제 중심에서 문화가 중심이 되는 시대로 세계 각국은 자국의 고유한 전통문화와 신트렌트의 문화를 잘 융합하여 새로운 고부가가치를 창출하는 방향으로 그들의 문화산업을 집중적으로 육성해 국가경쟁력을 강화해야 한다는 실용주의적 방안 등이 제시되고 있다.

우리의 문화콘텐츠가 동북아시아를 중심으로 한 관심이 이제는 전 세계적으로 우리의 대중문화에 대한 관심이 높아지면서 한류 콘텐츠 확산 트렌드가 변하고 있다. 지난 아시아 국가들을 중심으로 드라마나 영화가 한류에 대한 인기를 주도하던 시기를 지나 이제 웹툰과 애니메이션 등 여타 장르의 완성된 문화콘텐츠를 수출하는 기존의 방식에서 이제는 디지털 플랫폼을 통한방식으로 진화하면서 한류 콘텐츠에 대한 관심과 소비가 증대하고 있다.

즉 코로나19 시대 각국에서 새로운 문화콘텐츠의 제작과 보급에 어려움이 있는 가운데 우리의 문화콘텐츠는 재빠르게 디지털 플랫폼 시대에 맞는 해외 진출전략을 구사함으로써 상당한 반사 효과 속에서 새로운 국면을 맞고 있다.

우리가 사는 세대는 아날로그와 디지털이 공존하는 생활 속에서 과연 K콘텐츠 문화가 어떻게 우리들에게 정신적, 물질적 영역에서 자신의 지닌 고유한 정신적 가치를 자유롭게 표출하고 내재화를 표출시켜는 그 무언가를 탐색하고, 느끼고, 보는 것을 잔잔히 고민해 보는 것도 K콘텐츠 문화가 주는 흥미로움과 친밀감을 보여주는 첫 걸음이라고 여긴다.

〈표 7〉 주요문화산업분류방식

유네스코 분류	지라르의 분류	캐나다 분류	영국 쉐필드시 분류
인쇄자료 및 문헌	도서	문학	도서 및 기타 출판물
	신문잡지		신문, 잡지 등 정기간행물
음악	음반	음악	음악
라디오 및 텔레비젼	라디오	라디오	(라디오, 텔레비젼)
	텔레비젼	텔레비젼	라디오, 텔레비젼
영화 및 사진	영화	영화 비디오	영화 제작, 배급, 상영
	새 시청각 제품과 서비스		
	사진		
	미술품 복제		
	광고		광고
문화유산		문화유산	
		박물관	
		도서관	
공연예술		공연예술	
시각예술		시각예술	
		미술관	
사회문화활동		지역문화활동	
		교육	
		축제와 문화행정	
체육활동		체육, 오락, 건강	
자연환경		자연환경	
문화의 일반운영			

자료 : 문화체육부, 1997 문화산업백서.

흔히 한류로 불리던 K콘텐츠 문화상품은 드라마에서 시작되어 K팝으로 확장되어 자체가 지니고 있는 다양화와 코로나19 팬데믹에 따른 비대면 환경 등으로 해외수출 증가와 주요한 문화플랫폼으로 드라마와 음악을 넘어 게임과 웹툰 등 대중문화 전반을 포괄하여 일상화가 되어 우리에게 와있다.

〈표 8〉 무역경쟁지수

RCA(현시비교우위, Revealed Comparative Advantage) 지수

세계 전체 수출시장에서 특정 서비스의 수출이 차지하는 비중과 특정국의 수출에서 동 서비스수출이 차지하는 비중사이의 비율. 특정 서비스의 비교우위를 판단하는 척도로 쓰이며 이 지수가 1보다 크면 비교 우위가 있다고 판단함

국내(한국) 문화/오락, 여행 서비스업 무역경쟁력지수(RCA지수)

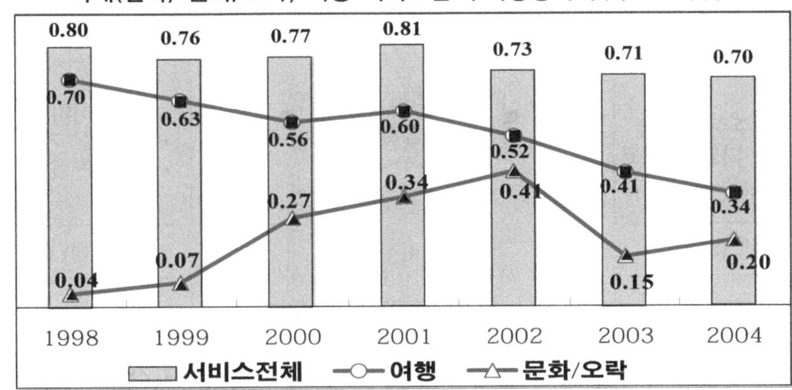

자료 : IMF(2005) 단, 문화오락은 OECD 25개국 수출금액만 집계.

2. 문화산업의 기능과 역할

문화산업의 발전은 직접적으로 관련 분야의 고용창출뿐 만 아니라 문화상품개발의 원천이 되는 문화·예술활동의 활성화와 함께 관련 산업에 대한 간접 고용유발효과를 가져온다.

즉 문화산업이 활성화되면 새로운 문화상품에 대한 소재개발의 원천이 되는 영리적 및 비영리적 문화·예술활동이 촉진되어 간접적인 고용창출과 다양한 문화활동이 산업으로 전환되는 계기가 마련된다. 또한 여타 산업의 문화화를 촉진시켜 제조업 제품의 부가가치화 실현과 고용창출에도 기여한다.

그 예로 조지 루카스의 〈스타워즈 IV〉의 경우 영화 개봉 전에 펩시콜라로부터 스

타워즈 이미지를 사용하는 대가로 25억 달러를 받았으며, 우리 TV에서 방영된 〈X파일〉은 1993년부터 시작해서 현재까지 순익만 15억 달러를 벌어들였다. 이외에도 영화 〈쥬라기공원〉은 50억 달러의 시장을 만들었으며, 〈타이타닉〉은 사운드트랙만 10만장이상을 판매하였다.[57]

이와 같이 문화산업은 앞으로 충분한 발전 가능성을 가지고 있는 산업으로 한 지역에 존재하는 문화자산의 보존 및 활용, 다양한 문화활동 및 이의 개발은 문화산업의 발전을 촉진하는 발판이 된다. 이러한 문화적 기반은 특정지역에 대하여 특정한 이미지를 제공하고 외부로부터 투자유입을 촉진하며 결과적으로 지역개발은 물론 국가경쟁력 강화에도 큰 기여를 하게 된다.[58] 나아가 문화산업의 활성화는 전통문화를 상품화하여 해외에 수출함으로써 국제수지의 개선에도 기여하게 된다.

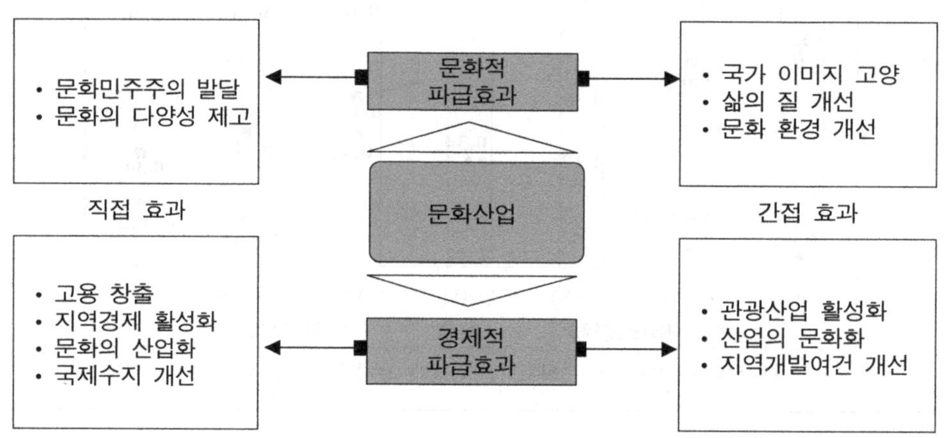

[그림 3] 문화산업의 기능과 역할

문화상품이라는 개념을 문화산업들에 의해 생산된 산물들로서 규정하고 이 문화산업이라는 개념은 유네스코가 동의하는 10개의 범주가 중점적인 관심대상으로 요약하면 도서, 신문 잡지, 음반, 라디오, 텔레비전, 영화, 새로운 시청각제품과 서비스, 사진, 미술작품 복제, 광고이다. 경우에 따라서는 이에 공예와 관광이 추가되기도 한다.

이러한 문화산업들의 산물들은 일반적으로 두 가지 유형으로 구별되는데 첫째 유형은 책, 레코드, 사진, 미술작품 복제, 신문과 잡지, 공예 등으로서, 여기에서는 창조

57) 문화관광부·한국경제신문사, “21세기 문화와 상품의 전망”, 「상품의 문화화를 위한 21세기 전략」, 1999, pp.5-9.

58) 문화관광부, 「2000 문화산업백서」, 2000, p.20.

적인 예술가 또는 발행인에 더 많이 의존하면서, 개인 기업이 아직 압도적인 역할을 담당한다. 나아가, 이런 유형의 산물은 개별적으로 그리고 자유롭게 획득 또는 사용되고 상대적으로 내구력이 있는 상품의 범주에 든다.

둘째 유형의 산물들인 영화, 라디오, 텔레비전, 뉴미디어, 광고와 관광은 첫째 집단의 산물들과 비교해 볼 때, 대체로 생산비용은 더 들지만 획득비용은 덜 드는 유형의 상품 또는 서비스들이다. 그리고 그것들의 창조 내지 발간에 포함된 과정은 집합적(collective)이다. 이것들의 활용은 앞의 유형에 비해 덜 선택적이고 따라서 좀더 수동적이다. 그 산물들의 수명도 상대적으로 좀더 짧은 반면, 일반 대중은 비교적 고르게 이에 접근한다. 광고는, 그것이 비록 다른 대중문화산업들과 비슷한 인력과 자원을 활용하고 이에 접하는 공중(公衆)도 마찬가지라 할지라도, 다소간 독자적인 입장에 있다.

문화산업이 세계 각 국의 주요 전략적 산업으로 각광을 받는 이유는 무엇일까? 문화산업은 높은 부가가치를 지닌 환경 친화적 산업이다. 적은 자본과 인력을 가지고 지식과 아이디어만으로 승부하여 높은 가치를 창출할 수 있는 환경오염과는 거리가 먼 산업이다. 생산은 항상 환경파괴, 오염 등과 함수관계를 갖고 있다고 생각해온 과거의 경제 패러다임이 더 이상 문화산업에는 적용되지 않는다. 물론 일부 헐리웃 영화의 경우 막대한 제작비를 투입하기도 하지만 대부분의 문화산업이 일반 제조업에 비하여 많지 않은 초기투자비용을 필요로 한다.

인터넷, 새로운 정보저장매체, 국경 없는 위성방송 등 각종 첨단과학을 가장 잘 수용할 수 있고 활용에 따라 부가가치를 기하급수적으로 확장할 수 있는 성질을 지니고 있다. 파급효과가 막대하다. 창구효과(window effect)를 활용하여 최대의 매출수익을 올릴 수 있다. 영화 타이타닉의 경우 비디오, 케이블TV, 출판, 음반, 문화관광 등 다양한 소비채널을 이용해 엄청난 수익을 올린 바 있다. 자국의 문화와 상품의 이미지 제고 및 외부로의 전파에 크게 기여한다.

문화상품은 일반상품과는 달리 상품에 문화적, 정서적 요소가 내재되어 있다. 이러한 대표적 예로는 과거 일본이 조잡하고 값싼 상품 제조국의 이미지를 지니고 있었으나 문화상품을 잘 활용하여 세련된 고품질상품 수출국으로서의 이미지 변신에 성공한 경우를 들 수 있다.

문화산업은 고용을 창출하는 산업이다. 산업 자체의 성장으로 인한 직접적인 고용창출 효과와 함께, 문화상품 개발의 원천이 되는 문화·예술활동의 활성화와 여타 산업의 문화화로 인한 간접적인 고용유발 효과가 크고, 다른 산업의 문화화를 촉진시켜 제조업 제품의 고부가가치화 실현과 고용창출에도 기여한다. 집적성이 강하여 지역개발에도 크게 기여한다. 특정지역에서 문화예술활동 및 문화산업의 활성화와 집적화가 이루어질 경우 기업의 투자와 소비생활을 촉진하여 도시나 지역발전을 위한 중요한 기틀이 될 수 있다. 이러한 대표적 에로는 프랑스 도시 앙굴렘, 영국 세필드 중심부에 있는 문화산업단지(Cultural Industries Quarter), 미국 뉴욕의 실리콘 앨리(Silicon Alley) 등을 들 수 있다.

소비자 국민들의 문화욕구 충족으로 문화민주주의에도 기여한다. 한 나라, 한 지역의 문화활동과 산업의 발전은 경제적 차원을 넘어 그 지역 주민의 삶의 질 향상과 문화적 정서함양에도 기여하며, 문화의 산업화는 문화의 확산을 가져와 문화민주주의에도 기여를 한다. 전통문화를 상품화하여 해외에 수출함으로써 국제수지 개선에도 기여하며 나아가 국가경쟁력 강화에도 크게 기여를 한다. 디지털기술의 도움으로 매체보다는 지적재산권을 수반하는 내용물인 콘텐츠가 소비의 중심을 이루며, 동시에 산업내 경계와 산업간 경계가 허물어지게 되어 새로운 사업자들이 손쉽게 다른 사업영역으로 넘나들 수 있는 산업적 특성이 있다.[59]

무역과 문화를 연결해서 생각해보면 우리는 전략적 차원에서 무엇보다도 수출상품의 고부가가치화를 노리는 문화가 담긴 제품을 연상하게 된다. 즉 상품의 개발, 디자인, 생산 및 판매 등에 문화를 가미하여 세계시장을 확보해 나갈 수 있는 방안을 추진해 나가는 것으로 이와 같은 전략은 무역을 첨단기술과 엮어서 생각하자는 발상과 상통하면서 결국 무역을 좀 더 질적으로 성장시키자는 기본정책을 반영한다.[60]

무역을 단순히 한 지역에서 다른 지역으로 상품이나 용역을 이동시킴으로써 발생하는 이윤을 최대화하고자 하는 노력으로 본다고 해도, 이를 위해서는 어느 한쪽의 장점 내지 특색이 다른 한쪽의 필요 또는 기호에 잘 맞아 떨어져야 한다.

그런데 아직 의·식·주를 비롯하여 인간적 사회적 기본 수요조차 충족시키지 못한 지역 또는 국가가 아니라면 무역으로 표현되는 욕구는 문물이라는 말이 그렇듯이, 정신적인 요소를 포함할 수밖에 없다. 이는 결국 상대방의 마음을 사는 길을 찾는 것인데, 이를 위해서는 상대가 스스로는 쉽게 표현할 수 없는 스스로의 행동을 관찰에 의해 확인하는 문화인류학적 접근과 진정한 감정을 확인하는 미학적 발상이 요청된다.

우리나라의 수출패턴을 보면 1970년대는 가격을 통한 차별적 우위를 가지고 수출을 해 왔다. 그러나 국내 여건의 변화로 가격에 의존한 전략은 더 이상 세계시장에

59) 강경훈, 전게서, 두남, 2007, p.45.

60) 김문환, "문화와 무역", 「수출 1,000억불 기념 심포지엄 새로운 문화무역의 정립」, 1995.11, p.1.

있어서 우위를 갖기 힘들게 되었다. 따라서 앞으로 다른 상품에 비하여 경쟁적 우위를 갖기 위해서는 상품의 문화적 배경이 뒷받침되어야 한다.[61]

우리 민족은 오랜 역사를 통해 시대마다 각각 신명, 힘, 꿈 그리고 심지어는 슬픔이라는 정서를 특색 있게 살려내는 한편, 실용에 부응하되, 무기교의 기교로 대표되는 자연과의 교감과도 무관하지 않은 멋을 하나의 기조로서 유지해 오고 있다. 그런 점에서 상대에 가장 잘 어울리면서 우리 자신의 특색을 살려낼 수 있는 원천을 풍부하게 지니고 있는 셈이다.

따라서 이러한 오랜 경험을 바탕으로 해서 그 원천을 현대생활에 알맞게 활용하고 상품화하여 수출할 수 있는 능력이 요청된다.

문화의 상품화를 위해서는 문화적으로 주변에서 볼 수 있는 전통의 도구들을 활용하여 기본적으로 좋은 물건(goods)을 만들어야 하며, 이를 위해서는 다음과 같은 것을 염두에 두어야한다.

첫째, 문화적 상품은 보는 사람들로 하여금 고급스러운 감각을 줄 수 있어야 한다.

둘째, 상품을 통하여 우리의 인간성이 우리 자신에게는 물론 다른 문화의 사람들에게 미적가치와 감동을 줄 수 있는 힘이 있어야 한다.

셋째, 상품에서 충실함과 본분을 지키는 선량한 인간성, 품행이 단정함(well-behaved)을 느낄 수 있어야 한다.

넷째, 상품 속에는 우리가 타고난 진성(眞性)과 순종이 표시되는 진짜의(genuine) 감각이 존재하여야 한다.

다섯째, 상품을 통하여 행복감, 즐거움, 기분 좋은 느낌을 느낄 수 있어야 한다.[62]

1) 경제발전과 문화

21세기는 문화와 경제가 하나가 되는 문화경제의 시대가 될 것이며, 두뇌강국이 세계를 지배하게 될 것이다.[63] 경제와 문호와의 관계에 있어서 경제는 무한한 욕망과 유한한 수단을 적합시키는 인간 집단의 의도적 노력에 의해서 형성되는 사회질서

---

61) 홍성태, “문화적 상품개발을 위한 전략적 접근”, 「상품의 문화화를 위한 21세기 전략」, 문화관광부·한국경제신문사, 1999, p.33.

62) 자세한 것은 김영기, “문화적 센스가 있는 상품개발 전략”, 「상품의 문화화를 위한 21세기 전략」, 문화관광부·한국경제신문, 1999, pp.22-23 참조.

63) 이순인, “문화와 산업디자인 접목을 통한 상품경쟁력 확보방안”, 「상품의 문화화를 위한 21세기 전략」, 문화관광부·한국경제신문사, 1999, p.57.

라 할 수가 있다. 여기서 무한한 욕망이라는 것은 소비와 관계가 있는 일이며, 유한한 수단이라는 것은 생산과 관련되는 일이라 할 수 있다. 그런데 이 소비와 생산을 연결시키는 시스템이 경제조직이 된다. 이 경제조직을 효율적, 합리적으로 운영하는 인간집단의 생활능력을 경제문화라 할 수 있는 것이다.

원시시대에 있어서는 생산이 직접소비와 연결되고 있었다. 그러나 사회의 규모가 확대되고 사회적 분업이 나타남에 따라서 생산과 소비 사이의 거리는 점점 멀어지게 되었다. 그리고 단순히 개인과 집단이 자연에 작용하는 상태로부터 생산과 소비사이에는 교환과 분배가 들어오게 되었다.

개인이 생산에 노동을 제공하고 소비를 행한다는 것은 예나 지금이나 그다지 다를 바가 없는 생활의 기본 패턴이다. 그러나 생산과 소비사이에 있는 교환과 분배는 인류의 경제사를 형성하고 경제문화의 차이를 가져온 대단히 중요한 역할을 해 왔다고 볼 수 있다. 그러므로 경제문화의 존재방식은 주로 이 교환과 분배의 존재방식에 따라서 결정된다고 해도 좋을 것으로 보인다.

그런데 이 교환과 분배의 문제는 전근대사회에 있어서는 경제의 문제라기 보다는 정치의 문제였다고 할 수 있다. 즉 집단문화에 있어서의 힘의 논리는 그것이 그대로 경제에 대한 힘의 논리이기도 하였기 때문이다. 그리고 종교사상 등에 의한 도덕과 규제라는 집단의 논리도 전근대사회에 있어서는 그것이 대체로 경제활동을 규제하는 경우가 많았다고 볼 수 있는 것이다.

전근대사회에서는 교환은 상업의 자유를 침해함에 의해서 제한되었고, 특히 분배는 권력과 신분별에 의해서 일부 사람들에게 집중되어 있었다. 분배는 소유의 문제이며 농업이 주요산업이었던 전근대사회에 있어서는 토지소유의 집중이라는 형태로서 분배가 결정되었다. 그러므로 민중인 개인에게는 거의 생존수준에 가까운 분배밖에 주어지지 않고 있었다.

이와 같은 분배 또는 소유의 제한과 교환 내지 상업의 규제는 경제의 후퇴를 가져왔다고 할 수 있다. 그것은 직접생산자의 이익의 동기에 의한 자발적 활동이 이루어지지 않았다는 것에서 오는 것이다. 개인의 관점에서 생각해 본다면 주로 공포의 동기만에 의한 경제활동은 경제의 후퇴를 가져오고 경제의 효율을 손상시키는 것이었다고 할 수 있는 것이다.

2) 문화의 상품화

(1) 문화상품의 개념

모든 상품은 문화를 지닌다. 생명을 유지하기 위한 절대 필수품인 식량조차도 지역에 따라 주식이 쌀, 밀, 조 등으로 분류되듯 문화를 배제하기 어렵다. 따라서 모든 상품은 원칙적으로 문화상품이라는 범주에 속한다고 할 수 있을 것이다. 그러므로 시장에서 거래되는 상품마다 그것을 만든 나라의 문화가 배어 있고 그것이 집결되어 그 나라의 이미지를 형성하게 되고 그 이미지는 상품의 가격형성에도 보이지 않는 영향을 끼친다. 최선을 다하여 만든 고품질의 상품은 고유의 가치 외에도 문화적 가치를 창출하므로 모든 일류제품은 곧 문화상품인 셈이다.

그러나 일반상품과 구별하여 "문화상품"으로 지칭되는 것은 기본적인 삶의 욕구를 충족시킨 다음 단계의 상품을 말한다. 즉 생활에 있어서 필요한 특정 기능을 발휘하되 삶의 질을 향상시키는 상품으로, 궁극적으로 인간의 문화적 욕구를 충족시키는 상품을 일컫는 것이다. 이는 결과적으로 '문화'가 가치로서 기능하는 상품이며, 자연고유의 기능 외에 문화적 가치가 부가됨으로써 상대적으로 고부가가치의 상품이다.

문화상품은 비물질적인 상품(non－material product)으로 일반적으로 소비재와 같은 명확한 효용성을 갖기 보다는 심미적(esthetic)이며, 표현적(express)인 속성을 가지고 있다. 또한 문화상품은 직접적인 효용을 목적으로 구입하기보다는 여가의 필요나 감성적인 필요로 구매하며, 유행이나 취미에 의하여 소비자를 만족하는 것이 특징이다.

우리가 일반적으로 이러한 개념 아래 문화상품으로 지칭하는 것은 디자인 상품, 오디오 비디오 소프트(비디오게임 포함)이며 비이동(非移動) 상품으로서 관광자원(문화재 등)과 이에서 파생되는 기타상품 등이 있다. 디자인 상품은 의류와 악세사리 기타 생활소품 등 일상생활에 필요한 기능을 하는 소비재로서의 기능보다도 문화적 가치, 즉 디자인에 의하여 가치와 구매가 결정된 상품들이며, 오디오 비디오 소프트는 생활필수품은 아니되 문화생활에 절대적인 영향을 끼치는 인간의 예술과 유희본능을 충족시키는 것으로 날로 그 시장이 확대일로에 있는 상품이다.

관광상품은 수출의 형태가 물류(物流)로 이루어지는 것이 아니지만 해외 관광객을 유치할 수 있는 관광 명소와 문화재는 운송, 숙박 등 다양한 연관 산업에 직결된 귀중한 수출자원이라고 볼 수 있다.

(2) 문화상품의 특성

문화상품은 생존의 기본적인 조건이 충족된 이후에 그 구매가 발생하는 일종의 여유적상품(餘裕的商品)의 성격을 지닌다. 없어서는 안 될 필수품이라기보다 경제적인 여유에서 구매가 가능해지는 고부가가치의 상품이라는 점이 일반적인 인식이다. 그러나 현대사회에서 문화생활이 일반화되고 있는 추세인 만큼 문화상품은 질 위주의 고급상품, 즉 일등품으로서의 문화상품과 필수품으로서의 문화상품으로 분류되고 있다.

가. 일등품으로서의 문화상품

경제적 여유에서 구매가 창출되는 만큼 소비자는 가격보다는 질을 중요시한다. 따라서 이 경우에 2류 제품은 설 자리가 없으며 최고의 품질과 이에 부응하는 인지도가 절대조건이다. 즉 '브랜드' 제품을 일컬으며 의상, 넥타이, 가죽제품 등 세계적 명성을 지닌 브랜드의 성가가 구매에 절대적인 영향을 미친다. 디자인 제품이 이 범주에 속하는데, 브랜드가 소비자에게 인정되기에 중요한 전제조건으로 국가 이미지가 중요한 역할을 한다.

최근 브뤼셀에 본부를 둔 INRA(Internation Research Associates)가 세계시민 4만 명을 대상으로 '세계의 소비자, 세계의 시민'이란 주제로 여론조사를 실시한 결과 전자 및 일반 소비재 분야에서는 일본이 1위, 미국이 2위로 나타났으며 자동차 분야에서는 독일이 고급품에서 1위로 나타나는 국가 이미지가 구매에 중요한 영향을 끼치며 이는 곧 무형의 부가가치로 나타나고 있음으로 증명하는 것이다. 일반 상품은 물론 이려니와 특히 문화상품의 구입에 있어서 국가 이미지는 결정적인 요인이 된다. 일류국가의 상품이 아니면 아무리 품질과 디자인이 뛰어나다 하더라도 일류제품으로 인정받지 못한다.

전 세계에서 일류제품치고 일류국가 제품은 다소 디지인이나 품질이 뒤떨어진다 하더라도 시각 이미지의 보완작용으로 일류제품으로 격상된다. 반면 일류국가가 아닌 나라의 제품은 아무리 디지인과 품질이 뛰어나다 하더라도 일류제품이 아닌 '특산품' 취급을 받는다. 따라서 디자인 상품 등 경제적 여유에서 구매가 발생하는 문화상품은 국가이미지의 뒷받침이 없이는 특별나게 뛰어난 품질이나 차별성이 아니면 세계시장에서 설 자리를 얻기 극히 어렵다는 특성을 지니고 있다.

나. 필수품으로서의 문화상품

오디오, 비디오 소프트나 비디오게임 등은 비록 필수품은 아니나 날로 청소년 계층을 중심으로 필수품화 되어가고 있다. CD, 컴퓨터 소프트웨어 등 끊임없이 창조되고 있는 무궁무진한 시장으로 이는 지역성이 아니라 오늘날의 글로벌 트랜드, 매가 트랜드 현상에 편승하여 청소년들에게 없어서는 안 될 문화적 기본 요소화 되고 있는 것이다.

같은 맥락에서 디자인 제품이라 하더라도 청바지, 스워치(Swatch), 워크맨, 삐삐, 나이키 운동화 등은 일등품으로서의 문화상품인 동시에 필수품으로서의 문화상품의 성격을 지닌다. 이 경우에는 '브랜드'가 절대적인 구매요소로 작용하지만 제품의 질보다는 유행과 트랜드가 더욱 중요한 대중문화로서의 기능을 하고 있다. 따라서 필수품으로서의 문화상품은 국가 이미지도 중요하지만 시대의 흐름과 소비자의 심리를 정확히 읽을 수 있는 마케팅 역량에 의해 승패가 결정된다.

이 시장은 얼마든지 확대 재생산이 가능하며 새로운 트랜드를 창조할 수 있는데(Trend-Setting) 이는 소비자가 이미 소유하고 있는 동일 품목을 반복구매하도록 패션화시키는 능력에 의해서 좌우된다. 청소년들은 청바지를 몇 개씩 소유하고 있음에도 계속 유행에 따라 구입하며, 시계를 패션화하여 수집하도록 한 스워치가 대표적인 케이스이다. 일본의 소니(SONY)사는 워크맨을 수집용으로 패션화하여 동일한 제품을 가죽, 플라스틱, 메탈 등의 포장으로 시리즈화한 Yppy-Set를 시판하고 있다. 이는 워크맨을 스위치 컨셉트에 따라 몇 개씩 시리즈로 구입하도록 한 마케팅 전략으로, 이는 일본이라는 국가 이미지보다 소니라는 브랜드이미지가 더욱 중요한 요소로 작용하고 있음은 물론이다.

즉 문화상품은 품질이든 브랜드이든 일류제품이 아니면 존재하기 어렵다는 특징을 지니며, 뛰어난 아이디어와 치밀한 마케팅전략, 그리고 국가 이미지가 뒷받침되어야 한다. 문화상품은 곧 꿈과 이상을 가치화하는 것이다.

문화상품의 또 하나의 특징은 상품자체의 부가가치 이외에 부수적인 가치를 동반 창출한다는 점이다. 일반상품도 구매자에게 만족을 주며 그 생산 회사와 생산국에 긍정적인 이미지를 심어주지만, 문화상품은 이미 긍정적인 이미지가 구매에 결정적인 요소로 작용하였으므로 구매 이후에는 만족과 성취감을 준다. 즉 문화상품은 그 자체가 선망과 동경의 대상이고 소비자는 그 소유를 갈망한다. 그런 만큼 문화상품은 수출국이 이미지를 제고시키는 한편 그 나라의 일반상품 수출에 선도역할을 한다는 무형의 부가가치를 창출한다는 특징을 지닌다.

제 2 절 문화산업의 현황

일반적으로 문화의 확산은 다음 3단계로 이뤄진다. 1단계는 일부 열성적이고 적극적인 팬을 중심으로 확산이 이루어지고, 2단계 확산은 일반적으로 문화의 확산은 나타났지만, 완전하고, 새로운 문화로 정착되지 못하는 과도기적인 단계에 머무는 것이고, 3단계에는 확산된 문화 중 특정 문화콘텐츠에 대한 전반적인 인지도와 관련 상품의 매출과 유통이 보편화되는 단계이다. 이 같은 문화의 확산단계 중 K콘텐츠는 많은 국가에서 선호하고 일반화된 3단계 수준에 위치하고 있다

지난해 문화체육관광부 해외문화홍보원의 조사에 의하면, 2019년 한국과 일본, 러시아 등 16개국 국민 8,000명을 대상으로 실시한 '2019년 대한민국 국가 이미지' 온라인 설문조사 결과에 따르면, 한국의 대표 이미지로 '한국 대중음악(K팝)·가수'(12.5%)가 1위를 차지했다. K팝 같은 문화상품이 한국의 국가 브랜드로 확실히 자리매김하고 있으며, 문화의 힘이 그만큼 크다는 방증 속에서 발 빠르게 변화하고 있는 것도 K콘텐츠가 더욱 두각을 나타내는 요인이다

1. 세계의 문화산업 현황

1) 주요 국가별 콘텐츠 시장규모

〈표 9〉 세계문화산업 시장 규모

(단위 : 십억 달러, %)

년도	2010	2011	2012	2013	2014	2015	2016	2017	2018
금액	1,605	1,690	1,764	1,844	1,933	2,027	2,127	2,225	2,331
성장률	5.0	5.2	4.4	4.5	4.8	4.9	4.9	4.6	4.8

자료 : 한국콘텐츠진흥원

2019년 기준 세계주요국의 콘텐츠 시장규모를 살펴보면, 단연 선두국가는 미국, 중국, 일본 등의 순으로 그 시장규모가 각각 8,740억 달러, 3,508억 달러, 1,937억 달러로써 대부분 선진국가가 선두에 있으면 우리나라는 약 613억 달러 수준의 시장규모를 나타내고 있다.(〈표 9〉 참조)

〈표 10〉 2019년 국가별 콘텐츠 시장규모

(단위: 억 달러)

국가별	미국	중국	일본	독일	영국	프랑스	한국	캐나다	브라질	이탈리아
금액	8,740	3,508	1,937	1,079	1,030	744	613	569	440	420

자료: 한국콘텐츠진흥원, 2020.12.

2) K콘텐츠 산업 해외인지도

지난해 인근 주요 아시아 국가들의 K콘텐츠 산업 해외인지도를 살펴보면, 우선, 주요 콘텐츠 중에 1위 국가를 알아보면, 게임은 인도, 음악은 인도네시아, 방송은 말레이시아, 만화는 인도네시아 순으로 나타났다. 특히 인도네시아는 우리의 다양한 K콘텐츠 분야에 대하여 선호하고 매력적인 인식을 지니고 있는 것으로 조사 되었다.(〈표 10〉 참조)

〈표 11〉 2020년 K콘텐츠 산업 해외인지도

산업별		게임	음악	방송	만화
국가별	1위	인도	인도네시아	말레이시아	인도네시아
	2위	터키	말레이시아	인도네시아	인도
	3위	태국	일본	대만	터키

자료: 한국콘텐츠진흥원, 2020.12.

2. 우리의 문화산업 현황

1) K콘텐츠 시장 발전 추이

우리의 K콘텐츠 시장의 발전추이를 살펴보면, 2015년에는 약 415억 달러 시장에서 점진적으로 2016년에는 513억 달러, 2019년 613억 달러, 2020년에는 코로나 19 영향으로 전년대비 54억 달러 감소한 559억 달러에서 앞으로 내년에는 668억 달러, 2023년 694억 달러, 2024년에는 719억 달러 시장으로 2020년 기준 향후 5년간 연평균 3.26% 점진적으로 성장이 증가하는 추세에 있을 것으로 전망되고 있다.

〈표 12〉 K콘텐츠 시장 전망

(단위: 억 달러)

년도	2015	2016	2017	2018	2019	2020	2021	2022	2023	2024
금액	491	513	557	585	613	559	636	668	694	719

자료: 한국콘텐츠진흥원, 2020.12.

2) 주요 산업과 콘텐츠산업의 기업매출액 비교

2019년도 우리나라의 주요 산업과 콘텐츠산업의 기업매출액을 비교하여 살펴보면, 먼저, 우리의 주력산업인 자동차는 189조원, 반도체 129조, 석유화학 107조원, 철강 96조원 중에 콘텐츠가 차지하는 매출액은 반도체 다음으로 126조원의 매출액을 나타내는 주요한 서비스산업으로 크게 두각을 나타내고 있다.

〈표 13〉 주요 산업과 콘텐츠산업의 기업매출액 비교(2019년)

(단위 : 조원)

분야	자동차	반도체	콘텐츠	석유화학	철강	음식료
금액	189	129.4	126.7	107.6	96.7	96.2

자료 : 제반 자료 등을 참조하여 정리함.

3) 주요 콘텐츠산업 분야별 규모 및 매출

우리의 주요 콘텐츠산업 분야별 규모와 매출을 2020년 상반기준으로 그 규모를 살펴보면, 먼저, 출판분야가 약 100조원, 방송 약 90조원, 게임 약 8조원, 음악 약 2조원, 영화 약 1조원, 만화 약 6천8백만 원 등의 순으로 나타나고, 2019년 상반기 58조3,770억원보다 57조2,957억원으로 1.9% 증가하고 있다. 그 중에서 출판 분야가 전체 18.1%, 방송(16.2%), 게임(14.2%), 음악(4.6%), 영화(2.5%), 만화(1.2%)의 비중을 보이고 있다. 아직 출판과 방송분야가 크게 부각 되고 이어, 게임, 영화, 만화 등은 갈수록 기술과 환경 등이 변화에 따라 꾸준히 매출과 비중이 증가할 것으로 본다.(〈표 13〉 참조)

〈표 14〉 주요 콘텐츠산업 분야별 규모 및 매출(기준: 2020년 상반기)

(단위 : 백만원, %)

분야별	출판	방송	지식정보	게임	캐릭터	광고	음악	콘텐츠솔루션	영화	만화	애니메이션
규모	10,374,765	9,274,904	9,217,642	8,117,047	6,367,324	6,347,406	2,620,237	2,5847,947	1,427,815	684,193	280,253
비중	18.1	16.2	16.1	14.2	11.1	11.1	4.6	4.5	2.5	1.2	0.5

자료 : 한국콘텐츠진흥원, 2020.12.

4) 주요 콘텐츠산업 분야별 수출규모 및 비중

우리의 2020년 상반기 주요 콘텐츠산업 분야별 수출규모 및 비중 등을 살펴보면, 먼저, 수출규모에서 게임은 3억6천만 달러, 캐릭터 3백5십만 달러, 음악 2백2십만 달러, 방송 1백9십만 달러, 만화 3백1십만 달러, 영화 1백2십만 달러 순으로 나타나고,

그 비중은 각각 72.4%, 6.9%, 4.5%,2.0%, 0.6%, 0.2% 순으로 대부분 게임이 대부분 우리 수출시장을 주도하고 있는 분야이다.(〈표 14〉 참조)

〈표 15〉 주요 콘텐츠산업 분야별 수출규모 및 비중(기준 : 2020년 상반기)

(단위 : 천 달러, %)

분야별	게임	캐릭터	지식정보	음악	방송	콘텐츠솔루션	출판	애니메이션	만화	광고	영화
규모	3,675,666	350,068	336,029	229,782	195,843	100,555	92,014	38,631	31,125	17,406	12,656
비중	72.4	6.9	6.6	4.5	2.0	1.8	1.8	0.8	0.6	0.3	0.2

자료 : 한국콘텐츠진흥원, 2020.12.

제 3 절 K콘텐츠 산업의 검토

1. K콘텐츠 산업의 성장 배경과 효과

1) K콘텐츠 산업의 성장 배경

전술한 바와 같이 일반적으로 K콘텐츠가 문화가 확산되는 단계 중 3단계 중 이미 K콘텐츠는 성숙하고 새로운 전성기 수준의 3단계 위치에 있는데 여기에는 다음 세 가지의 배경이 있다고 본다.64)

첫째, 소비자 중심의 온디맨드(on-demand) 콘텐츠 제공방식인 OTT(Over The Top: 온라인동영상서비스)가 새로운 주류 플랫폼으로 자리 잡으면서 드라마와 영화 등의 콘텐츠 수요가 더욱 늘어났기 때문이다. 특히 경쟁력 있는 K콘텐츠를 확보하려는 넷플릭스 등 유명한 글로벌 OTT 사업자들이 경쟁력 있는 콘텐츠 시장의 인프라가 잘 구비되어 우리의 시장을 선호하여 투자가 우리국가로 유입되기 때문에 문화의 성숙기를 맞고 있다.

둘째, K콘텐츠의 우수한 스토리와 구성으로 매우 높아진 포맷 경쟁력을 들 수 있다. 이는 우리의 국내 주요 방송사들의 우수한 포맷 수출성과의 영향력이 높기 때문에 이러한 문화의 성숙기를 누리는 국가로 등장하고 있다.

셋째, 우리나라의 정보통신기술의 발전을 기반으로 세계 최초 5세대(5G) 이동통신 기술 상용화, 세계 최고의 디지털 기기 보급률 등을 활용하여 제반 무선정보기기의

64) 성동규, "K콘텐츠의 글로벌 확산과 경제적 효과", 산업자원부, 통상, 2021. pp.12-13.

콘텐츠 생산 및 소비와 관련된 정보인프라를 잘 구비되어 이를 기반으로 만들어진 K콘텐츠는 한류 열풍을 타고 전 세계로 손조롭게 확산된 이유도 있다.

따라서 이러한 문화의 3단계수준에 확산 속에서 있는 K콘텐츠는 최근 영화와 드라마, 예능 프로그램 같은 고전적 분야에서 온라인OTT 콘텐츠, 온라인게임, 웹툰 등 새로운 창작분야로 영역을 넓혀가고 있다.

2) K콘텐츠 산업의 효과

K콘텐츠 산업이 우리에게 주는 긍정적인 효과를 간략하게 살펴보면 다음과 같다.[65)]

첫째, K콘텐츠 산업은 높은 부가가치를 지닌 친환경적 산업이다. 적은 자본과 인력을 가지고 지식과 아이디어로 승부하여 높은 부가가치를 가질 수 있고, 환경오염, 자연파괴 등과는 거리가 먼 환경보호적 산업이다.

둘째, K콘텐츠 산업은 우리의 우수한 정보통신산업을 잘 활용할 수 있는 산업이다. 세계적인 정보인프라가 높은 수준의 위치에서 다양한 정보통신 기술을 바탕으로 기하급수적으로 산업을 확장할 수 있는 기회가 많은 산업이다.

셋째, K콘텐츠 산업은 창구효과가 막대한 산업이다. 예컨대, K영화를 기반으로 비디오, 케이블, 출판, 음악, 관광 등 다양한 소비채널을 이용하여 엄청난 수익을 높일 수 있는 창구효과를 낳을 수 있다.

넷째, K콘텐츠 산업은 고용을 창출하는 효과가 있다. 산업자체의 성장으로 직접적인 고용을 창출할 수 있고, 여타 콘텐츠의 문화화로 간접적인 고용유발 효과가 큰 산업이다.

다섯째, K콘텐츠 산업은 집적성이 강하고 지역발전의 중요한 기틀이 될 수 있는 산업이다. 문화산업의 발전으로 기업의 투자와 소비생활이 촉진되어 지역도시의 발전으로 이어져 프랑스 도시인 앙굴렘, 영국의 셰필드, 미국 뉴욕의 실리콘 앨리 등의 문화의 집적도시 등을 들 수 있다.

마지막으로, K콘텐츠 산업은 우리의 전통문화를 상품화하여 해외에 수출함으로써 국제수지 개선과 국가이미지 제고에도 많은 기여를 하는 효과를 가져 오는 산업이다.

2. 주요 K콘텐츠 산업의 현황과 전망

이러한 성장과 경쟁력 및 긍정적인 효과 등을 겸비한 K콘텐츠 산업의 주요 분야

65) 박종삼, "우리나라의 문화콘텐츠산업 경쟁력 강화방안에 관한 연구", 한국문화무역학회, 문화무역연구, 2003.

등에 대한 현황과 전망 등을 간략하게 검토하여 보면 다음과 같다.

1) K팝 산업[66)]

현재 K콘텐츠 산업 중 K팝의 제작 과정은 이미 상당 부분이 글로벌화 되었다는 평가다. K팝을 대표하는 방탄소년단(BTS)이 같은 해 8월 '다이너마이트(Dynamite)'로 빌보드 핫100(싱글차트) 1위에 올랐을 때는 매우 이례적인 일이라 생각했다. 이러한 상황속에서 하이브(HYBE·옛 빅히트엔터테인먼트)는 지난 2월 세계적인 뮤직 그룹과 협업하여 K팝 보이 그룹 육성 프로젝트를 시작하였고, 유명 뮤지션이 소속된 이타카홀딩스(Ithaca Holdings)를 인수한다고 발표했고. 이는 우리의 문화기획사의 최초 해외 레이블 인수이자 인수 규모 또한 세계 최대 였다. 또한 수많은 외국의 뮤지션과 협업하는 구조를 갖추어 글로벌 팝시장의 최신 트렌드를 통하여 전 세계에서 통하는 K팝을 운영하면서 앞으로 K팝의 운용은 이제 사업적 역량과 시장마케팅 정보도 잘 습득한 해당기업들이 늘어나면서 타켓시장에 적절하게 진입하는 고도의 기술도 겸미하였고, 글로벌 플랫폼을 통해 인지도를 제고하는 방안으로 활용하고 있다.[67)] 이어, K팝이 인디 뮤지션 활성화로 K팝 시장을 확대하면서 기존의 메인저 시장에도 자극과 다양성을 주어 K팝 전 시장으로 확대되고 활성화 될수 있다는 결과도 낳고 있다.

2) K게임 산업[68)]

전 세계를 강타한 코로나19 팬데믹 기간에도 게임산업의 약진은 아시아는 물론 북남미, 유럽, 오세아니아 지역까지 영향권 확대되어 게임은 명실공이 밖에서, 그리고 밖으로 '잘나가는' 우리나라 대표 수출성장을 리드하는 K콘텐츠 상품이다.[69)] 이렇게 K게임의 강력한 우위력은 기술과 장르의 융합되어, 탄탄한 스토리-비주얼-음악도 잘 결합하여 주로 넥슨, 넷마블, 엔시소프트 등 3대 게임사가 주도하여 멀티적으로 토탈 콘텐츠가 잘 갖추어 추진된 결과이다. 또한 K게임산업 전 과정에 첨단기술 등이 접

---

66) 송요섭, "K팝 산업 현황 및 글로벌 전망", 산업자원부, 통상, 2021, p.14.

67) 일례로 방탄소년단의 '다이너마이트(Dynamite)'는 영미권에서의 관심이 커지는 시기에 맞추어 최초로 영어로 작사했고, 수용도가 높은 분위기(이지 리스닝·디스코팝)로 완성했으며, 뮤직비디오와 음악은 미국에서 가장 익숙한 시간인 자정에 공개하는 전략을 짰다.

68) 최승우, "K게임 산업 현황 및 글로벌 전망", 산업자원부, 통상, 2021, p.15.

69) 2019년에는 콘텐츠 수출액 중 가장 많은 금액을 차지하였는데, 약 69억 달러를 기록하였고, 작년 상반기 콘텐츠산업 수출액 50억8,000만 달러(약 5조5,753억 원) 중 36억8,000만 달러(약 4조388억 원)가 게임산업에서 나왔다. 대한민국 게임산업이 전체 콘텐츠산업 수출액의 72.4%를 차지하며 '수출효자 종목'의 면모를 다시 한 번 발휘했다.

목하여 인간과 소프트웨어를 중심으로 빅데이터, 클라우드, 인공지능(AI)과 같은 각종 첨단기술과 융복합되어 이루어지고 이는 요즘 전 세계 키워드로 급부상한 메타버스(Metaverse)의 실현을 위한 기술과의 모두 게임과의 융복합에서 나올 수 있다. 나아가 콘텐츠 장르 간 교류 및 협업이 활발하다는 점도 또 다른 강점이다. 또한 드라마와 영화, 웹툰, K팝, 소설, 캐릭터 등과 연계해 다른 콘텐츠 이용자까지 소비자를 확장할 수 있는 윈도우 효과까지 누릴 수 있는 까닭이다. 따라서 우리의 K게임산업은 세계 최대 시장인 중국을 비롯해 인도, 대만, 태국, 베트남, 싱가포르 등 아시아권과 북·남미, 유럽, 오세아니아 지역까지 영향권을 확대했다. 최근에는 현지 특성상 해외 기업이 고전을 면치 못하던 일본 시장에도 활발하게 진출하는 추세다.[70)]

3) K드라마·영화 산업[71)]

최근 한국 영화 및 드라마 산업의 성과는 양과 질 모든 면에서 눈부시다. 영화 〈기생충〉이 2020년 미국 아카데미 시상식에서 작품상과 감독상, 각본상, 국제장편영화상 등 4관상을 받은 게 질적 성과라면, 일본과 아시아 등지에서 〈사랑의 불시착〉, 〈이태원 클라쓰〉 등 다수의 K드라마가 불러일으킨 '3차 한류'는 양적 성과라 할 만하다.[72)] 코로나19로 급성장한 OTT 시장 덕분에 K콘텐츠가 그 혜택을 입고 있는 것이다. K드라마와 K영화는 전 세계 190여 개국에서 서비스하고 있는 넷플릭스를 통해 2억 명이 넘는 글로벌 가입자에게 유통되는 것이다. 〈킹덤〉을 통해 해외에서 '갓 열풍'이 불었고, 앞선 많은 드라마를 통해 K뷰티도 유행처럼 번졌다.[73)] 최근 OTT가 크게 성장하면서 우리 드라마, 영화 수출에도 변화가 불고 있다. 2020년 코로나19 여파로 비대면 경제가 활성화되면서 전 세계적으로 넷플릭스 등 OTT 업체를 통해 드라마와 영화를 보는 형태가 늘었다.[74)] 따라서 K드라마, 영화산업은 글로벌 OTT를 통한

---

70) 중국에서 '국민 게임'으로 오랜 시간 사랑받고 있는 게임인 넥슨의 '던전앤파이터', 스마일게이트의 '크로스파이어'는 각각 국내 기업들이 서비스하는 콘텐츠다. 얼마 전 '배틀로열'이라는 비교적 생소한 장르를 글로벌 트렌드로 유행시킨 주인공도 우리 게임인 크래프톤의 '플레이어언노운 배틀그라운드'이다.

71) 김윤지, "K드라마 영화 산업 현황 및 글로벌 전망", 산업자원부, 통상, 2021, p.16; 장민호, "음악제작 분야의 4차 산업혁명", 한국문화산업학회, 문화산업연구, 2017.

72) 이제까지 콘텐츠산업 전체 수출에서 드라마와 영화가 차지하는 비중은 크지 않았다. 2019년 콘텐츠 수출액이 103억3,000만 달러(약 11조5,438억 원)로 이 가운데 드라마와 예능 프로그램 등을 포함한 방송 수출액은 5억1,000만 달러(5,699억 원), 영화 수출액은 4,000만 달러(447억 원)로, 두 분야 수출액이 전체의 약 6%에 미치지 못한다.

73) 성동규, 전게서.

74) 이에 힘입어 세계 OTT산업 규모도 2020년 18% 성장했고, 2021년에도 15% 성장해 약 1,260억 달

수출 독점의 한계, 국내 OTT 해외진출로 활로를 마련해야 할 것이다. 넷플릭스의 성공에 고무되어 디즈니플러스, 애플TV플러스 등 다른 글로벌 OTT 업체들도 앞 다퉈 K콘텐츠 투자에 나서고 있다. 하지만 이러한 글로벌 OTT의 투자로 인해 수출수혜와 핵심전문인력의 이동에 대한 문제점도 발생하고 있는 것이 현실이다.

4) K만화·웹툰 산업[75)]

국내 웹툰 업체들의 해외진출이 성공적으로 이루어지면서 미국과 유럽, 남미 등에서 가능성과 경쟁력을 인정받고 그 규모와 파급력은 강력한 엔진이 돌아가듯 가속이 붙어 질주하고 있다.[76)] 해외시장에서 K웹툰은 아직 초기 성장 단계이지만 특히 해외시장인 미국과 유럽, 남미 등에서 가능성과 경쟁력을 인정받고 있다. 한순간의 소비재로 전락하지 않으려면 해외시장의 다양한 문화와 독자를 수용할 수 있는 전략이 필요하다.[77)] 또한 우리의 웹툰산업이 아직 초기 성장단계에 있지만, 앞으로 엄청난 강점을 발휘하는 놀라운 모습이 예상되기 때문이다. 이는 뛰어난 큰 재능을 지닌 창작자들에게 성장기회를 주고 다수의 중소기업에게도 실효성 있는 지원과 육성이 있어야 K만화·웹툰 산업이 앞으로 해외시장의 무대를 받치며 안정적인 경쟁력을 유지할 수 있다고 본다.

3. K콘텐츠 산업의 SWOT 분석

우리의 K콘텐츠 산업은 한류의 영향과 코로나 19로 온라인 서비스 활성화, 다양한 콘텐츠 개발의 인프라와 정보통신기술의 발전 등에 힘입어 지속적으로 발전을 하고 있으나, 콘텐츠 유통채널, 콘텐츠기업의 영세성, 불공정 고용관계와 유통배분의 비활성화, 경쟁심화, 자국주의 팽배 등의 어려움 점들이 나타나고 있다. 따라서 이러한 K콘텐츠 산업의 강점과 약점 및 기회요인 등을 정리하여 보면 다음과 같다.[78)]

우선, 강점(Strengths)으로는, 세계 7위 시장의 콘텐츠 강국으로서 K팝, K게임, K영

러(140조8,050억 원) 규모가 될 것으로 추정하고 있다. 세계 영상물들의 가장 큰 유통, 배급망으로 떠오른 것이다. OTT 성장으로 K드라마, K영화의 세계적인 보급도 확산됐다. 세계 1위 사업자인 넷플릭스는 2020년 신규 가입자의 83%를 아시아, 남미 등에서 확대했다.

75) 서범강, "K만화 웹툰 산업 현황 및 글로벌 전망", 산업자원부, 통상, 2021, p.17.

76) KT경제연구소는 2020년 국내 웹툰 시장 규모가 매년 20~30% 성장하여 1조 원대로 올라설 것으로 전망했다. 이는 2010년 1,000억 원 규모에서 10년 만에 10배 성장한 수준이다.

77) 2013년까지 10.7% 정도이던 세계 만화시장 중 디지털 만화 점유율이 2022년에는 27.2%를 차지할 것으로 전망되고 있다.

78) 산업자원부, 2021; 박종삼, 2003 전게서.

화 등 K콘텐츠의 한류 열풍 지속되고 세계 최초 5G 기술 상용화 및 활성화와 세계 최고의 디지털 기기 보급률 등과, 높은 수준의 창작력과 참신한 기획력 겸비, 제작펀드의 조성 원활화, 작품제작기술 우위 등을 들 수 있다.

또한, 약점(Weaknesses)으로는 아직 국산 콘텐츠 유통 플랫폼의 낮은 인지도 및 5G 기술 기반의 활용 콘텐츠 수 부족과 국내 콘텐츠 기업의 영세성, 불공정 거래, 계약, 고용 관행 지속되고 있는 점과 글로벌마케팅, 유통기법 미흡, 콘텐츠 소재 다양성 미비, 편중된 작품 장르 등이 약점으로 나타나고 있다.

이어, 기회(Opportunities)는 앞으로 코로나19 지속되고 있는 상황 속에서 비대면·온라인 서비스 활성화, 글로벌 콘텐츠 유통 플랫폼 활성화로 해외 진출 기회와 수출 확대가 용이하고 실감 콘텐츠가 새로운 신성장동력으로 부각되고 있는 점이다.

마지막으로, 위협(Threats)요인으로는 코로나19로 인한 세계적인 경제 위축, 콘텐츠 유통 플랫폼의 거대자본과 기술을 앞세워 독점화 및 경쟁이 심화되어 해외 콘텐츠 시장 자국보호주의가 갈수록 강화, 불법복제 행위, 내수시장 협소와 초기 투입비용 과다, 장기작업으로 부대비용 증가로 수익성 약화 등이 나타날 수 있다.

이러한 우리의 K콘텐츠 산업에 대하여 강호성 CJ ENM 대표이사는 "CJ ENM은 오래전부터 K-콘텐츠가 전 세계적인 성공을 거둘 것이라는 확신과 '문화보국(文化保國)'의 철학을 가지고 사업을 이어왔다."라며 "단순히 우리의 IP를 유통하거나 리메이크하는 것에서 벗어나 현지의 원천 IP를 활용해 현지화 콘텐츠를 제작하는 사업까지 펼치고 있고" 콘텐츠 해외진출을 위한 국가간 개방주의의 필요성을 역설함과 더불어, "VR, XR과 같은 버추얼 콘텐츠, 메타버스와 같은 버추얼 세계관 구축에 주력해 K-콘텐츠가 전세계 주류시장을 석권할 것이라 예상한다."고 말하고 있다.

제 4 절 K콘텐츠 산업의 발전과제

1. 신 성장동력으로서의 문화산업[79)]

21세기에 들어 한국의 문화산업은 세계가 주목할 만한 비약적인 발전을 이룩하였다. 미국 다음의 세계 최고의 자국 영화 점유율과 세계영화제에서 각종 수상 및 특별전 등으로 세계의 이목을 집중시키며 수출액이 수십 배 증가한 영화산업을 먼저 손

79) 문화관광부, 2006 문화산업 통계, 2007.

꼽을 수 있다.

또한 일본과 아시아지역에서 "한류"의 열풍만으로는 모자라 세계로 시장을 넓혀가는 영화와 TV드라마가 있으며, 온라인 게임에 한정되기는 하지만 중국 등 해외시장에서 독보적인 입지를 구축한 게임산업 등이 외주하청 위주의 종속적인 위치를 벗어나 독자적인 영역을 점차 구축하고 있다.

점차 세계로부터의 관심을 넓혀가고 있는 애니메이션과 만화 등 한국의 문화산업은 "새로운 성장 동력"으로 주목받기에 이르렀지만 최근에 들어 문화산업 내부에서는 한 단계 더 높은 도약을 위해서는 시나리오, 마케팅, 기획인력 등 전문 인력의 수준을 더 높여야 한다는 진단이 나오고 있다.

오늘날 우리나라 문화산업의 비약적인 발전은 외형적으로는 해당분야의 기술적인 발전과 급변하는 시장 환경의 변화에 대한 성공적인 대응의 결과이기도 하지만, 한편으로는 오천년 유구한 문화적 전통을 바탕으로 풍부한 인문학 콘텐츠 유산이 그 저력의 기반이 되고 있다고 보아야 할 것이다.

문화관광부가 발표한 2006 문화산업 통계(2005년 기준)에 따르면 2005년 우리 문화산업 매출액은 53조9481억원으로 전년(50조 601억원) 대비 7.8% 성장한 것으로 조사됐다. 지난 3년간(03~05년) 연평균 성장률은 10.5%. 이 같은 실적은 2005년 한국경제 성장률(4.2%)의 배가 넘는 것으로 문화산업이 한국 경제의 차세대 성장동력으로 자리매김하고 있음을 보여주고 있다.

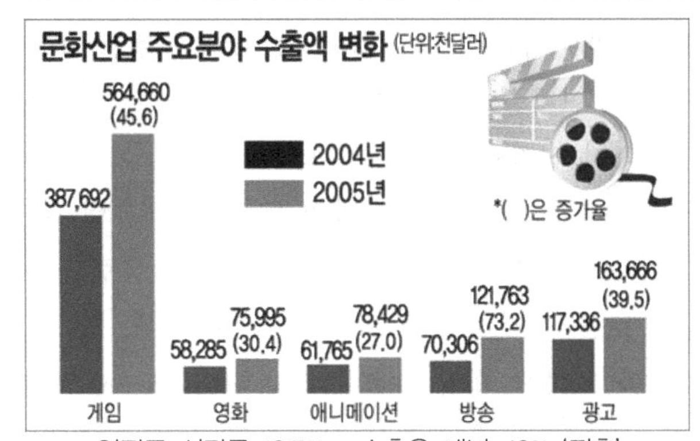

자료 : 문화관광부, 2005.

[그림 4] 문화산업 주요 분야 수출액변화

1) 게임, 영화, 방송이 성장 주도

분야별 매출 성장률을 보면 게임101.1%, 방송 11.1%, 영화 9%, 디지털교육 및 정보 12.9%, 광고 4.9%, 출판 2.5% 등으로 나타났다. 게임, 방송, 영화가 전체 문화산업 성장을 주도했다.

게임은 성인용 아케이드 게임과 온라인게임의 성장 덕분이었고 방송은 유선 및 위성방송 시청이 늘어나면서 수신료 매출이 늘었기 때문이다. 광고는 케이블, 온라인, 모바일 등 뉴미디어 매출이 증가한 것으로 나타났다.

반면 만화·음악 산업은 해외 수출 증가와 온라인 시장 활성화에도 불구하고 오프라인 시장의 장기 침체화로 인해 매출액이 전년대비 각각 13.7%, 16.1%씩 감소했다. 애니메이션 산업 또한 창작 시장으로 전환되는 과정에서 DVD 판매 부진과 극장용 애니메이션의 실패로 감소세(11.7%)를 기록했다. 캐릭터 산업도 조사 기준에서 유통을 제외하면서 마이너스로 돌아섰다. 실제 문화산업 분야별 매출액은 사업형태별로 큰 차이를 보이고 있다. 음악, 영화, 만화 등은 유통·배급 매출액이 높은 반면, 출판·애니메이션·캐릭터 산업은 제작·장작 매출액이 높은 것으로 조사됐다. 음악은 온라인 유통시장 활성화 때문이며, 만화 등은 대여 시장이 형성돼 있기 때문이다.

2) 수출 효자종목으로 자리매김

문화산업의 대외 수출은 2003년 6억 3,000만 달러에서 2005년 12억 3,600만 달러로 약 2배 가까이 확대되었으며, 연평균 40.3%의 높은 증가율을 나타냈다. 특히, 방송은 한류에 힘입어 지상파 방송의 프로그램 수출 호조로 연평균 70.1% 증가하였고, 영화 수출도 전년대비 30.4%, 연평균 56.6% 대폭 증가한 것으로 나타났다. 방송과 마찬가지로 영화 산업의 수출이 성장한 것은 한류의 영향으로 아시아 국가로의 수출이 전년 대비 45.9%, 연평균 86.5% 크게 증가하였기 때문이나, 유럽 및 북미 국가로의 수출은 전년 대비 각각 11.2%, 30.5% 감소한 것으로 나타나 유럽 및 북미 국가로의 한국 영화 수출 활성화 통로를 개척하여야 할 것으로 보인다.

게임 수입액의 2배를 초과한 게임 수출은 전년대비 45.6%, 연평균 76.3% 대폭 증가한 것으로 나타났다. 특히 온라인 게임은 문화산업 전체 수출액의 45.7%를 차지하는 효자 종목으로서의 역할을 톡톡히 해냈다. 애니메이션의 경우 스타프로젝트 등을 중심으로 기획력과 제작품질을 인증 받아 과거 OEM 수출에서 창작애니메이션 수출로 전환되는 과정으로 '04년에는 전년에 비해 18.4%로 감소하였다가 '05년부터는 전년대비 26.9% 증가한 것으로 나타났으며, 이는 애니메이션 전체 수출의 56.9%를 차지하는 북미 국가로의 수출이 전년 대비 23.6% 증가하였기 때문이다.

캐릭터 수출은 전년대비 39.5%, 연평균 18.6% 증가하였으며, 이는 국산캐릭터의 개발 지원이 본격화되면서 국산캐릭터의 국내외 인지도가 확대되어 뿌까, 뽀로로 등 주요 국산캐릭터의 라이선싱 사업이 해외에서 활발하게 진행되고 있기 때문으로 보인다. 또한 만화 수출도 전년 대비 71.2% 증가한 것으로 나타났으며, 이는 온라인 만화 등 출판 외 뉴미디어를 기반으로 한 창작과 만화를 원작으로 하는 게임 등의 제작이 활발해지면서 수출에 있어 성과를 보인 것으로 분석된다.

반면, 음악 수출은 전년 대비 34.9% 감소하였다. 이는 2004년 수출액중 대부분이 일본에서의 '겨울연가'의 히트에 따라 음반 수출이 급격하게 증가하였다가 2005년에는 일본에서의 수출액이 현저하게 떨어졌기 때문으로 보인다.

3) 한국 문화콘텐츠 매출과 수출입현황

우리나라 콘텐츠 산업의 총 매출액은 2007년 GDP 대비 비중은 6.5%(58조6천억원 / 901조2천억원×1 00 = 6.50)였으며, 총 부가가치의 비중은 2007년 GDP 대비 2.6%(23조3천억원 / 901조2천억원 × 100 = 2.59)로 나타났다.

콘텐츠 산업 매출 규모가 가장 큰 산업은 전체 콘텐츠 산업 매출액의 36.8%를 차지한 출판산업이며, 매출규모가 가장 작은 산업은 0.3%에 불과한 에듀테인먼트산업이다. 출판(8.6%), 만화(4.3%), 애니메이션(7.8%), 방송(8.4%), 광고(3.5%), 캐릭터(12.4%), 에듀테인먼트(32.1%) 분야는 전년 대비 매출액이 증가한 반면, 음악(1.3%), 게임(30.9%), 영화(13.0%)산업 분야는 전년 대비 매출액이 감소하였다.

캐릭터산업은 국산캐릭터의 다양한 상품화 및 캐릭터 비즈니스에 대한 인지도 상승 등으로 2006년 게임 60.3%, 음반 48.3%, 방송 47.8% 등 4조5,509억원에서 2007년 5조1,156억원으로 12.4% 성장했다. 에듀테인먼트산업은 인터넷 무료서비스가 유료서비스로 전환되면서 32.1%의 매출이 증가하였다.

반면, 게임산업의 경우 사행성 문제로 아케이드게임과 아케이드게임장의 규제강화라는 구조조정을 거치면서 2005년부터 지속적으로 감소하여 2006년 7조4,489억원에서 2007년 5조1,436억원으로 대폭 감소하였다.

그리고 2007년 한국 영화산업은 취약한 산업구조, 작품의 질적 저하, 불합리한 산업관행 등과 같은 요인들이 복합적으로 작용해 전반적인 위기를 맞아 매출이 전년대비 13.0% 감소하였다.

〈표 16〉 국내 콘텐츠 산업 매출액

(단위 : 억 원, %)

산업	2003년	2004년	2005년	2006년	2007년		2003~2007년 연평균성장률
						비중	
출판	155,211[1)]	189,210	193,922	198,793	215,955	36.8	8.61
만화	(7,591)	5,059	4,362	7,301	7,616	1.3	0.08
음악	17,935	21,331	17,899	24,013	23,577	4.0	7.08
게임	39,387	43,156	86,798	74,489	51,436	8.8	6.90
영화	23,444	30,224	32,948	36,836	32,045	5.5	8.13
에니메이션	2,700	2,650	2,338	2,886	3,111	0.5	3.61
방송	71,366	77,728	86,352	97,198	105,343	18.0	10.22
광고	70,639	80,260	84,178	91,180	94,346	16.1	7.50
캐릭터	48,085	42,193	20,759[2)]	45,509[3)]	51,156	8.7	1.56
에듀테인먼트[4)]	13,188	8,790	9,925	1,180	1,558	0.3	−41.37
합계	441,955	500,601	539,481	579,385	586,147	100	7.31

1) 2003년 출판산업 매출액은 만화산업 매출액(7,591억원)을 포함하고 있음.
2) 2005년 캐릭터산업 매출액은 유통을 제외한 캐릭터 개발 및 라이선스와 캐릭터상품 제조업의 산업체 매출 규모를 추정한 수치임, 2004년 기준 조사와 동일하게 소비시장 규모로 조사하였을 경우, 2005년 캐릭터 소비시장 규모는 42,880억원임.(「2006 캐릭터산업백서」)
3) 2005년 기준 조사 시 캐릭터상품 도소매업 매출 규모가 제외되었으나, 2006년 기준 조사에서는 캐릭터 상품 도소매업 매출 규모가 제외되었으나, 2006년 기준 조사에서는 캐릭터상품 도소매업 매출 규모(온라인도소매업, 홈쇼핑, 편의점, 재래시장 매출액 제외)를 포함하였음.
4) 2005년 기준 조사까지는 디지털교육 및 정보산업으로 조사를 실시하였고, 2006년 기준 조사에서는 온라인정보산업을 제외하고 에듀테인먼트분야만 조사하였음.

출처 : 문화체육관광부, 「2004 문화산업통계」, 「2005 문화산업통계」, 「2007 문화산업통계」, 「2008 문화산업통계」.

〈표 17〉 국내 콘텐츠 산업 수출입 현황

(단위 : 천 달러, %)

산 업 구 분	수출액					수입액				
	2005	2006	2007	구성비	증가율	2005	2006	2007	구성비	증가율
출판	191,346	184,867	213,100	13.7	15.7	231,741	307,184	354,404	11.1	15.4
만화	3,268	3,917	3,986	0.3	1.8	900	3,965	5,901	0.2	48.8
음악	22,278	16,666	13,885	0.9	△16.7	8,306	8,347	4,230	0.1	△49.3
게임	564,660	671,994	781,004	50.2	16.2	232,923	207,556	389,549	12.2	87.7
영화	75,995	24,515	24,396	1.6	△0.5	46,830	45,813	67,527	2.1	47.4
애니메이션	78,429	66,834	72,770	4.7	8.9	5,458	5,095	8,148	0.3	59.9
방송	121,763	133,917	150,953	9.7	12.7	43,177	72,563	64,939	2.0	△10.5
광고	9,359	75,981	87,214	5.6	14.8	2,292,762	2,415,540	2,068,220	64.9	△14.4
캐릭터	163,666	189,451	202,889	13.0	7.1	123,434	211,909	225,257	7.1	6.3
에듀테인먼트	5,203	5,016	5,201	0.3	3.7	360	316	398	0.0	25.9
합계	1,235,967	1,373,158	1,555,398	100	13.3	2,985,891	3,278,288	3,188,573	100	△2.7

출처 : 문화체육관광부(2008), 「2008 문화산업통계」.

2007년 콘텐츠 산업의 수출입 현황을 살펴보면, 수출액은 15억 5,539만 달러로 2006년에 비해 13.3% 증가한 것으로 나타났다. 이를 산업별로 살펴보면, 출판이 2억 1,310만 달러(13.7%), 만화 398만 달러(0.3%), 음악 1,388만 달러(0.9%), 게임 7억 8,100만 달러(50.2%), 영화 2,439만 달러(1.6%), 애니메이션 7,277만 달러(4.7%), 방송 1억 5,095만 달러(9.7%), 광고 8,721만 달러(5.6%), 캐릭터 2억 288만 달러(13.0%), 에듀테인먼트 520만 달러(0.3%)로 나타났다.

2. K콘텐츠 산업의 경쟁력 강화방안

우리의 K콘텐츠 산업은 지난 20년간 산업적 측면에서 상당한 수준의 양적, 질적 성장을 이룩해 왔다. 우리의 이러한 성과는 국내외적인 문화관련 기술적 변화와 글로벌 시장 개방이라는 환경변화에 잘 대응 해 왔고, 정보통신기술의 지속적인 혁신과 이에 대한 산학관의 투자와 지원이 있었기 때문이라고 본다.

이제부터는 새로운 문화가 형성되고 이러한 새로운 문화에 적응하고 이를 활용하여 개인의 가치 증진과 나아가 국가의 문화경쟁력을 증진시켜 나가야 할 것이다. 이를 위해서는 무엇보다 새롭게 문화를 창출하려는 야심찬 계획은 일단 접어 두더라도 어디까지 '글로벌 스탠더드(Global standards)'를 따라가고 어디부터는 '코리아 스탠더드(Korea standards)'를 고집할 것이냐는 '수용과 대응의 균형점'을 찾는 일에서부터 문화발전에 대한 실마리를 풀어야 할 것이다. 따라서 일국의 문화수준은 우리들의 삶의 질을 결정하고 나아가 노동, 자본에 대응되는 주요 생산요소로 등장하고 있으면 이는 국가경쟁력의 원천이 된다는 인식을 새롭게 해야 할 때라고 본다.[80]

우리의 콘텐츠 기업 플랫폼이나 영화관 같은 인프라가 구축되어 있지만 외국인 투자에 있어 제한적인 측면과 연결되어, 공동투자나 협업보다는 최근 들어 포맷 수출과 같은 IP 중심의 교류가 주로 형성되었다. 또한 한류의 인기가 높지만 아티스트나 한류 스타를 중심으로 주목받는 경향을 보였다.

민간 대기업을 중심으로 이루어지는 영화, 방송, 음악 장르에 비해 웹툰 장르와 같이 플랫폼을 활용한 간접 진출에 있어 정부의 지원정책이 효과적이고, 한류콘텐츠 생태계 구조상 중소기업의 직접 진출은 매우 제한적일 것으로 보인다.

전략적인 한류콘텐츠 지원 로드맵을 가지고 양질의 IP를 확보하기 위한 장르별 지원책이 마련되어야 한다. 이를 위한 추진전략으로는 '아세안 회원국에 대한 한국 대

80) 박종삼, 전게서.

중의 인식 제고 및 관심 증진', '양국 정부 및 부처 간 교류 확대', '선순환적 한류콘텐츠 생태계 환경 조성', '장르별 민간, 정부의 상호 협력' 등을 제안한다.

이러한 상황 속에서 코로나가 지금까지의 세상 환경을 바꾸어놓아 꾸준히 진행되고 있었던 4차산업혁명에 따른 환경이 코로나로 인해 더욱 빨라지고 있고, 포스트 코로나 시대는 과거와는 완전히 달라진 모습으로 뉴노멀의 시대가 우리 앞에 다가와서 우리가 어떻게 적응하느냐 여부에 따라 우리의 생존이 좌우될 것이다.

또한 지난해부터 지속되고 있는 코로나19 확산 등으로 비대면 서비스 수요가 커진 상황 속에서 경제주체들은 K콘텐츠 산업을 육성하기 위해 다각적이고 종합적인 진흥정책 등을 수립하고 추진하고 있다. 특히 산업통상자원부가 지난해 8월 'K서비스 해외진출 활성화 방안'은 향후 K콘텐츠의 해외수출과 관련해 최근 무역환경 변화에 대응하는 맞춤형 수출지원정책을 마련하겠다는 것이다.[81)]

유엔(UN) 산하 세계지식재산권기구(WIPO)가 발표한 '2020 글로벌혁신지수(GI)'에 의하면 우리나라는 지난해보다 1단계 상승한 10위를 차지했다. GI 항목별 지표에서는 문화산업 성과와 관련된 '창의적 상품과 서비스 지수'가 지난해 42위에서 올해 19위로 가장 큰 상승세를 보였다. 또한 영국 잡지 〈모노클〉이 각국의 문화적 매력지수를 소프트파워로 분석하고 국가별 순위를 발표해왔는데, 2019년 15위에 머물렀던 우리나라가 2020년 2위까지 순위가 급상승한 결과만 봐도 K콘텐츠의 위상을 확인할 수 있다.[82)]

따라서 K콘텐츠 산업의 경쟁력 강화방안을 살펴보면 다음과 같다.

첫째, 국내 OTT 플랫폼 경쟁력 강화에 관련 주체들의 적극적인 투자와 지원이 있어야 할 것이다. 현재 넷플릭스와 디즈니플러스, 중국의 아이치이 등 글로벌 거대자본이 국내 콘텐츠 제작과 유통에 많은 금액을 투자하고 있는데, 이로 인해 자본경쟁에서 뒤떨어지는 국내 OTT 플랫폼 생태계를 고사시킬 가능성이 매우 높고, K콘텐츠 산업마저도 자생력을 잃고 이들 글로벌기업의 요구를 다 수용해야 하는 하청기지로 전락해버릴 수 있는 점들을 유념할 필요가 있기 때문에 지속적이고 실효성 있는 지원과 상호협력 관계가 강화되어야 한다.

둘째 국제통상환경 변화에 효율적으로 대응할 수 있는 맞춤형 K콘텐츠 수출지원정책을 마련해야 할 것이다. 특히 서비스 상품 수출에 따른 국내외 취업유발효과와 일반 유형상품의 수출에 따른 부가가치 등을 명확하게 비교검토하여 해당 K콘텐츠 산업의 경제주체와 객체에 적합한 중장기 로드맵을 수립하여 경쟁력 있고 효율적인

---

81) 박종삼, 전게서.
82) 성동규, 전게서.

육성정책을 구사할 필요가 있다.

셋째, 현재 K콘텐츠 산업에 관련된 제반 제도와 정책 등을 다시 개정과 정비를 할 것이다. 특히 우리도 다른 국가들과 마찬가지로 같은 위치에서 경쟁할 수 있도록 행정절차의 간소화, 중소기업의 진입장벽 완화, 스타트업에 대한 직간접투자 확대 등에 실효성과 지속성을 담보된 관련 법제도적인 재정립이 요구되는데, 문화산업은 소비자와 시장의 수요를 창출하는 정책 영역으로 이야기를 통해 상품과 서비스에 의미를 부여하여 가치가 제고되고, 제조업 등 타 산업영역에 미치는 파급효과도 상당 하기 때문에 특히 저작권법 등 주요국의 관련법규 등을 참조하여 이에 대한 적절하고 유연한 법제도적 대응방안이 마련되어야 할 것이다.[83)]

넷째, K콘텐츠의 세계적인 열풍 그리고 초일류기업들의 콘텐츠기획 패러다임 그리고 각 세대별 고객 특성 등을 완벽하게 분석하는 등 세밀하고 창의적인 경쟁전략을 수립해야 할 것이다. 불확실한 미래를 준비하기 위해서는 다가올 세상이 어떤 모습일 것인지 가능한 정확하게 분석하고, 그에 대응하여 어떤 콘텐츠기획을 창의적으로 실행하고 타깃마케팅을 구사하고, 경쟁기업들의 움직임, 시장의 흐름, 고객 특성 등을 세밀하게 조사하고 분석함으로써 글로벌 시장에서 성공적인 경쟁력 확보로 이어질 것이라고 본다.

다섯째, K드라마, K영화가 장기적으로 경쟁력을 향상하기 위해서는 수출성과를 보다 역량을 내부화하는 전략이 요구된다. K콘텐츠 산업이 지속 성장하기 위해서는 수출활동을 통해 개발-제작-판매 등 공급 가치사슬 전반에서 역량이 제고되어 현재와 같이 판매를 글로벌 OTT에만 의존할 경우 제작으로만 역할이 축소돼 제작 하청기지와 독점화를 낳을 수 있기 때문이다. 따라서 국내 OTT 업체의 해외진출 등을 통해 우리 드라마와 영화를 직접 제작하고 공급하는 인적, 물적 인프라가 조성되어야 할 것이다.

여섯째, 특히 우리의 K만화, 웹툰산업은 다양한 문화와 독자 수용할 수 있는 콘텐

---

83) 일례로, 일본 지식재산전략본부는 2016년 4월 18일 '차세대 지식재산시스템 검토위원회 보고서'를 공개하고 AI 창작물의 저작권을 인정할 것을 제안하였고, 영국은 일찍이 1988년에 저작권법을 개정하여 '컴퓨터 내지 컴퓨터 프로그램을 활용한 저작물의 경우 저작자는 그 저작물의 창작을 위해 필요한 기여를 한 자'라고 설정하였으며, 현재 컴퓨터 또는 로봇이 생성한 작품에 대하여 적극적인 보호를 검토하고 있다. 반면에 국내의 저작권법은 인간의 사상 또는 감정을 표현한 창작물'을 저작물로 정의하여 인간이 아닌 AI의 창작물은 권리능력을 인정하지 않아 이로 인하여 창출한 콘텐츠에 관한 저작물은 보호대상이 아니라 규정이 향후 논란의 여지가 있다고 본다; 박종삼, '4차 산업혁명시대에서 문화산업의 경쟁력 강화방안", 한국문화산업학회, 문화산업연구, 2019.

츠에 선택과 집중을 통한 투자가 필요하다고 본다. 즉 해외시장의 다양한 문화와 독자를 수용하고 공략하는 동시에 앞으로 들어올 해외의 다양한 웹툰에도 대응해야 하면서 해외로 나간다는 것은 해외에서 들어온다는 뜻이기도 하다. 또한 웹툰을 담아내는 플랫폼의 다양성이 필요하고 다양한 장르와 스타일, 제작기법 등의 창의적인 혁신도 필요하다. 또 이를 효과적으로 반영하는 연재와 과금방식을 포함한 서비스의 다양성 역시 필요하다. K콘텐츠가 한순간의 소비재로 전락하지 않도록 중장기적인 전략과 비전이 수립되어야 하고, 기업과 창작자 모두에게 성과가 균등하게 배분되어 상생의 효과도 누리도록 하는 것이 결국 문화할인을[84] 어느 정도 커버할 수 있을 것이다.

일곱째, 현재, 문화산업의 부문별 분류체계가 혼재된 상태에 따른 콘텐츠산업의 가치사슬을 제대로 반영하지 못하고 있는 상태에 정체되어 있다. 그러므로 4차 산업혁명시대에 걸 맞는 통계청 표준산업분류(KSIC)체계와 문화산업진흥기본법의 문화산업 분류체계, 정보통신분야 관련법상의 분류체계가 서로 상이하고 미비하므로 신속히 통합되고 재정비되어야 한다고 본다.[85]

마지막으로, 앞으로 다가올 아니 다가온 메타버스를 우리의 K콘텐츠 산업에 활용하여야 할 것이다. 우리가 이 메타버스에 주목해야 할 몇가지 이유가 있는데,[86] 우선, 콘텐츠가 다각적으로 머물고, 즐기고, 변화하는 무한한 가상공간을 제공해주는 것이 메타버스 이다. 이 가상공간 속에서 세계 각지 팬들이 모여 공연을 관람하고 캐릭터들이 BTS의 춤을 따라 추며 열광하고 생활하는 공간이다.[87] 또한, 메타버스에서 기술과 산업이 진화하여 실제 물리법칙에 근거한 실시간 시뮬레이션이 가능할 수 있는 옴니버스 플랫폼을 제공해주어 일상화를 느낄 수도 있다. 이어, 메타버스 시장에 투자하면 반드시 이에 상응하는 서비스를 제공 받을 수 있는 시장이 메타버스이기 때문에 K콘텐츠 산업과는 불가분의 관계이기 때문에 우리는 이를 잘 활용하여 K콘텐츠 산업의 경쟁력을 한층 강화시킬 수 있는 기회로 삼아야 할 것이다.

---

84) '문화할인'이란 특정 문화권에서 제작한 문화상품이 다른 문화권으로 건너가면 가치, 신념, 생활방식 등의 차이로 상품 가치가 떨어지는 것을 말한다. 이로 인해 비교적 동일한 문화권인 중국, 일본, 동남아시아 외 지역에 우리 영화와 드라마를 수출하는 데에는 한계가 많았다.

85) 이를 위하여 "콘텐츠산업의 법적 분류체계 재정비"로 부터 시작되어야 한다. 분류체계 기준을 1) 문화콘텐츠의 재화적 특징에 따라 재분류, 2) 문화산업의 가치사슬에 따른 분류체계를 마련, 3) 콘텐츠의 시장변화를 반영하여 사업군의 중소분류 체계를 마련해야 한다고 본다.

86) 산업통상자원부, 2021.

87) 예컨대, 왜 BTS는 포트나이트에 새 뮤직비디오를 가장 먼저 공개한 것일까? 대답은 의외로 단순할 수 있다. 그곳에 사람이 모여 있기 때문이다. 포트나이트의 전 세계 가입자 수는 3억5,000만 명, 동시 접속자 수는 1,000만 명 이상에 달한다. 그들은 거기서 놀고 대화하고 즐기며 살아간다.

최근 정부는 초연결 신산업 육성 관련 신규 예산으로 메타버스에 2조 6,000억원을 책정하는 등 전방위적인 지원정책이 펼쳐칠 것으로 보인다. 글로벌 시장에서 경쟁력을 발휘할 정보통신기술(ICT) 문화융합 산업과 같은 선순환과 경쟁우위적 관점에서 전략 산업군에 속하는 메타버스 산업에 우선순위로 지원과 투자가 이루어져야 한다고 본다.

문화는 어느 한 순간에 만들어지는 것이 아니다. 더구나 문화상품은 문화가 정수로 응결되어 표출될 때 가치 있는 것으로 여겨진다. 따라서 문화 산업은 오랜 역사에서 이루어지는 고 품위 환경과 틀에서 만들어지는 상품에 의해서 발전된다고 본다. 이러한 문화산업의 발전을 위해서는 지속적으로 문화의 발전을 위한 노력과 투자가 필요하다. 그럼에도 불구하고 문화를 빠르게 발전하는 IT기술과 접목시켜 빠른 시간 내에 수익을 기대하게 되면 중심이 없는(말초적인, 또는 내용이 없는) 기형적인 문화상품이 양산될 여지가 충분히 있다.

문화는 Analogue이며, CT는 Digital이다. 문화컨텐츠를 디지털화하면서 DigiLogue 문화상품의 시대가 열리고 있다. 문화와 디지털의 절묘한 조화는 문화산업의 새로운 부가가치를 양산할 뿐만 아니라 새로운 형태의 문화를 재창출하게 된다.

우리나라는 문화의 보고이다. 이를 이해하고 소화할 수 있는 문화의식, 소양이 우선되어야 하며 이를 바탕으로 CT기술을 접목시킬 영역과 분야, 그리고 기대될 수 있는 결과에 대하여 많은 연구와 지원, 실행이 요구된다.

한국의 문화산업이 미래지향적으로 발전하기 위해서는 먼저 시장을 중심으로 하는 가격기구(price mechanism)가 제대로 작용되어야 할 것이다. 잘 작동하기만 하면 시장이야말로 최적의 자원배분을 보장하는 사회적 제도이지만 잘 작동하는 시장이 형성되지 않았을 때에는 자원배분에서 시장적인 방법과 비시장적인 방법을 병행할 수밖에 없다고 한다.

흔히 우리나라의 국민경제는 시장이 제대로 형성되지 않았다고 주장한다. 그 논거의 하나로서 강압적인 가격지도를 제시한다. 생산원가를 체계적으로 분석도 하지 아니한 상태에서 가격 상승을 억제하여 인위적으로 안정적인 물가수준을 유지한다는 것이다. 이러한 견해는 어느 정도 타당성을 가지고 있다. 방화 및 외화요금에 관한 자료를 보면 하나의 계단함수(step function)를 형성하고 있다는 것을 알 수 있다.

오늘날의 경제는 폐쇄된 상태로 성장과 발전을 기대할 수 없다. 그러므로 우리나라와 같이 대외의존도가 심한 개방경제에서 문화산업의 발전은 가격기구를 정상화하여 이루어져야 한다. 이미 영화 「쉬리」가 실증한 바와 같이 국산영화라고 해서 관객들이 외면하는 것이 아니다. 이 점이 한국 문화산업의 발전을 위한 의미 있는 시사

점이다. 우수한 작품에는 내외국을 가리지 아니하고 수요자들이 선호한다는 점이다. 이제 소비주체들의 정서는 편협한 애국심이 아니라 넓은 세계를 지향한다는 것을 이해하지 않으면 문화산업의 성공은 기약하기 어렵게 되어 있다.

마지막으로 전통적인 문화, 즉 한국다운 한국문화를 인적 물적 양면으로 육성하여야 된다는 점이다. 문화예술 산업은 앞서 언급한 바와 같이 후천적으로 형성된 정서를 대상으로 하는 산업이다.

또한 세계시장에서는 한국적인 문화산업이어야 성공이 보장된다. 따라서 인적 자원의 형성을 위해서는 정서적 영역에 중점을 두어 요람에서부터 우리의 아름다운 전통문화에 익숙해지도록 유도하여야 한다. 물적 문화자원의 형성은 이른바 보이는 손의 역할이 중요하다. 이는 의존적 문화산업 발전을 의미하는 것이 아니다. 그동안 한국경제는 압축성장(compressed growth)으로 대변되는 바와 같이 지나칠 정도로 인지적 영역이 중심적인 위치를 차지하여 왔다. 그 결과 문화자원의 기반이 대단히 취약하게 되었기 때문에 유럽 여러 국가들과 같이 정부의 지원과 협조를 필요로 한다.

문화상품은 무엇보다도 수출상품의 고부가가치화를 노리는 문화가 담긴 제품을 연상하게 된다. 즉 상품의 개발, 디자인, 생산 및 판매 등에 문화를 가미하여 세계시장을 확보해 나갈 수 있는 방안을 추진해 나가는 것으로 이와 같은 전략은 무역을 첨단기술과 엮어서 생각하자는 발상과 상통하면서 결국 무역을 좀 더 질적으로 성장시키자는 기본정책을 반영하게 할 것이다.

상품의 국제적 경쟁력을 얻기 위한 문화산업의 전략에는 국내 기업간 공정한 경쟁을 이루어지도록 해야 한다는 것이다. 독과점적인 방식으로는 문화산업의 형태의 자생력을 성장시킬 수가 없기 때문이다. 모든 기업이 참여하여 열린 자유경쟁을 통한 질적 성장을 유도하고, 그 성장이 세계시장의 경쟁력으로 연결되어 글로벌문화산업에 대응할 역량을 가지게 될 것이다.

이러한 시사점은 우리의 문화산업에 대한 제도, 지원, 육성 및 평가시스템을 제대로 구축하여야 우리나라 문화산업 발전이 토대가 될 것이다.

4차 산업혁명의 빅웨이브 속에 초연결, 초지능 사회로의 공진화 결과 미래의 K콘텐츠는 콘텐츠 스스로 인식하고 지적으로 분석·해석하는 컨시어지 콘텐츠로의 발전이 예상되고, 진화와 변화의 변곡점에서 미래형 비즈니스 모델을 창출하고, 플랫폼 경제로 전환해야 할 것이다. 나아가 산학연은 기초적인 기술 역량을 향상시키고 혁신 시스템을 개방형·참여형으로 전환하고, 우리에게 새로운 성장과 변화의 과제로 미래를 대비하는 새로운 K콘텐츠 비즈니스 모델과 전략스토리가 요구되고 있다.

궁극적으로, 문화의 발전에 따라 인간이 추구하는 가치가 이제는 효용(utility)에서 향유(enjoyment)로 부(richness)에서 풍요(wealth)로 전환되는 추세와 이와 일맥상통하는 산업이 문화산업이기 때문에 향후 문화산업은 다양한 디지털 정보기술을 수반한 경제활동과 상호보완 속에서 더욱 그 중요성이 매우 높은 분야로 발전될 것으로 전망된다.

요컨대, 문화산업은 정직하다. 오늘 문화의 묘목을 심고 키우지 않으면 10년 뒤 거둘 문화산업의 나무는 기대할 수 없다. 앞으로 문화산업의 비교우위를 주도하는 혁신적, 창의적 K콘텐츠 산업의 문화강국을 위한 철저한 준비와 효율적인 투자에 대한 인적, 물적인 우위가 없다면 지금부터라도 이를 축적하는 노력과 지혜가 필요하다고 본다.

일찍이 우리가 존경하는 인물인 백범 김구 선생이 70여 년 전 “오직 한없이 가지고 싶은 것은 높은 문화의 힘이다.”라고 말한 것을 지금 우리들의 마음에 다시 새겨야 할 말씀으로 이글을 여기서 맺는다.

4차 산업혁명시대의 문화산업[88)]

제 1 절 4차 산업혁명시대의 의미와 문화산업 변화

1. 4차 산업혁명시대의 의미

세계화가 급격하게 진전되면서 제품과 서비스 외에도 자금, 인력, 정보의 국가 간 이동이 크게 증가해 왔다. 유엔연합무역개발회의(United Nations Conference on Trade and Development, UNCTAD) 통계에 따르면, 국가 간 제품 교역은 1980년의 1조 9,400억 달러에서 2015년15조 8,500억 달러로, 서비스 교역은 2001년 1조 5,400억 달러에서 2015년 4조 7,300억 달러로 증가했다. 특히, 세계의 공장들이 개발도상국들로 이동하면서 글로벌 협업이 본격화되기 시작되고 있다.

스위스글로벌금융그룹(Union Bank Switzerland, UBS)이 2016년 다보스포럼(Davos Forum)을 준비하며 「자동화와 연결성의 극단: 4차 산업혁명의 국제적, 지역적, 투자의 함의」라는 보고서를 선보였다. 이에 따르면, 우리나라의 4차 산업혁명 준비 정도는 25위로 평가되었고, 스위스, 싱가포르, 네덜란드, 핀란드가 1~4위에 올랐고, 미국은 5위, 일본은 12위, 독일은 13위였다. 중국은 우리나라보다 약간 뒤진 28위를 나타내고 있다.[89)]

---

88) 본 논문은 박종삼의 2017년도 한국국제경영관리학회 하계학술대회에서 발표한 "4차 산업혁명과 문화산업"의 내용과 기존 발표한 상기 논문제목과 관련 있는 논문 등을 참조, 수정, 보완하여 작성되었음을 밝혀둔다.

89) B. Baweja 외, 「Extreme automation and connectivity: The global, regional, and investment implications of the Fourth Industrial Revolution」, 『UBS White paper for World Economic Forum』. 2016.

4차 산업혁명시대는 IoT, 로봇, 3D프린터, AI, 빅데이터, CPS 등의 4차산업혁명 요소기술을 활용하여 지식과 지식, 기술과 기술간의 융합지능과 정보가 융합된 지능정보기술이 4차 산업혁명의 견인차 역할을 하면서 연구개발, 생산, 마케팅, 유통 등에서 생산성, 효율성의 증진으로 나타나고 있다.[90] 이러한 산업 경쟁력은 물론 사회구조를 근본적으로 전환하는 패러다임의 변화가 4차 산업혁명시대라고 본다.

나아가 4차 산업혁명시대는 IT산업의 발전은 물론 제조업 및 서비스산업의 개념과 효율성, 지능성, 연결성을 확대하여 국가경제의 대변혁이 예고되면서 디지털 영역, 물리적영역 등이 서로 초연결 되는 시대를 뜻하고 있다.[91]

따라서, 4차 산업혁명시대는 특히 기존의 생산·제조 시스템에 소비자의 요구를 결합하고 융합해서 부가가치를 높이고, 네트워크, 빅데이터, 인공지능, 클라우드, 사물인터넷에 의해 데이터가 흐르고 축적되며 처리되면서 이를 통하여 문화산업의 주요 요소인 문화콘텐츠가 소비와 생산에 직접 반영되고, 제조가 서비스로 확대되고 생산과 소비가 결합되어 새로운 부가가치를 창출되는 결과의 변화가 일어나는 나타나고 있다.

2. 4차 산업혁명시대의 문화산업 변화

문화는 우리들에 의해서 영속하여, 섞이고, 잊어지고, 새롭게 만들어지는 과정 속에서 향유하는 자에는 언제나 소유되고, 공유화된 문화는 사회화를 통하여 학습되고, 지식과 경험을 더하여 축적되어 다양한 요소와 관계를 맺어 사회전반에 확산되어 진정한 자유로움이 탄생하는 속성을 지니고 있다. 그러므로 문화는 그것이 생산되고, 수용하는 과정에서 매번 새롭게 재창조되고, 재해석 되는 의미화의 과정일 뿐, 고정화된 소비재로 머무는 것이 아니고 교류와 변용을 통해 지속적으로 형성되어 우리들의 생활양식의 총체로서 우리의 내면적, 정신적 활동의 소산으로 정의되고 있다.[92]

21세기를 문화정보화의 세기라고 하듯이 문화산업은 정보화 시대의 고부가치산업으로 세계 각국이 전략산업으로 육성하고 있는 분야라고 할 수 있다.

4차 산업혁명시대는 이러한 문화산업의 속성하에서 고도화된 융합기술과 사람의 감성이 네트워크를 통하여 연결되고 이때 축적된 빅테이터를 분석하고 패턴을 파악하는 high technology에 인간의 감성과 예술을 중시하는 high touch와 통합되어 시간

---

90) 인공지능이 사람의 일자리를 대체하면서 2015년부터 2020년까지 총 710만개의 일자리가 사라지고 200만개의 일자리가 창출되어, 총 510만 여개 일자리가 감소되는 결과를 낳고 있다.

91) 고정민, “제4차 산업혁명시대의 문화산업”, 한국문화산업학회, 추계학술대회 발표논문집, 2018.

92) 박종삼, “4차 산업혁명과 문화산업”, 한국국제경영관리학회, 하계학술대회 발표논문집, 2017.

적, 공간적 간격을 예측하여 모든 것이 연결되는 초연결성(Hyper-Connected), 초지능화(Hyper-Intelligent) 통해서 상호 연결되고 보다 지능화된 새로운 창의적 가치를 창출하는 시대를 뜻한다.[93)]

이렇게 새롭게 다가온 4차 산업혁명시대에서 문화산업도 사물인터넷·인공지능·빅데이터·로봇·가상현실·드론 등의 고도화된 핵심기술과 모든 통신, 즉 네트워크를 기반으로 새로운 생산자와 수요자에게 새로운 시장수요와 고부가가치를 창출할 기회를 주는 동시에 기존의 사업모델에서 벗어나 기술발전으로 문화콘텐츠 소비의 국가 간 경계는 점차 약화되고 있다. 특히 인공지능번역 기술 등을 통한 언어장벽의 극복으로 문화산업의 소비시장이 전반적으로 글로벌화가 확대 가속화되고 있으며, 생산부문에서도 글로벌 분업 역시 확대되는 추세이다.

이러한 4차 산업혁명시대에서 문화산업의 급속한 변화 속에 우리의 문화산업은 이러한 혁신적이고 창의적인 변화를 적극적으로 수용하여 우리의 문화산업의 경쟁력을 제고 시키려는 과제를 지니고 있다고 본다.[94)]

한편, 4차 산업혁명시대의 문화산업 변화는 우리의 생활에서 디지털·스마트화 된 문화가 많은 부분을 차지하는 중요요소로 자리 잡으면서 일상적 여가 뿐 아니라 음악, 콘텐츠 유통, 창작, 방송 등의 문화산업 부문 등에서 이러한 다양한 문화콘텐츠가 새롭게 생성, 진화하고 있다.[95)]

예컨대, AI 기술 등은 콘텐츠 기획 및 제작에도 많은 영향을 미칠 것이고, AI에 의해 소설, 회화, 작곡, 영상제작 등 다양한 분야에서 문화예술, 콘텐츠 영역까지 기획에서 작품까지 혁명적인 변화를 초래할 것이다.[96)]

또한 4차 산업혁명에 따라 문화 콘텐츠 유통에서 수퍼플랫폼, AI 유통 활용 등으로 신속하게 맞춤형, 초연결형의 콘텐츠가 유통되어 인공지능 플랫폼이 등장하여 기존의 플랫폼을 보완한 글로벌 IT기업들은 인공지능 음성인식 비서를 출시 빅데이터를 활용한 큐레이션[97)] 서비스 이용으로 상대적으로 낮은 비용과 강력한 가치를 제공할

---

93) 4차 산업혁명이라는 용어는 본래 2010년 발표된 독일의 「High-tech Strategy 2020」의 10대 프로젝트 중 하나인 「Industry 4.0」에서 제조업과 정보통신이 융합되는 단계를 의미했다. 「Industry 4.0」은 독일의 강점인 제조업에 ICT 기술을 융합하여 생산성과 효율성을 극대화하는 스마트 팩토리 중심의 산업혁신과 이를 통한 새로운 성장동력을 만들기 위한 국가산업을 뜻하고 있다.

94) 우리나라 문화산업 수출액은 2014년 52억7천만 달러, 2015년 58억3천만 달러로 매년 꾸준히 증가하고 있으며, 증가율은 2011년 이후 5년간 연평균 8.0%에 달하고 있다.(문화체육관광부, 2017)

95) 김혜인, "예술소비환경 및 특징 분석을 통한 예술시장 활성화 방안 연구", 한국문화관광연구원. 2014.

96) 고정민, 전게서.

97) 큐레이션(Curation)이란 콘텐츠를 개별적으로 평가하고 문맥, 최근 사건, 브랜드, 정서 등을 기초

수 있다는 강점하에 개인 필터링에 기반을 둔 신뢰성 높은 콘텐츠가 유통되면서 기업은 소비자의 신뢰와 공감 확보가 가능하여 기업 홍보에도 유용되고 있다.

따라서 우리의 기존 주요 문화산업의 실태와 시장환경을 개략적으로 살펴보면, 먼저, 주요 문화산업 실태는 음악산업은 기존의 사업자들은 대부분 시장에서 퇴각하였고, 만화산업은 콘텐츠가 몇몇 지배적 콘텐츠 형식으로 전환되고 있고, 특히 그중에서 게임산업은 매우 성장세가 증가하는데 이는 콘텐츠와 ICT와 대부분 연결되어 테이터화 되고, 나아가 인공지능과 연결되어 갈수록 진화되는 형태를 보이고 있다.

이어, 문화산업 시장환경은 문화산업 기업의 영세성, 지금조달의 어려움, 배분구조의 불공정, 창·제작 기반의 부실, 콘텐츠 유통기반 취약 등으로 경쟁력과 생태계 조성에 많은 어려움이 노정되어 있고, 특히 노동여건이 매우 불리함으로 인적자원 축적의 어려움은 콘텐츠 창작기반 약화로 이어져 결국 콘텐츠산업의 지속적 성장 가능성을 약화시켜 콘텐츠산업 생태계의 악순환으로 남는 결과를 보이고 있다.

한편, 문화산업의 부의 분배부문에서도 문화산업에서 창출되는 부가가치에 비해 막상 콘텐츠 생산자들은 그 부가가치를 제대로 향유하지 못하고 있다. 오히려 네트워크(N), 플랫폼(P), 디바이스(D) 등 콘텐츠 유통 사업자들에게 이익과 가치가 집중됨에 따라 콘텐츠 생산자에게 배분되는 부가가치는 줄어들어 생태계의 안정성을 헤치고 있는 경우가 많다.

따라서 4차 산업혁명의 도래는 우리의 문화산업 부문에서 큰 변화를 가져올 뿐 아니라 우리의 문화산업 경쟁력을 제고시키는 기회라고 본다. 이에 따른 우리의 주요 문화산업 부문의 변화에 대하여 살펴보면 다음과 같다.

1) 창작(소설) 부문

창작과 소설부문에서는 컴퓨터와 인간의 협업. 혼합현실의 성장과 확산, 아마추어 창작가와 개인 채널 등이 이슈가 되고 있다. 머신 러닝 기법을 채택한 AI 소프트웨어는 아직까지 인간이 발견하지 못한 다양한 패턴과 트렌드를 분석하여 제시함으로써 창작활동에 참여할 수 있다.

창작부문에서 혼합현실의 이용자는 더 새로운 경험을 기대하고 있기 때문에 가상현실과 혼합현실공간에서의 콘텐츠제시에 소비자의 무한한 호기심 발동 증가와 콘

로 콘텐츠의 가중치를 결정하는 등 기계적인 검색으로 걸러서 제공하는 것 이상의 콘텐츠 수집과 제공을 의미한다.

텐츠 서비스의 고품질 경험에 결정적인 생산과 소비의 요소가 될 것이다. 또한 아마추어 창작가와 개인채널의 등장으로 새로운 연대감이라는 것이 생길 것이다. 한편 인공지능의 등장에 따라 예술 창작분야에서의인간의 역할에 대한 근본적 의문점과 창의성에 회의감이 나타나고 있다.[98]

2) 방송산업 분야

문화산업에서 방송산업은 방송영상은 연결-분석-구현이라는 4차산업혁명의 영향이 상대적으로 더디게 도입된 편이지만, 최근 변화의 속도가 가속되고 있는 상황인데, 방송산업분야의 영향은 크게 소비, 유통, 생산의 측면에서 연결기술과 빅데이터에 기초한 분석, 혁심기술 구현의 결과가 결합하며 나타난다고 할 수 있다.

이때 방송플랫폼이 모바일과 결합하고 실시간 이용 데이터 산출 및 분석을 가능하게 해, 기존의 제한적 샘플링을 통한 의미를 약화시키고 있고, 온라인 정보제공사업자는 물론 웹스트리밍서비스 사업자를 중심으로 데이터 기반의 취향 분석과 이에 기초한 자동추천 시스템의 도입 등이 점차 확산되고 있다. 특히 밀레니엄 세대들은 TV와 방송을 떠나 단속적이고 분절적 소비 행태를 보여주고 있다.

또한 생산측면에서는 1인 창작자와 MCN, 웹모바일 전용 스튜디오, 라이브 스트리머 등 새로운 콘텐츠 창작자들이 등장해 방송과 전혀 다른 방식으로 콘텐츠를 생산하고 있다. 또한 수요와 공급자가 연결된 온디맨드 형식의 공급과 소비가 이루어지면서 생산자와 소비자의 긴밀한 연결의 중요성이 더욱 높아지고 있다. 향후 AI 등 구현기술이 보다 확산될 때, 방송제작과 소비측면에서의 변화 양상 역시 가속화될 것으로 기대된다.[99]

3) 음악산업 부문

음악산업에서는 창작-유통-소비의 측면에서 많은 변화를 낳고 있다. 예컨대, 스포티파이, 애플뮤직 등 스트리밍 서비스의 성장과 AI 어시스턴트, AI 스피커 들의 등장은 음악의 활용 가치를 바꾸어가고 있다. 소유에서 감상으로(다운로드→ 스트리밍)으로의 전환이 두드러지고 있는 것이다. 이러한 변화는 유통 및 소비 측면에서는 전

---

98) 최근 작곡 AI 프로그램인 딥바흐(Deep Bach)의 등장이나, IBM 왓슨의 영화 예고편 자동생성 등의 사례는 이러한 전환의 가능성을 더욱 현실화하고 있다.

99) 이 부분은 '4차 산업혁명과 문화관광의 미래' 포럼 중 "4차 산업혁명과 방송/연예매니지먼트산업"을 주제로 한 임성희 발표 내용을 토대로 재정리 함.

통적인 저작권 수익모델이 쇠퇴하고 있으며 음악이 일종의 기념품(goods)으로 전락한 현실을 극명히 보여주는 사례인 것이다. 최근 LP 등 아날로그 음악소비의 귀환 역시 이러한 음악 소비의 양극화 변화를 보여주고 있다.

일례로, 인공지능 음악 생성 스타트업인 주크덱(Jukedeck)은 장르와 무드, 재생 시간, 템포를 지정하면 수십 초 내외의 짧은 시간 안에 자동으로 음악을 만들어 주는 서비스를 공개하였고, 그림을 그리는 인공지능 딥드림은 2016년 3월 샌프란시스코의 한 갤러리에서 딥드림(Deep dream)이라는 인공지능으로 주로 초현실적인 이미지로 그림을 구성하며 구글 엔지니어들과 화가들이 딥러닝으로 학습시킨 이미지 합성 알고리즘 인셉셔니즘(Inceptionism)을 개발하였다.

제작 인셉셔니즘은 미술 작가들의 그림을 분석해 사진을 작가의 그림과 유사한 형태로 변환해 주는 이미지 합성 알고리즘 주크덱은 음악에 대한 전문지식이 없어도 누구나 손쉽게 음악을 만들어낼 수 있는 서비스를 제공하고 있다.[100)]

4) 게임산업 부문

무엇보다도 게임산업은 그 시작에서 부터 4차 산업혁명의 핵심기술을 기반으로 한 각광을 받는 산업이었다. 특히 AI 기능을 사용자와 사용자, 사용자와 인공지능 간의 상호작용은 게임을 다른 문화산업 분야와 구분해주고 있다. 중요한 데이터를 지속적으로 수집하여 점차 서버와 네트워크를 중심으로 하는 연결기반의 산업으로 발전했고, 이로 인해 유저를 게임서비스에 묶어두는 잠금효과가 확대되기 시작했다. 이는 우리의 게임산업은 기존 거대 게임회사를 중심으로 시장 생태계가 양극화와 획일화, 고착화 등의 원인으로 대두 되고 있다. 즉 모바일게임 생태계에서는 게임 유통플랫폼인 구글과 애플의 영향력이 급속히 확대 집중화 되면서 게임시장이 활성화되기 어려운 구조를 낳고 있다.

따라서, 우리의 게임산업에서 플랫폼 영향력의 확대는 국내시장을 양극화 문제를 낳지만, 글로벌 시장확대의 측면에선 새로운 기회를 열어주고 있다. 그러므로 게임 생태계 안에 다시 다양성과 창의성에 기초한 새로운 도전들이 확대되도록 지원하고, 이들이 글로벌 시장 진출을 통해 성장할 수 있는 사다리를 제공하는 역할이 더욱 중요할 것으로 본다.[101)]

---

100) 이 부분은 '4차 산업혁명과 문화관광의 미래' 포럼 중 "4차 산업혁명과 음악산업"을 주제로 한 정훈의 발표 내용을 토대로 재정리 함.

101) 이 부분은 '4차 산업혁명과 문화관광의 미래' 포럼 중 "4차 산업혁명과 게임산업"을 주제로 한

5) 만화/애니메이션 산업 분야

만화산업에서 디지털 전환의 가속화에 따라 웹툰 중심의 만화시장으로 재편이 확대된 것이다.[102] 브랜드 웹툰 등 웹툰 기반의 광고 수익확대와 유료앱 수익모델 정착, 2차 저작권 사업의 활성화는 웹툰시장 성장의 중요한 요소로 자리 잡고 있다. 특히 웹툰 산업에서는 미래지향적 디바이스-플랫폼-수익모델-스토리텔링-장르-캐릭터 등의 개발 TF 조직 및 시행이 포털사이트 Company In Company를 중심으로 본격화되고 있다. 또한 웹툰 제작도구의 무빙툰 애니메이션화 소프트웨어 개발 사례는 점차 창작자에게 있어서 기술과의 협업을 통한 창작의 가능성을 높여주고 있다.

한편, 애니메이션 산업에서는 디즈니, 드림웍스 등 극장용 장편의 할리우드 독과점화가 지속 되고 있다. 국내에선 TV시리즈의 국내 아동용 애니메이션 EBS중심 편향성도 지속되고 있다. 그러나 지상파→케이블→IPTV→OTT 등으로 메인플랫폼 전환 및 VOD수익구조 확대가 이루어지고, 넷플릭스 등의 OTT 국내외 플랫폼 투자모델이 새롭게 확산되면서, 산업 성장 및 글로벌 시장 진출에 대한 기대 역시 늘어나고 있다.[103]

나아가 4차 산업혁명은 국내 만화/애니메이션 산업 생태계의 전환을 더욱 가속화시킬 전망이다. 디지털 플랫폼과 소비의 확산에 힘입어 만화/애니메이션은 새로운 비즈니스와의 연결을 강화해나가야 하고, 이는 비즈니스 모델의 혁신과 저작 도구 등 지속적인 기술 혁신으로 이어질 것이다.

따라서, 우리의 문화산업의 글로벌 진출의 방식 역시 변화하고 있다. 과거에는 개별작품 중심의 판매가 중심이었다면, 현재는 플랫폼 자체가 진출하거나, 콘텐츠 IP 단위의 진출이 이루어지고 있다. 이러한 변화는 우리의 문화산업 기업이 진정한 글로벌 기업으로 성장할 수 있는 동력을 제공하며, 이를 통해 시장의 규모를 확대하여 지속가능한 성장의 기회로 등장하고 있다.

그러나, 우리의 문화산업 시장은 불공정한 산업 생태계와 열악한 노동환경은 문화산업의 성장 동력을 약화시키는 주요한 원인으로 지목 받고 있다. 특히 대기업과 플랫폼 중심의 성장이 지속되면서, 관련산업 내에서의 권력 역시 강화되고 있다. 이러

임상훈의 발표 내용을 토대로 재정리 함.

102) 현재 웹툰은 40여개 플랫폼에서 6,000여 점의 작품연재공급이 이루어지고 있으며, 1조원 규모의 시장을 형성하고 있다.

103) 이 부분은 '4차 산업혁명과 문화관광의 미래' 포럼 중 "4차 산업혁명과 만화/애니메이션산업"을 주제로 한 한창완의 발표 내용을 토대로 재정리 함.

한 권력의 집중과 불공정한 생태계 고착은 다양성이란 측면에서 심각한 위기를 가져올 수 있다는 것에 주목할 필요가 있고, 글로벌 시장에서의 경쟁심화 역시 위협 요인 중 하나인데, 중국은 현재 한국이 직면한 가장 강력한 경쟁자로 부상하면서, 점차 문화산업 부문에서 경쟁국면에 돌입하게 될 가능성이 제기되고 있다.

제 2 절 4차 산업혁명시대의 문화산업의 과제와 전망

1. 4차 산업혁명시대의 문화산업의 과제

4차 산업혁명은 사회전반에 미치는 영향의 속도는 점진적 방식이 아닌 기하급수적 방식으로 변혁되고, 그 범위도 모든 산업에 걸쳐 전 방위적으로 기존의 틀을 파괴하고 있고, 파급효과 역시 그 폭과 깊이는 생산, 소비, 관리, 운용 시스템 전반의 변혁을 가져오는 효과로 문화산업 전반에 그 영향을 미치고 있다.(Klaus Schwab, 2016)

4차 산업혁명의 핵심은 초지능화, 초연결화로 대표되는 기술 변화에 있다. 이미 문화·관광 영역에서 플랫폼 기업, 공유경제, AR/VR을 활용한 증강현실 등 다양한 시도가 이루어지고 있으며, 문화·관광산업 구조를 변화시키고 있다. 이러한 환경 변화에 선제적인 대응을 위해서는 창업지원, 전문인력 육성, 선순환 생태계 구축, 시장의 외연 확대 등 문화산업의 혁신 성장을 위한 종합적인 접근이 요구된다.

따라서 우리의 문화산업이 4차 산업혁명시대에서 요구되는 과제를 살펴보면 다음과 같다.

첫째, 4차 산업혁명의 빅웨이브 속에 초연결, 초지능 사회로의 공진화 결과 미래의 콘텐츠는 콘텐츠 스스로 인식하고 지적으로 분석·해석하는 컨시어지 콘텐츠로의 발전이 예상되고, 진화와 변화의 변곡점에서 미래형 비즈니스 모델을 창출하고, 플랫폼 경제로 전환해야 한다. 나아가 산학연은 기초적인 기술 역량을 향상시키고 혁신시스템을 개방형·참여형으로 전환하고, 우리에게 새로운 성장과 변화의 과제로 미래를 대비하는 새로운 비즈니스 모델과 전략스토리가 요구되고 있다.

둘째, 장차 4차 산업혁명시대 하이브리드 한 미디어환경에서 기업간 상생구조는 가치사슬의 세분화된 재정비로부터 준비되어야 할 것이고, 콘텐츠산업영역에서 부문별 차별화(Divergence)와 콜라보레이션(Collaboration)을 어떻게 갖출 것인가가 상생구조의 핵심이 될 것이다. 아울러 정부 공공 부문에서는 미래 지능정보사회의 문화산업을 뒷받침할 수 있는 법제도와[104] 이에 관련된 데이터와 시스템 인프라 강화해야 하며, 사회는 문화산업의 급격한 변화의 부작용을 방지하고 혜택을 극대화하도록 신뢰와 공유의 지속발전가능성의 문화를 내재화함으로써 사람과 환경이 협업적 순환경제 시스템의 구축을 촉진시켜 나가야 한다고 본다.

셋째, 4차 산업혁명시대의 문화산업에 대한 투자의 양적 확대 뿐 아니라 질적 제고를 위해서 문화 산업에 대한 이해를 갖춘 VC 인력 육성 및 확보가 필요하다. 문화산업의 지속 성장을 위해서는 새로운 시장을 개척, 수요를 창출 할 수 있는 창의적 인력양성을 통해 산업의 혁신 역량을 강화해 나가야 하는데. 지속가능한 성장을 위해 불공정 생태계를 정상화하고 생태계의 다양성을 확보하고, 우수하고 창의적인 인재가 지속적으로 유입되기 위한 조치와 환경이 요구되고 있다. 그러므로 정부와 기업, 학교는 4차 산업혁명시대에서 문화산업의 육성을 위하여 변화에 대응하는 미래 인재양성을 통해 혁신역량을 키워나가야 할 것이다.[105]

넷째, 현재 밀레리얼 세대는 직접 경험하고 자신을 위해 아낌없이 소비하는 문화예술 활동이 단순히 경험하는데 그치지 않고 유튜브 등 SNS를 통해 적극적으로 참여하면서 공유문화의 확산으로 직접작품을 제작하고 주인공이 되는 트렌디 한 문화예술을 즐기고 다양한 스마트기기를 통하여 큐레이션 된 콘텐츠를 선호하고 쉽게 소비할 수 있는 스낵컬처가 새로운 소비방식으로 자리 잡게 되는데 이에 대한 지속적인 정부와 기업 연구소 등의 지원과 투자가 이루어져야 할 것이다.

다섯째, 문화산업에 대하여 대기업과 중소기업간의 기능적 관계와 이익의 합리적 공유체계를 구축하는 것이 중요한데, 이 과정은 가치창출의 역할정립 과정이며 분배정의를 실현하는 과정이기도 하다. 나아가 자본독식의 과점구조를 해체해 가면서 공정거래 질서를 유지하여 결국 콘텐츠 생태환경의 건강성을 조성하는 과정이기 때문에 콘텐츠 부문별 불공정분배구조의 개선도 중요한 과제로 등장하고 있다[106]

---

104) 4차 산업혁명의 주된 정보기술 중 AI 관련 창작물에 대한 지적재산권을 구축할 필요가 있는데 이를 위하여 국제규격화, 가이드라인. 관련 주무기관 설립과 국내외 관련기관과의 협력시스템 구축이 요구된다.

105) 문화콘텐츠에 장차 유능한 결과를 도출할 수 있는 자질과 능력을 겸비한 인재들에게 대한 우선 지원하여 육성하는 facilitator and coordinator 방식으로 융합기술을 기반으로 창조적인 특화화로 나아가는 방향성을 전환해야 한다.

106) 스타트업의 91%(2014 Startup Top 100)가 해외진출을 모색하고 있는 시대, 대기업 종사자40%가 대기업을 벗어나 창업을 꿈꾸는 시대(스타트업 트렌드 리포트 2014)이다. 콘텐츠산업 생태계구축을 위해 들여다봐야 할 영역 중 하나가 미국의 스타트업 시장동향 인데, 미국내 스타트업 유망

여섯째, 현재 문화산업의 부문별 분류체계가 혼재된 상태에 따른 콘텐츠산업의 가치사슬을 제대로 반영하지 못하고 있는 상태에 정체되어 있다. 그러므로, 4차 산업혁명시대에 걸 맞는 통계청 표준산업분류(KSIC)체계와 문화산업진흥기본법의 문화산업 분류체계, 정보통신분야 관련법상의 분류체계가 서로 상이하고 미비하므로 신속히 통합되고 재정비되어야 한다고 본다.[107]

마지막으로, 기존의 빅데이터를 활용하여 콘텐츠 제작에 활용할 수 있는 제도를 개선하여 개인정보 등에 대한 규제를 일정 범위 내에서 허용하고 활용할 수 있는 지적저작권에 대한 법제도적인 재정립이 국내외적으로 요구되는데, 문화산업은 소비자와 시장의 수요를 창출하는 정책 영역으로 이야기를 통해 상품과 서비스에 의미를 부여하여 가치를 제고되고, 제조업 등 타 산업영역에 미치는 파급효과도 상당하기 때문에 우리나라의 현실에서 주요국에서는 제반 저작권법 관련법규 등을 참조하여 이에 대한 적절한 법제도적 대응방안을 마련되어야 할 것이다.[108]

2. 4차 산업혁명시대의 문화산업의 전망

우리의 문화산업은 지난 20년간 산업적 측면에서 상당한 수준의 양적, 질적 성장을 이룩해냈다. 이러한 성과는 기술적 변화와 글로벌 시장 개방이라는 외적 환경 변화에 잘 대응 해 온 정보통신기술의 지속적인 혁신과 이에 대한 산학관의 투자와 지원이 있었기 때문이라고 본다.

지나온 산업혁명시대는 시대마다 새로운 범용기술(general-purpose technology, GPT)이 등장하여 우리사회를 변화시키고 있는데, 1차 산업혁명 시대에는 증기기관 방적기(1784), 영국(18세기 후반): 2차 산업혁명 시대에는 전력, 콘베이어 벨트, 신시니티

지역은 4곳으로 실리콘밸리, 뉴욕, 보스톤, 워싱톤 DC 인근지역이다.

107) 이를 위하여 “콘텐츠산업의 법적 분류체계 재정비”로 부터 시작되어야 한다. 분류체계 기준을 1) 문화콘텐츠의 재화적 특징에 따라 재분류, 2) 문화산업의 가치사슬에 따른 분류체계를 마련, 3) 콘텐츠의 시장변화를 반영하여 사업군의 중소분류 체계를 마련해야 한다고 본다.

108) 일례로, 일본 지식재산전략본부는 2016년 4월 18일 ‘차세대 지식재산시스템검토위원회 보고서’를 공개하고 AI 창작물의 저작권을 인정할 것을 제안하였고, 영국은 일찍이 1988년에 저작권법을 개정하여 ‘컴퓨터 내지 컴퓨터 프로그램을 활용한 저작물의 경우 저작자는 그 저작물의 창작을 위해 필요한 기여를 한 자’라고 설정하였으며, 현재 컴퓨터 또는 로봇이 생성한 작품에 대하여 적극적인 보호를 검토하고 있다. 반면에 국내의 저작권법은 인간의 사상 또는 감정을 표현한 창작물’을 저작물로 정의하여 인간이 아닌 AI의 창작물은 권리능력을 인정하지 않아 이로 인하여 창출한 콘텐츠에 관한 저작물은 보호대상이 아니라 규정이 향후 논란의 여지가 있다고 본다.

육우공장(1870년), 미국 포드자동차(20세기 초): 3차 산업혁명 시대에는 컴퓨터, 자동화 ICT, 몬디컴084, 미국, 일본, 독일(1970년대): 4차 산업혁명 시대에는 사물인터넷, 인공지능, 빅데이터, 클라우드 컴퓨팅, 로봇공학, 3D 프린팅, 블록체인, 스마트공장(2005), 독일(2011-현재) 등의 기술이 지능정보기술로 진화하여 문화산업의 변화를 주도할 것으로 전망되고 있다.

예컨대, 파이낸셜타임스(Financial Times)의 전 편집장인 피터 마시(Peter Marsh)는 앞으로 전개될 '제4차 산업혁명'에 대해 다음과 같이 예측 된다고 하는데,

첫째, 콘텐츠의 소비방식도 '단순 소비'에서 사용자의 직간접적 명령이나 요구에 적응적으로 반응하는 콘텐츠의 등장으로 '체감형 또는 상호작용형 참여'와 '경험공유'로 변화할 것이고, 실감기술, 사물인터넷, 만물의 상호작용, 인공지능 등 신기술의 응용은 기존의 영화, 음악, 게임, 전시, 공연, 관광, 광고 등의 문화산업과 융복합화를 통하여 새로운 문화산업이 등장할 것으로 예상된다.

둘째, 맞춤형 생산의 기회가 더욱 많아질 것이며, 기업들은 맞춤화, 개인화, 다기능화 등을 통해 고객들에게 더욱 넓은 선택의 폭과 범위의 경제(scope of economics)효과를 제공할 것이다.

셋째, 제품·서비스의 생산이 글로벌 가치사슬에 걸쳐 확산되고, 고비용 국가, 저비용 국가마다 역할을 맡으며 사업 기회를 찾아가는 글로벌 SCM 시대로 전환되고 있다.

넷째, 특정그룹 고객을 대상으로 하는 틈새시장이 세계적으로 성장할 가능성이 커지면서, 기업들은 특정영역에 전문화, 세분화하는 기회를 더 많이 얻게 될 것이다.

마지막으로, 생산자는 더욱 높아진 환경 의식으로 인해 지속가능성을 추구할 것이며 물질의 재활용이 일반화될 것이고 이러한 환경변화는 경제·사회 전체를 단기간에 전환시키는 점에서 가히 혁명적 시대라고 일컫고 있다.

특히 4차 산업혁명시대 문화산업 부문은 빅데이터, 인공지능 등 과학기술의 진보로 인해 가상공간과 실제공간을 결합시키는 새로운 플랫폼이[109] 출현할 것이다. 이 플랫폼에서 이전에는 생각지도 못하던 사업 문화산업 형태도 진화하여 이를 통해 소비자들은 능동적으로 문화상품 생산에 관여하며 획일적인 대량생산 대신 소비자가 중심이 되는 맞춤형 생산 활동이 늘어나고, 인간과 기계의 협업으로 생산·소비가 스

109) 플랫폼(platform)이란 '다양한 상품을 생산하고 소비하는 활동을 위해 반복적·공통적으로 사용하는 토대'를 말한다. 제품, 부품, 서비스, 기술, 자산, 인프라, 노하우 등 이를 토대로 경제활동이나 비즈니스가 이루어진다면 모두 플랫폼이라고 할 수 있고, 플랫폼은 4차 산업혁명 시대의 중요한 생산양식 이다.

마트하게 이루어지며, 문화산업의 네트워크가 세계적 차원으로 확대되어 글로벌 융합도 이루어질 것으로 예상되고 있다.

우리는 우수한 디지털 인프라가 있고, 세계 최빈국에서 빠른 시간에 경제성장을 이루어낸 경험 속에서 어려운 환경이 오히려 혁신을 추구하는 문화를 자연스럽게 형성하여 이룩한 성과인데 이러한 문화산업 환경 하에서 앞으로 디지털 인프라 구축에 대한 제도적 기반 마련' 등 문화산업의 선순환 생태계 구축을 위한 정책적 요구와 투자가 요구 된다고 본다.

결국 4차 산업혁명의 핵심기술은 문화산업의 전통적 한계였던 성공의 불확실성을 줄이고, 우리 문화산업의 본질적 문제였던 좁은 내수시장의 한계를 극복할 기회 제공하여 융합기술과 결합한 '문화의 산업화'는 고부가가치 상품의 생산뿐만 아니라 고품질의 고용창출도 가능 창조산업으로 비용을 절감하고, 성공의 불확실성을 줄이고, 문화산업의 본질적 문제였던 좁은 내수시장의 한계를 극복할 기회를 제공하고 한다. 또한, 4차 산업혁명시대에서 문화산업은 기술환경 변화에 민감하게 반응하기 때문에 당대의 미디어 환경과 기술변화에 발 빠르게 대응하며, 4차 산업혁명기를 맞이하여 융복합 콘텐츠산업으로 진화 중이고, 초지능화 기술 등을 활용하여 4차 산업혁명시대는 2040년경까지 계속될 것이고, 그 속성들이 상호작용하면서 21세기 말까지 사회 전반에 광범위하게 영향을 미칠 것으로 전망되고 있다.

결론적으로, 4차 산업혁명시대에서 문화산업의 과제는 무엇보다도 이러한 혁명적 변화 속에서 문화콘텐츠의 다양한 제품·서비스의 융합과 통섭으로 산업 간 경계가 붕괴되고, 초연결성시대가 도래하여 지능화된 기계로 지적 노동까지 자동화 되며 경제·사회 전반이 혁신과 새롭게 창조 될 것으로 예측되고, 이러한 변화에 적응하지 못하면 위기가 되지만, 체계적으로 준비하면 우리는 문화강국 도약과 경제성장의 기회가 될 것으로 전망되고 있다.

PART Ⅱ

글로벌 상거래의 이해

Chapter 5

글로벌 상거래 개념

제 1 절 글로벌 상거래 개념과 종류

1. 글로벌 상거래 개념

글로벌 상거래(global commerce)라는 뜻은 넓게 생각하면 세계무역(wolrd trade) 이라고 한다. 이것은 국제무역(International trade)의 기념과는 국경(board)이 있느냐 없느냐의 차이로 더욱 넓게 생각해야 한다. 무역(trade)[1]이란 이국 간에 행하여지는 경제거래로서 물품(goods)[2]과 서비스의 유상적 교환이라 할 수 있다.

넓은 의미의 무역은 각 경제주체가 보다 효율적이고 합리적인 경제생활을 추구하기 위하여 자신들의 국가영역 내의 경제적 제약을 완화시킬 목적으로 국경을 넘어 다른 경제주체들과 상품 및 용역(service) 그리고 자본과 같은 생산요소들을 교환하는 경제적 관계를 뜻한다.

반면, 좁은 의미의 무역은 넓은 의미의 무역거래 가운데서 상품과 기술 그리고 용역의 제공만을 말하며 무역실무를 연구할 때는 좁은 의미의 무역으로 논한다.

현재 우리가 사용하고 있는 무역이란 개념은 단순히 어떠한 특정상품의 효용가치가 적은 곳으로부터 효용가치가 높은 곳으로 이전시킴으로써 그 재화의 효용 및 경

1) 무역이란 한문으로 무역할 무(貿)와 바꿀 역(易)으로 교환을 의미한다.

2) 물품(goods)이라 하면 협의로는 유체물인 상품(commodities)만을 의미하며, 일반적으로 우리가 물품이라고 하면 상품을 뜻한다. 광의로는 협의의 물품인 상품에 자본 과 노동 그리고 용역(service) 등을 포함시켜 물품이라고 한다.

제 가치를 증가시키는 것뿐만 아니라 모든 재화의 생산요소, 즉 원료, 노동 및 자본의 이동까지도 포함하고 있다.

무역은 해외무역(overseas trade)과 외국무역(foreign trade), 국제무역(international trade)과 세계무역(world trade)으로 구분되어 사용되고 있다. 해외무역은 바다를 건너 타국과 교역한다라는 의미이며 외국무역이란 자국과 타국과의 무역이 이루어질 때 자국의 입장을 중심으로 사용하는 표현으로 대외무역과 같은 의미를 지니고 있다.

한편, 국제무역은 국제간의 상품 및 용역의 이동을 객관적인 입장에서 한 나라를 중심으로 보지 않고 일정지역 내에 있는 많은 다양한 국가간의 무역을 총칭하여 사용하는 용어이며, 세계무역은 다수의 일정지역, 즉 범세계적으로 무역관계가 포함될 때 사용된다.

이러한 무역의 거래대상은 크게 상품거래, 서비스거래, 기술거래 그리고 자본거래 및 노동거래로 구분할 수 있다.

1) 상품거래

오늘날 각국은 기후, 토지, 자본, 노동력, 생산기술, 부존자원 등이 상이하기 때문에 대부분의 국가는 완전한 자급자족을 하고 있는 국가는 없다.

따라서 부족한 자원을 보충하거나 풍부한 자원을 이용할 목적으로 국제분업의 원칙에 의해 여러 국가간 상품거래가 발생하게 된다.

2) 서비스거래

무역의 거래대상은 상품이 주를 이루나 노무, 역무 또는 서비스 등의 유상제공이나 유상거래가 증가하고 있다. 용역은 무역거래의 대상이 되지만 상품거래에 수반하여 발생되는 경우가 많다.

무역과 관련 서비스거래의 예로는 운송서비스, 보험서비스, 대리 및 중개업무 서비스 등이 있으며 이외에도 관광, 영화, 문화상품, 건설수출 등이 있다.

3) 기술거래

외국과 기술제휴계약을 체결하거나 노하우(Know How)를 사용하게 하고 그에 대한 대가를 받는 경우로 저작권, 광업권, 어업권, 공업소유권의 양도나 제공 등의 형태로 이루어지고 있다.

4) 자본거래 및 노동거래

장기자본이나 단기자본과 같은 자금의 국제적 이동이나 해외취업 등을 통한 노동력의 제공 등이 이에 해당된다.

2. 무역의 특징

무역을 한다는 것은 국제적인 무대에서 활약한다는 것이다. 당연히 국내에서 활동하는 것보다 많은 것을 알고 준비를 해야 한다. 국제회의나 비즈니스 모임에 나타나는 사람들은 상거래를 위한 계약과 법률 지식 외에도 정치, 스포츠 등에도 조예가 깊은 사람이 많다. 원만한 교제를 통해 유리한 상담 결과를 이끌어 내고자 부단히 노력해야 하는 것이 국제 무역의 현장이다.[3)]

무역은 한 나라의 영역 안에서 이루어지는 국내거래와는 여러 가지 면에서 상이한 국제간의 거래, 즉 국가의 영역[4)]을 넘어서 이루어지는 거래로서 다음과 같은 특징을 가지고 있다.[5)]

1) 무역의 해상의존성

무역은 일반적으로 원격지간의 거래로서 육로를 이용하는 것보다 해로를 이용하여 이루어지는 경우가 대부분으로 해상운송과 밀접한 관계가 있다.

세계무역은 옛날부터 바다를 중심으로 이루어져 왔기 때문에 해운의 발달과 함께 발전해 왔으며 그 후 경제가 발전됨에 따라 먼저 무역과 해운이 분화되고 다시 해운과 해상보험이 분리되어 각각 독립기업으로 발달하게 되었다. 최근 해상운송은 신속한 운송과 서비스 증대의 필요성에 따라 단위화된 용기인 컨테이너의 이용이 일반화되고 있다.

2) 무역의 기업위험성

무역은 그 특성으로 인하여 국내거래에서 볼 수 없는 많은 위험을 내포하고 있다. 이러한 무역의 위험성은 세계교통 및 보험제도의 발달에 따라 옛날에 비하여 현저히 줄어들고 있다. 그러나 무역거래활동에는 다음과 같은 위험이 항상 내재하고 있다.

---

3) 신성찬, 세상에서 제일 쉽게 배운는 무역, 미래지사, 2005, pp.12-13.

4) 여기서 국가의 영역이란 법률적·정치적 의미의 것이 아니라 경제적 의미의 국가영역, 즉 국가경제영역을 말하는데, 이의 기준은 동일한 통화제도 또는 동일한 관세영역에 두고 있다.

5) 上坂酉三, 「貿易概論」, 前野書店, 1984, pp.41-42.

(1) 상품에 관한 위험

상품의 운송 및 보관 중 외부에서 발생되는 것으로 그 상품 자체에서 생기는 물리적 위험을 말한다. 이러한 위험은 해상보험과 이에 부수되는 각종의 손해보험에 의하여 보험업자에게 전가되고 있다.

(2) 물품대금의 결제 및 금융에 관한 위험

물품대금의 결제 및 금융에 관한 지급불능이나 지급거절에서 생기는 위험이 있다. 이는 무역에서 빈번히 발생하는 경제적 위험으로 신용장제도나 수출보험제도로 보호되고 있다.

(3) 상품가격 및 환율의 변동에 관한 위험

무역거래는 무역계약에서부터 대금결제 시까지 상당한 시차가 있으며, 이 기간 중에 상품가격의 변동이나 환율이 변동함에 따라 어느 한 당사자가 손해를 입는 위험이 발생할 수 있다. 이에 대하여 전자의 경우 연계매매(連繫賣買), 즉 햇징(hedging)[6]의 방법을 이용하여 그 위험을 전가시키고 있으며, 후자의 경우 즉 환율변동에 따른 위험(환위험 : exchange risk)은 외국환은행에 환예약을 함으로써 그 위험을 외국환은행에 전가하게 된다.

3) 무역의 산업관계성

무역은 국제분업을 이루어지게 하며 국제적 공급 및 수요를 충족시킬 뿐만 아니라 당사국의 국내산업을 육성·발전시켜 국민경제의 수준을 향상시켜 준다.

(1) 무역과 국제분업

무역은 국제분업(international division of labor)의 발달을 촉진시켜 값싸고 좋은 물품의 국제적 공급을 가능하게 한다. 각 국은 지질·기후·수리 등 자연적인 생산조건

6) 햇징이란 상품의 가격변동에 따른 손실을 사전에 방지하기 위하여 널리 이용되고 있는 매매방법으로 실물거래에서의 손실 또는 손익이 청산거래에 있어서 그에 상당하는 이익 또는 손실로 상계되도록 하기 위하여 행하는 상대적 거래를 말한다. 예컨대, 상품의 선물을 대량으로 매수한 경우에 장래 식품을 수령할 때의 가격변동에 대비하여 거래소에 동일한 조건으로 매도해 두는 것이다. 이와 같이 동일인이 동시에 양시장에서 반대의 매매를 행함으로써 한편에서의 손실(이익)이 되는 경우 다른 편에서의 이익(손실)으로 보상받게 된다.

이 상이하고 문화·기술·자본·노동 등 사회적 생산조건이 상이할 뿐만 아니라 문화의 발전, 생산성향상, 교통 및 국제관계의 발전에 따라 사정이 각기 상이하기 때문에 국제분업이 이루어지지 않으면 국제경제의 발전에 지장을 초래하게 된다.

따라서 생산조건에서 볼 때 자국에서 생산하는 것이 불리한 제품은 외국에서 수입하여 자국의 수요를 충족시키고, 자국에서 생산하는 것이 유리한 제품을 생산하여 수출함으로써 타국의 수요를 충족시키게 된다. 그러므로 국가의 자본과 노동 등의 생산요소를 비교적 그 국가에 적합한 생산에 집중시켜 생산력을 충분히 발휘하여 저렴하고 좋은 물품을 각국에 공급하게 된다.

(2) 무역과 국내산업

무역은 그 성질상 국내산업의 발전과 밀접한 관련이 있다. 특히 개발도상국에 있어서 국제무역은 경제발전을 촉진하는 기본적 전략이 되고 있다.

수입의 경우 그 자체는 국제수지를 악화시키는 요인이 되지만 선진자본재와 국산불능원자재의 수입은 국내투자를 증대시켜 경제발전을 촉진시키는 요인이 된다. 국내재화와 대체관계에 있는 경쟁수입의 경우도 유치산업보호라는 관점에서 수입이 억제되기도 하지만 국내산업과의 건전한 경쟁을 조장하여 국내산업의 육성에 도움이 되기도 한다.

수출의 경우는 시장의 확대에 따른 생산규모의 확대를 도모함으로써 공업화를 추진하는 기본적 요소가 될 뿐만 아니라 수출산업 자체의 소득증대효과 및 소득유발효과는 수출의 국제수지효과에 못지않게 그 의의가 크다고 하겠다. 수출산업의 육성이 다른 산업의 생산과정을 유발하는 파급효과는 산업정책면에서도 대단히 중요하다.

4) 무역의 국제관습성

무역은 상이한 다른 법률, 제도, 상관습을 가진 국가간에 이루어진다. 따라서 이의 원활한 거래가 이루어지기 위해서는 국제적인 표준이나 기준 또는 관습의 이해가 필요하다. 또한 무역은 국내거래와는 달리 언어와 관습 그리고 문화가 다른 국가간에 이루어지기 때문에 이에 대한 충분한 이해와 활용이 요구되고 있다.

무역은 물품매매업의 본질을 지니고 있다. 따라서 개개의 무역기업들은 개별적인 매매활동을 효율적으로 수행함으로써 수익을 얻게 되어 기업의 경영목적을 달성할 수 있다.

현대의 무역은 주로 소유권의 이전을 목적으로 한 물품매매계약(contract for sale

of goods)의 형식으로 이루어지고 있다. 이러한 국제매매는 법률상의 권리·의무를 발생시키는 법률행위로서 낙성(합의)·쌍무·유상의 상사계약임에도 불구하고 국가 간에 공통적으로 사용하는 국제매매에 대한 규칙 또는 협약[7]은 현재까지 통일화되지 못하고 있다.

이와 같이 국제매매에 관한 통일된 국제규칙 또는 협약이 없기 때문에 무역은 일반적으로 언어·관습·법률 등이 다른 국가 사이에 이루어지는 동안 여러 가지의 마찰과 시련을 거쳐 이루어진 정형화된 무역관습에 준거하여 계약을 체결하여 이행하고 있다.

이러한 국제관습은 국제상업회의소(International Chamber of Commerce)나 국제법협회(International Law Association)와 같은 권위 있는 국제단체에 의하여 다년간 조사·연구되고 심의되어 국제규칙(international rules)으로 발전함으로써 국제관습법이 되었다. 따라서 무역에 관한 어떠한 분쟁 등이 발생하게 되면 관계 국제규칙에 따라 처리하게 된다.

3. 무역의 필요성

무역의 필요성은 각국 간에 존재하는 자연적 조건과 사회적 조건의 차이에서 기인한다. 자연적 조건으로는 기후·풍토·강우량·천연자원의 부존현황 등을 들 수 있고 사회적 조건의 차이로는 법률·제도·습관·기호·종교와 자본·노동·생산기술 등을 열거할 수 있다.

이러한 국가간의 자연적·사회적 조건의 차이에 따라 물품생산비용과 효율이 달라진다. 생산비용 측면에서 비교적 유리한 위치에 놓여 있는 경우 비교우위(comparative advantage)라고 하며, 이와는 반대로 불리한 경우를 비교열위(comparative disadvantage)라고 한다.

어떠한 특정한 국가가 비교우위에 속하는 재화를 여유 있게 생산하여 이것을 타국의 비교우위(자국으로 볼 때는 비교열위)의 재화와 상호 교환한다면 서로 이익이 될 것이다.

---

7) 이에 관한 국제협약으로는 1966년 12월 17일 UN에 설치된 국제연합 국제무역법위원회(UNCITRAL)에 의하여 작성된 국제물품매매에 관한 통일법(초안)을 들 수 있다. 이 초안은 그 후 10여년에 걸친 연구와 토의를 거쳐 1980년 4월 10일 비엔나에서 개최된 UN 외교회의에서 「국제물품매매계약에 관한 유엔협약」으로 제정되어 1980년 4월 11일 각국의 서명을 위하여 1981년 9월 30일까지 개방되었으며, 동 기간 중 서명한 나라는 미국 등 21개국이었고, 우리나라는 아직 서명하지 않고 있다.

이처럼 세계의 자원과 생산력의 효율적인 이용을 도와주는 것이 무역이라고 볼 수 있으며, 각국 간의 자연적 조건 및 사회적 조건의 차이에 따라 생산재와 소비재를 상호 교환해야 할 필요성에 따라 국제분업이 발생하게 된다.

무역의 필요성은 ① 천연자원의 편재, ② 각 국간의 인구와 인구밀도의 차이, ③ 산업발달정도의 차이, ④ 구매력의 차이에 의해 존재하는데 이를 살펴보면 다음과 같다.

〈표 18〉 국제무역의 이익

구 분	내 용
국제분업의 이익	생산효율을 높혀 다른 나라보다 저가로 물품의 생산 및 분배
국내 미생산품목의 사용	무역을 통해 생산되지 않는 제품의 수입과 소비
기업의 국제경쟁력 강화	국제무역기업은 경쟁에서 우위확보를 위해 경영관리를 효율화하고 생산성 향상
소비자 후생증대	저가 양질의 제품을 선택할 수 있는 기회 확대
경제성장촉진	세계시장을 대상으로 한 생산활동으로 국민총생산의 증대
문화교류의 촉진	무역의 증대는 인적·문화적 교류확대 유발

(1) 천연자원의 편재

현재 지구상에 존재하고 있는 200여 개에 가까운 독립국가들은 천연자원에 있어서 심각한 편재현상을 나타내고 있다. 미국·캐나다·중국·러시아처럼 풍부한 자원을 가지고 있는 국가가 있는 한편 우리나라·이스라엘·네델란드·스위스 등 자원보유가 극히 빈약한 상태에 있는 나라도 있다.

그러나 자원을 풍부하게 보유하고 있는 국가라 할지라도 경제생활과 밀접한 모든 자원을 다 갖추고 있는 것은 아니다. 따라서 각국은 상호의존과 공존공영의 토대 위에서 경제적으로 서로 밀접한 관계를 가지지 않을 수 없으며 바로 이러한 측면이 무역을 필요로 하는 이유인 것이다.

(2) 각국 간의 인구와 인구밀도의 차이

세계의 인구는 55억만 명에 가까워지고 있지만 이러한 인구가 지구상에 골고루 분포되어 있는 것은 아니며 자연적 환경 또는 역사·문화적 배경에 따라 인구 및 인구밀도에 까지 차이가 있다.

이러한 인구의 구성과 인구밀도의 편재는 각국 간에 있어서 식량을 포함한 1차 상품뿐만 아니라 공산품의 생산과 수요에 있어서 불균형을 초래하여 그 결과 각국간의 교역은 증대되지 않을 수 없게 되었다.

(3) 산업발달정도의 상이

국가간에 무역이 성립될 수 있는 가장 기본적인 이론이 국제분업론으로 자본과 기술이 풍부한 선진국은 기술집약적 제품에 특화하고 노동 및 자연자원이 풍족한 개발도상국은 노동집약적 제품의 생산에 전문화함으로써 양 지역 간에 무역이 발생될 수 있다.

(4) 구매력의 차이

개인적인 재화의 수요량은 각국인의 구매력의 차이에 있는 것과 마찬가지로 어떠한 특정한 나라의 외국상품에 대한 수요량은 그 나라의 구매력이 크고 작음에 따라 영향을 받는다.

따라서 큰 구매력을 지니고 있는 국가는 그렇지 않는 국가에 비하여 수요가 클 뿐만 아니라 국민소득이 높은 나라가 낮은 나라보다 외국상품을 더욱 필요로 한다는 것은 기정사실이며 이는 결국 국가간의 무역증대를 야기시킨다.

4. 무역의 종류

1) 무역거래의 주체에 따른 구분

(1) 민간무역(private basis trade)

개인 또는 사회조직 등 민간무역업자가 행하는 무역으로 오늘날의 무역은 거의 이 형태의 무역으로 이루어지고 있다. 이 때 무역업자는 국내거래와 마찬가지로 무역을 하나의 영리행위로 하기 때문에 수익이 없으면 수출입행위를 하지 않는다.

(2) 국영무역(state trade)[8)]

국가의 계획통제 또는 무역협정에 의하여 무역이 이루어지는 것으로 정부가 직접 비영리목적으로 무역을 행하는 정부무역(government trade)과 정부가 출자하거나 대

---

8) 국제무역과 유사한 것으로 공무역(public trade)이 있으며, 이는 공공기관이 거래의 주체가 되어 실시하는 무역행위를 말한다.

행기관을 통하여 무역을 하는 정부 베이스무역(government basis trade)이 있다.

일반적으로 자본주의 국가에서는 민간무역이, 사회주의 국가에서는 국영무역이 주가 된다.

2) 물품의 형태에 따른 분류

(1) 유형무역(visible trade)

유형무역이란 세관의 통관절차를 거치는 물품에 관한 무역으로 보통의 상품수출입을 말한다. 이러한 무역은 무역수지(trade balance)에 계상되어 무역통계로 잡히며 유형수출과 유형수입으로 나누어져 한 나라의 국제수지에 가장 중요한 항목이 된다.

(2) 무형무역(invisible trade)

무형무역이란 기술, 용역, 자본, 노동 등의 수출입으로 눈으로 볼 수 없으므로 세관에서 통관절차를 거치지 않는다. 이러한 형태의 수출입은 물품으로서의 형태가 없으므로 무형무역이라고 하며 무역통계에는 나타나지 않으나 국제수지표상에는 무역외수지로 나타난다. 이에는 각종 수수료, 해상운임, 보험료, 여행경비, 해외사무소 경비, 특허기술사용료(royalty), 투자이익 등이 해당된다.

3) 매매의 형태에 따른 분류

(1) 직접무역(direct trade)

직접무역이란 양국의 거래당사자가 제3자, 즉 제3국의 중개인을 통하지 않고 직접 계약을 체결하여 거래를 하는 경우를 말한다. 따라서 수출업자는 물품의 제조업자이거나 공급업자인 경우가 일반적이다.

(2) 간접무역(indirect trade)

일반적으로 국내거래건 국제거래간에 자기가 직접 물품을 제조하여 판매하지 않는 한 장사를 하는 방법은 크게 두 가지이다. 하나는 남의 물품을 자기의 비용으로 구매하여 재판매하는 것이고 다른 하나는 거래를 주선하여 그 수수료를 획득하는 것이다. 전자는 재판매를 하지 못해 재고로 남거나 헐값에 파는 등 위험부담이 큰 대신 이익(마진)이 크고, 후자는 위험부담이 적은 대신 이익이 적은 것이 특징이다. 이와 같이 하는 방식을 간접거래라고 하며 이것을 국제무역에 적용하면 간접무역이 되는 것이다. 특히 매매차익을 노려 거래하는 것을 중계무역이라고 하며, 수수료를 얻을 목적으로 거래하는 것을 중개무역이라고 한다.

가. 중계무역(intermediate trade)

중계무역이란 중계국(中繼國)이 수출할 것을 목적으로 물품을 수입하여 원형 그대로 제3국에 수출하는 것을 말한다. 이는 수입액과 수출액의 차액을 수취할 목적으로 이루어지는 거래로서 이러한 수출입차액을 중계수수료라고도 부르나 엄밀한 의미에서 보면 수수료라고는 할 수 없다.

이러한 중계무역은 통상 중계무역항에서 성행하고 있는데 그 대표적인 곳으로는 홍콩, 싱가폴, 마카오 등을 들 수 있다. 중계무역항이 될 수 있는 조건으로는 ① 관세가 부과되지 않는 자유무역항이어야 하며, ② 교통이 편리하여 상품의 집산지이어야 하고, ③ 외환거래가 자유로워 외화의 교환이 용이해야 한다.

나. 중개무역(merchandising trade)

중개무역이란 수출국과 수입국의 중간에서 제3국의 상인이 수출입을 중개(仲介)하여 이루어지는 경우 제3국의 입장에서 볼 때의 거래를 말한다.

중개무역을 하는 주된 이유는 해외판매망이 갖추어져 있지 못하여 중개상을 통할 수밖에 없는 경우와 대금결제상의 곤란 등이라고 볼 수 있다.

다. 통과무역(transit trade)

통과무역이란 수출물품이 수출국에서 수입국으로 운송되는 도중 제3국을 경유하는 경우 그 제3국의 입장에서 볼 때의 무역을 말한다.

라. 스위치무역(switch trade)

스위치무역이란 물품의 매매계약이 수출업자(A)와 수입업자(B)간에 직접 체결되고 물품도 직접 송부되지만 대금결제만 제3국의 업자를 개입시켜 이루어지는 무역이다.

마. 3국간 무역

삼국간 무역에 대한 정확한 정의를 내리기는 아직 이르지만 일반적으로 제3국에 있는 현지법인이 자국에 있는 본사와는 무관하게 수출입업자간에 거래를 알선해주고 그 대가로 수수료를 취득하는 거래형태라 할 수 있다. 어떻게 보면 현지법인이 소재한 국가의 입장에서 보면 중개무역으로 보이지만 수수료 수입이 현지법인의 본사가 있는 국가의 수입이기 때문에 차원이 다르다.

4) 수출입의 연계에 따른 분류

일반적으로 수출과 수입이 연계된 모든 형태의 무역거래를 총칭하여 연계무역(counter trade)이라고 한다. GATT규정에 따르면 구상무역, 물물교환, 대응구매, 산업협력 등 4가지 형태로 구분하고 있다.

연계무역은 1960년대부터 사회주의 국가와 자본주의 국가간에 심한 무역불균형을 해소할 목적으로 사회주의 국가의 요구에 따라 시작된 거래로서 세계무역량의 20% 정도를 차지할 만큼 그 규모가 크나 정확한 통계치는 잘 알려지지 않고 있다.

우리나라 대외무역법에서는 종전에 사용하던 구상무역의 개념을 확대하여 연계무역이라는 용어를 사용하고 있으며, 특정국가에 수출을 하려면 수출하는 조건으로 동 국가로부터 수입을 해야 하는 거래로 이해하고 있다.

(1) 물물교환(barter trade)

물물교환은 인간 사이에 거래가 있었던 옛날부터 존재해 온 가장 기본적인 거래형태로 연계무역에도 사용되고 있다. 물물교환은 상품을 직접 교환하는 단순한 거래형태로 환거래가 발생하지 않고 하나의 계약서로 거래가 성립되는 것으로 엄밀히 말해서 이런 방식은 대금결제가 없기 때문에 계약으로 간주하지는 않으나 연계무역의 가장 초보적인 형태로는 인정되고 있다.

물물교환은 교환되는 물품의 양과 질에 의해 거래당사자간에 지급의무를 상계시키며 선수출과 후수입 또는 선수입과 후수출이 거의 동시에 또는 상당히 빠른 기간 내에 이루어지는 것이 일반적이다.

(2) 구상무역(compensation trade)

구상무역은 물물교환의 형태와 비슷하나 환거래가 발생하고 대응수입의무를 제3국에 전가할 수 있다는 점이 다르다. 이 방식은 수출입물품 대금의 전부 또는 일부를 그에 상응하는 수입 또는 수출로 상계하는 무역형태로 하나의 계약서로 거래가 성립하며 동시발행신용장(Back to back credit), 기탁신용장(Escrow credit), 토마스신용장(Tomas credit) 등의 특수신용장으로 대금이 결제되는 것이 보통이다. 물물교환을 무환구상무역이라고 한다면 이 방식은 유환구상무역(有換求償貿易)이라고 할 수 있다.

구상무역에서 대응수입의무를 제3국으로 전가할 수 있는 방식을 삼각구상무역(triangular compensation trade)이라고 한다.

(3) 대응구매(counter purchase)

대응구매는 국영무역을 주로 하던 동구 사회주의 국가들이 서방의 자본주의 국가와 거래하면서 활용된 연계무역의 보편적인 거래형태로 물물교환이나 구상무역은 거래액이나 그 가치가 동일한 경우에만 거래가 성사되므로 거래를 성립시키기가 어려운 점이 있으나 대응구매는 수출하는 대가로 일정액 또는 일정비율의 수입의무를 지게 된다는 점에서 거래성립이 다소 용이한 면이 있다. 또한 수출입이 연계된다는 점에서 구상무역과 유사하나 수출에 따른 대응수입을 2개의 별도 거래로 보고 2개의 별도 계약서로 이행이 되며, 신용장도 2개의 일반신용장이 발행된다는 점에서 서로 다르다. 이 거래도 구상무역과 같이 대응수입의무를 제3국에 전가할 수 있다.

(4) 산업협력(industrial cooperation)

산업협력은 제품환매방식(product buy back)과 합작투자형태(joint venture)로 구분된다.

제품환매방식은 플랜트 등 공장설비나 기술을 수출하고 거기에서 생산되는 제품을 일정량 또는 일정비율 구매(수입)하기로 하는 형태로 플랜트를 수입하는 수입업자가 생산제품의 판로를 미리 확보하려는 것이 목적이다. 이러한 약정은 수출플랜트 계약에서 하고 나중에 대응수입시는 별도의 수입계약서에 의해 수입을 하게 된다.

합작투자는 일방적인 자본재 수출이 아니고 자본참여, 판매망 제공 등의 형식으로 자본참여자가 수출업자처럼 대응의무를 부담하게 된다. 이때 합작투자된 공장에서 생산되는 제품에 대한 대응수입은 제품에만 국한되는 것이 아니라 자본참여자 국가의 판매망(distribution channel)을 제공하는 것으로 상계시킬 수 있다.

(5) 상계무역(offset trade)

상계무역이란 상쇄무역 또는 절충교역거래라고도 하며, 수출상품의 일부 부품을 수입국에서 조달하도록 하거나 제품생산기술을 수입국에 이전하도록 하는 거래형태이다. 이 방식은 고도의 기술제품이나 첨단장비를 수입하는 대신 그 부품 등을 수출하거나 생산기술, 노하우 등을 이전 하고자 하는 경우 많이 활용되고 있다. 수출국의 입장에서 보면 고도의 기술제품을 수출하는 대신 수입국으로부터 부품을 수입하거나 수입국에 기술이전을 조건으로 하는 거래이다.

(6) 각서무역(memorandum trade)

각서무역은 국교가 정상화되지 않은 국가들 사이에서 무역이 이루어질 때 준정부 베이스로 각서를 교환하여 상호 무역의 혜택을 입으려고 한 무역의 형태이다. 이는 1962년 중국(당시는 중공)과 일본이 교역을 시작하면서 양국이 연간거래액 등을 협정하면서 각서를 교환하여 연계무역이 시작되었는데 이때 중국의 Lio와 일본의 Takasaki간에 각서가 교환되었다고 하여 LT무역이라고 부르다가 1968년에 북경에서 일·중 각서교환으로 무역협정을 체결하면서부터 이를 각서무역이라고 하였다.

5) 물품의 가공형태에 따른 분류

가공무역(improvement trade, processing trade)이란 가득액(가공비) 또는 부가가치를 얻기 위해 원료의 일부 내지 전부를 외국에서 수입하여 이를 가공하여 다시 외국에 수출하는 거래를 말한다. 일반적으로 가공무역이라고 할 때는 일반가공무역을 말하는데 이는 가공무역이 이루어지는 방식에 따른 수·위탁가공무역과 구분하기 위해서이다.

가공무역은 우리나라에서 가장 많이 이용되는 거래형태로서 그 중에서도 무환수탁가공무역이 주류를 이루고 있다.

(1) 수탁가공무역

수탁가공무역이란 가득액을 얻기 위하여 원자재를 거래상대방의 위탁에 의하여 외국으로부터 수입하여 이를 가공한 후 위탁자 또는 위탁자가 지정하는 자에게 수출하는 거래로서 원자재의 조달방법에 따라 유환수탁가공무역과 무환수탁가공무역으로 나누어진다.

유환수탁가공무역은 원자재의 수입대금이 먼저 별도로 지급되고 가공제품의 수출대금을 전액 회수하는 것이며, 무환수탁가공무역은 원자재를 무환으로 들여와서 완제품을 생산 수출하면 그 차액이 되는 가득액만을 지급받는 방법이다. 수탁가공무역방법을 능동적 가공무역(active processing trade)이라고도 한다.

원자재를 수입하여 가공한 후 원자재를 수출한 국가에 다시 수출을 하면 수탁가공무역이 되고 가공된 물품을 원자재 수출국 이외의 제3국에 수출하는 경우에는 일반가공무역 또는 통과적 가공무역(transit processing trade)이라고 하는데 통과적이라고 하는 의미는 원자재가 가공국을 통과해서 타국으로 이동하기 때문인 것으로 보인다.

(2) 위탁가공무역

위탁가공무역이란 가공임을 지급하는 조건으로 가공할 원자재를 외국의 거래상대방에게 수출하여 가공된 물품을 수입하는 방식을 말한다. 위탁가공무역은 자국 내에서 가공하여 수출하는 것보다 가공임이 비교적 저렴한 국가에 가공을 위탁하는 것이 유리하거나 기술이 상대적으로 발달한 국가에서 가공하여 그 제품을 수입하여야 할 경우에 이용된다. 위탁가공무역은 수동적 가공무역(passive processing trade)이라고도 한다.

6) 물품의 판매방식에 따른 분류

(1) 위탁판매수출

위탁판매수출이란 물품을 무상으로 외국업자에게 수출하여 판매를 위탁한 후 당해 물품이 판매된 범위 내에서 대금을 지급받는 거래이다. 이 방식은 위탁자가 수탁자에게 물품을 무환(無換)으로 송부하고 수탁자는 판매후 일정한 판매수수료를 수취하고 판매되지 아니한 물품은 다시 반송하면 되는 거래로서 신시장 개척, 신제품 수출의 경우에 많이 이용된다. 또한 그 지역의 유능한 판매상을 이용하여 수출을 증대하기 위해서도 이용되며, 수출경험이 없거나 시장정보가 부족한 수출업자들도 이런 거래를 이용하고 있다.

(2) 수탁판매수입

수탁판매수입은 위탁판매수출과는 반대로 무환으로 물품을 수입하여 판매된 범위 내에서 대금을 지급하는 방식으로 외국의 위탁자는 우리나라의 수탁자에게 일정한 판매수수료를 지급한다.

7) 동서무역과 남북무역

(1) 동서무역(east-west trade)

동서무역이란 사회주의 국가와 자본주의 국가사이의 교역을 총칭하는 것으로 동서의 개념은 과거 냉전시대 때 유럽을 기준으로 사회주의 국가들인 동유럽과 자본주의 국가들인 서유럽의 교역으로부터 유래되었다. 그러나 현대에 와서 사회주의 국가들이 거의 붕괴됨으로 인하여 동서무역의 개념은 퇴색되었다고 할 수 있다.

(2) 남북무역(south-north trade)

남북무역이란 선진국과 후진국 사이의 교역을 총칭하는 것으로 여기서 남북의 개념은 지리상 적도를 기준으로 구분하면 북반구 쪽에 주로 미국, 유럽 등 선진국들이 위치한 반면에 남반구 쪽에는 아프리카, 남미 등과 같은 후진국들이 위치한데 따른 것이다. 남북무역이란 용어는 주로 선진국과 후진국간의 무역불균형 문제를 다룰 때 나오는 용어이므로 무역거래의 한 형태는 아니다.

8) 기타 무역

(1) 플랜트수출

플랜트수출이란 일반적으로 공장설비나 선박, 철도, 항만 등의 자본재수출을 말한다. 따라서 철도, 도로, 항만 등의 사회간접자본 등의 수출도 포함되기 때문에 플랜트수출이라고 하며 생산공장(plant)만을 수출하는 거래라고는 볼 수 없다.

특히 플랜트수출의 전형적인 형태로서 공장의 설계에서부터 기계의 제조, 장치, 시운전에 이르기까지 모든 것을 수출계약자가 일괄적으로 책임지는 턴키 베이스(turn-key base or contract)라는 형태가 있다. 이 계약에 의하면 기계나 설비 등의 시설재를 수출할 수 있을 뿐만 아니라 기술인력과 그 밖의 용역까지도 수출할 수 있어 많은 외화를 벌어들일 수 있다.

(2) 보세창고도거래

보세창고도조건의 거래(Bonded Warehouse Transaction ; BWT)는 수출자가 자기의 위험과 비용으로 해당지역에 지점, 출장소 또는 대리점을 설치하고 거래상대국 정부로부터 허가받은 보세창고(bonded warehouse)에 물품을 무상으로 반입하여 현지에서 판매하는 거래방식이다.

이 거래는 물품을 수입국에서 수입통관하지 않고 특정지역의 보세창고에 입고시키고 현지에서 계약을 체결하여 판매하는 거래이므로 수출업자의 입장에서는 유리한 고객을 확보하기가 용이하고, 수입업자의 입장에서는 현품을 직접 보고 구입할 수 있다는 장점이 있다.

이 거래의 특징은 거래상대방과 사전계약이 없이 수출이 되기 때문에 수출업자 입장에서는 다음과 같은 불리한 점이 있다.

① 만일 시황이 불리해져 판매가 안 되면 반송하여야 하기 때문에 해상운임, 해상보험료 등의 비용손해를 감수하여야 한다.
② 수출상품이 거래상대국의 보세창고에 입고된 후 매매가 되고 결제되기 때문에 대금회수가 늦어진다.
③ 시장예측이 빗나가거나 계절적 상품일 경우 적기판매를 하지 못하여 입는 손실을 감수하여야 한다.

반면에 수입업자 측에서는 다음과 같은 유리한 점이 있다.
① 계약성립 시까지는 신용장개설을 하지 않아도 되므로 자금부담이 적다.
② 현품을 확인하고 구입하기 때문에 원하는 물품을 입수할 수 있다.
③ 수입절차에 따른 비용과 시간이 절약된다.
④ 현품을 즉시 입수할 수 있기 때문에 시차에 따른 예상이익의 차질이 극소화될 수 있다.

(3) 녹다운방식 수출

녹다운(knock-down)방식의 수출이란 완제품을 수출하는 것이 아니라 조립능력이 있는 외국 거래처에 부품이나 반제품을 수출하여 현지에서 조립한 후 완제품을 판매하는 방식을 말한다. 이러한 방식은 자동차, 가전제품, 기계류 등에 있어서 현지조립방식으로 수출하는 거래형태로 ① 완제품 수입을 제한할 때, ② 완제품에 대한 고율의 관세를 회피하고자 할 때, ③ 현지조립방식이 인건비 등의 이유로 비용이 저렴할 때, ④ 현지인 고용에 의한 제품인식 증대, ⑤ 그 밖의 현지시장 침투 및 확대 전략으로 자주 이용되는 거래방식이다.

(4) OEM방식 수출

OEM(Original Equipment Manufacturing) 방식의 수출이란 외국의 주문자 상표를 부착하여 수출하는 국제하청생산방식에 의한 수출로 일명 주문자 상표부착방식의 수출이라고도 한다. 이는 생산자의 상표를 부착하지 못하고 주문자의 상표를 부착하여 수출하기 때문에 마치 주문자가 생산하여 판매하는 것처럼 보인다. 이러한 방식으로 수출하는 이유는 선진국의 유명상표업체가 고임금이나 기계설비의 낙후 등으로 경쟁력을 상실하고 판매노하우만 보유한 경우 개발도상국 등에 생산을 이전하기 때문인 것으로 풀이되고 있다.

OEM방식에 의한 수출은 장기공급계약이 일반적이어서 연간주문량을 확보할 수 있고 이는 원자재 확보와 수출관리에 도움을 준다. 또한 선진국의 필요에 의해 이루어지므로 선진국에 의해 부과되는 수입규제가 거의 없고 현지인의 거부반응을 피할 수 있으므로 수출확대에 기여할 수 있다. 그러나 단점으로는 고유의 상표를 부착한 자기브랜드 상품보다 20~30% 정도 가격이 싸서 수익성이나 수출채산성이 낮고, 언제든지 여건이 안 맞으면 주문자에 의해 수입선이 전환될 위험이 상존하고 있다는 점이다. 또한 OEM계약은 대개의 경우 쌍방간 힘의 논리에 의해 조정되고 있어 자칫 주문자의 횡포로 인해 수주기업이 주체성을 잃어 국제적인 하청기업으로 전락할 소지도 없지 않다. 따라서 OEM수출은 기업생존을 위한 차선책일 뿐 최선의 방법은 아니므로 가능한 조속한 시일 안에 기술개발, 시장개척을 통한 고유상표 개발과 판매망 구축, 마케팅 능력의 제고 등이 이루어져 자사상표 부착의 수출로 전환하여야 한다.[9]

9) 이용근, 「무역실무」, 동성사, 1998, pp.39-49.

6 글로벌 상거래의 흐름과 제도

제 1 절 수출업무

1. 수출의 개념

무역은 물품의 수출입을 의미하는데, 수출(export)이란 일반적으로 대외판매의 목적물이 되는 상품을 대상으로 하여 외화 또는 그에 상응하는 물품을 대가로 외국에 물품을 매각하는 행위를 말한다. 이러한 수출에 대한 개념은 관련법에 따라 각각 다른 개념으로 규정하고 있다.

대외무역법상 수출이라 함은

① 매매·교환·임대차·사용대차·증여 등을 원인으로 국내에서 외국으로의 물품의 이동(우리나라 선박에 의하여 외국에서 채취 또는 포획한 광물 또는 수산물을 외국에 매도하는 것을 포함)과

② 유상으로 외국에서 외국으로 물품을 인도하는 것으로서 산업통상자원부 장관이 정하며 고시하는 기준에 해당하는 것 및

③ 거주자가 비거주자에게 전자적 형태의 무체물을 정보통신망을 통한 전송 기타 산업통상자원부장관이 정하여 고시하는 방법으로 인도하는 것을 말한다.[10]

그러나 관세법에서는 수출의 개념에 대하여 다음과 같이 밝히고 있다. 즉, 수출이란 "내국물품을 외국으로 반출하는 것"을 말하며, 여기서 내국물품이라 함은 "우리나

10) 대외무역법 시행령 제2조 제3호.

라에 있는 물품으로서 외국물품이 아닌 것과 우리나라 선박에 의하여 공해에서 채포한 수산물"을 말한다. 이상에서 살펴본 바와 같이 통상 우리가 수출입이라고 할 때에는 유상의 것만을 가리키지만 대외무역법에서는 무상수출입과 현지인도방식수출 및 제3국도착수입까지 그 범위를 확대하고 있음을 알 수 있다.

이는 각 법규의 설정목적이 서로 다르기 때문인 것으로서 특히 대외거래법은 수출입의 최초단계에서 마지막 단계까지 일련의 과정을 중시하면서 외화획득에 중점을 두는가 하면 관세법은 수출입면허 시점을 중시하여 관세확보를 목적으로 하기 때문이다.

현행 수출을 규제하는 법률로서는 수출입거래와 관련된 대외무역법, 수출대금의 결제와 관련된 외국환거래법, 수출물품의 통관과 관련된 관세법외에 수출물품의 품질을 유지하기 위한 수출품질향상에 관한 법률 등이 있다.

2. 수출절차

수출절차란 수출행위를 할 수 있는 자격(무역업등록 등)을 얻은 자가 수출이 허용된 물품을 외국의 수입자와 수출계약을 체결하고 물품의 수출에 관한 기본사항을 관리하는 대외무역법과 수출대금의 결제방법을 정한 외국환관리법에 따라 수출승인을 받은 후 통관절차 등을 규정한 관세법에 따른 세관통관절차를 거쳐 운송수단 등에 적재하고 최종적으로는 물품대금을 회수하게 되기까지의 일련의 행정적·법규적·상관습적 흐름의 단계를 의미한다.

이러한 수출절차는 국내무역관련법규(대외무역법, 외국환관리법, 관세법 등)와 국제상관습(Incoterms, 신용장통일규칙 등)의 상호연관 속에서 유기적으로 적용되게 된다. 수출자는 국내 무역관련법규와 국제상관습 등을 명확히 이해함으로써 수출거래의 형태나 수출절차의 각 단계별로 가장 적합한 법규나 상관습을 선택함 으로써 수출에 따른 제반 애로사항을 최대한으로 극복할 수가 있다.

3. 수출절차의 주요 내용

1) 시장조사를 통한 개래선 발굴

수출을 위한 최초의 단계로 시장조사는 수출자가 수출하고자 하는 품목의 거래 가능지역, 거래 상대방 발견, 수요와 공급 실태, 시장성 및 상관습 등 판매가능성을 조사하는 것을 말한다. 시장조사는 새로운 시장의 개척, 기존시장의 유지 또는 확대, 상실한 구시장의 회복 등의 목적으로 이루어지며 그 목적에 따라 조사활동에 차이가 있다.

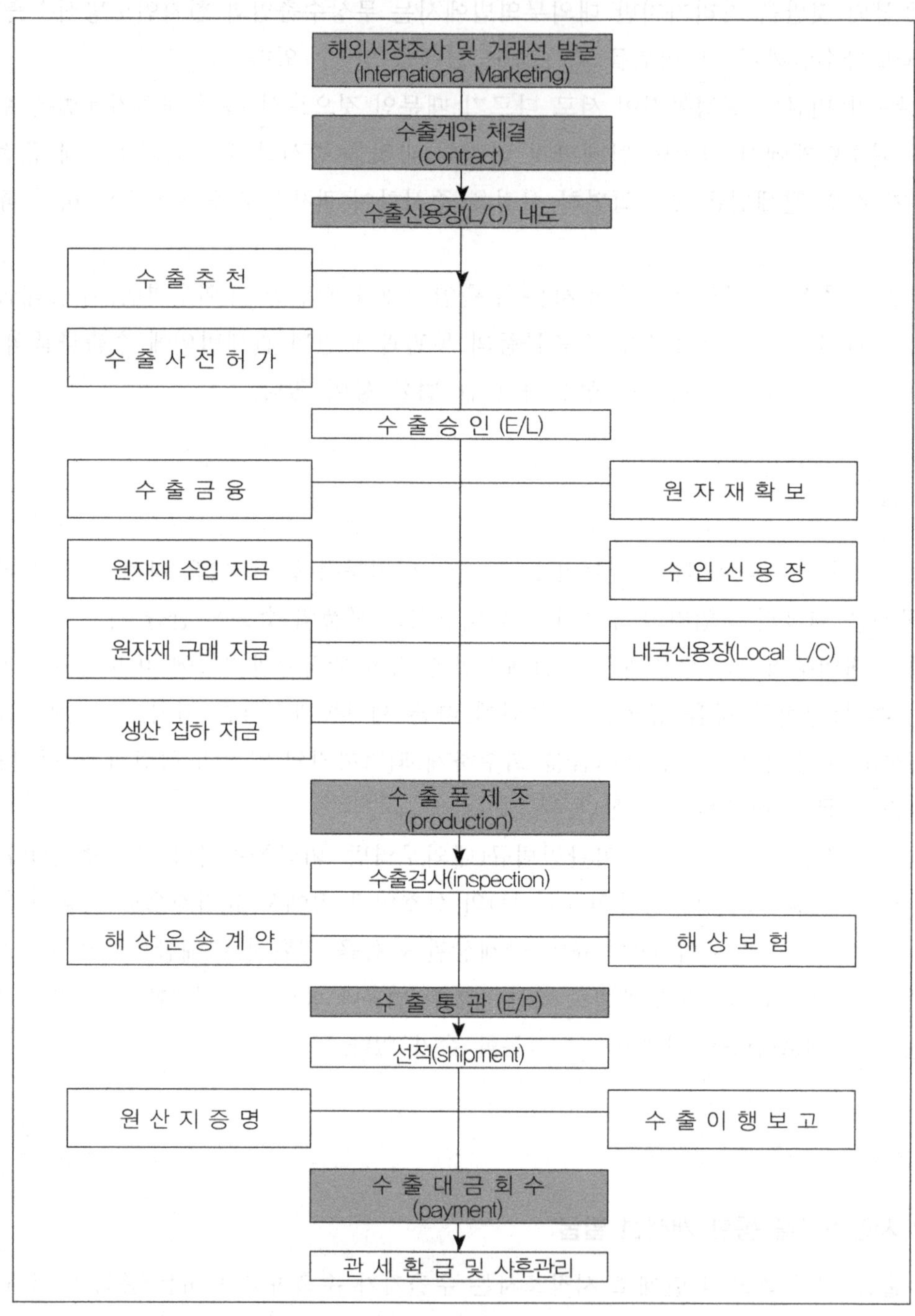

[그림 5] 신용장 방식에 의한 수출절차

시장조사는 국내 상거래와는 달리 상이한 문화, 종교, 언어 및 상관습의 차이에서 이루어질 뿐 아니라 상거래에 직접 관계되는 결제통화, 외환제도, 수출입승인 및 통관제도 등에서 국내 상거래보다 훨씬 복잡하고 위험도 많이 따른다.

따라서 무역거래에 있어서 위험을 최소화하고 이익을 극대화하기 위해서는 목적시장에 대한 각종 자료의 수집·분석을 통한 정확한 시장조사가 필요하다. 이러한 시장조사의 방법으로는 해외출장이나 해외지사, 거래처 등을 통해 직접 조사하는 직접조사방법과 우리나라의 대사관, 영사관, 금융기관 또는 한국무역협회, 대한무역진흥공사 등의 기관을 통해 조사하는 간접조사방법 그리고 국내외 조사전문기관에 비용을 지급하고 위탁하는 위탁조사방법이 있다.

2) 수출계약의 체결

수출을 하고자 하는 자는 취급하고자 하는 물품에 대하여 국내 무역관련법규에 의해 수출이 허용되는 물품인지 여부를 확인한 다음 시장조사 단계를 거쳐 그 시장에서 가장 적절한 거래선을 물색한 후, 그와의 거래를 제의하여 거래선의 동의를 얻게 되면 거래관계개설을 위한 수출계약체결이 이루어지게 된다.

수출계약이란 수출자가 선정된 외국의 수입자에게 물품의 소유권을 양도하여 물품을 인도할 것을 약속하고 수입업자는 이를 받아들이고 그에 상응하는 대금을 지급할 것을 약정하는 계약을 말하는 것으로, 수출계약은 그 자체가 사적자치에 따라 수출업자가 계약목적물인 상품의 종류, 품질조건, 수량조건, 가격조건, 인도조건, 포장조건, 보험조건, 대금결제방법, 분쟁해결 및 중재 등에 관한 계약조건을 외국의 수입자에게 서면이나 기타의 방법으로 제시하고 수입업자가 이를 승낙하게 되면 수출계약은 성립된다.

일반적으로 무역거래는 수출자가 수입자에게 수출에 따른 무역거래조건을 제시한 청약(offer)에 대하여 수입자가 이를 승낙(acceptance)하는 과정, 또는 수입자의 주문(order)을 수출자가 승낙(acknowledge)하는 과정에 의하여 계약이 체결된다.

3) 신용장의 수취

수출계약이 체결된 후 수입자는 신용장을 수출자 앞으로 개설하게 되고 신용장을 수취한 수출자는 동 신용장이 계약내용과 일치하는지 여부를 검토하여야 한다. 수출자는 신용장을 입수하면 모든 사항을 세밀히 검토한 후 일치하지 않는 사항이 있으면 즉시 통지은행을 통하여 수입자에게 L/C 정정을 요구하여야 한다. 또한 L/C의 취소가능 및 양도가능여부, 매입은행의 제한여부 등의 확인을 하여야 한다.

4) 수출승인

물품을 수출하고자 하는 자는 무역법의 허가를 받았다 하더라도 개개의 수출거래마다 거래품목이 수출 가능한 품목인지 등을 산업통상자원부장관으로 부터 검토 받아야 한다. 즉 거래물품 등에 관하여 산업통상자원부장관의 승인을 받아야 하는데 동 수출승인은 대부분 외국환은행장에게 위임되어 있다.

종전의 수출입승인제는 원칙적으로 모든 물품에 대하여 승인대상으로 하고 있었으나, 현재에는 수출입승인대상의 관리체계를 Positive System(원칙규제·예외허용)에서 Negative System(원칙허용·예외규제)으로 전환함으로써 수출입공고, 수출입별도공고 대상품목에 해당하는 물품과 외화획득용 원료·기재의 수입 및 산업설비 수출물품에 대해서만 승인대상으로 하고 있다. 한편 대외무역법 이외의 각종 법령에 의해 수출입이 제한되는 품목에 대하여 산업통상자원부장관이 종합해서 고시하는 통합공고에 게시된 품목에 대해서는 수출승인에 앞서 관련기관, 단체 등으로부터 필요한 요건확인을 받아야 한다.

이렇게 수출승인을 받은 수출자는 승인된 내용에 따라 수출을 이행하여야 하며, 동 수출승인을 유효기간 내에 수출물품의 선적이 이루어져야 한다.

5) 수출물품의 확보

수출신용장을 수취하고 난 후 외국환은행장의 수출승인을 받았으면 수출자는 수출물품을 수출업자가 직접 제조·생산하는 방법과 수출물품 자체를 국내에서 구매하는 방법이 있을 수 있다. 또한 수출물품을 제조·생산하기 위해서는 당해물품의 생산에 소요되는 원료를 확보하여야 하는데 그 원료를 확보하는 방법도 외국에서 원료를 수입하는 방법과 동 원료를 국내에서 구매하는 방법이 있다.

우리나라에서는 수출진흥의 차원에서 수출물품을 제조·가공하는 데 소요되는 원료들의 조달 시에는 내수용에 비하여 상역·금융·세제상 여러 가지 혜택을 부여하고 있다.

6) 수출검사

수출물품에 대한 제조생산이 완료되면 수출통관절차를 밟기 전에 필요한 경우 수출품 품질향상에 관한 법률에 따라 수출검사를 받게 된다.

수출검사란 수출하고자 하는 물품을 수출신고(수출면허)하기 이전에 행하여지는 법적 강제검사로서 수출품의 품질 향상을 도모하여 건전한 무역을 조성하는 데 그 목적이 있다.

일반생산제조업체가 자체적인 품질기준에 따라 원부자재의 품질검사·중간공정검사·최종제품검사 또는 출하검사를 함으로써 자기제품의 품질관리와 대외성가를 유지하는 것과는 수출검사는 법령으로 지정된 일정한 물품을 일률적으로 정부검사기관 또는 지정검사기관이 행하는 것으로 검사에 합격되지 못한 물품은 수출할 수 없다.

7) 수출화물의 운송 및 보험계약체결

수출물품에 대한 수출검사가 완료되면 수출자는 수출물품을 수출계약조건이나 신용장 등에서 정한 소정의 선적기한내에 물품을 선적하여야 하므로 계약조건이 CIF나 CFR이면 적합한 선박회사를 선정, 운송계약을 체결하여 이 계약에 따라 수출화물을 선적할 준비를 하게 되며, FOB조건일 경우에는 수입자가 지정하는 선박에 수출화물을 선적할 준비를 하면 된다. 또한 수출자는 계약조건이 CIF조건인 경우에는 수출계약서 및 수출물품의 특성 등을 감안하여 적합한 해상보험약관을 선택하여 해상보험계약을 체결하게 된다. 이상의 절차가 끝나게 되면 수출자는 관세법 규정에 의한 수출통관절차를 거쳐 당해 수출물품을 선박(항공기)에 적재하고 선하증권(또는 air waybill)을 수취하게 된다.

8) 수출통관

수출물품의 생산이 완료되거나 수출물품의 구매 등을 통하여 수출물품을 확보한 수출업자는 당해 수출물품을 지정된 선박(항공기)에 선(기)적 하기 전(수출검사 대상 품목이면 수출검사완료 후)에 관세법에 의한 수출통관절차를 밟아야 한다.

수출통관절차란 수출면허의 의미로서 수출신고를 받은 세관장이 수출신고된 사항을 확인하여 그 내용이 정당하다고 인정되는 경우 수출신고인에게 수출신고필증을 교부함으로써 내국물품을 외국으로 반출하는 것을 허용하는 일련의 과정을 말한다.

수출통관의 일반적인 절차는 물품장치 → 수출신고 → 검사 → 분석 → 심사 → 수출신고수리 → 선적 → 대금결제 → 관세환급 순으로 이루어진다.

세관에서는 이러한 통관절차를 통하여 관세법, 대외무역법, 외국환관리법 등 각종 수출규제에 대한 법규의 이행여부를 서면 또는 수출품과 대조확인하여 수출물품의 실제 확인과 함께 부정수출방지 등을 하게 된다.

9) 수출대금의 회수

수출물품의 세관통관절차를 거쳐 선적이 완료되면 수출자는 거래 계약에서 요구하는 조건에 따라 선하증권, 해상보험증권, 상업송장 및 포장명세서 등 제반 선적서류를 갖추어 외국환은행에 매입을 요청함으로써 수출대금을 회수하게 된다.

수출대금을 회수하기 위해서는 먼저 거래 외국환은행과 화환어음거래약정을 체결하고 선적을 이행한 후 수출신용장 또는 계약서의 조건에 따라 환어음과 운송서류를 작성하여 이의 매입(negotiation) 또는 추심을 거래외국환은행에 의뢰하게 된다.

이 때 외국환은행은 화환어음을 지급인(주로 수출신용장 개설은행 또는 수입자) 앞으로 송부함으로써 수출대금의 회수가 이루어진다. 수출대금의 회수행위는 수출승인된 결제방법에 의하여 수출승인의 유효기간내에 전액을 회수하도록 의무화하고 있다.

10) 관세환급

관세환급이란 수출촉진과 국산원자재의 사용을 유도하기 위하여 수출용원자재를 수입할 때 일단 관세 등을 납부하였거나 징수유예를 받은 물품 또는 이를 원자제로 하여 제조한 물품을 수출 등에 사용하였을 경우 수입시 징수한 관세 등을 수출자에게 되돌려주는 것을 말한다.

관세환급의 효과는 수입물품에 대한 관세부과로 관세액만큼 물품가격을 인상시킴으로써 국내산업을 보호하게 되고, 수출자에게는 수입시부터 환급을 받을 때가지 환급액만큼 이자부담을 주게 되어 불필요한 외국원재료의 수입을 억제하게 된다.

11) 사후관리

사후관리란 수출자가 수출승인을 받고 난 후에 수출품의 제조·생산을 위하여 원자재를 수입하였을 경우 당해 수입된 원료가 수출이행이 되었는지 여부 등을 관리함으로써 수출입질서를 유지하고 나아가 국내산업의 보호와 물자의 국내수급을 원활히 하고자 하는 것이다. 무역거래에 따른 사후관리는 수출승인의 사후관리 및 외화획득용 원료의 사후관리로 구분되며 수출계약은 수출대금회수와 관세환급 및 사후관리가 끝나게 되면 수출절차가 끝나게 된다.

제2절 수입업무

1. 수입의 개념

무역거래에서 수입(import)은 매매의 목적물인 물품을 외국으로부터 구매하는 것으로 대외무역법 시행령에서는 ① 매매·교환·임대차·사용대차·증여 등을 원인으로 외국으로부터 국내로 물품을 이동하는 것, ② 유상으로 외국에서 외국으로 물품을 인수하는 것으로서 산업통상자원부장관이 정하여 고시하는 기준에 해당하는 것, ③ 거주자가 비거주자로부터 전자적 형태의 무체물을 정보통신망을 통한 전송 기타 산업통상자원부장관이 정하여 고시하는 방법으로 인수하는 것[11]이라고 수입을 정의하고 있다.

한편, 관세법에서는 수입이란 ① 외국으로부터 우리나라에 도착된 물품(외국의 선박 등에 의하여 공해에서 체포된 수산물 등을 포함), ② 수출신고가 수리된 물품을 우리나라에 인취하는 것(보세구역을 경유하는 것은 보세구역으로부터 인취하는 것)을 말한다고 규정하고 있다.

2. 수입절차

수입절차는 원칙적으로 무역업을 신고[12]한 자가 수입 가능한 품목에 대해 대외무역법의 수입승인 등을 받아 국내로 수입할 경우에 관세법에 근거한 수입통관절차를 걸쳐 최종적으로 인취하는 일련의 절차를 의미한다.

물론 이러한 수입절차는 국내무역법규(대외무역법 등)와 국제무역관습규정(신용장통일규칙 등) 등 상호 연관 속에서 각 절차에 적용되고 있으며, 수입업자는 각 단계별로 가장 적합한 법규 등을 신중히 검토하여야 한다.

3. 수입절차의 주요 내용

1) 수입계약체결

수입계약이란 국제간에 발생되는 매매계약으로서 수출자가 수입자에게 상품의

---

11) 대외무역법 시행령 제2조 제4호.

12) 신고는 행정청에 대하여 어떠한 사항을 그대로 통보·보고함으로써 최종적인 법률효과를 발생하게 하는 공법행위로, 무역업의 신고란 한국무역협회에 무역업을 영위하겠다는 개인의 의사표시에 대하여 이를 수리하여 무역업을 영위하게 하는 것을 말한다.

소유권을 양도하여 인도할 것을 약속하고 수입자는 그 대금을 지급할 것을 약정하는 계약이다. 이러한 국제매매거래는 격지간의 물품과 대금의 이전이기 때문에 당사자의 의무, 책임의 범위 및 한계, 가격조건 등을 양당사자가 명확히 정하여 두는 것이 사후에 발생될 수 있는 분쟁을 막을 수 있다. 계약과 관련하여 국제적으로 통일적이고 공통적인 법은 없고 주로 국제상업회의소(ICC)가 제정한 인코텀즈(Incoterms) 등을 모델로 하여 무역계약시 참고로 하고 있으나 이는 법률이 아니고 ICC가 정한무역조건에 불과하므로 채택여부는 계약당사자의 의사에 의존하게 된다. 일반적으로 수입계약은 수입자가 수출자로부터 청약(offer)을 받고 수입업자가 이에 대한 승낙(acceptance)을 하게 되면 계약이 성립되게 된다. 현재 국내 수입계약은 무역대리점협회에 등록[13)]된 갑류무역대리업자(오퍼상)를 통하여 물품매도확약서(offersheet)를 발급받음으로써 수입계약이 체결된다.

2) 품목의 수입요건

대외무역법 제6조는 무역을 물품의 수출입으로 정의하고 물품의 범위 및 수출입의 형태에 대해서도 각각 정의하고 있다.

그러나 이러한 규정은 물품의 수출입에 대한 포괄적인 대상을 선정한 것이지 실질적인 물품의 수입여부 관리는 하부규정인 고시·공고[14)] 등에 의하여 세부적으로 규정·운영하고 있는 것이다.

현행 품목 관리체계를 보면 크게 수출입공고 등과[15)] 54개 특별법의 통합공고 등으로 구분하고 이를 수출입공고와 별도공고로 다시 세분하여 그 목적에 맞게 운용하고 있다.

그러므로 물품의 수입승인을 위해서는 우선 각 공고 등에서 요구하는 모든 요건을 충족하여야 하며, 동일품목에 각 공고 간의 제한내용 등이 동시에 적용될 경우에도 역시 모두 충족시켜야 한다.

---

13) 특정한 사실 또는 법률관계의 존부를 증명하는 행위로 무역업의 등록이라 함은 무역업자로서의 공적인 증명하는 행위를 말한다.

14) 넓은 의미의 법률행위로 상위법규에서 위임된 구체적인 집행사항에 관한 내용을 담음으로써 법규의 집행뿐만 아니라 보완기능을 수행하는 행정절차를 말한다.

15) 수출입공고 등의 의미는 1999년 6월 수입선다변화제도가 폐지되기 이전에는 수출입공고와 별고공고 및 수입선다변화품목공고를 총칭하였으나 현재는 수출입공고와 별도공고만을 의미한다.

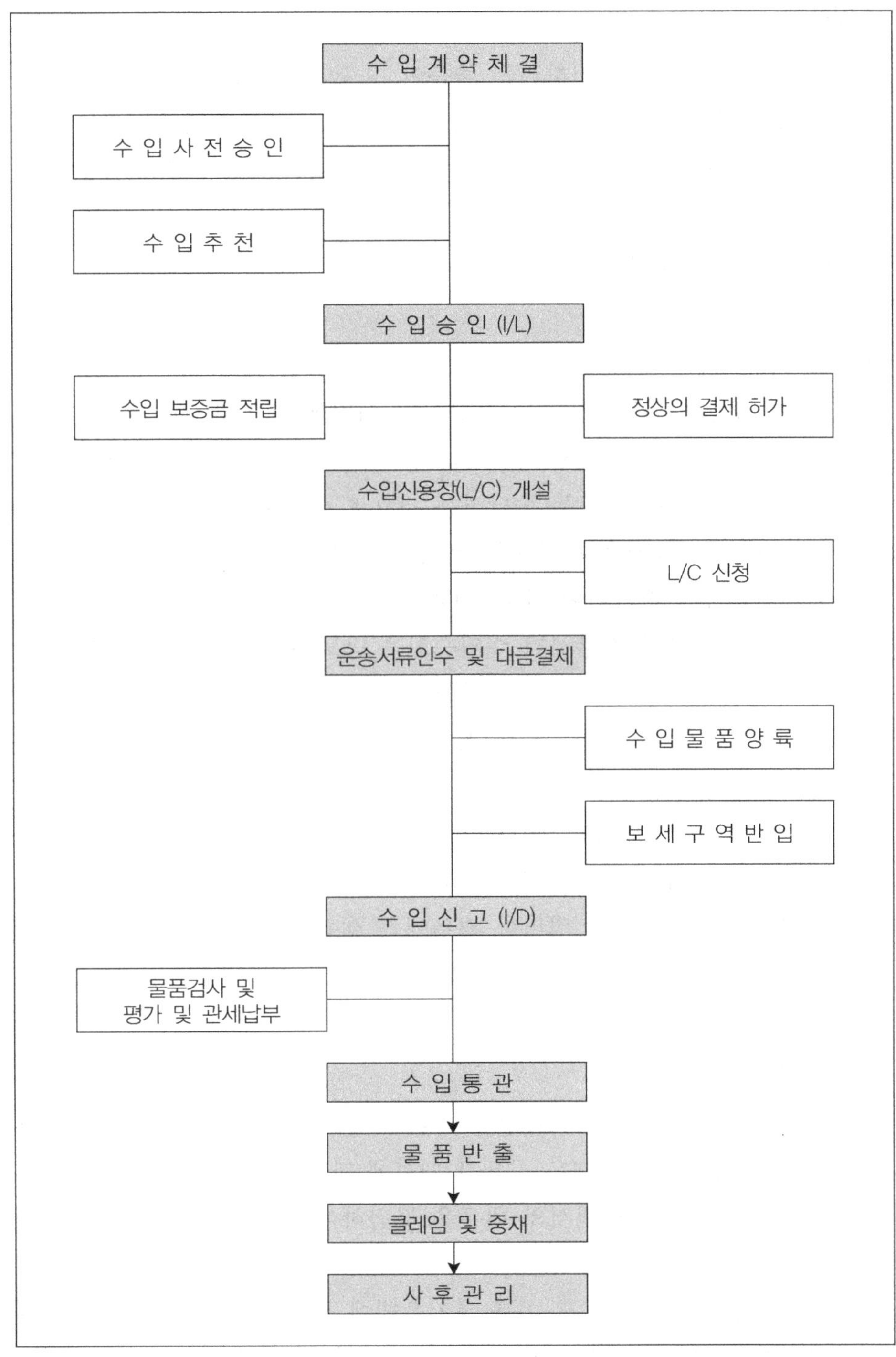

[그림 6] 신용장 방식에 의한 수입절차

3) 수입추천

물품을 수입하려면 우선 수입하려는 물품이 수출입공고상 수입이 허용되는 품목인지 여부를 검토하여야 하며, 수입하고자 하는 물품이 수입제한승인품목에 해당되는 경우 동 제한조치에 따라 관련기관, 협회 또는 조합 등으로부터 수입승인을 받아야 한다. 또한 수입하고자 하는 물품이 통합공고상 수입이 제한되는 품목인 경우에는 주무부처의 사전허가 또는 추천을 받아야 한다.

4) 수입승인

수입승인은 산업통상자원부장관이 수입행위 이전에 대외무역법상 수입승인요건인 수입자격, 수입품목, 수입지역, 거래형태 등 제반사항의 적법성에 관해 심사하여 신청자에게 최종적으로 동의 또는 승낙하는 것으로 수입하고자 하는 자가 수입승인을 얻으려면 우선 수입요건을 충족하는 품목에 대해 수입승인신청서류를 작성하여 수입승인 기관장에게 신청하여야 한다. 과거에는 모든 수출입행위에 대해 계약번호 물품의 이동과 대금결제를 결부시켜 수입승인을 받도록 하였으나 1997년 1월 1일부터는 대금결제사항이 배제된 상태로 단지 국내로의 이동이 제한되는 물품을 이동될 수 있도록 허가하여 주는 절차인 것이다.

수입승인의 유효기간은 통상 1년으로 수입자는 이 기간내 수입통관 및 수입대금을 완전히 결제하여야 하며, 수입승인후 승인받은 내용이 변경되었을 때에는 수입승인 사항의 변경을 신청하여야 한다. 수입승인의 변경은 원칙적으로 당초 수입승인기관에 신청하여야하나 변경내용이 경미한 경우에는 세관장에게 변경승인신청을 할 수 있으며, 변경승인이 필요 없는 경우도 있다.

5) 수입신용장 개설

수입자는 수입물품에 대한 수입승인을 받은 다음 그 유효기간내에 신용장개설을 신청하게 된다. 신용장 개설은행은 신용장 개설에 관한 심사 및 기타의 절차를 완료하고 개설의뢰인이 제출한 의뢰서의 내용을 점검하여 타당하다고 인정되면 신용장을 개설해 주게 된다.

개설은행은 신용장을 개설한 후 이를 통지은행에 통지를 요청하고 통지은행은 수익자에게 신용장 개설을 통지하고 이를 전달하게 된다. 한편 수익자인 수출자는 상품의 선적을 완료하고 운송서류 등 신용장에서 요구하는 서류들을 준비하여 지정된 매입은행에 제시하면 매입은행은 수입대금을 지불하고 이 서류를 개설은행으로 송부하게 된다. 서류를 송부받은 개설은행은 신용장의 조건과 일치되는 서류를 제시받은 경우 매입은행에게 지급을 이행하고 개설신청인에게 서류를 인도한 후 보상받게 된다.

6) 운송서류수취와 대금결제

수입자가 거래 외국환은행을 통하여 수입신용장을 개설하면 신용장 수혜자는 당해 신용장조건에 따라 물품을 선적한 후, 수입자 또는 개설은행 등을 지급인으로 하는 환어음을 발행하여 관계운송서류(선적서류)를 지급 또는 매입은행에 제시하고 물품대금을 회수한다. 이 운송서류(선적서류) 및 환어음을 매입한 은행은 신용장에 제시된 바에 따라 이 운송서류들을 개설은행 앞으로 송부하며 개설은행은 접수한 후 수입자에게 운송서류 도착통지를 하게 된다.

운송서류(선적서류)를 심사한 결과 신용장조건과 불일치한 점이 발견되면 개설의뢰인에게 「신용장조건 상이에 따른 조회」를 송부하여 이 서류의 인수여부를 조회하게 된다. 이 경우 수입업자가 이 서류를 인수할 의사가 없거나, 인수가 불가능한 경우에는 즉시 이를 개설은행에 통고하여 거래상대방 매입은행에 이의신청토록 하여야 한다.

운송서류(선적서류)를 인수받은 수입자는 자기자금이나 일반수입금융 및 거래계약 당시 제공한 담보 등을 처분하여 수입대금을 결제한 후 선적서류를 인도받아 수입통관 절차를 밟게 된다. 운송서류수취와 관련 수입화물은 도착하였으나 운송서류가 은행을 통하여 수취되지 않았을 경우에는 신용장개설은행으로부터 수입화물선취보증서(L/G : Letter of Guarantee)를 발급받아 운송회사로부터 화물을 인수할 수 있다.

7) 수입신고 및 통관

수입통관이란 외국물품을 우리나라에 인취하는 일련의 과정을 말하는 것으로 수입물품을 장치장소에 반입한 후 수입신고를 하고 소정의 절차를 걸쳐 수입면허를 받은 후 장치장소로 부터 물품을 반출하는 절차이다.

외국으로 부터 수입되는 물품이 우리나라에 도착하면 수입자는 동 물품을 보세구역에 반입하여 장치한 후 수입통관을 하기 위하여 세관에 수입신고를 한다.

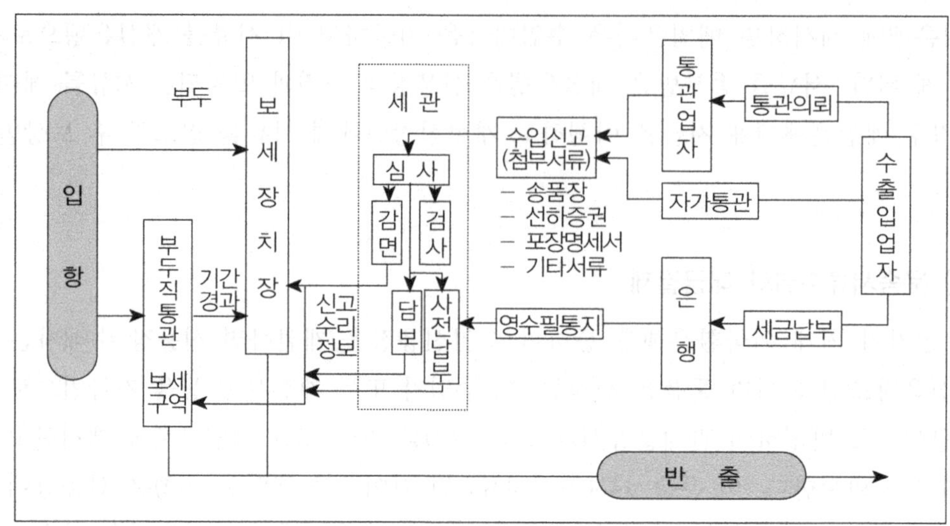

자료 : 조현정·김인구, 「무역상무의 이론과 실제」, 두남, 2000, p.665.

[그림 7] 수입통관 흐름도

그러나 부두직통관화물 등은 수입물품이 우리나라에 도착하기 전에 사전수입신고가 가능하다. 세관은 수입 신고된 물품과 실제로 수입된 물품이 동일한 것인가를 확인하고 신고사항을 심사한 후 수입자에게 납부서를 발급한다.

수입자는 제반세금을 납부하고 세관으로 부터 수입신고필증을 교부받음으로써 그 물품은 외국물품에서 내국물품으로 바꾸어 그 물품을 보세구역으로 부터 반출할 수 있다.

수입자는 물품을 보세구역으로 부터 반출한 후 세관에서 세액심사를 받고 세금을 정산함으로써 기본적인 수입통관절차를 마치게 된다.

수입통관의 일반적인 절차는 입항 → 하역 → 입항지보세구역 → 장치확인 → 수입신고 → 검사 → 분석 → 통관심사 → 세금납부 → 수입신고수리 → 수입물품인취 → 감면물품 등 사후관리 순으로 이루어진다.

8) 클레임 및 중재

화물이 도착하면 제일 먼저 확인하여야 하는 것이 포장으로 포장에 파손이나 변형이 있는 경우 화물손상을 예상할 수 있다. 특히 물품이 도착되기 전에 사고가 있었다거나 선하증권상 특기사항이 있는 경우 수출자, 운송회사, 보험회사의 동의를 얻어 필요한 검사를 실시하여야 한다.

클레임이 발생했을 경우 해결에 어려움이 있으므로 신속히 클레임통지서를 전신이나 팩시밀리 등을 통하여 클레임을 제기하도록 하여야 한다. 클레임의 해결방법으로는 당사자간의 우호적인 해결과 제3자의 개입에 의한 방법이 있으나 이중 당사자간에 우호적으로 해결하는 것이 바람직하나 그렇지 못한 경우 제3자에 의한 해결방법을 모색하여야 한다.

클레임의 제3자를 통한 해결방법으로는 알선(intermediation), 조정(conciliation), 중재(arbitration) 그리고 소송(litigation) 등 4가지 방법이 있다.

(1) 알선

알선은 상공회의소, 대한상사중재원, 대사관 및 영사관 등 공정한 제3자의 성격을 갖는 기관이 당사자 일방 또는 쌍방의 의뢰에 의하여 사건에 개입하여 해결을 위한 방안을 제시하거나 조언하는 것을 말한다.

알선은 당사자 일방의 의뢰에 의해서도 가능하나 쌍방의 협력이 없으면 실패하기 쉬우며, 강제력이 없고 다른 제3자에 의한 해결방법인 조정이나 중재와는 달리 형식적인 절차를 필요로 하지 않는다.

(2) 조정

당사자가 분쟁을 중재에 부탁한 경우 중재절차에 앞서 간편하게 해결하면서 중재판정과 동일한 효력을 갖는 것이 조정이다. 이때 당사자는 조정안을 수락할 의무가 없지만 일단 수락하면 구속력을 갖게 된다. 조정은 조정인 선정일로부터 일정기간 이내에 실패하면 조정절차는 자동적으로 폐기되고 중재단계로 넘어가게 된다.

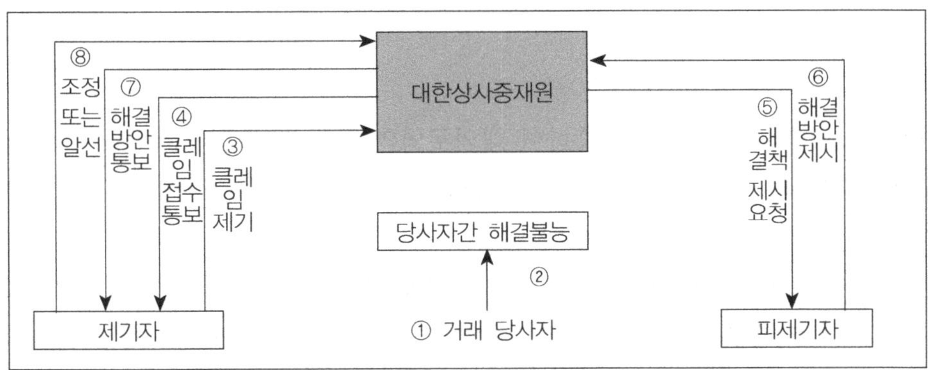

[그림 8] 알선 및 조정 진행도

(3) 중재

중재는 조정과 같이 당사자가 공정한 제3자를 중재인으로 선임하고 중재인의 판정에 복종함으로써 최종적으로 해결하는 방법이다. 중재는 당사자간의 합의에 의하여 이루어진다는 점에서 조정과 유사하나 조정안의 수락여부는 당사자의 임의사항이나 중재판정은 거부할 수 없을 뿐만 아니라 결과는 법원의 확정판결과 동일하며 강제집행력이 있다는 점에서 차이가 있다.

(4) 소송

당사자간에 중재합의가 있는 경우에는 중재계약의 당사자는 중재버방 직소금지조항에 따라 중재판정에 따라야 하나 별도의 중재계약이 없거나 중재계약이 무효 또는 효력을 상실하였거나 이행이 불능한 경우 소송을 제기할 수 있다. 이러한 소송은 국가기관인 법원의 판결에 의하여 분쟁을 강제적으로 해결하는 최후의 방법으로 국제간의 거래에서는 서로 법역을 달리하므로 재판권이 상대국에 미치지 못하는 단점이 있다.

〈표 19〉 소송과 중재의 비교

소 송	중 재
• 상대방과 합의 없이 제소가능	• 당사자의 중재합의 필요
• 항소 및 상고가능	• 단심
• 해결에 많은 시간과 비용소요	• 신속·경제적인 해결가능
• 공권력에 의한 해결	• 제3자 중재인에 의한 해결
• 공개로 비밀유지 불가능	• 비공개로 비밀유지 가능

9) 사후관리

대외무역법에서는 수출을 진흥하여 대외무역의 건전한 발전을 촉진하기 위하여 수출입의 거래방법, 거래지역, 거래가격 등에 관한 사전관리와 함께 수입이 법령대로 실시되었는지의 여부를 심사하는데 이를 수입의 사후관리라고 한다. 사후관리의 실시는 수출입질서를 확립할 수 있고 결과적으로 수입관리의 목적을 달성할 수 있다.

그러므로 산업통상자원부장관은 수출입의 승인을 얻은 자가 그 유효기간내에 물품의 수입 또는 수입대금의 지급을 승인된 내용에 따라 이행하였는지의 여부 등에 관하여 사후관리 하도록 되어 있다.

우리나라는 수출의 증대를 통하여 국제수지 균형과 안정적인 국민경제성장을 도모하고자 외화획득용 원료의 수입시 상역, 금융, 외환, 관세 등의 측면에서 각종의 혜택을 부여하고 있다.

이와 같은 외화획득용 원료에 대한 차별적인 혜택은 수출용으로 수입된 원자재를 제조·가공하여 일정기일 내에 합법적인 절차에 따라 대응수출을 이행할 것을 전제로 부여되고 있는 것이므로 외화획득용 원료를 수입한 자가 이러한 조건들을 성실히 이행하는지의 여부를 사후관리 할 필요가 있다.

또한 무역정책상 외화획득용 원료의 수입시에는 수출입공고 등의 수입금지제한 등의 품목제한 및 수량제한을 받지 아니하고 수입할 수 있으므로 이와 같은 혜택에 대응하는 사후관리를 규정할 필요가 있어 대외무역법상 외화획득용 원료를 수입한 자와 그 수입을 위탁한 자나 외화획득용 원료로 생산된 물품을 구매한 자는 정하여진 기간 내에 대응수출을 완료하여야 하며, 이러한 의무이행이 불가능한 경우에는 상사간 양도승인이나 사용목적 변경의 절차를 거쳐 사후관리 의무를 면하도록 규정하고 있다.

사후관리의 대상물품으로는 수출입공고상의 수입제한품목, 산업피해조사의 결과에 의한 조치에 따라 수입이 제한되는 품목 그리고 상기의 품목에 해당하는 물품을 사용하여 국내에서 생산한 물품 등이다.

제 3 절 무역관련 제도

1. 국내 무역관련 제도

1) 무역관리의 의의

무역관리란 국가가 제도·기구 또는 법규에 의하여 무역거래 행위에 대하여 직·간접적으로 간섭·통제 또는 규제하는 것으로 국가가 무역거래에 대하여 일정한 개입 또는 간섭을 함으로써 무역거래의 질서를 유지하는 동시에 자기 나라의 산업정책에 부응하여 수출을 촉진하고 수입을 적정하게 조정하는 것을 말한다.

대외무역을 영위하는 모든 국가들은 정도의 차이는 있으나 수출입을 하는 이유는 국민경제를 무시한 기업의 무질서한 영리행위는 자국의 국민경제를 저해하고 국가

전체의 국제경쟁력을 약화시키는 결과를 초래하므로 국민경제의 균형유지를 목표로 민간무역에 대하여 통제 및 관리를 하고 있다.

무역거래를 통제 및 관리하는 목적은 다음과 같다.

① 수출입을 적절히 촉진 및 조정하여 국제수지의 균형 내지 개선을 도모하여 외화보유고를 적정선에서 유지한다.
② 국내의 유치산업(幼稚産業)을 보호하고, 성숙산업의 국제경쟁력을 강화한다.
③ 국내의 물자수급의 원활화 및 소비형태의 건전화를 기한다.
④ 환율의 안정과 재정수입의 확보를 꾀한다.
⑤ 각종 국제기구(IMF, IBRD, WTO 등)에의 참여와 함께 세계경제의 일원으로서 무역자유화와 국제적 조류에 영향을 미치는 것 등이다.

무역관리는 수량제한(quantitative restriction)이라고 하며 외국환관리(exchange control) 및 관세(customs tariff)와 함께 자유로운 무역을 제한하는 3대 장벽을 이루고 있다.

우리나라의 경우 무역관리는 1995년 WTO출범과 1996년 OECD가입과 더불어 극히 일부 품목을 제외하고 완전 자유화되었으며 무역관리의 체계는 다음과 같다.

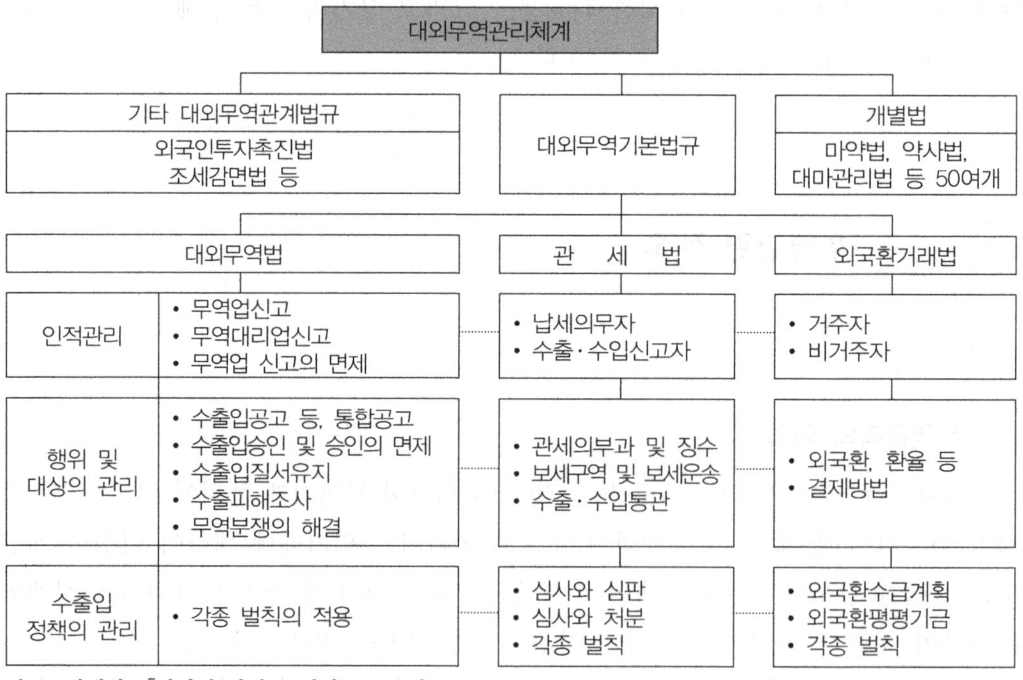

자료 : 정재완, 「인터넷 시대 무역실무」, 두남, 2000, p.67.

[그림 9] 우리나라 무역관리 체계

2) 국내 무역관련 법규

(1) 무역관련 법규

우리나라의 대외무역은 다음과 같은 법률적 근거에 의하여 이루어지고 있다. 우리나라 헌법 제125조는 "국가는 대외무역을 육성하여 이를 규제·조정할 수 있다."라고 무역관리에 대하여 명문화하고 있으며, 수출입거래의 기본법으로 대외무역법과 대외무역과 직접적으로 관련이 있는 법률로 관세법, 외국환거래법, 외자도입법, 수출품품질향상에 관한 법률, 수출보험법 등이 있다. 이들 외에 특별법에 근거한 무역거래 관계법률로는, 마약법, 식품위생법, 검역법 등이 있다.

〈표 20〉 우리나라 수출입관련 법령체계

규제법령	기본법령	부속 및 관련법령	주요 내용	규제명	해당 분야
대외 무역법 체계	대외무역법	• 대외무역법 시행령, 대외무역관리규정, 산업통상자원부의 수출입 관련 법규(수출입공고, 별도공고, 통합공고) 등 • 약사법·마약법 등 통합공고상의 44개 특별법	대외무역거래 상황을 관리하는 대외무역에 관한 기본법	무역업, 무역대리업, 수출입승인, 수출입관리	수출입자격, 절차, 품목, 거래형태, 질서유지 등
외국환거래법 체계	외국환 거래법	• 외국환거래법 시행령, 외국환거래 규정 등 • 외자도입법 등	수출입거래에 따른 대금결제 등 대외채권, 채무행위 규제	결제방법, 외국환업무허가, 지급허가, 지급방법허가, 지급수단허가, 자본·용역 거래허가	수출입대금 결제방법, 수출입관련 자본거래 등
관세법 체계	관세법	• 관세법 시행령 및 동법 시행규칙 등 • 수출입 원재료에 대한 관세환급에 관한 특례법 등	수출입물품의 이동에 따른 통관절차 규제	관세부과, 징수와 감면, 환급절차, 수출입물품의 통관, 보세제도,운송기관 규제	운송·통관·관세 등
수출입 지원 법령 체계	수출검사법, 수출보험법, 외자도입법, 농수산물수출진흥법, 중재법 등	• 각 법률의 시행령 및 시행규칙	수출입에 따른 지원		수출금융, 수출보험, 수출검사 등

이 중 대외무역법, 관세법, 외국환거래법은 이른바 무역의 3대 기본법으로 우리나라 무역관리제도의 근간을 이루고 있다.

가. 대외무역법(對外貿易法)

우리나라 대외무역거래의 전반을 기본적으로 관리·조정하기 위한 일반법이며, 수출입거래에 관한 기본법인 대외무역법은 종전의 무역거래법에 수출조합법, 산업설비수출촉진법을 통합시켜 1986년 12월 31일 법률 제3895호로 제정·공포되어 1987년 7월 1일부터 시행되고 있다.16)

동 법의 제정 목적은 "대외무역을 진흥하고 공정한 거래질서를 확립하여 국제수지의 균형과 통상확대를 도모함으로써 국민경제의 발전에 이바지함을 목적"으로 하고 있다. 구성은 전문 60개조와 부칙 9조로 되어 있으며 이하 동법 시행령, 대외무역관리규정으로 체제를 갖추고 있다.

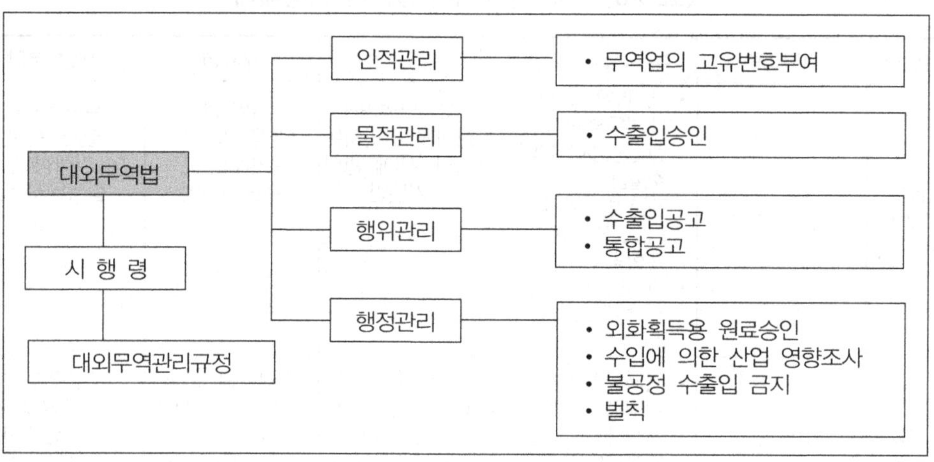

[그림 10] 대외무역법의 체계

대외무역법의 기능 및 성격은 수출입관리를 위한 기본법으로 국제성을 인정하여 국제상관습이나 국제조약을 준수하되, 국제법규나 협정에서 무역에 관한 제한규정이 있을 경우 최소범위 내에서 운영하도록 하고 있다.

이러한 대외무역법의 특징은 다음과 같다.

① 대외무역에 관한 일반법이며 기준법이다.

② 대외무역의 자유화를 원칙으로 하고 있다.

---

16) 대외무역법은 1989년 12월 21일 법률 제4145호로 1차 개정된 이후 수차례에 걸쳐 개정되었으며 현행의 대외무역법은 2000년 12월 29일 개정되어 현재에 이르고 있다.

③ 자유롭고 공정한 무역을 원칙으로 한다.
④ 국제성의 인정 및 제한의 최소화를 원칙으로 한다.
⑤ 제한적인 기능을 많이 갖고 있다.
⑥ 수출입질서와 대외신용의 유지향상을 중요시하고 있다.

대외무역법의 관리체제는 무역업의 고유번호부여(인적관리), 수출입의 승인(물적관리), 수출입공고 및 통합공고(행위관리), 외화획득용 원료의 승인, 수입에 의한 산업 영향조사, 불공정 수출입의 금지(행정관리), 벌칙 등이다.

나. 외국환거래법(外國換去來法)

외국환거래법은 외국환과 그 거래, 기타 대외거래를 관리하여 국제수지의 균형과 통화가치의 안정 및 외화자금의 효율적 운용을 기함을 목적으로 1961년 12월 31일 법률 제933호로 제정·공포된 법으로[17] 국제성과 위임입법성, 제한완화주의 및 민주적규제를 특징으로 하고 있다.

동 법은 전문 8장 38조와 부칙으로 구성되어져 있으며 이하 동법시행령, 외국환거래규정의 체제를 갖추고 있다.

외국환거래법의 목적은 외국환과 그 거래 기타 대외거래를 합리적으로 조정 또는 관리를 통하여 대외거래의 원활화를 기하고 국제수지의 균형화와 통화가치의 안정을 도모하여 국민경제의 건전한 발전에 이바지하는 데 있다.

외국환거래법에서 외국환관리수단으로는 국제수지의 균형, 통화가치의 안정과 외화자금의 효율적인 운용을 기함을 위하여 환율의 조작, 환율의 공정, 외국환의 집중, 외화채권의 회수의무, 자본이동의 제한, 대외지급의 제한, 거래의 비상정지 방법 등을 통하여 관리의 효율성을 제고시키고 있다.

외국환관리의 적용대상으로 인적대상과 물적대상으로 구분하고 전자는 다시 거주자와 비거주자로 나누어 관리하되 거주자에 대한 관리를 비거주자보다 강화한다. 물적대상은 대외지급수단, 외화증권, 외화채권, 내국지급수단 및 대외지급준비로서의 잠재적 능력이 있는 귀금속이 이에 해당한다.

---

17) 외국환거래법은 1963년 12월 6일 법률 제1562호로 1차 개정, 1966년 7월 28일 법률 제1799호로 2차 개정, 1967년 3월 30일 법률 제1920호로 3차 개정되었다. 이후 1991년 그리고 1995년 12월 29일 법률 제5040호로 최종 개정되어 시행되어 오다가 외국환관리법을 폐지고 1998년 9월 16일 법률 제5550호로 외국환거래법이 제정되어 1999년 4월 1일부터 시행되고 있다. 외국환거래법의 주요내용은 총칙과 외국환업무취급기관, 외국환 평등기금, 외국환의 지급과 거래 등이다.

우리나라 외환 관리기구는 정책수립 등 고차원적인 관리업무는 중앙행정관청으로서의 재정경제원장관이 담당하고 현실적이고 세부적이며 기술적(技術的)인 사항은 외환관리의 점진적인 자유화 흐름에 따라 한국은행·외국환은행·세관 및 체신관서에 위임하고 있다.

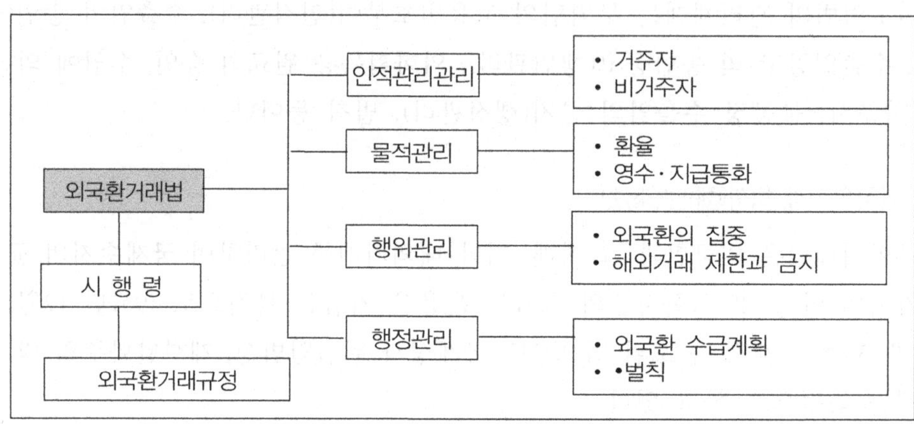

[그림 11] 외국환거래법 체계

다. 관세법(關稅法)

관세법은 관세의 부과·징수 및 수출입물품의 통관을 적정하게 하여 국민경제의 발전에 기여하고 관세수입의 확보를 기하기 위하여 1967년 12월 29일 법률 제1976호로 제정[18]된 조세법으로서의 성격, 통관법으로서의 성격, 행정법으로서의 성격, 형사법으로서의 성격을 지닌 법이다.

관세법은 타 법과는 달리 국제성, 경제통제성, 총합산성, 즉물성(수출입되는 현물에 즉응해서 규제), 탄력성 내지 위임입법성, 기술성(技術性) 갖는 성질을 가진 법이다.

동 법은 관세법시행령과 시행규칙의 체제를 갖고 있으며 별표로서 관세율표가 있다. 관세법을 보완하는 법규로서는 국세징수법과 국세기본법이 있고 관세법상의 규정에 대한 특례로서 관세 등 환급에 관한 특별법을 갖고 있다.

관세법은 관세의 부과·징수·요건·대상·절차를 규정하고 있어 조세법적 성격과 수출입물품의 통관에 대하여 규정하고 있는 통관법적 성격 및 벌칙과 조사처분에 관

18) 관세법은 1970년 1월 1일 법률 제2162호로 1차 개정된 후 17차에 걸쳐 개정되어 현재에 이르고 있다.

하여 규정하고 있는 형사법적 성격을 갖고 있다. 관세법상 주요 관리제도로는 관세환급제도, 관세분할납부제도, 신고납부제도[19]와 부과고지제도,[20] 탄력관세제도, 보세제도, 관세평가제도 등이 있다.

현행 관세법의 구성은 11개장 243개조로 되어 있어 있으며 제1장 총칙, 제2장 과세, 제3장 운수기관, 제4장 보세구역, 제5장 운송, 제6장 통관, 제8장 세관공무원의 직권, 제9장 벌칙, 제10장 조사와 처분, 제11장 보칙으로 이루어져 있다.

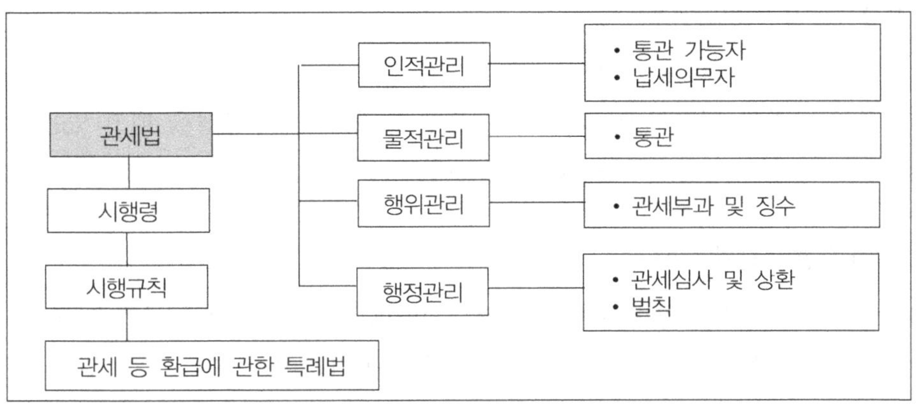

[그림 12] 관세법의 체계

(2) 기타 무역법규

기타의 무역법규로는 수출품의 품질 및 대외성가의 유지향상을 도모하여 건전한 수출무역을 목적으로 하는 수출검사법, 수출무역 및 대외거래에서 발생하는 위험과 재산상의 손실을 보상하는 수출보험법, 사법상의 분쟁발생시 중재인의 판정에 의하여 신속한 해결을 목적으로 하는 중재법 등이 있다.

이 외에도 무역에 관한 일반법인 대외무역법에 대하여 예외적으로 우선 적용되는 특별법으로서 농업협동조합법, 수산업협동조합법, 물품의 수출입에 관하여 특별한 규정이 있어 그에 따라 수출입을 하여야 하는 약사법, 마약법, 식품위생법, 공산품품질관리법, 전기용품안전관리법, 고압가스안전관리법, 폐기물관리법 등 40여 종의 법률이 있다.

19) 납세자가 스스로 세액을 결정하여 신고하고 스스로 납부하는 관세법상 제도를 말한다.

20) 세액결정을 세관이 하여 이를 고지하면 납세자가 고지된 세액을 납부하는 관세법상 제도를 말한다.

2. 무역관리기관 및 주요 기능

무역관리기관이란 무역관련법규에 따라 대외무역거래를 조정 또는 규제하는 행정기관이나 민간기관기구와 무역관리를 하는 관리조직을 말한다. 무역관리기관의 기능은 공공기관에 의한 관리와 무역업체에 대한 관리 그리고 수출입물품에 대한 관리 등으로 구분된다.

1) 공공기관에 의한 관리

무역행정을 신속하고 능률적으로 운영하기 위하여 무역관리에 관한 권한의 일부 또는 전부를 국가의 행정기관이나 외국환은행 등과 같이 공공성을 띠고 있는 기구에 위임하거나 위탁하여 관리하는 것을 말한다.

(1) 산업통상자원부

무역관리의 최상급 중앙행정관청으로서 무역에 관한 일체의 사무를 관장, 통괄하며 대통령이 정하는 바에 따라 권한의 일부를 소속기관이나 타 기관에 위임 또는 위탁하고 있다.

(2) 협조중앙행정기관

무역행정에 관한 주무부서인 산업통상자원부의 협조중앙행정관청(재정경제부, 정보통신부, 농림부, 노동부, 환경부 등)으로 각기 소관업무에 대한 특별법을 관장하여 운영하고 있다.

(3) 무역정책에 관한 심의기관

무역정책에 관한 심의기관으로는 무역위원회(산업통상자원부 소속 대외무역법 위반 심의·의결기구), 무역정책심의회(산업통상자원부 소속 무역정책심의기구)가 있다.

(4) 산업통상자원부장관 권한 위임 무역관리기구

수출입행정의 신속화와 효율적인 운영을 도모하기 위하여 무역에 대한 주무행정기관인 산업통상자원부장관은 대통령령이 정하는 바에 의하여 대외무역법에 의한 권한의 일부를 소속기관의 장, 서울특별시장·광역시장 또는 도지사에 위임하거나 관계행정기관의 장, 세관장, 한국은행총재, 한국수출입은행장, 외국환은행의 장 또는 대통령령이 정하는 법인 또는 단체에 위탁할 수 있다. 산업통상자원부장관 권한 위임 무역관리기구로는 중소기업청장, 서울특별시장, 직할시장 또는 도지사, 수출자유지역관리소장 등이 있다.

2) 무역업체에 대한 관리

무역이란 국내거래와는 달리 외국과 물품을 거래한 것이므로 어느 정도의 질서와 규율이 필요하다. 이를 위하여 그 동안 우리나라에서는 무역업을 영위하고자 하는 자는 한국무역협회 등에 신고하도록 하였으나 규제완화 차원 및 무역활성화 촉진을 위하여 2000.1.1일부터 이를 폐지하고, 무역통계작성을 위하여 무역업 고유번호를 부여하고 있다.

종전의 대외무역법령에서는 무역업과 무역대리업 등 무역주체에 대한 관리로 무역은 크게 무역업과 무역대리업으로 구분하여 관리하였으나 2001년 대외무역법 시행령이 개정되면서 이러한 구분이 폐지되었다. 개정된 대외무역법에서는 무역거래주체를 단순히 무역거래자로 “수출 또는 수입을 하는 자, 외국의 수입자 또는 수출자의 위임을 받은 자 및 수출·수입을 위임하는 자 등 물품의 수출·수입행위의 전부 또는 일부를 위임하거나 행하는 자”로 규정하고 있다.(제2조)

여기서 수출 또는 수입을 하는 자는 변경 전에 자기명의로 자기책임 하에 물품 등의 수출과 수입을 업으로 하는 무역업을 말하고, 외국의 수입자 또는 수출자의 위임을 받은 자 및 수출·수입을 위임하는 자는 자기 명의로 소유권의 이전을 전제로 한 수출입을 하지 못하고 단순히 계약대리권만을 행사하는 무역대리점을 말한다.

(1) 무역업 고유번호제

무역(대리)업은 1996.12.30. 대외무역법 개정시 경과규정(부칙 제2조)에 의거 2000.1.1부터 신고제를 폐지하도록 하고 있다. 그러나 무역업신고제가 폐지되면 지금까지의 무역업신고번호를 기초로 한 각종 무역통계의 작성이 사실상 곤란해지고, 기존 통계와 연속성이 없어짐은 물론 쿼터관리, 수출실적 확인 등과 같은 업체별 통계관리 및 서비스제공이 불가능해짐과 동시에 업종별·산업별 무역통계의 작성곤란으로 인하여 산업피해조사, 통상마찰대응 등 무역 및 산업정책 수립에 애로가 발생할 우려가 있다. 따라서 무역업신고제는 폐지하되 통계목적을 위한 무역업고유번호를 부여하고 있다.

개인 및 법인으로 무역업을 영위하고자 하는 자는 세법상의 사업자등록을 행하고 한국무역협회에 우편·팩스·이메일·EDI 등의 방법으로 고유번호를 신청할 수 있고 번호를 부여받아 무역업을 행할 수 있다. 이때 무역거래자는 수출(입)신고시 종전 무역업신고번호를 기재하던 것과 같이 무역업고유번호를 필히 기재하여야 하는데 기존의 업체는 무역업신고번호를 그대로 쓰고, 신규업체만 무역업고유번호를 사용하도록 하고 있다.

3) 수출입물품에 대한 관리

물품의 수출입에 대한 관리로서 수출입공고와 수출입허가 등을 통한 관리·통제·제한·감독의 일체의 행위를 말한다.

따라서 어떠한 물품을 수출입하기 위해서는 대외무역법에 의한 수출입공고와 각 기관별 수출입 추천요령인 별도 공고 및 특별법에 의한 통합공고상 제한이 없는지 확인하여야 하며, 별도의 제한이 있는 경우 기관별 추천이나 요건을 확인받아야 한다.

(1) 수출입공고

수출입공고란 수출입에 관한 직접규제방식으로 대외무역법 제14조에 의거 산업통상자원부장관이 개별적인 수출이나 수입물품에 대한 제한 및 그 절차 등을 규정하는 고시로 다음과 같은 절차를 공고하는 것을 말한다.

① 물품의 수출입에 관한 자동승인품목, 제한승인품목 또는 금지품목 등의 구분
② 제한승인품목의 품목별 수량·금액·규격 또는 지역 등의 제한
③ 무역의 지속적인 증대 또는 통상정책상의 필요에 의하여 대통령이 정하는 물품의 수출입에 관한 사항
④ 물품의 수출입에 관한 추천 또는 확인

이러한 수출입공고는 일정한 실시기간 없이 영속적인 효력이 있으며 필요시 산업통상자원부장관이 관계기관과의 협의와 무역정책심의회의 심의 등을 거쳐서 변경·공고하게 된다.[21)]

수출입공고의 목적은 물품의 수출 또는 수입의 제한에 관한 사항과 이에 따른 추천 또는 확인 등에 관한 사항을 규정하는 데 있다.

---

21) 대외무역법 시행 이전에는 수출입공고가 1년을 상·하반기로 책정, 공고되었으나 1987.7.1일부터 계속적인 효력을 갖게 되었다.

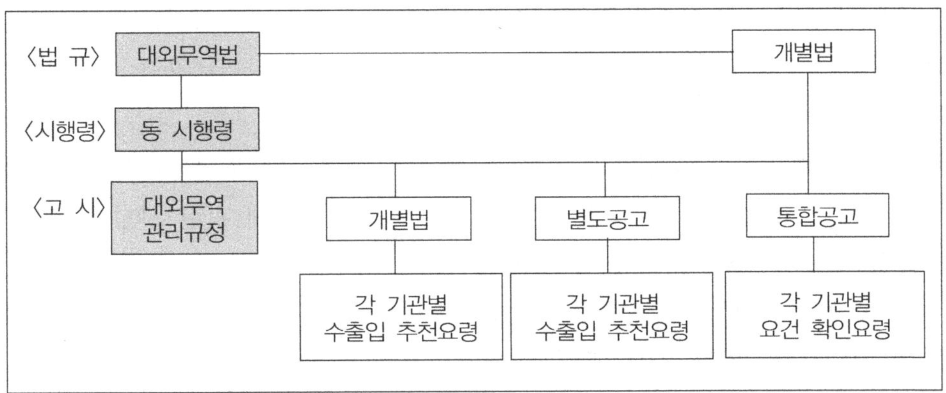

[그림 13] 수출입물품 관리체계

(2) 수출입별도공고

수출의 지속적인 증대와 무역의 균형화를 촉진하기 위하여 필요한 경우 수출입공고의 규정을 적용하지 않고 별도의 공고를 적용할 수 있도록 마련하고 있는 것이 수출입별도공고이다.

수출입별도공고는 수출입공고, 대외무역법시행령상의 별도규정에 의한 수출입승인요령 및 별도조치를 정하는 데 그 목적이 있다. 별도공고에서는 ① 수출입절차 간소화를 위한 수출입승인 등의 별도조치, ② 항공기 및 동 부분품의 수입, ③ 산업피해조사품목의 승인, ④ 통상정책상 제한이 필요하다고 인정하는 물품의 수출입 등에 대하여 규정하고 있다.

(3) 통합공고

통합공고는 대외무역법 이외의 법령(특별법)[22]에 의하여 물품의 수출과 수입요령을 정한 것이 있는 경우 수출입 요건확인 및 통관업무의 간소화와 무역질서 유지를 위하여 산업통상자원부장관이 그 법령에 의하여 정한 물품의 수출·수입요령을 통합해서 공고하는 것을 말한다.[23]

즉, 이 제도는 다른 법령에서 특정물품의 수출입요령에 대하여 별도의 무역관리를

22) 물품의 수출입에 관한 다른 법령에 특별한 규정이 있는 경우에는 특별법을 우선 적용하고 수출입공고에 따르도록 되어 있으며, 특별법을 관장하는 관계행정기관장은 통합공고에 필요한 대상품목 및 수출입요령을 산업통상자원부장관에게 제출하여야 한다.

23) 대외무역법 제15조 제2항.

하는 경우 다양한 수출입요령을 하나의 공고로 통합하여 단순화함으로써 개별법에서 규정한 내용을 쉽게 알 수 있도록 함은 물론 개별법상 관리내용을 대외무역법과 연계시키기 위하여 시행되고 있다.

통합공고의 목적은 수출입승인 및 통관업무의 간소화와 무역질서유지를 위하여 다른 법령이 정한 물품의 수출 또는 수입의 요건 및 절차에 관한 사항을 조정하고 이를 통합하여 규정하는 데 목적이 있다.

통합공고에 적용되는 물품을 수출입하고자 하는 자는 수출입공고와는 별도로 통합공고에 따른 관련기관 또는 단체로부터 요건을 확인받아야 한다.

(4) 수출입 품목분류

수출입공고상의 품목분류는 1988년 1월 1일부터 신국제통일상품분류(The Harmonized Commodity Description and Coding System : HS) 방식을 채택하여 사용하고 있다.

HS는 무역통계작성을 위한 국제적 상품분류인 SITC(표준국제무역분류)와 관세부과를 위한 국제적 상품분류인 CCCN(관세협력이사회상품분류)을 단일화·통일화할 필요에 따라서 제정된 새로운 체제로서 우리나라는 한국통일상품분류방식(Harmonized System Korea : HSK)을 만들어 세계공통인 HS 6단위에 자체 분류 4단위를 합하여 도합 10단위로 분류하고 있다.

한국통일상품분류방식의 활용범위는 할당관세 등 탄력관세운용 및 관세감면이나 환급제도 등 관세부문, 수출입공고, 통합공고 등 수출입관련 무역부문 및 수출입통계작성, 물가지수표작성 등 통계부문에서 이용되고 있다.

〈표 21〉 품목분류방법의 비교

구 분	SITC	CCCN	HS
명 칭	표준국제무역분류 (Standard International Trade Classification)	관세협력이사회상품분류 (Customs Cooperation Council Nomenclature)	신국제통일상품분류 (The Harmonized Commodity Description and Coding System)
제정년도	1950년	1955년	1983년
발효 및 채택(한국 사용)년도	1950. 7. 21일 발효 (1955년부터 사용)	1955. 11. 11일 발효 1976. 6월 BTN→CCCN로 명칭변경(1977년부터 사용)	1983. 6월 CCC채택 (1988년부터 사용)
제정기관	유엔경제사회이사회	관세협력이사회	관세협력이사회
목 적	무역통계이용목적 (무역 및 경제분석용이)	관세부과목적 (관세율 적용)	관세와 기타 목적흡수 (관세 및 국제통계통합)

구 분	SITC	CCCN	HS
용 도	단일용도(통계)	단일용도(관세)	다용도(관세, 통계, 운송 등)
사용국가	UN 등 대부분 국가	153개 국가	각종 협약가입 중
분류체계	10부 63류 786품목(4단위) 1,924품목(5단위)	21부 99류 1,011개 품목(4단위) 7,916개 품목(8단위)	21부 97류(7류 공백, 98, 99류 삭제) 1,241개 품목(4단위) =새로운 CCCN 5,019개 품목(6단위) =협약국 적용 10,033개 품목(10단위) =자국자율적용
단위부여	국제공통 5단위	국제공통 4단위 자국용 4단위	국제공통 6단위 자국용 4단위
분류기준	1) 선 : 가공단계별 2) 후 : 구성재료별 ① 원료와 제품의 분류가 다름 ② 무역량이 많은 것 중심으로 세분 • 세율의 고저불문 • 주요 교역품 ③ 무역량이 적은 것은 고관세물품이라도 세분 안함	1) 선 : 구성재료별(83류 이하) 용도기능별(84류 이상) 2) 후 : 각 분류 내에서 가공단계별 분류, 원료와 제품이 동일한 류에 일괄 분류 ① 무역량의 다소에도 불구하고 다음 조건으로 세분 • 사업보호, 관세징수 용품 • 높은 부가가치품 • 귀중품 ② 무역량이 많아도 다음 품목은 세분 안함 • 저세율품 • 무세품	1) CCCN 분류원칙원용 2) 보충(응용적 분류) : • 응용기준 : 무역량, 신상품 개발, CCCN 분류상 문제점 등을 감안하여 CCC의 HS전문위가 결정

2) 수출입공고상의 품목구분

우리나라의 수출입공고는 1967년 GATT[24] 가입을 계기로 1967년 하반기 7월 25일부터 positive list system에서 negative list system으로 변경하여 공고하고 있다. positive list system은 수출입가능품목만을 열거하는 방식인데 반하여 negative list system은 수출입금지 또는 제한품목만을 수출입공고상에 열거하고 열거되지 않은 품목은 원칙적으로 수출입을 개방하는 제도이다.

---

24) 관세 및 무역에 관한 일반협정(General Agreemenet on Tariffs and Trade ; GATT)은 무역협정을 통한 세계경제 전체의 번영을 목적으로 1947년 10월 미국, 영국, 프랑스 등 23개국이 제네바에서 조인한 국제적인 기구이다. GATT는 국제무역의 확대를 위하여 상호주의 및 무차별주의를 지도원리로 하고 있으며, 국내산업의 보호는 세관에 의하여 행해져야 하고, 기타의 방법 특히 수입 수량 제한을 금지하고 있다.

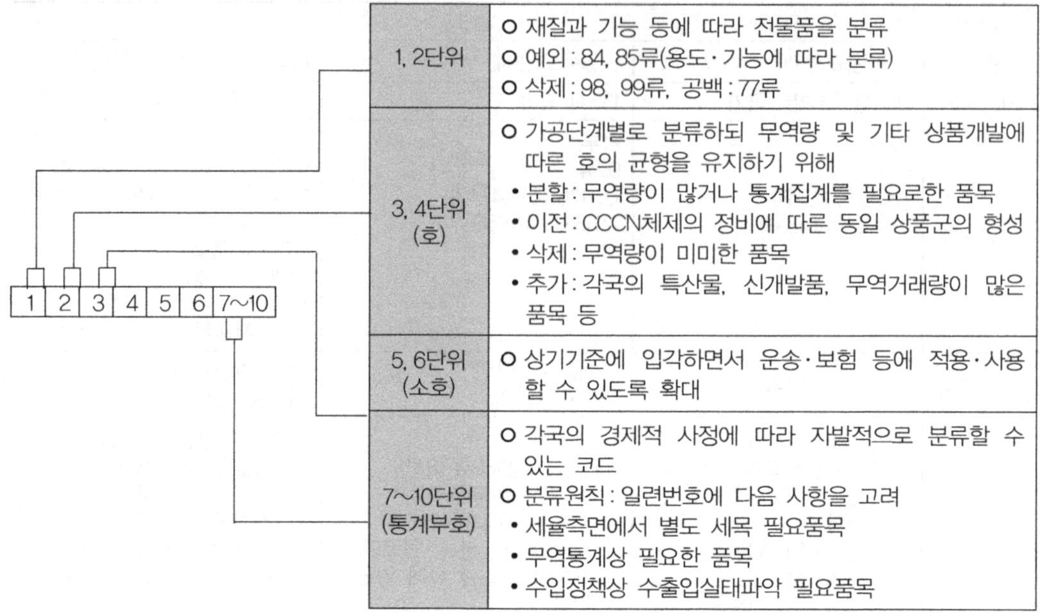

[그림 14] 신국제통일상품분류의 체계

① 수출입금지품목(export and import banned items) : 수출입을 전혀 할 수 없는 품목으로 현재 우리나라는 수출입공고에 의해 수출입금지품목으로 지정된 품목은 하나도 없다.

② 수출제한승인품목(export restricted items) : 일정한 제한조치(수출요령)에 따라 수출할 수 있는 품목으로 수출입공고상 수출요령에 명시된 관련기관의 추천을 받아야 수출이 가능한 품목을 말한다.

③ 수출자동승인품목(export automatic approval items) : 수출입공고상 관련기관의 수출추천품목표에 열거되어 있지 않은 품목으로 외국환은행장의 승인만으로 자유로이 수출할 수 있는 품목이다.

④ 수입제한승인품목(import restricted items) : 수출제한품목과 같이 일정한 제한조치(수입요령)에 따라 수입할 수 있는 품목으로 수입요령에 명시된 관련기관의 추천을 받아야 수입할 수 있거나 수입할 수 없는 품목이다.

⑤ 수입자동승인품목(import automatic approval items) : 수출입공고상 관련기관의 수입추천품목표에 열거되어 있지 않은 품목으로 외국환은행장의 승인만으로 자유로이 수입할 수 있는 품목이다.

3) 수출입추천과 승인

(1) 수출입추천

수출입공고상 수출자동승인품목이나 수입자동승인품목은 별도의 제한 없이 외국환은행에서 수출승인(export licence : E/L) 또는 수입승인(import licence : I/L)을 받을 수 있다. 그러나 수출입공고상 수출제한승인품목, 수입제한승인품목 및 통합공고에 의해 별도의 관리를 받는 품목은 동 수출입요령에 따라 수출입승인을 받기 전에 관련 수출입조합 또는 협회나 주무관서 장으로부터 사전 추천을 받아야 수출 및 수입승인을 받을 수 있다.

(2) 수출입승인

수출입승인은 무역절차의 기본이 되는 것으로 물품을 수출 또는 수입하고자 하는 자는 대통령이 정하는 바에 따라 산업통상자원부장관의 승인을 받아야 한다. 또한 승인된 사항을 변경할 때도 소정의 승인을 받아야 한다. 수출입승인의 의미는 수출의 경우 유효기간 내에 수출신고를 하고 수출대금을 회수하여야 하며, 수입의 경우 유효기간 내에 수입신고를 하고 수입대금을 지급하여야 함을 말한다.

수출입승인의 권한은 산업통상자원부장관에게 있으나 절차의 간소화 및 무역업무의 효율화와 신속화를 위하여 대부분을 외국환은행장에게 위탁하고 있다. 그러나 무역정책상 필요한 경우에는 산업통상자원부장관이나 갑류외국환은행장 또는 수출추천기관장을 수출입승인기관으로 하고 있다.

3. 국제무역규칙

1) 국제무역규칙의 개념

상관습이란 특정한 집단에 속하는 상인들 간의 상습적 행위나 전통적 행동양식으로서 장기간에 걸쳐 거래관계에서 널리 인정됨으로써 상호간에 인정하고 준수하려는 상거래양식을 의미한다. 이 같은 상관습이 무역거래에서 국제간에 관용되고 있는 경우 이를 국제상관습 또는 무역관습이라 한다.

국제간의 무역거래는 국내에서의 일반상거래와는 달리 언어, 관습, 법률, 제도 등이 상이한 국가간의 거래이므로 매매 당사자 일방의 국내법을 양 당사자간의 거래에 적용시키기에는 무리가 있다. 따라서 매매 당사자간의 거래관계의 균형을 유지하고 계약의 체결·이행·분쟁의 해결에 있어서 판단의 기준이 되는 것이 국제상관습이다.

〈표 22〉 국제무역에 관한 주요 규칙

규 칙 명	제정년도	제정기구	주 요 내 용
무역거래조건의 해석에 관한 국제규칙	1936년 (2010년 7차 개정)	국제상업회의소	무역계약의 정형거래 조건
화환신용장통일규칙	1933년 (2007년 6차 개정)	〃	신용장의 형식과 통지, 책임과 의무, 서류 외
국제물품매매계약에 관한 유엔협약	1980년	국제무역법위원회	계약의 성립과 물품의 매매
추심에 관한 통일규칙	1956년 (1995년 4차 개정)	국제상업회의소	외국환의 추심업무 등
CIF계약에 관한 와르소·옥스포드규칙	1932년	국제법협회	CIF조건의 해석과 권리·의무
해상화물운송에 관한 유엔협약	1978년	국제무역법위원회	선하증권약관의 해석
국제물품복합운송에 관한 유엔협약	1980년	유엔무역개발회의	국제복합운송인의 책임
요크·안트워프규칙	1864년 (1990년 4차 개정)	국제법협회	공동해손의 손해와 비용

국제상관습은 계약 당사자가 올바르게 이해하지 않고 있거나 당사자간에 그 관습의 내용에 대한 의견이 일치하지 않을 경우 유효하게 이용할 수 없을 뿐 아니라 손실 또는 위험을 초래할 가능성이 있다. 이 같은 사태를 고려하여 무역거래의 안전과 발달을 도모하고 거래관습의 이용을 효과적으로 하기 위하여 국제상업회의소, 거래소, 동업자조합 등 국제단체에서 최대공약수적인 확인사항에 의하여 제정된 것이 무역규칙이다.

국제무역에 관한 규칙은 무역당사자가 무역계약 체결시 임의 선택에 의하여 당사자간 유효하게 적용할 수 있으며, 대표적인 규칙으로는 무역거래조건의 해석에 관한 국제규칙, 화환신용장 통일규칙, 국제물품매매계약에 관한 유엔협약, 추심에 관한 통일규칙, CIF계약에 관한 와르소·옥스포드규칙, 해상화물운송에 관한 유엔협약, 국제물품복합운송에 관한 유엔협약, 요크·안트워프 규칙 등이 있다.

2) 국제무역규칙의 종류

(1) 무역거래조건의 해석에 관한 국제규칙

무역거래조건의 해석에 관한 국제규칙(International Rules for the Interpretation of Trade Terms : Incoterms)이란 각국의 법규, 문화, 역사, 풍속의 상이로 인하여 국제물품매매계약시 무역업자들이 겪는 무역장애요인인 ① 준거법에 대한 불확실성, ② 불충분한 지식, ③ 해석상의 상이점에서 오는 거래상의 분쟁을 사전에 예방하고 국제무역의 확대·발전을 위해 국제무역조건과 관습의 통일을 위하여 1936년 1월 국제상업회의소의 무역거래조건위원회(Trade Terms Committee)가 중심이 되어 제정한 국제규칙이다.

〈표 23〉 Incoterms 정형거래 조건의 변천과정

Incoterms	trade terms
1936[1] (11유형)	• EXW(공장인도조건) • Free(기명선적항 반입 인도조건) • FOR/FOT(철도/트럭 인도조건) • FAS(선측 인도조건) • FOB(본선 인도조건) • C&F(운임포함조건) • CIF(운임 및 보험료 포함조건) • Freight or Carriage Paid to(운임지급필 조건) • Free or Free Delivered(기명목적지 반입 인도조건) • EXS(착선 인도조건) · EXQ(기명항 부두 인도조건)
1953 (9유형)	• Free(삭제) • Free or Free Delivered(삭제)
1967[2] (11유형)	• DAF(국경지 인도장소 인도조건) • Delivered at named place of destination in the country of importation duty paid (관세지급필 반입 인도조건)의 두 조건을 부록으로 수록
1976[3] (12유형)	• FOA(출발공항지 인도조건) (Incoterms 1976의 부록으로 수록)
1980[4] (14유형)	• EXW • FOR/FOT • FOB • FAS • CFR • CIF • EXS • EXQ • DAF • DDP • FOA • FRC • DCP • CIP
1990 (13유형)	• EXW • FCA • FAS • FOB • CFR • CIF • CPT • CIP • DAF • DES • DEQ • DDU • DDP
2000 (13유형)	• Incoterms 1990의 기본 골격 유지 • 내용의 명료화 및 재정비
2010 (11유형)	• EXW • FCA • CPT • CIP • DAT • DAP • DDP • FAS • FOB • CFR • CIF

1) EXW(Ex Works), Free(Free ...named port of shipment), FOR/FOT(Free on Rail/Truck ...named departure point), FAS(Free Alongside Ship ...named port of shipment), FOB(Free on Board ...named port of shipment), C&F(Cost and Freight ...named port of destination), CIF(Cost, Insurance and Freight ...named port of destination), Freight or Carriage Paid to ...named place of destination, Free of Free Delivered ...named point of destination, EXS(Ex Ship ..named port), EXQ(Ex Quay ...named port)
2) DAF(Delivered at Frontier ...named place of delivery at frontier)
3) FOA(FOB Airport ...named airport of departure)
4) CFR(Cost and Freight), DDP(Delivered Duty Paid), FRC(Free Carrier), DCP(Freight or Carriage Paid to), CIP(Freight or Carriage and Insurance Paid to)

〈표 24〉 Incoterms 2010 규칙의 주요 개정내용

구분	Incoterms 2000	Incoterms 2010
규칙의 공식명칭 변경	정형거래조건에 관한 국제해석 규칙(International Rules for the Interpretation of Trade Terms)	정형거래조건의 해석에 관한 ICC 공식규칙(ICC official Rules for the Interpretation of Trade Terms)
총 규칙의 수	13 종류	11종류
D그룹의 변화	DAF, DES, DEQ, DDU, DDP	DDP, DAT, DAP
그룹 구분	E, F, C 및 D의 4그룹	운송방법에 따라 2그룹의 구분
사용범위	국제물품 매매	국제물품 매매/국내물품 매매
위험분기점	선측난간(ship's rail)	선복 적재(vessel on board)
사용지침	없음	각 규칙의 앞에 삽입
보안조치	없음	신설
전자적 메시지	제한적 허용	대폭적 허용
연속판매 개념	없음	신설
THC 등의 분담	불명확	명확화

Incoterms는 매매당사자의 의무사항을 10개 항에 걸쳐 명확히 규정하고 있으며, 이의 적용은 당사자간의 합의에 따라 적용되고 있다.

Incoterms 2010은 관세자유지역의 확대, 전자상거래의 증가, 운송관습의 변화 등 국제상관습의 시대적변화에 따라 Incoterms 2000의 적용상 문제가 되었던 것을 명확하게 하기 위하여 개정되었으며 이의 특징은 다음과 같다.

① Incoterms 2000 규칙인 DAF, DES, DEQ 및 DDU를 대체하고 있는 2개의 새로운 규칙 DAT와 DAP로 통합됨으로 Incoterms 규칙의 수가 13개에서 11개로 확정되었다.

② Incoterms 2010의 11개 규칙은 2부류로 되어 있다. 첫 번째 부류는 모든 운송수단 및 방법에 사용될 수 있는 (EXW, FCA, CPT, CIP, DAT, DAP, DDP 7종류)와 해상운송에 사용할 수 있는 조건(FAS, FOB, CFR, CIF 4종류)로 분류하였다.
③ 국내거래와 국제거래에 사용가능한 규칙으로 되었다.
④ 각 Incoterms 2010 규칙마다 앞부분에 사용지침(Guidance Note)을 두고 있다.
⑤ Incoterms 2000 규칙은 전자적 메시지에 의해 대체가 가능한 서류를 명시하고 있었다.
⑥ Incoterms 2010 규칙은 운송계약과 보험계약을 다루는 A3/B3 조항에 보험과 관련된 정보 제공 의무를 두었다.
⑦ 보안관련 통관과 그러한 통관에 필요한 정보제공 의무를 두었다.
⑧ Incoterms 2010은 관련된 규칙에서 "물품 선적의무(ship)" 대신에 "선적된 물품의 조달 의무(procure goods shipped)"를 신설하였다.

〈표 25〉 Incoterms 2010 규칙상 매도인과 매수인의 의무

매도인의 의무(seller's obligations)	매수인의 의무(buyer's obligations)
A1. 매도인의 일반적 의무	B1. 매수인의 일반적 의무
A2. 허가, 인가, 보안통관, 기타 절차	B2. 허가, 인가, 보안통관, 기타 절차
A3. 운송계약과 보험계약	B3. 운송계약과 보험계약
A4. 물품의 인도	B4. 물품의 인수
A5. 위험의 이전	B5. 위험의 이전
A6. 비용의 분담	B6. 비용의 분담
A7. 매수인에 대한 통지	B7. 매도인에 대한 통지
A8. 인도서류	B8. 인수의 증명
A9. 검사, 포장, 화인	B9. 물품검사
A10. 정보제공 및 관련비용의 부담	B10. 정보제공 및 관련비용의 부담

(2) 화환신용장통일규칙

신용장제도는 무역거래에 있어서 신용 및 결제상의 위험을 회피하는 수단으로 오래 전부터 사용되어 왔다. 그러나 각국에서 사용하고 있는 신용장은 통일성의 결여로 무역거래상 빈번한 마찰과 분쟁을 야기시킴에 따라 신용장에 관한 해석과 취급에 관하여 각국간의 이견을 조정하기 위한 신용장의 국제적인 통일화가 요청되게 되었다.

이에 따라 국제상업회의소가 모체가 되어 1933년 비엔나회의에서 채택된 것이 화환신용장 통일규칙 및 관례(Uniform Customs and Practice for Commercial Documentory

Credits : UCP)이다. 신용장통일규칙은 그 동안 각국의 관습과 새로운 운송 및 통신수단, 기술의 발달 등으로 1951년, 1962년, 1974년, 1983년 4차에 걸쳐 개정되었으나 통일규칙상의 적용과 해석에 관한 거래당사자 의견 불일치의 상존과 Incoterms 1990의 개정으로 1993년 제5차 개정 그리고 2007년에 제6차 개정(UCP 600)을 하게 되었다.

이 통일규칙은 단지 규칙에 불과하므로 법적구속력을 가지는 것은 아니므로 적용당사자의 합의에 따라 채택이 가능하며, 우리나라의 경우 단체채택방법을 취하고 있어 모든 은행과의 거래에는 다음과 같은 문언이 인쇄되어 활용되고 있다.

"Unless otherwise expressly stated herein, this credit is subject to the "Uniform Customs and Practice for Documentary Credits(1993 Revision), International Chamber of Commerce, Publication No. 500."

(3) 국제물품매매계약에 관한 유엔협약

국제물품매매에 관한 국제적인 상관습에 대한 해석상의 차이와 각국 법제도의 상위는 분쟁을 일으키는 소지가 되어 국제물품매매거래시 법적 불안을 초래하여 국제거래에 있어 많은 장애요인이 되어 왔다. 이러한 해석상의 차이와 각국 법제도의 상이에서 오는 불편을 제거하기 위하여 1956년 12월 17일 유엔에 설치된 국제연합 국제무역법위원회(The United Nations Commission on International Trade Law : UNCITRAL)에 의하여 1980년 4월 11일 비엔나의 국제회의에서 통과된 것이 국제물품매매계약에 관한 유엔협약(The United Nations Convention on Contracts for the International Sale of Goods)이다.

이 협약의 시초는 사법통일을 위한 국제회의(International Institute for the Unification of Private Law: UNIDROIT)가 국제매매에 관한 통일법을 기초한 데서 시작되며, 그 과정에서 ULIS(Uniform Law on the International Sales of Goods)와 ULF (Uniform Law on he Formation of Contracts for the International Sales of Goods)가 있었으나 국제계약에서 널리 이용되지 못하였고 새로운 개정방식에 의하여 탄생하게 된 것이 국제물품매매계약에 관한 유엔협약이다.

이 협약은 1988년 1월 1일부터 발효하여 상이한 국가 내 영업소가 있는 당사자간의 물품매매계약에서 당사자의 영업소가 있는 국가들이 모두 협약국일 경우와 국제사법의 원칙에 따라 어느 일방 협약국의 법률을 적용하게 되는 경우 적용된다. 이 협약의 적용은 광범위한 당사자 자치를 인정하고 있기 때문에 계약당사자가 본 계약의 적용을 원하지 않는 경우 적용을 배제할 수 있으며, 달리 합의된 사항이 있는 경우 우선하여 적용하게 된다. 우리나라는 아직 이 협약에 가입되지 않았으나 당사자간에 상충되는 법규범을 통일적으로 규율할 수 있고, 서로 상대방의 법률을 적용하지 않기를 바라는 경우 그 해결책을 제시하게 됨으로써 새로운 법규범이 될 수 있으며, 국제간의 거래관계에 있어 효율적으로 적용할 수 있다는 장점을 가지고 있다.

(4) 추심에 관한 통일규칙

추심에 관한 통일규칙(Uniform Rules for Collections)은 국제상공회의소가 1956년 제정한 후 1967년 1차 제정한 바 있는 상업어음추심에 관한 통일규칙(Uniform Rules for the Collection of Commercial Paper, 1967 Revision)을 다시 그 내용과 명칭을 대폭적으로 개정하여 1979년 1월 1일 시행하도록 한 국제무역거래 및 외국환거래에 있어 외국환의 추심업무 등에 대하여 규정한 국제규칙이다. 환어음결제는 무역거래에 있어 대표적인 결제방식중의 하나로 이 규칙은 국제무역거래에 있어 신용장통일규칙에 준하는 중요한 국제규칙으로 1995년 개정(Uniform Rules for collections, 1995 Revision)되어 오늘에 이르고 있다.

우리나라에서는 1979년부터 이를 채택하여 시행해 오고 있다.

(5) CIF계약에 관한 와르소·옥스포드 규칙

국제법협회(International Law Association : ILA)[25]가 국제무역조건 중 가장 복잡한 내용을 가진 CIF조건의 매매계약에 관한 국제적인 통일규칙을 1928년 Warsaw- Rules, 1928을 채택한 후 각국 상공회의소의 협력을 얻어 이를 수정하여 1932년 옥스퍼드 국제법협의회 회의에서 채택된 것이 1932년 와르소·옥스포드(Warsaw-Oxford Rules for CIF Contract, 1932) 규칙이다.

이 규칙은 CIF계약을 체결하고자 하는 당사자에게 임의로 채택할 수 있는 통일적 해석기준을 제공한다.

(6) 해상화물운송에 관한 유엔협약

해상화물운송에 관한 유엔협약(United Nations Convention on the Carriage of Goods by Sea, 1978)[26]은 국제무역법위원회가 해상운송과 관련하여 선하증권 약관의 국제

---

25) 1873년 런던에서 설립된 민간기구로서 국제공법과 사법의 연구·해명·진흥·법률충돌의 해결에 관한 제안과 법률의 통일화와 국제이해와 친선촉진사업활동을 하고 있다.

26) 이 협약은 함부르크에서 개최된 회의에서 확정되었다 하여 함부르크규칙(Hamburg Rules, 1978)이

적 통일을 기하기 위하여 제정한 국제협약으로 운송인의 책임을 강화함으로써 화주에게 유리한 변혁을 가져올 획기적인 조약이다.

(7) 국제물품복합운송에 관한 유엔협약

복합운송은 물품이 해상, 철도, 항공 등 두 가지 이상의 운송수단에 의하여 이루어지는 운송방법으로 컨테이너 운송의 출현으로 최근에 발달된 운송형태이다. 이러한 복합운송의 출현으로 국제복합운송인의 책임에 관한 통일적인 국제협약의 필요에 따라 유엔무역개발회의(United Nations Conference on Trade and Development : UNCTAD)에 의해 1980년 제정된 국제협약이다.

(8) 요크·안트워프 규칙

요크·안트워프 규칙(York-Antwerp, 1974)은 국제법협회가 1864년 해상보험상의 공동해손을 구성하는 손해 및 비용에 관하여 요크 안트워프에서 제정한 국제규칙이다. 공동해손에 관한 국제적인 통일 움직임은 1860년 국제법협회(ILA) 글라스고우(Glasgow) 회의에서 시작되었으며, 그후 1864년 요크 규칙(York Rules 1864)의 제정과 1877년 앤트워프 회의에서 처음 요크·안트워프 규칙이 처음 채택되었다. 이 규칙은 1924년, 1949년, 1974년 개정된 후 이후 1990년 7월 국제해사위원회 파리(Paris) 회의에서는 제6조 구조료의 보상에 관한 규정을 개정하여 개정 요크·안트워프 규칙(1990)이 시행되다가 1994년 10월 전면 개정하여 현재에 이르고 있다.

라고도 한다.

Chapter 7

글로벌 전자 무역

제 1 절 전자무역의 개념과 특징

1. 전자 무역의 개념

전자무역은 전자상거래(Electronic Commerce : EC)의 한 개념으로 주로 기업간의 인터넷을 통한 국제거래를 말한다. 즉, 기업간 거래시 인터넷을 매체로 하여 상품과 서비스의 교환 및 물품을 판매하고 구매하는 일련의 거래관계를 말한다.

전자무역은 국경을 초월한 컴퓨터 통신망인 인터넷이 제공하는 가상공간 자체가 시장이고, 인터넷 접속 이용자가 고객이 된다. 컴퓨터 통신매체가 무역에서 활용되는 방식은 인터넷뿐만 아니라 근거리통신망(LAN : Local Area Network), IntraNet 등에서도 활용되고 있다. 전자무역이라 함은 반드시 인터넷 네트워크를 통한 거래만을 의미하는 것은 아니며, 현재는 모든 컴퓨터 네트워크를 활용한 무역을 지칭하는 것으로 인터넷무역(Internet Trade)이나 사이버무역(Cyber Trade)과 동일한 개념이다.

전자무역은 기업간의 거래인 B to B(Business to Business)가 주요한 거래이긴 하나 B to C(Business to Customer)도 포함되는 개념으로 아직까지 전자결제시스템의 미비, Network 인증기관의 문제, 수출입업체의 신용문제 등이 남아 있으며 국제거래에서는 계약체결이전단계인 시장조사, 거래선 물색, 오퍼, 상담까지만 인터넷을 통해 이루어지고 계약, 선적행위 및 서류, 대금결제 등은 기존 방식에 의하여 이루어지고 있다.

전자무역은 활용단계에 있어 어느 정도 한계를 갖고는 있지만 국제무역거래에 있어서 하나의 커다란 수단이 되고 있다. 향후 전자결제시스템의 보완과 네트워크 인

증기관의 문제해결, 거래내용에 대한 기술적개선이 이루어지면 21세기에는 국제무역의 유력한 수단이 될 것이다.

2. 기존무역과 전자무역

통신망 네트워크의 발달로 발생된 인터넷무역은 가상공간인 인터넷을 통해 상품이나 서비스를 사고파는 무역거래로, 물리적 공간과 시간적 계약이 필요 없다는 점에서 전통적인 무역거래와 근본적인 차이점을 보이고 있다.

마케팅 측면에서는 전자무역이 1 대 1 direct marketing을 통한 구매자의 요구에 대한 신속한 대응이 가능한 반면 기존무역은 non-interactive marketing으로 인한 구매자 요구에 대응이 늦다. 시간적인 측면에서는 전자무역이 24시간 개방되어 24시간 영업이 가능한 반면, 기존 무역은 제한된 영업시간을 이용할 수밖에 없다. 지역적인 측면에서는 전세계에 가능한 전자무역과, 해외지사 또는 인력파견에 의한 특정지역에만 가능한 기존무역이 있다. 이러한 전자무역을 2가지 측면에서 살펴보면 다음과 같다.

첫째, 유통경로 측면에서는 전자무역이 기업 ↔ 구매자(도매상, 소비자)가 직접 이루어지는 반면, 기존 무역은 기업 ↔ 수출상 ↔ 수입상 ↔ 도매상 ↔ 소매상 ↔ 소비자의 순으로 이루어진다. 둘째, 비용적인 측면에서는 투자대비 관리효과가 크고 비용이 저렴한 전자무역과 다양한 형태의 지속적인 투자가 요구되는 투자대비 기대효과 요소가 낮은 기존 무역으로 구분된다.

전자무역에 있어 수출계약의 체결과정을 보면 다음과 같다.

〈표 26〉 기존무역과 전자무역과의 비교

구 분	기존 수출계약의 체결과정	인터넷상 수출계약의 체결과정
품목선정	통계 등 각종정보, 국내공급업체확보	통관정보시스템, KOTIS 등 언론사이트(무역일보 등)
해외시장조사	거시적 상황(시장성) 미시적 상황(경쟁력)	국가별 통계사이트, 무역유관기관 사이트, 시장조사기관 사이트
해외홍보마케팅	홍보매체광고, 전시회 등 참가	홈페이지, 거래알선 사이트, 유즈넷
거래선발굴	무역유관기관, 해외지사, 방문 등	거래알선 사이트, 유즈넷, 언론사이트(무역일보 등)
거래제의	거래제의 서신, 우편, 팩스 등	전자우편, 인터넷팩스
신용조사	신뢰도 등 파악, 수출보험공사 등	신용조사기관 사이트, 기업/신용 DB 사이트
거래조건협상	가격, 품질 등, 청약 및 승낙	전자우편, 인터넷 홈 팩스, 인터넷화상회의
수출계약체결	계약서 작성, 우편, 해외출장 등	전자우편

3. 전자무역의 발전과정

전자무역에서는 전통적인 외국무역이 기업과 기업간의 거래가 중심인 것과 마찬가지로 기업과 기업간의 거래가 그 중심이다. 물론 컴퓨터 네트워크에 의한 이동이 가능한 물품인 디지털상품(digital goods)의 거래가 늘고 있기는 하지만, 이는 전체 국제간의 거래규모로 보아 무시할 만한 수준이다. 따라서 전자무역은 거의 물리적 상품(physical goods)이 대상이 되고 있다.

인터넷을 이용하여 무역업무를 수행한다고 해서 전통적인 무역절차와 단계가 사라지는 것은 아니다. 일반적으로 무역단계는 크게 ① 시장조사 및 무역마케팅, ② 교섭 및 계약체결, ③ 물품의 인도(운송) 및 대금결제 그리고 ④ 클레임 및 분쟁해결 등으로 이루어진다.

현재 ①, ② 단계에서는 전자적 정보매체 특히, 인터넷이 많이 활용되고 있으나 ③, ④ 단계는 인터넷이 많이 활용되고 있지 않다. 이를 단계별로 살펴보면 다음과 같다.

첫째, 해외시장조사단계에서는 인터넷이 적극 활용되고 있다. 인터넷을 이용한 무역의 장점 중의 하나는 구매자검색과 시장조사를 손쉽게 할 수 있다는 것이다. 인터넷을 이용하면 자사제품의 거래를 원하는 구매자와 그 연락처를 알 수 있으며 경쟁업체의 현황에 관한 정보 등을 쉽게 구할 수 있다. 이의 구체적인 방법으로는 무역관련 정보사이트를 이용하는 방법과 국내외의 검색엔진을 이용하는 방법이 있다. 해외 각국의 관세에 대한 조사와 자사제품과 상품정보를 해외 구매자에게 제공할 때에도 인터넷이 활용되고 있다.

둘째, 거래알선 사이트를 이용하여 해외 구매자를 발굴하는 데에도 인터넷이 활용되고 있다. 한국무역협회에서는 KOTIS 및 EC21사이트를 만들어 거래알선을 하고 있으며, ETO(Electronic Trading Opportunity)[27]를 통해 국내 무역업체들의 해외거래를 알선하고 있다. 대한무역투자진흥공사(KOTRA)에서는 KOBO사이트를 통하여 수출거래를 알선해주고 있다. 현재 통합된 무역전문사이트로서 SILKROAD21을 운영하고 있다. KOTRA는 한국, 일본, 중국의 무역사이트를 통합 링크하는 사이트(CJK 프로젝트)를 개발 중에 있다.

범세계적인 무역기관 네트워크로는 1994년 유엔무역개발기구(UNCTAD)에 의해 출

---

27) ETO란 자국의 수출업체에서 취급하는 상품에 관한 정보를 한국무역협회와 제휴한 전 세계 500여 무역기관 및 구매자들에게 자동으로 전송, 배포하여 업체에게 해외 거래선을 발굴해주는 서비스 시스템을 말한다.

범된 GTDnet이 있어 현재 165개국과 무역정보를 교환할 수 있다. 우리나라에서는 한국무역협회가 이 기능을 수행하고 있다.

무역계약체결을 위한 교섭단계에서는 E-Mail이 이용되고 있다. 이 과정에서는 전통적으로 Telex, FAX 등이 이용되었으나 최근에는 E-Mail을 통하여 교섭을 진행하고 있다. 이와 같이 국제거래에서 계약체결 이전 단계까지는 전자적 방식, 특히 인터넷이 적극 활용되고 있다.

하지만 물품의 운송은 당해 거래물품이 디지털 재화가 아닌 이상 전자적으로 이동(운송)시킬 수 없다. 전통적으로 매도인은 물품을 인도(선적)한 후 선적서류를 매입 또는 추심의뢰은행에 제시하고 대금을 지급 받아 왔다. 대금의 지급행위 자체는 이전부터 전자적 방식(EFT ; Electronic Fund Transfer : 전자자금이체)으로 이루어져 왔지만, 인터넷 시대를 맞이하여 은행에 제시하는 서류를 종이문서 대신 전자문서로 대체하려는 노력이 계속되고 있다.

무역클레임이 제기되어 당사자간에 협의가 이루어지는 단계에서도 E-Mail이 활용되고 있다. 그러나 인터넷상에서 무역분쟁을 조정, 중재하는 단계로까지 발전하지는 못한 상태이다.

4. 전자무역의 특징

국제무역이 이루어지는 일반적인 과정은 기능별로 크게 5가지로 분류할 수 있다. 먼저 시장이나 제품, 그리고 구매자에 대한 정보수집활동과 기업과 제품을 알리려는 광고마케팅 활동이 있다. 다음에는 발굴된 구매자와의 거래조건협의와 각종 절차를 밟기 위한 의사교환 활동이 있게 된다. 그리고 격지자간에 있어서 상품공급에 대한 대가를 교환하는 대금결제과정과 상품을 수입자에게 보내는 운송과정이 있다.

전자무역을 기존의 국제무역 구조와 비교해 볼 때 진행순서에는 별다른 차이가 없다고 할 수 있으나 수단에는 큰 차이가 있다. 먼저 거래처를 발굴하거나 광고 마케팅하는 방법에서 크게 차이가 있으며, 상담 및 계약체결을 위한 의사교환 방식도 기존과는 전혀 다르게 된다. 또한 대금결제도 전자화폐 등 전혀 다른 수단이 이용되며, 상품의 운송이나 물류도 항공운송이나 국제특송 등이 이용된다.

수출자의 경우 인터넷상의 자사 홈페이지나 거래알선 사이트, 유즈넷, 메일링 리스트 등을 통해 자사 제품과 서비스에 대한 홍보를 할 수 있을 뿐만 아니라 국내 및 해외의 신제품이나 거래선에 대한 정보를 신속하게 입수할 수 있다. 또한 전자우편,

인터넷 팩스 및 인터넷 폰 등을 이용하여 훨씬 저렴하고 효율적으로 거래상담과 계약체결을 할 수 있다. 아울러 상품의 주문이나 대금결제 등도 인터넷으로 할 수 있음은 물론 화물의 흐름도 인터넷을 통해 즉시 파악할 수 있다.

이에 따라 국내와 해외의 구별이 없어지고 정보의 흐름과 물류의 분리로 신속한 무역업무 처리가 가능해지면서 점차 소프트제품에서 하드제품으로 거래범위가 확산되고 있다. 또한 유통망 등의 판매능력과 자금력을 갖춘 기존의 무역중개상과는 달리 전문적으로 무역정보를 수집, 분석, 가공 처리하여 판매자와 구매자를 연결시켜주는 새로운 형태의 무역중개상이 각광을 받게 되고, 장기적으로는 지능형 에이전트(Intelligent Agent)가 이러한 거래알선을 보다 효과적으로 처리하게 된다. 따라서 인터넷에 의해 형성된 새로운 단일 세계시장인 사이버마켓에서는 중소기업과 대기업의 차이가 없어진다. 오히려 창의적이고 유연한 중소기업은 변화하는 국제무역 환경에 기동성 있게 대처할 수 있으며, 인터넷에서 새로운 사업기회를 발견할 수도 있다.

그러므로 향후에는 상품이나 서비스의 개발단계에서부터 인터넷을 활용한 전 세계를 대상으로 한 광고 및 마케팅을 염두에 두어야 한다. 이와 함께 인터넷 전자상거래에 적합한 신제품의 개발과 함께 효과적인 주문처리, 고객관리 및 대금결제 등을 위한 내부 체제를 갖추는 것이 필요하다.

제 2 절 전자무역의 중요성과 향후전망

1. 전자무역의 필요성

전자무역에 있어 중요한 것은 광속도로 급변하는 국제환경과 정보화환경이다. 전자무역을 해야 하는 이유는 기존의 무역이 가지고 있는 한계점을 극복하고 새로운 환경에 적합하기 때문이다. 전자무역이 가지고 있는 특징은 다음과 같다.

첫째, 시간 및 공간의 한계성을 극복하고 글로벌 마케팅이 가능하다.

국가간, 지역간 최대의 걸림돌인 시간적, 공간적 한계를 극복하여 제품을 홍보하고 마케팅을 펼칠 수 있는 특성을 지니고 있는 것이 인터넷무역의 중요한 특성이다. 국가별로 독립적으로 운영되는 시장이 거대한 단일 세계시장으로 통합되어 시간과 공간을 극복하여 전 세계를 대상으로 글로벌 마케팅을 펼칠 수 있는 것이다.

둘째, 제품 가격 경쟁력의 확보 및 원가나 인력 절감을 위해서 필요하다.

제품을 홍보하는데 필요한 광고비가 저렴하여 보다 경쟁력 있는 가격으로 시장을 공략할 수가 있기 때문에 인력절감, 원가절감의 한 요소로 인터넷무역을 활용할 수 있다. 비용절감은 이것뿐만 아니라 홍보방식 및 판매방식에서도 대폭 절감할 수 있다. 과거에 고객에게 일일이 우편물을 발송하려면 인쇄, 우편료, 발송비만 해도 상당하나 인터넷 마케팅은 잘 관리된 고객 메일링 리스트만 있으면 간단하면서 손쉽고 정확하게 신제품 정보를 홍보할 수 있다.

셋째, 적극적이고도 공격적인 마케팅 구사가 가능하다.

인터넷상에서 적극적이고 공격적으로 직접 오퍼 등록 및 오퍼 검색을 통한 즉각적이고 지속적인 마케팅 반영과 시장 공략이 가능하다는 점에서 인터넷무역의 묘미가 있다.

넷째, 광범위한 광고 효과를 누릴 수 있다.

신제품을 개발하였을 경우 이를 곧바로 홈페이지에 올려 24시간 홍보할 수 있으며 소비자나 구매자의 반응을 쉽게 파악할 수 있기 때문에 인터넷이라는 또 하나의 사이버지구촌을 그 광고 대상으로 삼을 수 있다.

다섯째, 즉각적인 시장 Needs 반영이 가능하다.

온라인으로 고객의 반응과 Needs를 쉽게 통계화 하여 분석할 수 있으며 이를 즉시 제품의 성능개선 및 품질개선에 반영할 수 있다.

여섯째, 가상공간에서의 판매가 가능하다.

인터넷이라는 Cyber 공간에서 이루어지는 판매활동으로 점포나 판매장소 등의 물리적 요소가 필요하지 않다. 그러므로 소호(SOHO) 사업으로서 얼마든지 운영이 가능하며, 사무실 임대료, 집기, 관리비등이 들지 않아 저렴하게 운영할 수 있다. 왜냐하면 조그마한 회사라도 운영하려면 통신비, 고정비가 들게 마련이지만 소호나 전자무역의 경우에는 필요한 사무장비와 통신장비만 있으면 되기 때문이다.

일곱째, 거래처 발굴 및 시장정보 및 거래정보의 획득이 용이하다.

수많은 전 세계의 데이터베이스에는 엄청난 양의 정보자료가 실려 있으며 또한 이러한 자료는 저렴한 비용으로 획득이 용이하며 구매자 발굴 또한 저렴하고 효율적으로 할 수 있다. 또한 가정에서도 컴퓨터 1대만 있으면 얼마든지 국제시장을 대상으로 마케팅을 펼칠 수 있고 최근에는 사이버 박람회 같은 전시회도 증가하고 있어 점점 인터넷을 통한 판매활동, 방법, 기법이 다양해지고 활용의 폭이 넓어지고 있다. 이러한 특성을 가지고 있는 전자무역은 정보통신기술의 발전과 더불어 미래에는 새로운 관습을 창출하는 분야가 될 것이다.

2. 전자무역의 효과

인터넷이 무역업무에 도입됨에 따라 해외마케팅, 해외시장조사 그리고 비즈니스 파트너와의 의사소통 등 크게 3가지 측면에서 많은 활용이 기대되고 있다. 국제간의 무역에 인터넷이 활용됨에 따라 국제무역시장은 다음과 같은 변화가 예상되고 있다.

첫째, 거래처 발굴 및 거래정보 획득이 용이하다.

인터넷을 이용하면 훨씬 더 적은 비용으로 효율적인 거래처 발굴이 가능하다. 기존에는 거래처(주로 바이어)를 물색하기 위해 KOTRA, 한국무역협회 등 무역진흥기관에 거래처 정보를 의뢰하거나 각종 디렉토리, 해외발행 인쇄매체를 통해 거래처 정보를 입수하였으나 입수시점에서 이미 오래된 정보가 되는 경우가 많았다. 해외 전시회 참가, 해외출장 등 대인접촉을 통하여 유용한 정보를 얻을 수 있으나 그 비용이 많이 따른다. 그러나 인터넷에서는 각국의 정부와 무역유관기관 그리고 개별기업들이 올려놓은 무역에 관련된 수많은 정보들이 웹사이트를 통하여 쉽게 찾아 볼 수 있다. 또한 실시간으로 등록되고 업데이트되는 거래정보는 유용한 정보가 될 수 있다.

둘째, 무역시장이 단일시장으로 통합된다.

국가별로 독립적으로 운영되는 시장이 인터넷이라는 거대한 인프라(Infra- strucure)에 의한 단일시장으로 통합되면서, 인터넷이란 가상공간에 마련된 시장에서 누구나 값싼 양질의 상품과 서비스를 사고 팔 수 있게 된다. 인터넷이란 시장에서는 초우량 대기업, 초대형 다국적 기업 못지않게 소규모 중소기업 심지어, 사무실도 없는 회사라고 하더라도 세계적인 기업으로 발돋움 할 수 있는 기회를 가지고 있다.

셋째, 철저한 시장원리가 적용되어 교역상품가격의 합리화로 가격하락을 유도하게 된다.

인터넷에서는 전문 정보 검색엔진을 이용할 수 있으므로 특정상품을 어떤 나라의 어느 기업이 공급하고 있는지를 쉽고 빠르게 찾아 볼 수 있다. 그러므로 특정 상품을 필요로 하는 기업과 소비자들간에는 철저한 시장원리가 적용되어 가장 경제적이고 합리적인 거래가 이루어지게 된다. 또한, 인터넷이라는 거대한 시장은 유통비용의 하락을 유도하여, 전반적인 제품이나 서비스의 가격하락을 가져온다.

넷째, 글로벌 마케팅이 활성화된다.

인터넷은 국가간 장벽이나 지리적 제한이 존재하지 않는 글로벌 네트워크이다. 따라서 국가간의 장벽이 약화되어 가고 있는 추세와 더불어 기업활동의 무대를 세계로 넓히는데 좋은 수단이 되고 있다.

전자무역에 종사하는 사람들은 전세계를 대상으로 광고 및 마케팅활동을 최소의 비용으로 수행할 수 있게 되었다. 지금까지는 막대한 비용 및 소비자 분석의 어려움 등으로 인해 세계적인 대기업들만이 세계시장을 상대로 광고 및 마케팅 활동을 할 수 있었지만, 인터넷이라는 새로운 매체의 등장으로 인해 소규모업체라도 문자와 그림은 물론, 음성과 동화상 등 보다 다양하고 효과적인 방법으로 회사나 제품을 소개할 수 있게 되었다. 앞으로는 최소의 비용으로 시간의 제약이나 공간의 제약 없이 글로벌 마케팅이 활발해질 것이다. 물론 이를 위해서는 보다 전문적인 인터넷 마케팅 노하우(Know-how)가 필요하다.

다섯째, 정보수집 비용, 홍보비용 등 거래비용이 획기적으로 절감된다.

인터넷을 이용하면 지금보다 훨씬 저렴한 가격으로, 효율적으로 거래처를 발굴할 수 있게 된다. 인터넷을 이용하면 각국의 정부와 무역 유관기관 그리고 개별기업들의 무역에 관련된 수많은 정보들을 정보 검색 엔진을 이용하여 손쉽게 찾아 볼 수 있다. 또한 판매자와 구매자간의 상담이나 상품에 대한 정보의 취득, 거래 성사를 위한 각종 서류의 교환 형태도 인터넷으로 통합되고 있으며, 형태가 일정하지 않은 비정형화된 정보나 의사표시는 E-Mail에 의해, 포맷화된 정형 정보나 서류는 EDI에 의해 인터넷과 같은 컴퓨터 통신망으로 통합되어 송수신 되고 있다.

여섯째, 중소업체에 직접 수출 기회가 확대된다.

예전에는 중소기업의 경우 국제거래에 대한 정보부족으로 무역업무를 직접 행할 엄두를 못내는 경우도 많았다. 그러나 인터넷이라는 매체가 생긴 후 부터는 각종 거래정보를 쉽게 획득할 수 있게 되어 좋은 제품, 서비스 능력, 창의적이고 진취적인 자세만 가지고 있다면 중소기업도 무역행위를 직접 행하기 쉬워졌으며 이를 통해 성장의 가능성은 훨씬 커졌다. 또한 해외지점이 없어도 해외시장 개척이 가능하므로 시장을 확대시킬 수 있다.

3. 전자무역의 강점

전자무역은 여러 측면에서 기존의 무역환경을 획기적으로 개선할 수 있다. 가령 전자부품을 수입하는 기업의 경우 기존 무역관행에 따르면 여러 경로로 외국 부품회사전화번호를 찾아낸 뒤, 국제전화를 걸어 원하는 부품규격과 재질, 내용 등을 팩스로 보내달라고 요구하여야 한다. 여러 차례 통화한 끝에 매매계약을 체결한다고 해도 신용장 개설, 수출입 승인신청, 환어음서류송부 등의 많은 절차가 남아 있다. 그러나 인터넷을 이용하면 무역은 훨씬 쉽고 빨라진다. 인터넷에 접속해 원하는 물품을 생산하는 회사를 찾아 이 회사의 웹사이트에 들어가면 되 기 때문이다.

화면에 나타난 원하는 규격과 재질의 부품을 선택한 뒤 신용카드로 결제하면 된다.

또한 수출입관련 제반 비용을 절감할 수 있다. 한 중소기업체에서는 과거 수출입 업무 처리에 4일이 걸리던 일을 EDI 시스템을 사용하면서부터는 20분만에 끝낼 수 있었다고 한다. 이를 통해 매년 3억원의 비용과 15명의 인력을 절감할 수 있었다. 이는 '한국무역정보통신(KTNET)'이 개설한 전자자료교환(EDI)시스템을 통해 가능했는데, KTNET에는 거래은행, 보험회사, 산업협회, 세관 등의 수출 유관기관들이 대부분 가입되어 있어 번거로운 서식작성 및 인허가 업무가 30분 안에 처리되는 장점을 가지고 있다.

굳이 해외 출장을 가지 않더라도 인터넷을 이용하면 해외시장에 대한 정확한 정보를 수집할 수 있다. 예를 들어 미국의 Emerging Markets Companion사가 운영하는 EMC 사이트에는 지구상의 100여개 국가 및 신흥 경제시장에 대한 방대한 정보로 가득 차 있다. 선진 경제대국 시장을 제외한 아시아, 아프리카와 중남미, 동유럽 등의 시장정보 등이 주요 내용이다. 또한 이 사이트에는 전세계의 경제 및 증권시장 정보가 실시간으로 제공되고 있으며 세계 증권회사들과 일류 증권분석가들에 의한 시장분석, 최고 연구기관들에 의한 지역별·시장별 조사, 보고 등의 자료가 제공된다.

인터넷은 제품광고와 기업홍보에도 이용할 수 있다. 인터넷에 자사의 홈페이지를 개설함으로써 기업과 제품에 대한 정보를 시간과 공간의 제약없이 전달할 수 있다. 또한 인터넷의 양방향성을 활용하여 고객의 니즈에 맞춘 정보를 전달할 수 있다. 특히 해외시장 개척의 여력이 부족한 중소기업들이 해외시장에 진출하는 데 교두보가 될 수 있다.

즉, 자사의 홈페이지나 여러 중소기업들이 함께 전자 시장을 구축함으로써 적은 비용으로 전세계에 자사의 제품을 소개할 수 있고 이를 통해 거래도 할 수 있다. 우리나라에서도 수출관련기관에서 우리 기업의 제품을 전세계에 홍보하고 수출입 업무를 중개할 목적으로 인터넷 쇼핑몰을 운영 중이다.

이러한 인터넷 상거래의 경쟁력의 원천은 고객과 충분한 상호작용을 통해 고객의 관심을 높이고 고객의 정보를 수집하여 활용할 수 있다는 것이다. 이러한 상호작용성은 기업이 소비자에게 메시지를 전달하는 기능과 고객의 반응을 기록하고 활용하는 기능이 동시에 이루어지는 것을 말한다.

인터넷의 상호작용성을 활용하여 기업은 고객에 대한 정보를 신속하게 수집할 수 있다. 그리고 수집 된 고객의 정보를 통해 고객을 차별적으로 응대함으로써 고객의 만족도를 제고할 수 있으며 재구매율을 높일 수 있다. 고객은 인터넷을 통해 다양한 정보를 신속하게 접할 수 있는 이점을 가지게 된다.

예를 들어 과거에는 고객들이 다양한 공급자가 제공하는 가격정보를 탐색하고 비교하는 것이 몇몇 공급자에 한정되어 있었으나 인터넷을 이용하면 전세계의 공급자로부터 제공되는 정보를 간단한 마우스 조작만으로 검색할 수 있다. 그러므로 고객 측면에서는 다양한 상품 정보를 비교할 수 있고, 이들 중 자신의 요구에 부합하는 상품을 선택할 수 있게 되므로 제품에 대한 만족도가 높아진다.

4. 전자무역의 주요 수단

1) 월드와이드웹(WWW : World Wide web)

WWW는 우리가 인터넷에 접속하여 보통 접하게 되는 서비스로서, 전자무역에서의 WWW은 기업이 가장 신경 써야 할 부분이다. 기업에선 주로 상품 카탈로그나 기업정보 등을 수록하여 인터넷상에서 자사의 소개와 제품 홍보 등에 활용하고 있다. 이렇게 인터넷에 올린 홈페이지는 24시간 열린 회사의 홍보매체이므로 특성에 맞게 만들어 적절한 Promotion을 한다면 기업이나 상품의 광고효과를 저렴한 비용으로 극대화시킬 수 있다. 또한 무역거래 Web site에서는 수출입업자간의 실제거래의 기회를 제공하는 중요한 Cyber Market이기도 하다.

2) 뉴스그룹(News Group)

뉴스그룹이란 인터넷상에서 공통의 관심을 가진 사람들이 원하는 내용을 게시하고 토론하는 일종의 게시판이다. 인터넷 전자메일이 특정인과 메시지를 주고받는 것이라면 뉴스그룹은 불특정 다수를 대상으로 정보를 교환하는 서비스라고 할 수 있다. 뉴스그룹에는 관심의 대상에 따라 취미, 정치, 과학, 비즈니스 등 수 만 개의 세분화된 주제를 가진 그룹을 가지고 있다. 뉴스그룹 이용자는 주제별로 형성된 토론그룹에 참여하여 다른 사람들의 기사를 읽어보고 궁금한 점을 질문하거나 다른 사람의 질문에 대해 답변하기도 하고 자신의 의견을 게시할 수도 있다. 비즈니스의 관점에서 보면 News Group은 표적시장에 접근할 수 있는 쉽고도 값싼 광고 매체이며 소비자의 반응을 즉각 확인해 볼 수 있는 곳이기도 하다. 뉴스그룹은 실시간으로 직접 마케팅을 할 수 있다는 점에서 인터넷 무역에서 유용한 수단으로 그 활용가치가 아주 높다고 할 수 있다. 이러한 뉴스 그룹 또한 자사제품의 홍보 또는 바이어 검색에 유용하게 이용된다.

3) 전자메일(E-Mail)

전자메일은 인터넷의 기능 가운데 가장 유용하게 사용되는 서비스이다. 전자메일이 다양한 용도로 활용될 수 있는 것은 기존의 통신수단인 전화와 우편의 장점을 모두 갖추고 있어서 신속, 정확하고 저렴하게 메시지의 전달이 이루어지고 그 이용이 간편하다는 점에 있다. 인터넷무역에서의 전자메일은 종전 무역업체들이 외국의 무역관련 기관이나 거래기업에 팩스 또는 우편으로 해오던 거래업무를 전자메일로 대체하게 된 것이다. 인터넷을 이용한 무역에서 성공할 수 있는 길은 전자메일을 얼마나 잘 사용하느냐에 따라 좌우된다고 할 수 있을 정도로 전자메일이 차지하는 비중은 커지고 있다.

4) 인터넷 채팅(IRC)

학생들이나 젊은 남녀들만 채팅을 하는 것이 아니다. 무역에 있어서도 외국의 바이어가 홈페이지를 보고 제품에 관심이 있는 경우 ICO를 통해 채팅, 다른 말로 상담을 할 수 있다. 이들 상담 프로그램 중 가장 널리 사용되는 프로그램이다.

5) 메일링 리스트(Mailing List)

메일링 리스트란 전자메일을 통해 공통된 주제에 대하여 회원들이 상호 토론과 정보를 주고받는 서비스이다. 메일링 리스트를 이용하기 위해서는 간단한 가입 절차를 거쳐야 되는데 가입 전자메일을 보내는 것으로 끝난다. 예를 들어 전자무역에 관련된 메일링 리스트에 가입하면 그에 관한 내용을 전자메일로 받아볼 수 있고 동시에 직접 글을 게재하여 토론에 참여할 수도 있다.

8 무역의 창업과 운영의 제단계

1. 무역실무 파악을 확실히[28]

무역을 잘하기 위해서는 실무 지식을 확실하게 알아야 한다. 제대로 모르면 남에게 폐만 끼치게 되고 무역도 할 수 없는 것이다. 무역업무는 팀워크로 해외의 바이어, 무역 관계 기관, 은행, 보험회사, 운송회사 등의 협력이 필요하며 기본적으로 무역 실무 지식과 대금의 지급 방법, 수출입 리스크(Risk)를 정확히 알아야 한다.

관련 기관의 업무를 이해하지 못하고 기본적인 지식이 없다면 업무에 지장을 초래하게 되고 불필요한 비용을 지불하기 쉽다.

무역 실무를 잘 알아야 하는 또 다른 이유는 바이어를 안심시키기 위해서다. 바이어와 친한 친구가 되더라도 무역 실무 지식이 적으면 바이어는 불안하게 생각한다.

예를 들어 처음 거래할 때 바이어가 '대금 결제(Payment)는 어떤 방식인가?'라고 물었을 때 수출상이 대답을 못한다든지 국내 판매 관행으로 '외상으로 해도 좋소.', '매월 말일에 어음을 받겠소.'라고 대답하면 이상하게 생각할 것이다.

이럴 경우 당연히 신용장(L/C), 어떤 경우는 '선금(Advance payment by cash)' 아니면 '50%선금, 50%는 선적 3일 전 지불(50% of Advance payment and 50% to be paid 3days before shipment)' 등으로 대답해야 한다.

외국에서 들어오는 수입품은 통관(Custom Clearance : 세관에서 수출입 물품을 확인하는 것) 절차를 밟아야 하는데 신경을 쓰지 않거나 서류를 어떻게 작성할지 모른다면 바이어는 걱정을 할 수밖에 없다. 서류가 올바르지 않으면 통관이 안 되어 창고

---

28) 신성찬, 전게서, pp.119-179.

보관료를 계속 물어야 하고, 때로는 폐기나 반송 명령을 받을 수도 있으니 그 얼마나 불안하겠는가?

아무리 품질이 좋은 제품을 싸게 구입하더라도 포장이 제대로 안 되면 도중에 파손되어 제값을 못 받게 된다. 아주 드문 일이지만 되면 운송 도중에 파손되어 제값을 못 받게 된다. 아주 드문 일이지만 포장 불량으로 운반 도중에 사람이 다치는 수도 있다. 이 경우는 수입상뿐만 아니라 수출상도 책임을 지고 손해 배상을 해 주어야 한다. 수출 물품에 대한 지식이 없다면 바이어는 계약을 하려고 하지 않을 것이다.

2. 수출입 절차

수출입 절차는 각 절차가 왜 필요한지 알고 관련 기관의 업무를 이해하는 것이 필요하다.

수출 절차

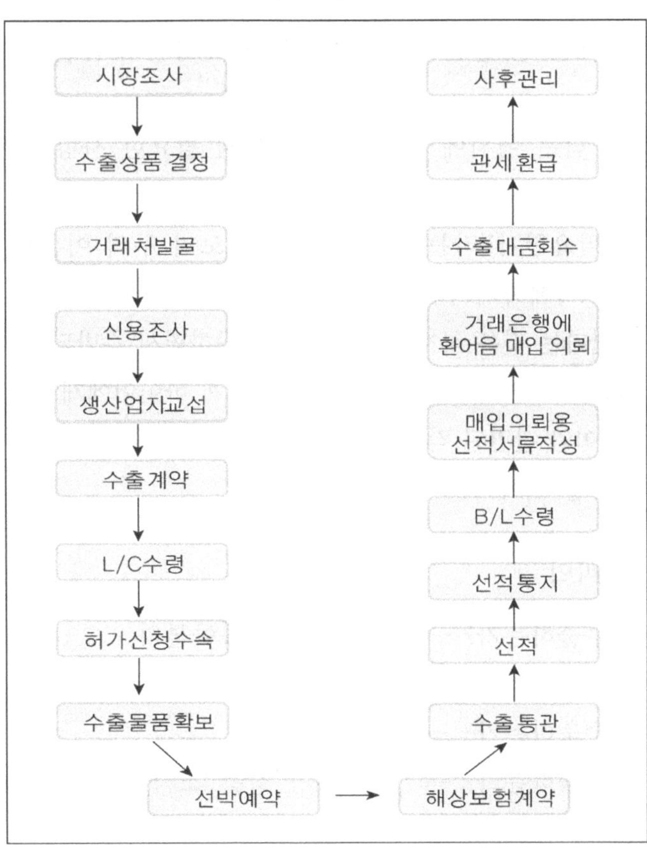

일반적으로 수출을 하려면 먼저 거래 상대방과 수출 계약을 체결한 다음, 수입자로부터 신용장을 받으면 수출입 승인 품목으로 지정된 물품은 관련 기관에서수출 승인을 받아야한다. 수출 승인을 받은 후 수출할 물품이 확보되면 통관, 선적 등의 절차를 통관업자 및 운송업자에게 의뢰하여 물품을 선적한다.

그런 다음 운송 서류를 갖추어 은행에서 수출 대금을 회수하는 것으로 수출 절차는 완료된다. 그러나 수출 거래 형태나 수출 품목의 종류에 따라 수출 추천, 수출 검사, 관세 환급 및 사후 관리와 같은 절차를 추가로 시행하여야 한다.

수출 절차에 대한 각 과정별 주요 내용을 간략히 설명하면 다음 도표와 같다.

무역을 하고 있는 사람들도 이 과정을 별도로 붙여 두고 스케줄 작성에 활용하고 있다. 주문을 받는 행위가 수출 대금을 받는 것을 전재로 하므로 개별 업무는 과련 기관의 업무와 매우 밀접하게 연관되어 있다.

3. 무역실무의 정확한 이해

무역 실무를 직장에서 잘 활용하기 위해서는 전체적인 흐름을 잘이해하도록 하여야 한다.

상품을 팔고 돈을 받는 행위에 대한 개념 속에서 필요한 사항이 무엇인가를 생각하는 현실적인 사고가 필요하다.

'누가, 왜 어떻게 필요한가?'라는 점에서 파악해 보며 무역 이론도 그러한 점을 염두에 두고 공부하면 이해하기가 쉽다.

무역 실무를 이해한다는 것은 국제간에 상품이 이동하면서 수반되는 대금 결제와 서류의 흐름을 잘 파악하는 것을 뜻한다. 즉 상품을 어떻게 바이어에게 운송하고, 상품 대금을 어떻게 회수하며, 이와 관련된 각종 서류의 역할이 무엇인지 아는 것이 중요하며 상품, 대금, 서류의 흐름을 잘 파악하는 것이 요점이다.

(1) 상품의 흐름 파악

① 어느 나라에 수출하는가? → 국가 정세를 알아본다.
② 어느 시장에 수출하는가? → 시장 조사
③ 어느 회사에 수출하는가? → 신용 조사
④ 어떤 상품을 수출하는가? → 수출 유망 상품 조사
⑤ 어떻게 수출하는가? → 운송 수단 조사

(2) 돈의 흐름 파악

① 무역 조건은 어떤 것인가? → FOB, CIF. DDF 등
② 결제 조건은 어떤 것인가? → Cash, L/C, (D/P), (D/A) 등
③ 결제 통화는 무엇으로 하는가? → 달러, 파운드, 마르크, 엔 등

(3) 서류의 흐름 파악

① 계약서는 어떻게 작성하나? → 일반 거래 조건 협정서, 물품 매도 확약서 등
② 출하 준비는 어떻게 하나? → 선적지시서 등
③ 통관 선적은 어떻게 할 것인가? → 수출통관신고서 등
④ 대금회수는 어떻게 하는가? → 화환 어음, 선적서류 등

4. 대금 결제

무역 실무는 과목 이름이 말해 주듯이 이론과 함께 실무 경험과 실습이 필요한 과목이다. 그 중에서도 무역 조건과 대금 결제에 대한 정확한 이해가 매우 중요하다.

수출 대금을 받는 방법으로는 계약과 동시에 현금을 받는 것이 가장 좋으나 수입상에게는 가장 불리한 것이다. 수출입 쌍방이 은행의 신용을 활용하는 L/C거래를 함께 외상 거래인 D/A거래 지식도 갖추어야 한다.

신용장이 수반되지 않지만 D/P(Document Against Payment)와 D/A(Document Against Acceptance)는 수출상이 수입상에게 어음을 발행하여 Invoice, Packing List, B/L, C/O 등 선적 서류를 동봉하여 은행을 통하여 수출 대금을 회수하는 방식이다.

1) 대금 결제(Payment) 방법의 종류

(1) 송금(Remittance)

수출 및 수입 대금을 환어음을 사용하지 않고 전신환이나 송금 수표로 직접 은행을 통하여 외화를 영수 또는 지급하는 방법이다.

(2) 추심(Collection)

① D/P(Document Aginst Payment : 지급인도 조건)

수출자가 수출 물품을 선적한 후 수입자를 지급인으로 하는 일람불(At sight) 어

음을 발행하여 운송 서류와 함께 거래 외국환은행에 추심을 외뢰하면, 추심 은행(수입자 거래 은행)은 어음지급인(수입자)의 대금 지급과 동시에 운송 서류를 수입자에게 인도하고, 그 대금을 추심의뢰은행(수출자의 거래 은행)에 송금하여 수출자가 수출대금을 영수하는 거래 방식이다.

② D/A(Documents Against Acceptance : 인수인도 조건)
추심은행이 수출자가 발행한 기한부 환어음을 제시하여 수입자가 어음상에 'ACCEPTED'라는 표시와 함께 서명하면, 추시은행은 수입자에게 운송서류를 인도해 주고 어음의 지급 만기일에 어음지급인으로부터 대금을 받아 추심의뢰은행에 송금, 수출자가 대금을 영수하는 거래 방식이다.

- D/A(at 90 days after sight) - 일람 후 90일에 대금 결제
- D/A(at 90 days after the date of shipment) - 선적 후 90일에 대금 결제

(3) Letter of Credit(L/C 신용장)

① Sight L/C(일람불 신용장) - 운송 서류 및 환어음 제시 즉시대금 결제(은행 보증)
② Usance L/C(기한부 신용장) - 외상 거래(은행 보증)

- Usance L/C(at 90 days after sight) : 일람 후 90일에 대금 결제
- Usance L/C(at 90 days after the date of shipment) : 선적 후 90일에 대금 결제

5. 물품 확보와 생산

수출 계약이 체결되면 수출자는 생산할 준비를 하거나 제조업체로부터 구매할 준비를 한다.

무역업이 제조업체로부터 구입해서 수출하는 도매 행위이지만 재고가 없는 무역상으로서는 제조업체와 바이어 사이에서 협상을 통해 수출 주문을 받고서야 그 제조업체로부터 해당 품목을 구입하는 형식을 취하게 되는 것이다.

제조업체도 남의 공장에 생산을 의뢰하는 경우가 있다. 자체 생산능력이 부족하거나 남의 공장에서 생산하는 편이 유리하므로 통상 협력업체, 하청업체라고 하는 공장이 필요한 것이다. 생산 활동은 원자재를 구입하여야 하며 이 경우 해외에서 수입하는 경우와 국내에서 구매하는 경우로 나눌 수 있다.

우선 수출업자가 수출 계약부터 수출 물품을 확보하는 과정을 정리해 보자.

(1) 공장이 없는 수출상은 남에게서 구매하여 수출한다. 또는 원자재 전부 또는 일

부를 구매하여 생산 시설이 있는 공장에 생산시켜 수출 한다. 이 경우 투입한 자재 가격을 제외한 생산 코스트(주로 생산공임)를 생산 공장과 협의하여(임가공 계약서 작성)공임과 비용은 주로 제품 생산이 완료되는 시점에 공장에 지불한다. 공장에서 생산된 제품을 구매할 대 완제품 구매계약서를 작성하며 물품대금은 선적한 후에 일주일 이내에 지급하는 것이 일반적이다. 내국신용장과 구매승인서는 수출 물품 거래 증빙 또는 대금 결제의 주요 수단으로 활용한다. 해외 바이어의 요청에 따라 개설되는 원신용장을 Master L/C라고 하는데 비해 내국신용장(Local L/C)은 국내 은행에서 수출 물품 구매자가요청하여 발행하며 Baby L/C라고도 한다. 수출물품을 제조하는 자가 무역 금융을 사용할 수 있도록 지원하는 데 주목적이 있다. 따라서 바이어에게서 선금을 받고 수출하는 경우에는 그 대금으로 원자재를 구매하여 생산할 수 있다고 여기고, Local L/C가 아닌 구매승인서를 발급 받아 수출거래 증빙과 부가세 매출 세율을 영세율로 세금계산서를 작성할 수 있다.

수출용 자재나 상품을 구입하면 부가세 매출 세율을 영세율로 하거나 생산 자금을 은행으로부터 대출받을 수 있고, 그 수단으로 Local L/C 또는 구매승인서를 발급받아야 한다는 내용을 알고 은행과 상의하면 된다.

(2) 자가 제품을 수출하는 공장에서 원자재를 수입하는 경우에는 수출 이행 후 관세를 환급받을 수 있음에 유의하여야 한다.

수출은 이익이야 적지만 대금 결제가 빠르고 수출 주문만 받으면 각종 수출금융제도를 활용하여 크게 성장할 수 있는 점이 장점이다. 다만 어려움이 가중되면 그 손실 규모가 커서 타격이 심하다는 점도 알고 있어야 한다. 제조업체는 기술 개발과 생산성 향상에 전념하고 해외 시장 개척은 전문 무역상의 협조를 받아 함께 커 나가는 것이 바람직하다.

해외 전시회나 상담회에 함께 참서하는 것도 효과적이다. 제조업체는 무역상에게 적정 마진을부여하고 무역상도 정확한 바이어 정보를 공유하는 것이 필요하다. 주문을 받아 생산할 때마다 입장 차이를 조율해야 한다면 바이어에게 신뢰를 주지 못하고 오더 관리에도 나쁜 영향을 미치게 된다. 무역상은 국내 경기가 좋지 않거나 환율이 급등할 때에 기회가 올 수 있으므로 평소에 바이어 관리와 제조업체와의 친분 관계에 힘써야 한다.

6. Nego 서류

수출업자가 제시한 선적 서류의 경우, L/C 조건과 일치하는지 엄격히 심사하고 일치하는 경우에 환어음(Bill of Exchange) 매입을 결정한다.

다음은 은행에서 수출환어음을 매입할 때 서류를 점검하는 내용이다. 은행 업무를 이해하고 문제가 없도록 사전에 정확한 선적 서류를 작성해야 하겠다.

(1) 매입 신청 서류 심사

① 신용장 내용의 점검

- 신용자의 진정성을 확인하였는가?
- 취소 가능 신용장은 아닌가?
- 매입 지정 또는 제한된 신용장이 아닌가?
- 보증 문언이 있는가?
- 신용장 통일 규칙 준수 문언이 있는가?

② 서류 심사의 기본적 유의 사항

- 요구하는 서류가 제시되었는가?
- 제시도니 개개의 서류는 신용장에서 요구하는 조건을 충족하고 있는가?
- 서류 상호간의 불일치는 없는가?
- 유가증권의 권리가 매입 은행에 정당하게 양도되었는가?
- 모든 서류가 유효기일 이내에 제시되었는가?

(2) 주요 서류 검토 내용

① 선하증권(B/L)

- 운송인의 명칭이 명시도어 있고 운송인 또는 그 대리인이나 선장 또는 그 대리인의 서명이 있는가?
- 서류 제시 시한 이전에 지시되었는가?(Stale B/L 여부 확인)
- 상품 명세는 L/C의 그것과 일치하는가?
- 선적항과 하역항은 L/C의 그것과 일치하는가?
- Shipped B/L, Received B/L, On-Board B/L 중 어떤 것인가?
- 수하인(Consignee)란은 L/C의 그것과 일치하는가?

a. 수하인(Consignee)은 L/C에 'B/L made out to' 다음에 표시되는 내용대로 기

재되며 보통 신용장 개설 의뢰인 또는 신용장 개설 은행이 수하인이 됨.

b. 'To order' 또는 'To the order'로 표시된 경우 To order of shipper로 해석하며 B/L 뒷면에 shipper가 배서함.

c. 수하인이 신용장 개설 은행이 아니고 신용장 개설 의뢰인이거나 지시식으로 되어 있는 경우에는 반드시 원본 전통(Full Set)을 제시받아 채권 보전 조치함.

- 운임지불 여부는 L/C의 그것과 일치하는가?

a. 신용장 상에 운임 선지급 조건인 경우 'Freight Prepaid' 또는 'Freight Paid'로 표기되며 'Freight Prepayable' 또는 'Freight to be Pre-paid'라고 표기된 경우에는 운임 선지급이 아님.

② 상업 송장(Commercial Invoice)

- L/C의 수익자가 발행했는가?
- L/C의 개설 의뢰인 앞으로 발행했는가?
- L/C에서 허용된 액 이내인가?
- 상품명세는 L/C의 그것과 일치하는가?
- 기타L/C상의 지시 사항과 일치하는가?

③ 환어음(Bill of Exchange)

- L/C의 수익자가 발행했는가?
- L/C상의 어음 지급인 앞으로 발행되었는가?
- L/C번호는 같은가?
- 서류 제시 시한 이전에 제시되었는가?
- L/C금액을 초과하지 않았는가?
- L/C상의 어음 기간과 일치하는가?
- 기타 L/C상의 지시 사항과 일치하는가?

④ 보험증권(Insurance Policy)

- 보험회사, 보험인수업자 또는 그 대리인이 발행하고 서명하였는가? (보험중개업자가 발행한 부보 각서는 신용장에서 특별히 허용하지 않으면 수리 거절)
- 발행도니 원본 전통(full set)이 제시되었는가?
- 수출자명 기재 시 반드시 보험증권 뒷면에 백지 배서가 되어 있는가?

- 보험 결제 대리인(Claim settling agent)이 기재되어 있는가?
  (통상 수입국의 대리인을 기재함)
- 부보 상품 명세는 L/C의 그것과 일치하는가?
- 보험 조건은 L/C의 그것과 일치하는가?
- 부보 금액은 L/C의 그것과 일치하는가?
  (보험 금액은 통상 송장 금액의 110%를 부보한다. 부보 금액의 표시 통화는 L/C에서 특정 통화를 요구하는 경우 이외에는 L/C상의 표시 통화로 부보)
- 발행일자 및 장소는?
  (발행일자는 운송 서류에 표시된 본선 적재일자 또는 수탁일자와 같거나 빨라야 함)
- 서적항과 하역항은 L/C의 그것과 일치하는가?
- 보험금 지급지는 L/C의 그것과 일치하는가?
- 기타 L/C상의 지시 사항과 일치하는가?

(3) 서적 서류나 화한 어음이 신용장과 불일치(Discrepancy)한 경우

매입 은행은 L/C에 의한 대금회수를 보장받지 못한다. 이 경우 수출상의 신용도에 따라 다음과 같은 방법 중 하나를 택하여 처리하고 있다.

① 환어음을 추심하여 대금이 입금되면 지급하는 방법(Collection Basis)

② L/C 개설 은행에 하자 내용을 전신으로 통보하여 매입을 해도 좋은지 어떤지를 물어보고 매입하는 방법(Cable Negotiation)

③ L/C를 하자 있는 서류에 일치하도록 조건 변경(Amendment)하여 하자를 해소한 후 매입하는 방법)

④ 하자 내용이 그다지 중요하지 않은 경우 수출자로부터 L/C(Letter of Guarantee : 대금 지급 거절 시 환불하겠다는 보증서)를 받고 매입하는 방법.

7. 무역 클레임

무역 클레임이란 어쩌다가 부딪치는 어려운 사건이 아니라 무역을 하는 사람이 자주 겪어야 하는 업무 중의 하나인 것이다.

바이어에게서 클레임에 대한 이야기가 나오면, 특히 전자 메일이나 문서로 연락이 온 경우 절대 무시하고 덮어 두어서는 안 된다. 클레임을 제기하고 배상을 받기 위해서는 먼저 클레임에 대한 내용을 통보하고 대답을 기다리는 순서부터 시작하기 때문이다. 품질이나 납기를 지키지 않아 손해를 입은 경우는 물론이고 시황이 좋지 않아 트집을 잡아 돈을 받아 내려고 마켓 클레임(Market Claim)을 제기하려는 경우에도 관련 서류를 갖추는 것부터 시작 단계임을 알아야 한다.

바이어로부터 Complain이나 문제 해결에 대한 요청이 오면 즉시 '잘 받았다. 조사해 보고 연락하겠다.'는 간단한 회신이라도 보내 주고 다음 조치를 강구해야 한다.

클레임은 철저한 예방이 최선이지만 클레임이 발생할 때 회사의 실정에 맞는 대처 요령을 정해 두고 대응하는 것이 필요하다.

주로 발생하는 클레임 내용은 품질 불량, 파손, 선적 불이행, 부당한 계약 해제, 대금 결제 지연, 화물의 부당한 인수 거절, 계약 물품의 상이 등이 있다. 회사마다 이러한 예상 클레임의 사례를 만들어서 최고 경영자가 솔선 수범하여 대책을 마련해 두어야 한다. 다음과 같은 클레임 사례는 위의 어떠한 경우에 해당하는지 한번 생각해 보자.

1) 무역 클레임(Claim)

수출업자와 수입업자 간에 거래 계약의 일부 또는 전부의 불이행으로 말미암아 발생하는 손해를 거래 상대방에게 청구하는 것을 말한다.

수입업자는 물품 수령 후 지체 없이 검사하고 하자가 발견된 즉시 수출업자에게 통지(Claim Notice)하여야 하며, 매매계약서 상에 약정된 클레임 제기 기간 내에 클레임 진술서(Claim Statement)등의 구비하여 정식 클레임을 청구해야 한다. 무역 클레임의 제기 시한은 일반적으로 매매계약서 상에 '클레임은 물품 수령 후 14일 이내에 서면으로 제기 할 것'등과 같이 명확하게 명시하고 있다.

그러나 매매계약서 등에 클레임 제기 시한을 명시하지 않은 경우 구미의 상관례는 일반적으로 '물품 수령 후 상당한 기간 내(within a reasonable time)에 클레임을 제기해야 한다.'로 되어 있다. 여기서 상당기간이란 화물의 성질에 따라 검사하고 하자를 발견하는데 소요되는 합리적인 기간을 뜻한다.

우리나라는 물품 수령 후 지체 없이 검사하고 하자 발견 즉시 클레임을 제기해야 한다. 단 하자를 발견할 수 없을 경우는 물품 수령 후 6개월 이내에 클레임을 제기하면 된다고 되어 있다.

무역 클레임을 해결하는 방법으로는 당사자 간의 해결 방법과 제3자가 개입하여 해결하는 방법이 있다. 국제 무역에서 분쟁이 발생하는 경우는 국제 상관례에 기초를 둔 국제상사중재원의 상사중재규칙에 따른다고 매매계약서에 명시하는 것이 일반적이다.

2) 매매계약서 상의 표준 중재 조항(Standard Arbitration Clause)

"All disputes, controversies or differences which may arise between the parties, out of or in relation to or in connection with this contract, or for the breach thereof, shall be finally settled by arbitration in Seoul, Korean in accordance with the Commercial Arbitration Rules of the Korean Commercial Arbitration Board and under the Laws of Korea.

The award rendered by the arbitrator(s) shall be final and binding upon both parties concerned."

(이 계약으로부터 또는 이 계약과 관련하여 또는 이 계약의 불이행으로 말미암아 당사자 간에 발생하는 모든 분쟁, 논장 또는 의견 차이는 대한민국 서울특별시에서 대한상사중재원의 상사중재규칙 및 대한민국법에 따른 중재인에 의하여 최종적으로 해결한다. 중재인(들)에 의하여 내려지는 판정은 초종적인 것으로 당사자 쌍방에 대하여 구속력을 가진다.)

3) Market Claim이란?

바이어가 상품을 인수할 의사가 없거나 가격을 깎을 목적으로 상품의 품질을 트집잡거나 여타의 계약 실행 상의 문제를 걸어 계약 취소, 반품 혹은 할인을 강요하는 것을 말한다. 시황이 나쁠 때 자주 발생한다.

Market Claim을 피하기 위해서는 신용이 좋은 거래처를 선별하고 품질, 수량, 선적기일 등 계약 조건을 준수해야 한다. 그리고 대금 지불에 관해서 취소 불능 신용장을 받고 그 선적 서류를 작성에도 틀림이 없어야 한다.

8. 수출 가격 협상과 요소 비용

1) 단위 원가 산정의 기준

생산 비용과 제품에 대한 수요가 단위 원가 산정의 기초가 된다. 그러나 수출 가격 결정은 생산 비용과 수요 조건 외에도 환율·인플레이션·세금·관세·보험·수송비용·

현지국 경쟁자 및 국제 경쟁자의 가격·중간상의 마진·정부의 가격 규제·국가 이미지 등의 여러 요인에 따라 영향을 받게 된다.

수출 가격을 결정할 때 염두에 두어야 할 한 가지 중요한 점은 제품에 따라 가격을 결정하기 보다는 현지 시장에 맞는 전략 가격을 설정한 후에 거기에 맞추어 제품을 생산해 낼 수 있어야 한다는 것이다.

(1) 원가(COST)

수출만을 위한 새로운 생산 설비 등 고정 비용의 투자가 따르지 않고 내수를 위한 생산에 사용되고도 남은 유휴시설을 활용한다면 수출 단가는 추가 비용만을 감안해서 결정하는 것이 옳다.

수출 단가는 최저 수출 가격선을 나타내므로 수출한 단가보다 낮은 가격 책정은 출혈 수출이 된다. 생산에서 단위 원가는 경제 규모에 따라 크게 영향을 받는다.

(2) 수요 조건(DEMAND CONDITION)

단위 원가가 최저 가격선의 기준이 된다면 시장조건(수요)은 최고 가격선의 기준이 된다.

자사 제품에 대한 수요가 높고 가격 탄력성이 1보다 작을 경우 가격을 높게 책정할 수 있다. 그러나 수요가 낮고 가격 탄력성이 1보다 클 경우 높은 가격 책정은 판매 감소를 초래한다.

(3) 경쟁 상태(COMPETITIVE CONDITION)

원가와 수요 조건이 수출가격의 하한선과 상한선의 기준이 된다면, 현지 시장의 경쟁 상태는 이러한 두 개의 상하한선 내에서 실제로 어떻게 가격을 결정할 것인지에 대한 지표가 된다. 물론 이 과정에서 주요 경쟁자들의 제품 가격 모두 참고해야 한다.

수출 기업이 자신의 제품 가격을 경쟁사들의 가격보다 높게 책정할 것인가 또는 낮게 책정할 것인가는 제품 차별화 정도, 브랜드 인지도 등에 따라 좌우된다. 제품 차별화와 브랜드 인지도가 높을수록 경쟁자의 가격보다 더 높은 가격을 받을 수 있다.

(4) 법적 행정적 규제

수출 가격의 결정은 또한 본국 및 현지국의 법적 규제에 영향을 받는다. 즉 덤핑 규제,

관세, 수입 규제, 가격 통제 등이 수출 가격에 영향을 미친다는 것이다.

(5) 국가 이미지(COUNTRY IMAGE)

같은 품질의 제품이라도 국가 이미지에 따라 구매자들이 지불하고자 하는 가격에는 차이가 있다.

구매자들은 이미지가 좋게 구축된 국가의 제품들에 대해 더 높은 대가를 지불하는 구매 형태를 보인다. 따라서 국가 이미지가 좋지 않은 개발도상국의 수출 기업들은 가격 책정에 더 어려움을 겪게 된다. 가격을 너무 높게 책정할 경우 구매자들이 그 가격을 인정하지 않으려고 하며, 그렇다고 가격을 낮게 책정하면 제품의 품질을 의심하게 되는 것이다.

(6) 마케팅 비용(MARKETING COST)

수출 가격 결정에는 수송비용, 촉진 비용, 유통 비용 등의 마케팅 비용이 고려되어야 한다. 특히 물류비용이 중요한 비중을 차지한다.

(7) 환율(FOREIGN EXCHANGE RATE)

환율 변동 또한 수출 가격 결정에 커다란 영향을 미치는데, 본국 통화가 상대국 통화보다 평가 절상되면 수출 가격 인상을 초래하고 반대로 평가 절하되면 가격 인하의 요인이 된다. 환율 변동에 따른 환위험을 최소화하기 위해서 수출 기업은 수출 결제 통화 베이스를 탄력적으로 선정, 운영해 나갈 수 있어야 한다.

2) 수출입의 요소 비용

국내 판매와 달리 해외 수출에는 포장비와 내륙 운송비의 비중이 크고 바이어의 요구에 따라 비싼 검사를 받아야 하는 것도 있다.

수출입의 요소 비용에는 다음과 같은 것이 있다.

- 포장비(Packing Charge)
- 검사비(Inspection Frees)
- 해상 운임(Ocean Freight)
- 항공 운임(Air Freight)
- 보험료(Insurance Premium)

- 선적, 적재 비용(Shipping Charge, Loading Charge, Stowing Charge)
- 수출 승인 비용(Export Licence)
- 내륙 운송 비용(Inland Freight)
- 수출 통관 비용(Clearing Fees for Exportation)
- 해상 적하보험(Marine Cargo Insurance)
- 양하비(Unloading Charge)
- 창고료(Storages)
- 수입승인 빙요(Import Duties)
- 수수료(Commission)
- 이자(Interest)
- 외환 비용(Cost of Exchange)
- 잡비(Sundry Charges of Petties)

9. 무역 조건(Trade Terms)

무역 조건(또는 가격 조건)에 대하 해석은 일반적으로 ICC(International Chamber of Commerce : 국제상업회의소)가 제정한 INCOTERMS(International Commercial Terms : 무역 조건 해석에 관한 국제 규칙)의 규정에 따르고 있다.

INCOTERMS는 무역 계약 체결에서 좁은 의미로 가격 조건(Terms of Price)만을 뜻하지만 넓은 의미에서 인도 조건(Terms of Delivery)을 규정하고 있다. 가격 조건으로서 수출상과 수입상 간의 비용 부담 한계는 물론 위험 부담의 한계, 수출상이 제공해야 하는 서류 및 그 외 기타 의무 등 제반 법률적인 관계를 해석하는 기준이 된다. 좀 더 자세히 알고 싶은 사람은 무역 실무 책에 나와 있는 INCOTERMS 2000을 공부하면 된다.

이제 수출입에 많이 사용하는 가격 조건 FOB, C&F 또는 CFR, CIF에 대한 것을 설명하겠다. 이 세 가지만 알아도 무역하는 데 지장이 없다.

10. 무역 상담 요령

바이어와 상담을 하거나 견적 요청을 받을 때 신중해야 함은 물론이다. 더욱이 신제품에 대한 가격견적, 치열한 경쟁 상품, 막중한 책임을 안고 떠난 해외 출장에서 바이어와 가격 협상을 벌인다면 어떻게 해야 할까? 비즈니스의 현장에서 반드시 겪어야 하는 일로써 결코 쉽지 않은 일이다.

다음 몇 가지 참고가 되는 내용을 소개해 보면

1) 바이어를 상대할 때 성실한 자세를 갖추고 진지하게 대하자.

바이어는 자신에게 상품을 공급하는 사람이 성실하지 않으면 불안하여 구매를 하지 않는다. 불성실한 수출상이 품질이 나쁜 제품을 선적하거나 약속한 납기를 어긴다면 커다란 낭패를 보기 때문이다. 특히 일본 바이어와 상담할 때는 가능하면 소숫점 세 자리까지도 언급하는 꼼꼼한 모습으로 대해야 신뢰를 얻을 수 있다. 필기를 하면서 진지하게 상담에 임하는 자세는 상담의 기본이다.

2) 지역별 상관습과 바이어 성향에 따라 가격 협상 방법이 다르다.

가격을 제시하거나 출장을 갈 때 그 지역에 대해 알고 있는 사람의 조언을 미리 들어 두는 것이 좋다. 아랍 바이어들은 가격을 많이 깎는 편이다 .처음 출장을 가는 사람은 황당한 기분이 들 정도이다. 그러나 대부분 처음 물어보는 가격은 바이어가 알고 있는 가격이며 남과 얼마나 차이가 있는지 알아보는 경우가 많다. 그 때는 거의 바닥에 가까운 낮은 가격으로 거래를 유인하는 편이 좋다고 한다.

3) 가격 인하 요구를 듣고 즉시 대답을 하지 말자.

가격을 깎아 달라는 말대로 선뜻 요구를 들어준다면 바이어가 오히려 의심의 눈길을 보낼 것이다. '처음부터 나에게 너무 비싸게 제시했나? 좀더 깎았어야 하지 않았나?'등 별의별 생각을 할 것이다. 상대방의 입장을 고려하여 진지하고 신중한 모습을 보여 주어야 한다.

4) 바이어가 대폭 인하를 고집할 때는 주문량을 물어보자.

바이어 중에는 대응하기조차 난감하게 대폭 인하를 요구하는 바이어에게는 더욱 진지하게 대하면서 '그만큼 인하할 수는 없다. 그러나 당신과 꼭 거래를 하고 싶으니 최대한 가격을 낮춰보겠다.'고 대답하는 것이 현명하다. 계속 대폭 인하를 요구할 경우, 주문량을 물어보면 쉽게 대응할 수 있을 것이다. 주문량이 많지 않으니 조금밖에 깎아줄 수 없다고 대답할 수 있는 경우가 대부분이기 때문이다.

5) 희귀 품목은 비싸게 팔아라.

경쟁자가 나타날 때까지 신개발품에 대해서 무척 비싼 가격으로 판매하는 사람이 있다. 가격이 노출되어 있는 일반 상품은 거의 마진 없이 팔면서 개발품으로 이익을 많이 얻는 정책을 견지하는 것이다. 새로운 아이템 개발에 부단히 노력하는 정책이며 매우 바람직한 일이다.

6) 반드시 회신을 보내라.

Inquiry(조회)란 사고 싶다고 생각하는 상품명을 Seller에게 말하면서 그것의 가격, 선적 기일, 품질, 거래 조건, 포장, 보험, 운송 방법 등의 상세한 점을 묻는 것을 말한다.

조회는 주문에 도달하는 첫 걸음이다. 즉시 회신을 하지 못하면 바이어는 빠른 회신을 하는 다른 곳에 주문을 할 가능성이 많다. 도저히 회신을 할 수 없는 경우에는 메일을 잘 받았다고 알려 주면서 여건이 마련되는 대로 자세한 명세를 보내겠다고 답신을 보내야 한다. 만약 대체품이 있다면 소개하는 것도 좋은 방법이다.

7) 비교 샘플을 준비하라.

반드시 팔고 싶은 품목일 경우, 그것만 준비해서는 안 된다. 그것과 비교할 수 있는 다른 제품을 준비하여 자신의 제품을 선택할 수 있도록 유도하는 것이 바람직하다. 주로 디자인을 선택하게 하는 제품류 상담에는 필수적이다. 여러 가지 비교 디자인을 준비하여 바이어의 선택 폭을 넓혀야 한다. 일부러 좋지 않은 디자인을 준비하여 팔고 싶은 디자인 제품을 권유하는 사람도 있다.

✤ 상담에 임하는 자세

(1) 바이어를 만나기 전에 바이어 이름에 대한 정확한 스펠링과 발음을 열 번 이상 연습했는가?
(2) 바이어의 취미와 상대 회사에 대한 전반적인 정보를 입수했는가?
(3) 팸플릿 외에 필요한 슬라이드와 비디오테이프는 준비했는가?
(4) 항상 곁에 계약서를 준비하고 있는가?
(5) 자기 회사 및 상품을 유창하게 소개할 말을 미리 마련해 두었나?
(6) 항상 상대방을 논쟁하는 방향으로 유도하지는 않는가?
(7) 상대를 설득할 자료(가격, 도표 등)나 실물을 준비했는가? 말로만 설득하려고

하지 않는가?

(8) 상대방의 기존 거래선을 파악하고, 왜 새로운 거래처를 원하는지 파악했는가?

11. 수출 통관과 선적

1) 수출 통관과 물품 선적

수입상과의 약정대로 상품을 생산하거나 완제품을 구입하여 서적이 가능한 상태로 준비되었다고 곧바로 배에 선적되는 것은 아니다. 세관에 수출 신고를 하고 허가를 받아야 한다.

대부분 관세사 등의 통관업자(Customs Broker)에 통관을 의뢰하는 경우가 많으며 운송주선업자(Freight Forwarder)가 통관업을 겸하는 경우가 많다. Invoice, Packing List, 사업자등록증 사본 등의 서류를 관세사에게 보내 세관장에게 수출 신고를 해야 한다.

세관은 수출 신고서와 신고 서류를 심사하고 필요에 따라 화물을 검사하는데, 검사의 목적은 불법을 수출되는 것을 사전에 방지하고 위장 수출을 가려내기 위함이며 관세 등 환급의 정확성을 기하기 위해 필요한 일이다.

2) 운임은 싸게 운송은 신속하게

외국으로 상품을 선적하는 방법은 납기와 물량에 따라 철도, 자동차, 배나 비행기 또는 배와 비행기를 같이 사용하기도 한다.

(1) 상품에 따른 선박 종류

선박을 수배할 때 상품의 수량, 종류에 따라 운송 선박이 다르다. 즉 일반 완제품, 기계류 등과 같이 포장된 개품은 일반 잡화선(General Cargo Carrier) 또는 컨테이너 전용선(Full Container Ship)에 선적되며 쌀, 옥수수, 밀 등의 곡물이나 광석, 석탄 등 Bulk Cargo는 곡물, 광석류 운반 전용선에 선적한다.

(2) 해상 운임의 산출

해상 운임은 기본 운임 + 할증료(CAF, BAF) 및 취급 수수료(THC) + 제공과금으로 구성되어 있다.

기본 운임은 항로별, 화물별로 정해지고 중량통(Weight Ton : W/T) 또는 용적톤(Measurement Ton : M/T)의 두 톤 중 높은 쪽을 계산톤(Revenue Ton : R/T)으로 하여 계산톤(R/T)에 기본 운임율(Base Rate)을 곱하여 산출한다. 선적할 품목과 거리 등에 다라 운임이 다르므로 전문적인 선박회사와 운송 계약을 체결해야 한다.

(3) 해상 운임의 구분

해상 운임은 지급 시기에 따라 선불 운임과 후불 운임으로 구분한다.

① 선불 운임 : CIF 또는 CFR 조건에 의한 수출인 경우 수출업자가 운임을 부담하므로 통상 운임이 선적지에서 선불되며 이것을 Freight Prepaid라고 B/L에 표기한다.

② 후불 운임 : FOB조건으로 수출하는 경우 수입업자가 운임을 부담하므로 화물이 수입항에 도착한 후, 수입업자가 지급하고 Freight to collect라고 한다.

(4) 선적 예약 주의 사항

선적 예약(Space Booking)을 하기 위해서는 다음과 같은 내용을 고려하여 가능하면 조기에 선박회사와 접촉하여 차질이 없도록 한다.

① 계약 또는 L/C에서 지정한 선적 기한 이내에 선적할 수 있는 배를 선택해야 한다.

- 상품에 따라서는 그 상품을 운반하는 선박이 한정되어 있는 경우가 있다.
- 목적지에 따라 그곳에 가는 선박이 극히 적을 수도 있다.
- 수출량이 급증하는 특정 항로에는 예약이 제한되는 수도 있다.

② 신용 있는 선박회사를 택할 것

- 선박회사에 따라 예상했던 화물을 모두 싣지 못해 화물 수송이 어려워지는 수도 있다.

③ 목적항까지 여러 곳에 들르지 않고 빨리 가는 배를 선택한다.

④ 속도가 빠르고 설비가 좋은 신조선을 선택한다.

⑤ 화물을 사고 없이 하역, 보관, 운반할 수 있는 선박을 선택한다.

(5) 선적 요청서 작성

구두 계약이 이루어진 다음 정식으로 선적 요청서(S/R, Shipping Request)를 제출한다. 이 때 Invoice, Packing List, L/C Copy를 첨부한다. 선적 서류 중 특히 중요한 선하증권(B/L, Bill of Lading)은 S/R에 따라 작성된다. 그렇다면 S/R 작성시 유의해야 할 항목은 무엇일까?

① Sipper : 수출업자다. 선박회사가 아니라는 점을 명심하자.
② Consignee ; 수하인, 즉 화물을 받는 자다. L/C거래에서는 L/C에서 요구하는 대로 기입하며, 수입업자가 반드시 수하인과 일치하지는 않는다. B/L의 유통성을 위해 To order(지시하는 사람에게)라고 기입되는 수가 많다.
③ Notify(Party) : 화물 도착 통지처이다. 수입자 또는 수입자가 지정하는 통관업자를 기입한다.
④ Description of Goods : 상품명세다. L/C 거래에서는 L/C에 기재되어 있는 대로 기입한다.
⑤ Marks and Numbers : 계약할 때 정한 케이스 마크를 기입한다.
만일 L/C에 기재되어 있으면 그대로 기입한다.

(6) 항공 화물 운송

항공 화물 운송은 해상 화물 운송에 비해 신속하고 안전하며 포장비, 보험료율, 중량 계산 방법, 기타 부대비용 등을 고려한 Total Cost 개념으로 볼 때 경제성이 있는 것이 많아 항공 운송이 늘어나고 있다.

운임은 출발지에서의 중량(Chargeble Weight)에 KG/LB당 적용요율을 곱하여 산출한다.

(7) 컨테이너 화물운송

컨테이너 운송은 수송, 보관, 포장, 하역에서 신속성과 안전성이 재래 운송에 비해 뛰어나다. 1996년 Sea Land 사가 뉴욕 유럽 항로에 컨테이너선을 투입시킨 이후 현재 세계적으로 널리 쓰이고 있는 수송 방식이다.

가. 컨테이너 화물의 운송 형태

① CY/CY/(FCL/FCL)(Door/Door) : 송하인의 생산 공장이나 창고에서 컨테이너에 실려 수하인에게 전달될 때까지 동일한 상태로 일관 수송된다. 운송인의 운송 책임은 CY에서 CY까지다.
② CY/CFS(FCL/LCL)(Door/ Pier) : 송하인의 생산 공장이나 창고에서 FCL 상태로 떠나 도착지에서는 여러 명의 수하인에게 전달되기 위해 도착항의 CFS에 들러 Devanning된다.

③ CFS/CY (LCL/FCL)(Pier/Door) : 출발지의 CFS에서 혼재된 화물이도착항에서는 단일 수하인에게 전달된다.

④ CFS/CFS(LCL/LCL)(Pier/pier) : 여러 명의 송하인으로부터 모은 LCL 화물을 CFS에서 혼재하여 역시 여러 명의 수하인에게 인도하는 방법이다.

- FCL(Full Container Load)Cargo : 컨테이너 1개를 가득 채우기에 충분한 양의 화물로써 CY Cargo라고도 한다.
- LCL(Less than Container Load)Cargo : 컨테이너 1개를 채우기에 부족한 소량 화물로써 CFS Cargo라고도 한다.
- CY(Container Yard) : 컨테이너를 보관 집적하는 장소.
- CFS(Container Freight Station) : 화주로부터 LCL 화물을 접수하고 인도하는 장소.
- Forwarder : 포워더(운송주선업자).

나. 컨테이너의 화물 적재량

구분	최대 적재중량 (무게)	최대 적재부피(부피)
TEU(Twenty–feet Equivalent Unit) 8fit*8fit*20ft)	41,270 lbs(파운드)	1,101ft3
FEU(Forty–feet Equivalent Unit) (8ft*8ft 6inch*40ft)	60,810 lbs (파운드)	2,389ft3

(8) 관세 환급

'수출용 원자재에 대한 관세 등 환급에 관한 특례법(환급특례법)'에 의거, 수출용 원자재를 수입할 때 납부한 관세를 환급해 주고 있다.

가. 환급 대상 수입 요건

① 수출용 원재료

② 외국으로부터 수입한 경우 관세 등을 납부

③ 수입 면허일로부터 일정 기간 내에 수출 등에 제공되어야 한다.

나. 관세 환급 방법

① 정액 환급 : 수출 물품 별로 환급 금액을 사전에 정한 정액 환급율표에 따라 환급 신청서와 수출면장만 제시하면 환급해 주는 방법

② 개별 환급 : 정액 환급율표에 게재되어 있지 않은 수출 물품인 경우, 수출용 원

자재 수입 시 납부한 관세 등을 환급 신청서와 일일이 수입면장 및 소요량 증명서를 제시하고 환급 금액을 계산하여 환급하는 방법.

다. 환급 신청 기간

원칙적으로 선적이 확인된 수출면장의 수출면허일로부터 2년 이내로 정해져 있다.

라. 환급 신청 기관

전국 세관 또는 수출 면허기관의 환급 은행 등이다.

PART Ⅲ

글로벌 지역문화연구

Chapter 9

아시아 지역

제 1 절 일본(Japan)

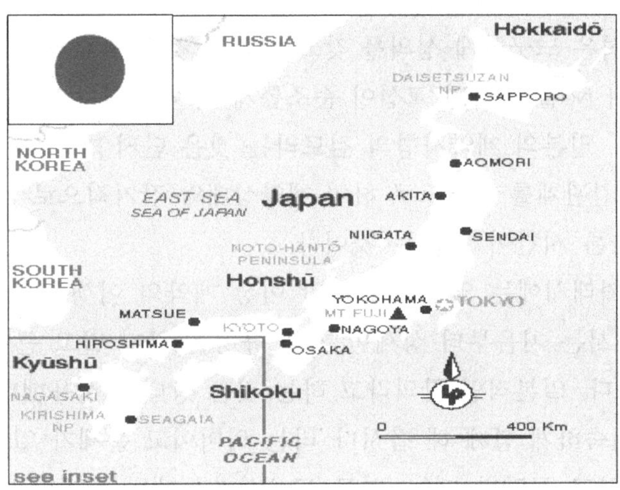

1. 문화와 관습

1) 문화

(1) 상거래문화

일본인들은 사업상의 거래에 있어 개인적인 관계를 중시한다. 일본인들은 '노(No)'라는 말은 하지 않지만 진정한 합의가 이루어지지 않았다고 느끼면 앞으로 나가지 않는다.[1] 구미에서는 일을 통한 교제가 시작되었다고 해도 비즈니스와 개인적인 교제와는 구별하지만 일본인과의 상담에서는 그러한 구별이 애매하다. 예를 들어 업무 이야기가 전혀 필요 없는 술자리나 유흥장에서도 그것은 상담의 하나의 진행이라고 생각되어지는 경우가 많다. 결국 상거래상의 신용은 계약내용이나 계약조건을 검토해서 그것에 기초해 확실하게 실행하는 등 구미의 계약 제일주의는 일본의 비지니스에서는 제2단계적인 문제로 생각되고 있다.

일본의 상거래에서 제일 중요한 것은 교섭상대가 인간적으로 신용할 수 있는가에 달려 있다. 따라서 외국인이 일본의 기업과 장사를 하는 경우는 전화나 문서 등에 의한 교섭이 중요하게 된다. 일본인 담당자는 몇 번인가 면접기회를 만들려고 하는데 그것은 계약조건을 채운다는 목적 이외에 개인적으로 신용상태를 관찰하고자 하는 목적을 염두에 두고 있는 경우도 있다.

일본에서는 상담의 개시부터 계약 성립까지 매우 시간이 걸린다. 교섭 당담자의 교섭이 구미만큼 명확하지 않은 점도 있지만 의사가 결정되는 과정에서 현장 사람들과의 합의를 통해 이루어지는 경우가 많기 때문이다.

일본인과의 교섭은 느긋하게 성의를 갖고 임하는 것이 필요하다. 계약내용에 대해서 성급하게 Yes나 No를 구하면 교섭이 순조롭게 되지 않거나 반대로 관계를 나쁘게 하는 경우도 있다. 일본의 계약사항의 검토라는 것은 단지 계약서에 쓰여져 있는 것뿐만이 아니라 인간관계를 바탕으로 하여 계약상대와 장기적으로 거래할 수 있는 지 여부를 판단에 따른 시간이 걸리는 것이다.

일본인과의 상거래시에는 일단 상거래인 이상 계약의 이행은 당연하지만 일본인과의 상담에 있어서는 처음부터 상세한 거래 규정을 하지 말고 큰 테두리로 합의하는 것이 바람직하다. 일본적인 합의라고 하는 것은 상대를 신용했다고 하는 것이다. 말하자면 '이후 친숙하게 함께 해 갑시다.'라는 의미이고 문제가 일어나면 그때 서로 이야기해서 해결하고 곤란할 때는 '서로 도웁시다.' 라는 뜻이다.[2]

일본인과 상거래시 주의사항으로는 복장은 패션성이 강하거나 색상이나 무늬가 요란한 원색의 것을 피하고 눈에 띄는 화려한 복장은 피하고 노타이차림으로의 회사 방문은 매너가 아니므로 주의하여야 하고, 명함은 상담시 반드시 필요하므로 필수적으로 휴대하여야 한다. 명함을 받았을 때에는 테이블위에 올려두고 헤어질 때 넣도록 한다. 상담시에는 처음부터 끝까지 타협적인 태도를 견지하는 것이 중요하며 정

1) 이상영 옮김, 「PASSPORT 일본」, 경성라인, 1998, p.48.

2) http://korea.dreamwater.com/japan.htm

확하고 간결한 표현을 사용하도록 한다. 상담과정에서 겸손은 일본인의 미덕이므로 상대방의 의견에 대하여 관심이 없는 경우 말로 표현하지 않으므로 질문이 없거나 간단한 답변을 하는 경우 관심이 없다는 의사표시로 생각하면 된다.[3)]

일본과의 거래시 일반적으로 지적되고 있는 상거래 관행의 특징과 주의사항은 다음과 같다.

가. 품질, 규격에 대한 높은 요구

일본에서의 품질, 규격에 대한 높은 요구는 일본 소비자의 높은 품질감각에서 유래하는 것이지만 지나치게 엄격한 면이 있다. 즉 상품의 품질 그 자체만이 아니라 디자인, 색상, 포장, 세부적인 부품 변경까지 문제시하며 규격에도 엄격한 표준을 요구하는 등 매우 까다롭다. 이렇게 품질, 규격에 대한 요구가 높기 때문에 견본과 계약상의 품질, 규격과 다른 상품을 보내오거나 그 중에 불량상품이 조금이라도 섞여 있는 경우 반드시 클레임을 제기하기 때문에 외국기업인들로부터 많은 불만을 사고 있다.

나. 납기의 엄격성

일본과의 무역거래에 있어서 납기를 엄격히 지킨다는 것은 매우 중요하다. 그 이유는 일본기업들이 수입품에 대한 요구 중에서 품질 및 가격경쟁력의 강화와 함께 납품기간의 단축, 납기의 정확성에 큰 비중을 두고 있기 때문이다. 이와 같이 일본기업들이 납기의 엄격성을 요구하는 것은 무엇보다도 재고부담을 줄이는데 일차적인 관심이 있기 때문이다. 따라서 수출자 측에서는 이러한 점을 감안하여 일본 내에 어느 정도 재고를 보유하거나 납품체제를 정비할 필요가 있고 일본기업에 대해서도 일정한 재고를 보유하도록 요구하여야 한다.

다. 장기적 거래관계, 신용관계의 중시

① 신용관계에 의한 거래

일본기업들은 일반적으로 상거래 교섭과정에서의 의견교환이나 타협 등의 과정을 중시하는 경향이 있기 때문에 오랜 교제와 거래가 없으면 거래가 이루어지기 힘들다. 또한 일본에서도 상거래는 계약서에 의거하여 이루어지고 있으나 백화점과 같은 전형적인 상거래에 있어서는 계약서를 작성하지 않고 전표로 대신하는 경우도 종종

---

3) www.kotra.or.kr/main/info/country/countrydetail.php3.

있으며, 구두상의 계약이 많이 이루어지고 있다.

이와 같이 계약에 있어 탄력적인 사고방식과 행동을 취하는 배경으로는 첫째, 거래당사자가 서로 신뢰하고 있으므로 자세한 계약체결의 필요성이 절실하지 않다는 점, 둘째, 계약서에 세부적으로 기재해야 한다는 것은 상대방의 신용이 결여되어 있기 때문에 기재한다는 전통적인 의식이 깔려 있다는 점 등을 들 수가 있다. 그러나 가끔 최종적인 계약내용과 함께 교섭과정을 포함한 계약의 재해석을 하는 경우도 있으므로 대일 수출상의 분쟁의 소지를 없애기 위해서는 자세하고 명확한 계약서상의 명문화가 필요하다.

② 어음에 의한 지불과 판매금융을 수출자가 부담

일본의 상거래는 대부분 약속어음 발행에 의해 이루어지는 상관습이 확립되어 있다. 특히 60~180일의 어음결제가 많아서 지불이 지연되는 경우도 종종 발생하므로 계약할 때에 결제방법, 어음의 기간 등 지불방법을 충분히 명시할 필요가 있다.

③ 상품의 공동개발을 위한 협력

일본에서는 백화점, 슈퍼마켓, 체인점 등과 제조업체의 협력에 의한 브랜드 상품의 공동개발노력이 많이 이루어지고 있다. 이는 소비자기호의 다양화에 대응하기 위한 것으로 볼 수 있는데, 수출자 측에서도 소재, 디자인면에서 일본의 상사 및 소매점과 협력할 필요가 증대되고 있다.

④ 인간관계의 중시

일본과의 상거래에 있어서 신뢰관계를 유지하기 위해서는 장기적으로 인간관계를 원활히 하지 않으면 안 된다. 특히 면담 등 개인적 접촉이 중요시되고 있으므로 상거래 이전에 인간적으로 긴밀해지는 것이 중요하다. 또한 일본의 상거래는 개인적 연결에 바탕을 두고 있으므로 소개자의 역할이 매우 중요하며[4] 인맥을 중시하는 경향이 있으므로 사람을 많이 사귀고 좋은 인상을 남기도록 하여야 한다.

(2) 기타 문화

가. 공연문화

일본에는 '노', '가부키 ', '분라쿠' 등 3대 주요 전통극이 있다. 이중 가장 오래된 것이 '노'로 14세기에 탄생했다. 노는 가면을 쓰고 전통의상을 입은 배우가 간단한 무대장치위에서 천천히 움직이면서 대사를 읊조리면서 공연한다. '가부키'는 '노'에 비하

4) http://i.kebi.lycos.co.kr/~ljjlsh/일본.htm#상거래문화

여 화려하고 정교한 의상을 입은 배우가 관중 가까이에서 연기를 하므로 무대장치가 복잡하며, 극적인 장면과 동작이 많다. 한편 '분라쿠'는 16세기초 처음 공연된 것으로 사람의 절반크기인 인형을 무대 위에서 조종하면서 공연된다.

나. 목욕문화

일본인들은 목욕하기를 좋아한다. 집에서는 보통 저녁에 한번 목욕을 하지만 온천에 가서는 하루 종일 목욕만 하는 사람도 흔하다. 집집마다 목욕탕이 다 딸려있지만 서민들에게는 대중목욕탕이 아직도 인기가 있다.

일본의 목욕문화는 한국과는 달리 기본적으로 목욕에 대한 인식부터가 다르다. 일본인들은 '더러운 몸을 씻으러 간다.'는 개념보다는 '따뜻한 물에 몸을 담그러 간다.'는 의식이 강하다.

대중목욕탕에서 때를 미는 일본인은 없으며 비누로 몸을 씻고 탕 속에 들어간다. 탕 밖으로 나와 머리를 감으면 목욕이 끝나기 때문에 목욕시간도 한국인보다 훨씬 짧다. 또 다른 사람에게 폐를 끼쳐서는 안 된다는 교육을 철저히 받은 이들은 목욕탕에서도 조심조심 행동한다. 물이 옆 사람에게 튀지 않도록 항상 신경을 쓰며, 모르는 사람에게 등을 밀어 달라는 부탁은 애당초 상상도 못한다.

습기가 많고 무더운 나라에 살다보니 몸을 가리지 않게 되고, 몸을 안 가리다 보니 남에게 알몸을 보이는 것도 그다지 부끄럽지 않게 생각하였다. 일본의 대중목욕탕에 가보면 남탕에 여자종업원들이 들어와서 돌아다니는 것도 보통이다. 한국에서는 남탕과 여탕을 관리하는 사람이 남녀 각각인데 반해 일본에서는 보통 남탕과 여탕 가운데에 한 사람이 앉아서 양쪽 일을 다 한다.

일본에서는 욕조에 물을 받아 온 가족이 사용한다. 한국인의 관점에서 보면 불결하다는 생각이 들지 모르지만 욕조에 들어가기 전에 몸을 깨끗이 씻고, 욕조에 몸을 담그고 나오는 정도니까 생각하기 나름일지 모른다. 일본인들은 손님이 와서 자기 집에 묵을 경우 손님에게 먼저 욕조에 들어가도록 배려해 준다. 이 때 욕조 밖에서 몸을 깨끗이 씻은 다음 욕조에 들어가 몸을 담그고, 사용한 욕조의 물은 버리지 말고 그대로 두고 나와야 한다. 그리고 일본 가정의 목욕탕은 대부분 욕조가 작고 들어가 앉으면 더운물이 목까지 차올 정도로 깊다. 또한 일본의 목욕물 온도가 한국보다 높고 뜨겁게 느껴질 수도 있다.

일본의 텔레비젼을 통하여 한국식 때 밀기가 방송으로 소개되자 일본인들도 서서히 때를 밀기 시작했다. 방송에서는 일주일에 한번정도 한국식으로 때를 밀면 의학적으로 혈액의 신진대사가 원활해지고 피부가 고와지고 탄력성을 유지해 주는 효과가 있다는 것이다. 이러한 전문의의 코멘트가 시청자들에게 알려지자 한국식 때 밀기는 더욱 인기를 끌고 있다.[5)]

다. 음식문화

식사예절은 음식문화에 따라 다르다. 일본에서는 젓가락을 많이 사용하는 음식문화이므로 다음 예법에 유의하여야 한다.

- 남이 젓가락으로 들어 올린 음식을 자신의 젓가락으로 받지 않는다.
- 식사 때 스푼을 사용하지 않으며, 젓가락을 밥 위에 꽂지 않는다(죽은 조상을 공양할 때 사용).
- 입에서 뱉어낸 고기 뼈 등은 테이블 위에 뱉지 않고 빈 접시에 뱉어낸다.
- 밥그릇이나 국그릇은 들고 먹어야 한다. 얼굴을 그릇 가까이 대고 먹는 것은 동물이 음식을 먹는 방식이다.[6)]

또한 음주에 있어서는 잔이 조금만 비어도 계속 따라 주며 권하는 습관이 있으며, 신분고하와 관계없이 꼭 한 손을 이용하며 손위 사람이 손아래에게 먼저 따른다.

라. 스포츠문화

일본에서는 전통적인 것에서부터 국제적 종목에 이르기까지 스포츠가 널리 보급되어 있으나 이중 가장 잘 알려진 전통적인 스포츠가 스모이다. 스모는 면이나 비단으로 만든 두껍고 무거운 샅바(마와시)만을 두른 두 선수가 서로 쓰러뜨리거나 동아줄을 둘러친 원형의 씨름판 밖으로 밀어내는 경기이다. 경기시간은 보통 1분미만으로 모든 경기는 정화의 표시로 씨름판에 소금을 뿌리는 의식으로부터 시작된다.[7)]

마. 이지메

이지메란 집단이 어떤 특정한 대상을 정해 놓고 괴롭히는 일이다. 대개 이지메 대상은 약하고 힘없는 자들이 된다. 괴롭히는 데는 특별한 이유가 없으며 그저 전체가 하나를 놓고 집단적으로 괴롭히는 일이다.

일본의 이지메는 인간에 대한 박해행위이다. 어린 학생들뿐만 아니라 성인들의 조직사회에서도 이지메는 존재한다. 이지메에는 몇 가지 공통점이 있다. 정신적으로

---

5) http://myhome.naver.com/japan815/bath.htm
6) http://my.dreamwiz.com/japan815/siksayejeol.htm
7) 김인현·김정구, 「현대일본의 이해」, 학문사, 2000, p.195.

나약한 사람, 육체적으로 약하거나 장애가 있는 사람에게 주위에서 집단적으로 이지메를 가하는 것이 일반적 현상이다. 가장 약한 사람을 못살게 굴면서 쾌감을 만끽하는 이지메 퇴치법은, 첫째는 집단에 약점을 보이지 않아야 한다. 둘째는 당하는 쪽 역시 위압적인 자세를 취하여야 한다. 셋째는 자신이 지닌 능력을 강조하여야 한다. 넷째는 상대방의 약점을 강하게 공격하여야 한다. 다섯째는 상대방이 수치심을 느끼도록 만들어야 한다. 여섯째는 자신의 강점을 알려야 하는 것 등이다.

일본에서의 이지메는 일종의 생존경쟁이다. 내가 먹느냐 먹히느냐 하는 사활이 걸렸다 해도 지나친 말이 아니다. 집단과 집단은 힘을 바탕으로 서로 견제하고 타협하면서 공존한다. 그렇기 때문에 어느 한쪽이 힘을 잃으면 공존의 바탕은 무너지고 약자는 경쟁에서 탈락하며 새로운 공존의 틀이 마련된다. 이것은 집단 내부에서도 마찬가지이므로 경쟁에서 패하여 밀려난 자는 집단에서 용서받지 못한다. 그래서 이지메 문화가 발생하고, 차별문화가 생겨나는 것이다. 이와 같이 이지메는 일종의 집단의식에서 나온 것이다. 내부 결속을 중시하는 집단의식은 집단에서 탈락한 자나 집단에 끼지 못한 자에 대해서 배타적일 수밖에 없다. 그래서 일본에서는 집단에 끼려고 노력하고 집단에서 인정받아 쫓겨나지 않으려고 노력하는 것이다.[8)]

2) 관습

일본인들은 자기의 생각을 잘 나타내지 않는다. 직접적인 말을 피하고 간접적이고 우회적으로 말한다. 따라서 일본인은 절대 'No'라는 말을 하지 않는다. 남의 생각이나 부탁을 거절하는 일에 대해 일본인은 강한 심리적 저항을 느끼기 때문이다. 어떤 사람의 의견이나 의뢰에 대해 'NO'라고 말하는 것은 그 사람 인격을 부정하는 것이며, 결과적으로 그 사람과의 인간 관계를 손상시키는 것이라고 느끼기 때문이다. 그래서 일본인들은 거절할 일이 있을 때 「ちょっと」「かもしれない」「かんがえておく」「いきたいんだけど」 등의 애매한 표현 형식을 쓰고 있다. 이러한 첨가 표현이나 중립적인 표현은 부정을 암시하며 화자의 거절의사를 완곡한 표현으로 바꿔주는 것이다.

일본인들은 상대방에게 폐를 끼치지 않는 것을 중요한 행동규범으로 삼고 있으며 '고맙습니다', '미안합니다' 등의 인사말을 자주 사용한다. 한국인은 '감사합니다'라고 간단히 말로 표현해 버리면 마음속에 가지고 있던 감사의 마음이 줄어드는 느낌이라고 한다. 그러나 일본인은 윗사람에게나 친하지 않은 사이, 친구 사이 혹은 가족간에

---

8) http://myhome.naver.com/japan815/ejime.htm

도 감사하는 마음을 확실히 '말'로 전달하고자 무척이나 노력한다. 또한 일본인들은 자신에게 무엇인가를 해준 사람에게는 불만스러운 점이 있어도 가만히 있는 것이 예의라고 생각한다. 만약 식사초대를 받아서 음식을 먹을 경우 상대방이 만들어준 음식 맛은 함부로 평가하지 않는 것이 예의라고 생각한다.

일본인들은 자기 쪽의 사람을 낮추어 표현하는 상대 경어를 사용하며 우리보다 맞장구 표현을 자주 사용한다. 일본어 표현에서 맞장구는 중요하다. '일본인의 맞장구는 열심히 듣고 있으니 이야기를 계속하세요.'라는 신호와 같은 것이다. 따라서 듣는 사람이 맞장구를 치지 않으면 이야기를 하는 사람은 불안해한다. 그러나 한국인은 일본인보다 맞장구를 중요시하지 않는다. 그것은 말하는 사람의 이야기가 끝날 때까지 묵묵히 잘 들어주는 것이 예의라고 생각하기 때문이다.

일본인들은 말할 때 시선을 고정하여 주시하는 것보다는 시선을 피하는 경향이 있으며 가급적 전원일치로 의견을 모으는 경향이 있다. 일본에서는 다소 이론(異論)이 있을지라도 가급적 전원일치로 의견을 모으려는 경향이 강하다. 따라서 식당에서도 자신은 별로 맛도 없는 요리라고 느껴도 남이 맛있다고 하면 반대하지 않는다.[9]

일본인들의 예절교육방법은 엄격하다. 아이가 지하철에서 의자 위에 신발을 신은 채로 올라가거나 길거리나 백화점 등 공공장소에서 울거나 때를 쓸 때 부모는 그 즉시 야단을 치거나 딴 장소로 데려가 잘못한 점을 지적한다. 이때 큰 소리를 내거나 화를 내지 않는다. 단호하지만 작은 목소리로 아이에게 잘못된 점을 말해준다. 아이에게 수치심보다는 잘못한 점을 느끼게 하는 것이 중요하기 때문이다. 대신 가정에서는 자유롭게 응석을 받아준다.

일본인의 예절 교육에서 가장 중요한 것은 "人(ひと)に めいわくを かける(남에게 폐를 끼치지 말라)"이다. 일본인들이 흔히 자기 아이들을 야단칠 때 "めいわくですよ(못된 짓이야)"라고 한다. 또한 대부분의 가정에서 자녀들에게 경어(공손한 말씨)를 사용한다.

일본인들의 친절성 역시 어릴 적부터 받은 엄격한 예절교육 때문이다. 음식을 먹기 전이나 먹은 후에는 꼭 '감사합니다', '잘 먹겠습니다'라는 인사를 하도록 교육받는다. 비록 돈을 내고 사먹는 음식일지라도 만든 사람의 수고에 인사를 하게 하는 것이다. 다른 사람을 배려하고 폐를 끼치지 않는 예절의 기본정신을 생활 속에서 철저히 몸에 배도록 교육한다.

---

9) http://100.naver.com/search.naver?where(박정의, 「전게서」, pp.237~268.); 김미란, 「일본문화」, 형설출판사, 2000, pp.257-266.(http://www.seoul-gchs.seoul.kr/~jeonghee/frame1.htm)

일본인의 인사 방법은 우리와 비슷한 점이 있으나 표현방법에 있어서는 다른 점이 많으므로 주의하여야 한다. 일본은 형식을 중요시하는 문화이기 때문에 인사는 매우 중요하고 격식도 차린다. 일본에서의 인사는 아첨의 표시가 아니라 존경과 겸손의 표시이다. 말로만 인사를 할 때는 상대방이 친밀감을 느낄 수 있도록 밝고 친절한 목소리로 말해야 하며, 이 때 밝은 미소를 지으면 더욱 좋다. 말과 동작을 동시에 사용할 때는 고개와 허리를 굽히는데 이때 허리를 굽히는 정도를 상대방과 비슷하게 하는 것이 좋으며 상대방보다 먼저 허리를 펴면 실례가 된다.[10)]

친절에 대한 원칙은 손님이 먼저 해야 하고 너무 깊숙이 숙이지 않도록 하되, 직위가 낮은 사람이 먼저하고 깊숙이 한다. 정식으로 인사를 하려면 허리부터 하며, 남자는 손을 허리 옆에 두고, 여자는 허벅지위에 올리고 한다.[11)]

자기를 소개할 때는 공손한 말씨와 태도로 성(姓)만을 말하는 것이 일반적이며 우리처럼 악수를 하는 일은 드물다. 남을 소개할 때는 자기와 친한 사람을 먼저 소개하며, 둘 다 자기와 친하지 않을 경우에는 아랫사람을 먼저 소개한다.

일본에서는 직장인뿐만 아니라 대학생과 중, 고등학생까지도 명함을 주고받는 것이 일상화되어 있으므로 일본인을 만날 때는 명함을 준비하는 것이 좋다. 일본인들은 명함을 인격 차원 정도로 여기기 때문에, 명함을 받게 되면 상대방이 보는 앞에서 직함을 읽어보고 소중한 물건을 다루듯이 지갑 속에 넣는 것이 예의이다.[12)]

---

10) http://www.edpia.com

11) 이상영 옮김, 「PASSPORT 일본」, 경성라인, 1998, pp.81-82.

12) http://www.edpia.com

제 2 절 중국(People's Republic of China)

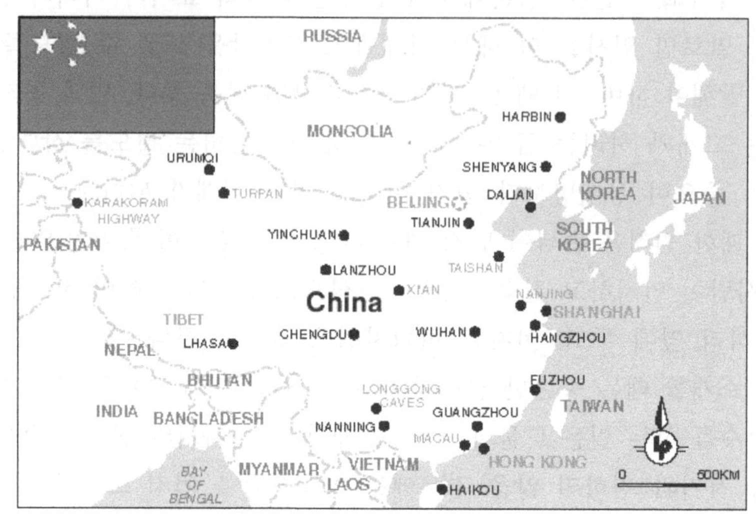

1. 문화와 관습

1) 문 화

(1) 상거래문화

중국은 나라가 크고 인구가 많은 나라이기 때문에 지역마다 상거래 관행에 차이가 있다. 중국인은 일반적으로 북쪽은 스케일이 크고 남쪽은 세심하다.

중국기업은 중앙정부 또는 지방 각급 정부 산하, 대외경제무역부 또는 기타 경제부서 산하, 군 관계 산하, 중외합작, 각종 사회단체 산하 기업 등 그 설립 형태에 따라 상이하므로 상대기업의 성격파악이 중요하다. 상담시 중국인은 특정사안에 대하여 민감한 문제는 확실한 답변을 유보하거나 긍정 또는 부정이 모호한 표현이 심하므로 이때는 중국어 및 중국인 일반특성, 주변여건, 상대방의 태도 등으로 종합하여 가능성 여부를 판단해야 한다. 항상 신중하고 예의를 갖춘 겸손한 태도로 상대방의 모든 카드가 제시되도록 끈질기게 기다리며 상대방의 시간적·심리적 초조한 점을 최대한 활용하여야 한다. 그러나 일단 유리하다고 판단될 시에는 상대방을 재촉, 적극 추진해야 한다. 추진과정 중 축적된 인간관계를 중시, 일단 상대방이 신뢰할 수 있다고 판단되면 적극 협조하여 평생 동안의 신뢰관계를 구축하여야 한다.

아직까지 많은 중국경제무역인사는 대외교역, 합작 등에 대한 경험이 미 축적되어 있으므로 구체적인 추진 시에는 각 과정별로 확인, 추진방법제시 등으로 인내력을 가지고 이끌어가는 것이 필요하다. 중국인과의 상담 또는 비즈니스 추진 시 상대방 측의 체면을 손상시키는 발언 또는 행동을 하지 않도록 유의하여야 한다. 반사회적인 행동, 즉 매춘·외화암거래·술주정·고성방가를 금하고 서구적인 제스처 또는 표현은 별로 환영받지 못한다.[13)]

일반적으로 중국인들은 한번 좋은 관계를 맺으면 끝까지 믿고 도와주지만 반대로 한번 원한을 사게 되면 좀처럼 잊지 않는다. 따라서 전혀 관계가 없는 사람들에게는 상당히 무뚝뚝한 반면 계속 만나게 될 사람에 대해서는 매우 예의바르고 친절하다.

우리나라 사람이 중국인과 무역을 할 때 주의하여야 할 것은 실무 담당자를 통해 교섭을 하여야 하며 사소한 것이라도 흠을 잡아 가격을 할인하려는 습성이 있고 불리해 질 때 책략과 상대방 약점을 제시하여 협상을 하려한다는 것이다.[14)] 우리나라 사람은 일반적으로 책임자를 만나 인사를 하고 승낙을 받아내는 것으로 끝을 보려 하지만 중국인과의 거래에서는 실무 담당자의 승낙을 얻어야만 한다. 중국인과 무역에서 교섭이 어렵고 실패하는 것은 이런 것을 모르기 때문인데, 중국인은 모두 하나하나가 공무원이라는 생각을 하기 때문에 상사의 명령으로 모든 일이 된다고 보지 않는다. 그리고 중국인은 인정을 중요시하고 있기 때문에 초조해 하지 않으며, 그들은 돈벌이를 선(禪)이라 생각하고 돈 버는 것을 인생에서 가장 즐거운 것으로 안다.[15)]

중국인들은 상담 시 먼저 상대방을 치켜세우거나 거래의 장미 빛 전망을 설명하여 상대방의 호감을 산후 상담을 진행하므로 외국인은 냉정한 태도를 유지하여 철저한 사업 준비와 계획서를 갖고 거래에 임하여야 한다. 중국인은 의심이 많으며 상담에 임하기 전 실용주의적인 논리에 근거하여 모든 거래를 위한 가이드라인을 마련하여 후일 상대방이 원칙을 준수하지 않는다는 것에 대한 하나의 방편을 마련한다.[16)] 중국은 아직까지 많은 기업인들이 시장원리보다 인간관계를 우선하는 관습이 농후한데 최근 들어 중국 자체에서도 상거래에 문제가 많이 발생하자 끼리끼리 모여 하나의 단체를 형성하여 단체 내 회원간 거래는 신용 중심으로 하고 단체 외부와의 거래는 철저한 경제원리에 의존하는 경향이 나타나고 있다.

---

13) http://mail.kebi.com/~james10/
14) 김성훈, 「국가별 유망아이템」, 두남, 1999, p.222.
15) http:// myhome.shinbiro.com/~james74/index.html
16) 원융희, 「글로벌 비즈니스에티켓」, 두남, 2001, p.9.

중국업체들은 시황이 좋지 않을 경우 종종 신용장이나 계약서, 원산지증명서의 잘못된 부분과 오타를 문제삼아 계약 내용을 변경한 다음에 가격 요구 조건이 수용될 경우 거래 대금을 지불한다. 또한 중국인들은 거래만큼은 냉정하게 임하며 이해득실의 계산에도 빠르며 친한 사람과도 손해 보는 장사는 하지 않으므로 '내가 생각해주는 만큼 상대방도 알아주겠지' 하는 우리 식의 정서는 아주 친한 친구 관계가 아닌 한 통하지 않아 담담한 마음으로 대상을 주의 깊게 살필 수 있는 자세가 기본적으로 요구된다.[17)]

중국인은 상담에 임할 때 매우 느긋하게 교섭하는 것이 체질이다. 그러나 이익이 눈앞에 있을 경우에 '느리고 천천히'라는 말은 사라진다. 중국에서는 관계가 있는 기업이나 사람으로부터 받은 소개장의 효력은 대단하다. 물론 소개장을 얻기는 어렵지만 이렇게 해서 자리가 만들어졌을 경우 상담은 상당히 수월해진다. 또한 중국인들이 거래파트너를 선택할 때 통과의 첫째 기준은 바로 신용이므로 기업의 대소나 능력은 그 다음에 따질 문제이다.

중국인에게 철저한 것은 '금전감각'으로 현금으로서의 돈을 선호한다. 중국인에게는 '和比三家'(적어도 3군데의 품질, 가격 등을 비교한 후에야 하는 구매)는 체질화되어 있다. 중국인과의 술자리는 비즈니스와 접대가 분리되는 경향이 높다. 처음부터 자기가 잘났다는 식의 이야기를 해서 아무런 이득이 되지 못하는 것이 중국인과의 상담이다. 물론 지나친 저자세도 역효과를 낸다. 따라서 중국인과는 '무색무취한 마음으로 자연스러움을 유지하는 것'이 비결이다. 성급하게 화를 내거나 섣부르게 설득을 하는 경우는 십중팔구 깨지거나 당하게 된다.

상거래에서 체면은 상대에게 대한 존경을 의미한다. 동등한 위치에서 상대를 고무시키는 테크닉이 고도로 발달한 것이 오늘의 중국사회라고 볼 수 있다. 그래서 서로가 낯을 붉히는 행동을 가급적 삼가고 좋은 말로만 일관하는 상담을 흔히 볼 수 있다. '오히려 성실하게 하나씩 따지는 자세도 필요하다.' 이 같은 전략도 종종 먹혀 들어간다. 그렇다고 그것이 정석은 아니다. 따지더라도 상대의 얼굴을 세워주면서 따져야 한다. 그렇지 않으면 그 뒤의 결과는 자명하다. 따라서 필요한 측에서는 돈과 명분을, 그 상품을 제공해줄 수 있는 측에서는 그에 상응하는 유·무형의 보답을 주는 교환이 매우 자연스럽게 이루어진다. 즉, 돈을 주고 그에 따른 명분도 함께 주어야 한다.[18)]

---

17) http://www.hanmichina.net
18) http://www.chinatrade.pe.kr

중국 현지나 중국인들과 상거래를 원활하게 하기 위해서는 다음과 같은 사항을 유의하여야 한다.

① 사전 준비를 철저히 하여 상담에 임하여야 한다. 중국 사람이 '만만디'로 상담을 한다면 우리는 천천히가 아니라 느릿느릿하게 상대하여야 한다. 중국 사람들은 속마음을 잘 들어 내지 않고 마지막으로 히든카드를 잘 내 놓으므로 우리도 성급하게 다 털어 놓아 마지막 히든카드도 없이 상담에 임하는 우를 범해서는 안 된다.

② 중국에서는 인간적인 유대관계를 잘 구축하여야 한다. 철저한 경제원리에 입각하여 중국인과 거래를 하기는 현재로서는 힘들다. 중국인들은 한 번만 만나면 나이 구분 없이 친구라고 하지만 이 정도 관계로 관계가 형성되었고 거래에 도움이 된다고 생각하면 곤란하다. 중국에서는 진정한 의미의 친구는 사귀기가 힘드나 어떻게든 사귀어 중국인 울타리의 조직 속으로 들어가야 한다. 따라서 상대방의 입장과 이익의 고려, 합리적 원칙의 견지, 객관적이고 엄정한 태도유지, 인간적인 감정의 교류가 진정한 친구를 만드는 제일 효과적인 방법이다.

③ 중국에서는 기 진출한 기업들의 경험을 경청하여야 한다. 중국시장에 많은 한국 기업들이 진출해서 이미 자리를 잡고 있고 모두들 제나름대로 경험과 노하우가 축적되어 있으므로 이들을 찾아가 겸허한 자세로 경험담을 듣는 것이 중요하다. 경험자와의 접촉이 줄어들면 생생한 정보를 구득할 수 있는 기회가 상실되고 지름길을 두고도 먼 길로 돌아감으로써 그 대가를 금전적인 손실로 치르게 된다.

④ 중국인과 협상할 때는 논리라는 무기를 부드러운 분위기로 포장하여야 한다. 협상이나 상담 분위기가 경색되어서는 좋은 결과를 얻을 수 없으나 그렇다고 좋은 분위기만 가지고 모든 것을 해결할 수도 없다. 따라서 자연스런 분위기 속에서 상대방의 의견을 존중하는 가운데 나의 주장을 논리적으로 전개하여 합치점을 찾아야 하며 무리하게 추진하기보다는 다음 번 기회를 목표로 하는 것도 중요하다.[19)]

중국 기업과의 협상전략으로는 중국 기업들은 협상에서 이겨야만 생존할 수 있었기 때문에 다양한 협상전략 및 전술을 가지고 있다. 상대방을 이기는 데만 초점을 맞추다 보니 도덕성이 결여되는 문제점을 야기시키기도 한다. 중국인들의 이 같은

---

19) http://user.chollian.net/~foe2026/

사회적 관행을 이해하면 중국 기업과 거래시의 한국 기업들의 피해를 어느 정도 예방할 수 있을 것으로 기대한다.

① 성동격서(城東檄書) : 이를 직역하면 서쪽을 격파하기 위해 동쪽에서 소리 지른다는 뜻이다. 협상에서 주요 목표를 달성하기 위해 중요하지 않은 기타 문제를 물고 늘어져 한국 측의 관심을 분산시킨 다음 한국 측의 준비가 부족한 틈을 이용하여 주요 목표를 제기하여 많은 양보를 얻어내는 전략이다. 그리고 이렇게 얻어낸 양보는 재빨리 중국 측에 유리하게 서면 기록으로 작성하여 한국 측의 확인 사인을 받아 둔다는 것이다. 이는 많은 한국기업들이 체험하였을 것이므로 조심하여야할 부분이다.

② 병불염사 : 전쟁에서 병력을 배치할 때 한국 측을 속이는 허허실실 술책을 마다하지 않고 적극 사용하여야 한다는 말이다. 상담일자를 긴박하게 바꾸거나, 통역으로 하여금 중국 측의 정보를 고의로 흘려준다. 또 한국 측에게 다른 경쟁회사와 상담하는 모습을 의도적으로 보여주고 한국 측의 사소한 허점을 고의적으로 지적하여 한국 수출자끼리 싸우다가 공멸하도록 경쟁도 붙인다. 한국 측을 최대한 속여서 중국 측의 의도를 정확히 파악하지 못하게 만드는 전략이다.

③ 화비삼가 : 한국 상품을 구입할 때 반드시 3개 이상의 공급자로부터 견적을 받아 비교해 보고 서로 경쟁하게 만들어 최대한의 이익을 받아 낸다는 전략으로 중국 기업들이 가장 보편적으로 사용하는 구매 방식이다.

④ 창홍백검 : 붉은 얼굴과 하얀 얼굴 2 개의 얼굴을 가진다는 뜻으로 협상시 중국 측 인원을 강경파와 온건파 2개 팀으로 구성하고, 밀고 땡기는 전략을 병행하여 계획하는 목표를 달성하는 전술이다. 우선 협상 전에 획득할 목표를 정해 놓고 하급 실무자들은 하얀 얼굴 팀의 강경파 역할을, 최고 결정권자는 온건파인 붉은 얼굴 팀의 역할을 담당한다. 한국 기업들은 중국 측의 이 같은 계획적인 역할 분담을 잘 알고 대처할 필요가 있다.

⑤ 장외교역 : 협상 중 휴식 시간을 이용하여 한국 측에게 즐거운 오락활동을 제공해 주고 즐거운 기분을 활용하여 공식 테이블 상에서 말하기 어려운 어색한 문제 또는 어려운 문제에 대해 계속 교류를 진행한다. 이러한 분위기를 이용하여 한국 측이 내부적으로 서로 부딪쳐 분열되게 모순을 야기시키고 일부 한국 측을 설복시켜 중국 편으로 끌어 당겨 동정을 얻어낸 다음 다시 공식 테이블로 돌아가 협상을 진행한다는 것이다.

⑥ 지피지기 : 나를 알고 적을 알아야 한다는 뜻으로 준비 없는 전쟁은 하지 않는

다는 뜻이다. 즉, 국제 계약에서 어떠한 수단을 써서라도 한국 측의 각종 전략을 상세하게 이해하고 특징을 분석한 뒤에 각종 대책을 충분히 준비하고서 한국 측과의 협상에 나선다는 뜻이다. 전쟁을 하기 전에 반드시 첩자를 먼저 보내 한국 측의 실상을 충분히 파악한 다음에야 비로소 전쟁을 시작한다는 말이다. 이는 국제협상에서도 마찬가지이다.

⑦ 간접각색 : 중국인들이 자주 사용하는 얍체 전략이다. 자기는 단순히 대리인의 입장이라고 우기면서 까다로운 조건은 모두 위탁자에게 책임을 돌리는 방법이다. 즉, 자기의 이익을 반영한 입장은 철저하게 한국 측에 요구한다. 그러나 한국 측의 제안은 자기가 대리인이기 때문에 받아들일 수 없다며 양보할 권리가 없다고 뒤로 빠지는 책략이다. 많은 한국인들이 중국인들과 협상하면서 이 같은 황당함을 많이 겪었을 것이다. 자기가 협상 당사자이면서 대리인이라고 거짓말하는 낯두꺼움이 중국인들의 특색임을 명심하여야 한다.[20]

중국인의 취향으로는 적색(길조, 혁명, 진보상징)과 황색을 선호하는 대신 자색, 흰색(죽음, 굴욕상징)을 기피하며, 팬더곰, 용, 거북, 학, 원앙, 기러기, 잉어 등을 선호하는 대신 까마귀와 자라는 기피한다.

(2) 기타 문화

가. 화장실문화

중국의 화장실은 매우 유명하다. 중국을 여행하고 돌아온 사람들, 특히 여성분들은 중국의 화장실문화에 대하여 두 번 다시 가고 싶지 않은 곳이라고 말한다. 중국의 대부분의 화장실은 유료로 수도 북경의 번화가인 왕부정거리나 상해의 남경로, 등 그 도시를 대표하는 거리의 화장실, 자금성, 이화원, 예원, 요원 등의 화장실이 모두 유료이다.

무료 화장실은 호텔, 식당, 편의상점 등이며 비교적 청결한 편이다. 화장실에는 화장지가 없으며 유료인 경우 매표소에서 화장지를 무료로 조금 준다. 화장실의 종류에는 문이 없고, 있어도 매우 작아 안이 다 보이는 화장실과 길다랗게 흐르는 물이 위에서 아래로 흐르며 발자국 모양의 페인트만 칠해져 있어 앞사람의 엉덩이를 보면서 볼 일을 보는 화장실이 있다. 그런데 여성이 이용할 만한 화장실은 호텔, 편의상점이나 식당의 화장실을 이용하는 것이 좋다.[21]

---

20) http://www.hanmichina.co.kr/trade5.htm

나. 식당문화

중국요리를 먹을 때는 특별한 예절이나 요령이 필요한 것은 아니지만 방문하는 국가의 예절을 지켜주는 것이 예의이며 식사를 맛있게 하는 방법이기도 하다. 식사주문을 한 뒤에는 빨리 가져오라고 독촉하지 말고 음식이 나오는 대로 여유 있게 식사를 하도록 하며 이때 씹거나 마시는 소리나 뜨거운 국물을 입으로 후후 부는 소리들은 실례가 되므로 삼간다. 식사 중 종업원의 도움이 필요하면 큰소리로 부르지 말고 종업원과 눈이 마주칠 때까지 기다렸다가 살짝 손을 든다. 식사가 끝나면 일행이 동시에 일어나지 말고 식사 중인 사람들에게 방해가 되지 않도록 조용히 일어나야 하며 나올 때는 식탁에 1~2 달러 정도의 팁을 놓아두는 것이 예의이다.

중국요리는 먹을 때는 밥그릇을 들고 먹어도 좋다. 중국요리는 대개 큰 접시에 담아주므로 수저로 자기 앞에 놓인 작은 접시에다 덜어 먹으면 된다. 가족끼리의 식사가 아니라면 큰 접시에 있는 음식을 자기가 먹던 젓가락으로 덜어 가는 것은 실례이다. 그리고 음식을 먹는 속도는 스스로 조절하여야 한다. 한꺼번에 상위에 차려놓고 먹는 것이 아니라 한 가지씩 차례로 나온다. 처음에 나온 요리가 맛있다고 해서 그것으로 양을 채워버리면 나중에 더 맛있는 요리가 나왔을 때 후회하게 될 때도 있다. 또한 중국인들은 술에 취해 실수하는 것을 몹시 싫어한다. 주정뱅이로 한번 낙인찍히면 사회생활을 하는데 지장이 있을 정도라고 한다.[22)]

다. 음식문화

중국요리는 양자강을 중심으로 북방요리와 남방요리로 구분되며, 일정한 지역을 기준으로 북방(북경·천진), 산동(청도·개봉), 강남(상해·남경·양주·영파·무한), 복건(복주·천주), 광동(광주·홍콩), 사천(성도·중경) 등 6대 권역으로 구분한다.

북방요리에서는 주로 소·돼지·양·말 등 육류에 콩·고량·옥수수·밀가루를 주식으로 하며, 남방은 쌀과 생선·조개 등 해산물이 풍부하다.

중국요리의 특징은 재료의 선택이 자유롭고 다양하며 색과 향을 중시하고 있다, 조리기구는 비교적 간단하며 조리법과 그 과정이 다양하다. 또한 기름을 많이 사용하지만 방법이 합리적이기 때문에 자주 먹어도 물리지 않으며 음식의 수분과 기름기가 분리되는 것을 방지하기 위하여 녹말을 많이 사용한다.

---

21) http://myhome.netsgo.com/youn2963/chinfof.html

22) http://www.jinchon.co.kr

3) 관 습

(1) 가족제도

전통 중국사회에서는 가족이 사회의 중심축이었으므로 세대 간에 가족을 구성하고 사는 것을 가장 중요하게 여겼다. 그러므로 가족 간의 존경과 사랑을 국가에 대한 충성보다도 더 중요하게 여겼다. 전통적인 중국사회에서 가족의 크기와 구조는 사회적 지위에 따라 달라졌는데 농촌의 대토지 소유자와 정부관리는 대가족을 구성하고 있었던 반면에 가난한 농부들은 소가족을 구성했다.

대개 가정은 할아버지, 자식, 손자들로 가족을 구성했지만 현대들어 특히 공산주의 정권 하에서 가족의 전통적인 형태가 급격하게 변하였다. 1987년 현재 전형적인 중국의 가족의 형태는 5~6명인데 이것은 전통적인 중국에서의 부유한 가족형태와 유사하다. 이 수치는 도시지역이 농촌지역보다 다소 낮은 편이다.[23)]

(2) 식생활

중국에는 '백성이란 먹는 것을 하늘처럼 섬긴다.(民以食爲天)'라는 말이 있다. 그래서 역대 천자의 최대 과제는 백성을 어떻게 먹이느냐에 있었다. 적어도 먹게만 해주면 태평성대라고 칭송받을 수 있었다. 그러나 그 많은 식구를 거느렸으니 먹이는 것이 보통 문제가 아니었다. 역사상 중국 대륙에서 식을 완전히 해결한 적은 없다. 1983년에 발행된 '중국연감'에 의하면 1959년에서 1961년까지 3년간 진행되었던 대약진운동이 실패함으로써 당시 한국의 인구에 해당하는 무려 24백만 명이 굶어죽은 것으로 되어 있다.

중국 사람들의 먹는 것에 대한 집착은 대단히 강하다. 흔히들 한국 사람들은 인간이 살아가는 데 가장 중요한 것으로 의·식·주 3가지를 들고 있으며 그 어느 하나도 빠져서는 살 수 없다는 뜻이다. 그러나 이 중에서도 중국인들은 식을 가장 우선적으로 꼽는다. 그래서 중국인들은 먹는 것 외에는 그다지 신경을 쓰지 않으므로 아무리 부자라 할지라도 외관에 치중하지 않는다. 그래서 옷이나 집의 화려함을 가지고 그들의 빈부를 따지는 것만큼이나 어리석은 짓도 없다.

중국 사람들의 결혼을 보면 재미있는 광경이 벌어진다. 한국처럼 엄숙하고 긴장되는 의식은 찾아볼 수가 없다. 그러니 예식장은 아예 없고 대신 음식점만 있을 뿐이다. 그런 것쯤이야 공증을 통해 순식간에 해결하고 손님에게는 음식점의 약도와 전

---

23) http://www.khan.co.kr

화번호가 적힌 청첩장만 보내는 것으로 끝낸다. 한국인의 관점에서는 결혼식이 아니라 먹기 위해 모인 구경꾼처럼 느껴질 수 있다.

중국에서는 요리가 한국처럼 한꺼번에 나오는 것이 아니라 순서대로 하나씩 나오는데 그야말로 세수 대야만한 접시에 요리를 내놓는다. 이것을 탁자 가운데 올려놓으면 탁자의 중앙은 회전할 수 있도록 되어 있다. 그래서 자기 앞으로 돌려놓은 다음 적당한 양을 덜어 먹는다. 물론 맨 마지막으로 나오는 것이 탕(국)과 과일(디저트)이다. 그러므로 한 가지 요리를 너무 많이 먹으면 그 다음의 요리는 먹을 수 없게 된다.[24]

(3) 예절

가. 식사예절

중국의 요리가 많은 관심과 사랑을 받는 것도 단순히 중국요리 자체 때문만은 아니고 음식이 삶의 기초인 만큼 중국요리는 요리 안에 많은 문화전통과 어우러져 있기 때문이다.

그러므로 중국에서는 식사하는데 많은 예절들이 있다. 초대받을 경우에는 선물은 짝수로 준비하며, 가급적 벽시계나 탁상시계는 삼가는 것이 좋다. 시계를 뜻하는 종(鍾)의 발음이 끝을 나타내는 종(終)의 발음과 같기 때문이다. 이는 중국에서는 탁상용 시계나 괘종시계가 죽음을 상징하기 때문이다. 선물은 되도록 가벼운 것으로 오래 기억될 수 있는 실용적인 것을 주는 것이 좋으며 외국화폐나 기념주화는 선물해서는 안 된다. 중국인들은 손님을 초대하는 경우는 아주 드물며 초대를 받은 경우는 고급 과일이나 초콜릿 또는 쿠키 등을 부인에게 선물하면 된다.

음식은 통상 12가지 이상 나오므로 되도록 자신의 식욕을 조절해서 먹어야 하며 식사 중 정치이야기는 금하는 것이 좋다. 그리고 손님을 초대할 경우 손님에게 가장 멀리 떨어진 자리를 권하며 많은 음식을 준비하여 접대한다. 음식점에서 식사 초대를 받을 경우 중국인이 지정하는 자리에 앉아야 한다. 왜냐하면 음식 값을 지불하는 호스트가 좌석으로 결정되기 때문이다. 호스트가 착석 후 앉으며 호스트가 건배를 청하기 이전에는 건배 제의를 삼가야 한다. 또한 음식을 맛있게 많이 먹어주며 음식이 맛있다는 칭찬을 하는 것이 좋다. 준비된 음식에는 적어도 한 번씩 손을 대는 것이 예의이며, 밥을 많이 먹는 것은 아직 양이 차지 않았다는 뜻이 될 수 있으므로 주의하여야 한다.[25]

---

24) http://mail.kebi.com/~james10/

나. 음주예절

중국술은 제조방법 및 원료에 따라 종류가 다양하다. 그러나 일반적으로 중국 사람이 좋아하는 술은 죽엽청주와 마오타주 등이라고 할 수 있다. 술은 종류에 따라 양조주인 황주(黃酒), 증류주인 백주(白酒), 한방약을 이용한 노주, 과일 등을 이용한 과실주 그리고 맥주 등 5가지로 구분된다. 중국인은 술에 취해 실수하는 것을 몹시 싫어한다. 그래서 중국에서는 술에 취해 비틀거리는 사람을 구경하기 힘들다. 중국의 술 중에는 50도 이상의 술이 많으므로 한국의 소주 마시듯이 마시면 술에 취하기 쉽다. 술고래라는 뜻으로 하이량(海量 : 좋은 의미의 술고래)과 지우꾸이(酒鬼 : 나쁜 의미의 술고래)가 있다.

중국인의 음주예절은 한국과는 상당히 다른 편이다. 중국에서는 술잔이 다 비기 전에 첨잔하므로 한국의 습관과 다르며 잔을 돌리는 습관도 없다. 중국인이 건배를 외치며 술을 권해 올 때는 다 들이키는 건배의 의미로 중간에 내려놓으면 실례가 되며 술이 약한 사람의 경우 음주 전 양해를 구해놓는 것이 좋다. 중국인 집을 방문했을 때 일반적으로 차를 대접하나 만약 술을 대접하면 주객의 사이가 보통이 아님을 의미한다.

다. 차 예절

중국은 차 역사는 4천년 이상을 가지며 어느 공공장소를 가더라도 차 잎만 있으면 언제든지 차를 마실 수 있도록 끓는 물이 준비되어 있다. 차의 종류에는 녹차, 홍차, 오룡차, 백차, 화차, 긴압차 등이 있으며 각 지방마다 고유한 차가 있어 지방 특산물로서 즐길 수 있다. 중국의 차 문화는 식사나 회의할 때를 막론하고 생활 깊숙이 파고들어 한국인들의 물 마시는 것과 비슷하다. 택시기사들도 보온통 혹은 유리병에 차를 타서 마셔가며 운전할 정도로 차는 중국인에게 하루도 없이는 안 되는 중요한 것이 되고 있다. 차를 마시는 경우 특별히 예의를 요하지 않지만 상대방의 잔에 물이 빌 경우 계속 따라주는 것이 예의이다.

라. 담배 예절

중국인들은 한국과 같은 담배 예절이 없기 때문에 아들이 아버지와 맞담배를 할 수 있으며, 처음 사람을 만날 때 담배를 권하며 피우지 않더라도 응해주는 것이 상대방의 호의를 받아들인다는 의사표시이다. 자기가 피기 전에 계속 다른 사람에게 담배

---

25) http://mail.kebi.com/~james10/

를 권한다. 보통 다른 사람에게 담배를 권할 때에는 중상급 이상의 담배를 권한다.[26)]

마. 세시풍속

중국의 세시풍속은 음력에 따라 치르는데 종류가 다양하다. 한국의 설날에 해당하는 춘제(春節)에는 헤어진 가족들이 모두 모이는 날로 바로 전 날인 섣달그믐부터 폭죽을 터뜨리며 놀고 음식을 먹으며 잠을 자지 않고 밤샘을 한다. 춘제 아침에는 차례를 지내고 '궁시(恭禧)'라는 축하인사와 세배를 한다. 이후 거의 한 달 동안 계속되는 기간 중에 사자춤과 용춤이 등장한다. 정월대보름날인 위안사오제(元宵節) 때는 보름달을 감상하고 등불놀이를 하며 만두국을 즐겨 먹는다. 단오제(端午節)에는 배를 타고 경주하는 룽촨(龍船)경기를 하고, 쭝쯔(宗子)라는 별식을 먹는다. 중추제(中秋節) 때는 가족들이 모여 앉아 햇곡식으로 먹을 것을 장만하여 감사하는 달맞이 행사를 한다. 이때 가장 즐겨 먹는 것은 웨빙(月餠)으로 가까운 친척이나 친구를 방문할 때에는 꼭 이 웨빙을 선물한다.[27)]

2. 진출시 참고사항

급속히 성장하고 있는 이 거대한 시장에서 성공하려는 외국기업들은 반드시 '꿔칭'(중국의 특징이나 고유의 정황, 즉 중국식을 의미함)에 익숙해져야 한다. 중국 소비자들의 관심을 집중시킬 만한 가치·품질·편의를 함께 갖춘 상품을 제공하기 위해 상품 판매자들은 절대적으로 중국인들에게 어울리는 중국식으로 접근하여야 한다.

중국인들은 외국 정부나 기업들이 그들에게 강요할지도 모르는 방법이나 사상을 비판하고자 할 때 그 방법 또는 사상이 그들의 '꿔칭'에 부합하지 않는다고 표현한다. 중국인들과 효과적으로 일하려면 이러한 개념을 이해한 후 설득하여야 한다. 서구의 많은 시장 개척자들이 중국을 이해하고자 '관계(관시)'를 파악하는데 주력하지만 그것만으로는 불충분하다. 본 국에서 이미 그 효과가 입증된 바 있는 기존의 상품 차별화, 상품진열관리 방법, 편리한 기술 등을 모르고 중국에 그대로 적용하려는 외국 기업들은 십중팔구 좌절을 맛보게 될 것이다.

중국 상점에서 붐비는 사람들이 모두 구매자는 아니고 그들은 단지 구경하고 있을 뿐이다. 중국의 소비자들은 충분한 시간을 갖고 구경하고 만지작거리기 때문에 충동

---

26) http://mail.kebi.com/~james10/

27) http://www.naver.com

구매는 거의 하지 않는 경향이 있다. 중국 소비자는 질이 떨어지는 자국 상품에 싫증을 느끼고 있는 상태이기 때문에 서구에서 수입된 상품을 동경하고 있다. 소비자 행동 역시 여러 면에서 '궈칭'을 반영하고 있다. 중국인들은 길조의 발음을 가진 이름, 특히 권세의 이미지를 상징하는 상표 이름을 선호한다.

소비자의 행동에 영향을 미치는 중국문화의 또 다른 하나의 측면은 '새로운 시도에 대한 망설임'과 관련이 있다. 전형적인 중국인들은 새로운 상품을 구매하는 수많은 사람들 중에 똑같은 사람이 되지 않기를 원한다. 그러나 남들보다 뒤떨어졌다라는 말을 듣기는 싫어하기 때문에 이웃이 사용한 후 이상이 없으면 그들은 그 새로운 상품을 구매하려고 한다. 누군가 먼저 사용했다는 사실로 인하여 중국 소비자들은 안심하고 그 상품을 구하기 위해 상점에 들이닥친다. 서로 아는 사람간의 상품소개가 고객을 확대하는 가장 강력한 방법이다.[28]

중국진출 시 유의사항으로는 중국은 한국과 지리적으로 인접할 뿐만 아니라 문화적으로 유사한데다 아직은 미개척 시장으로 인식되어 한국의 많은 개인사업자들이 꿈을 실현할 수 있는 기회의 땅으로 간주하여 많이 진출하였으나, 철저한 연구와 준비가 없이는 성공을 거두기 어려운 지역이다. 중국시장은 보기에는 허술한 것 같으나 철저히 조사하고 준비하지 않으면 진입이 어려운 시장으로서 진출한지 몇 년씩 되는 사람도 피해를 당하는 경우가 많은 것을 감안할 때, 중국에 대한 이해가 깊지 않은 개인사업자의 경우 피해를 당할 가능성이 크다. 또한 개인 사업자들을 포함한 한국의 기업가들이 중국의 법 지식 및 상관행을 잘 모르는 경우가 많으며 사업수행도 원칙적인 방법보다는 편법을 택하는 경우가 많아 피해를 당할 가능성이 크다.[29]

중국에서 성공적 투자를 하기 위해서는,

① 중국에서는 모든 사업을 할 때 원칙을 충실히 이행하여야 한다. 중국은 외국이므로 모든 사업은 중국의 법과 절차를 따라 수행하여야 한다.

② 최후에 나를 보호해 주는 것은 계약서뿐이다. 계약서는 모든 문제를 다 검토하고 난 후 이상이 없을 때에만 서명하여야 하며, 계약서 서명 전에 정부유관기관이나 전문가의 조언이 필요하다.

③ 절대 타인의 명의를 빌려 사업하지 않아야 한다. 타인 명의로 사업을 하는 것은 고양이에게 생선을 맡기는 것과 같으며 중국 측 파트너에게 사업체를 빼앗길 가능성이 크다.

---

28) http:// myhome.shinbiro.com/~james74/index.html

29) http://user.chollian.net/~foe2026/

④ 겸손한 마음으로 기 진출기업의 경험을 최대한 경청하여야 한다. 가장 현지 사정에 밝은 기 진출기업의 경험을 참고하는 것이 사업성공의 지름길이다.

⑤ '꽌시(關係)'는 하루아침에 이루어지는 것이 아니다. 중국 측 고위 인사와 식사 한번 했다고 해서 꽌시(關係)가 성립되었다고 생각하는 것은 큰 오산이므로 좋은 협력관계 구축을 위한 지속적 노력이 중요하다.

⑥ 한국의 유관기관을 최대한 이용하여야 한다. 중국에는 주중한국대사관, 중국한국상회, 대한무역투자진흥공사, 한국무역협회, 중소기업진흥공단 등 많은 기관이 상주해 있어 이용여부에 따라 많은 도움을 무료로 받을 수 있다.

⑦ 문제가 생겼을 때는 대화와 협의로 해결하여야 한다. 중국에서는 모든 문제를 법정에서 해결하기보다는 꾸준한 대화와 협의를 계속할 경우 의외의 해결을 볼 수 있다. 중국에서는 법정에서 해결될 가능성이 적으며 승소해도 제대로 이행되지 않는 경우가 많다.

⑧ 중국에서는 대리인을 통한 기업경영을 하지 않아야 한다. 자신이 직접 경영을 하지 않고 대리인을 통해서 하는 경영은 모든 권리는 포기하고 의무만을 맡는 것과 같다.

⑨ 중국과의 거래에는 많은 인내가 필요하므로 절대 조급하게 서두르지 않아야 하며 장기적 안목으로 투자해야 성공할 수 있다.

⑩ 중국에서의 지역 주민이나 현지 종업원에게 배척당하지 않아야 한다. 지역발전에 기여하는 자세로 임할 때 현지로부터 적극적 지원과 협조를 받을 수 있다.[30]

⑪ 중국에서는 시간엄수가 중요하며 늦거나 약속의 취소는 매우 모욕적으로 생각한다.

⑫ 처음 사업거래를 시작할 적에 소개를 받거나 사전에 충분한 연락을 취하는 것이 중요하다. 또한 체면을 몹시 중요시하므로 거래과정에서 이견이 발생시 체면이 손상되지 않도록 유의하여야 한다.

30) http://user.chollian.net/~foe2026/

제 3 절 말레이시아(Malaysia)

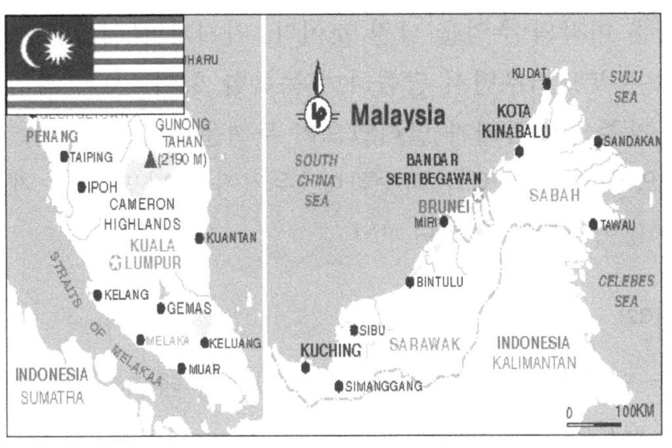

1. 문화와 관습

1) 문화

(1) 음식문화

말레이시아는 말레이인(55%), 중국인(30%), 기타 인도인 등 다수 인종 국가답게 절로 군침이 도는 여러 가지 음식들을 자랑한다. 향이 독특한 말레이요리, 무수히 종류가 많은 중국요리, 포르투갈 음식뿐만 아니라 북부와 남부 인도로부터 전래된 이국적인 요리들이 있다. 말레이시아인들은 우리와 비슷하게 쌀을 주식으로 한다. 주식인 쌀은 말레이시아어로 나시(Nasi)라고 불리며 새우 등 해산물을 발효시켜 향신료를 섞은 산발(Sanhal)과 함께 먹는다.

기본적인 식사는 삼바르이다. 삼바르는 새우 등을 발효시켜서 브리찬과 고추를 돌절구로 부수어 라임을 짜낸 극히 간단한 약재와 같은 반찬이다. 여기에 야채를 넣어 나시를 먹는 것이 말레이인의 식사의 기본으로 삼바르는 양파, 마늘, 생강 등의 근경류, 종자스파이스, 이칸, 비리스(작은 물고기를 발린 것) 등을 첨가해 풍성하게 만든다. 불을 가하고 건더기로서 계란, 콩종류, 커다란 꼬투리째 먹는 콩인 푸타이, 새우, 생선, 고기류(쇠고기, 산양, 닭)를 넣고 익히면 삼바르 우단 요리가 되는데 말레이시아의 가정요리에는 없어서는 안 되는 음식이다.

식사는 오른 손 손가락을 사용하며 식사전 Kendi(물을 담은 그릇)로 오른손을 씻으며 식사 후에 다시 씻는다.

열대 과일로는 두리안, 키쿠, 망고스틴, 람부탄, 구아바스, 수박, 파파야, 바나나와 같은 적도 지방의 과일들을 맛보는 즐거움 또한 크다. 특히 과일 중의 왕이라 불리는 '두리안'은 색다른 미각의 추억을 남길 것이다. 가시가 붙어있는 녹색의 커다란 열매로 노란색 과육은 부드러우면서 달콤하며 독특한 향이 난다. 과일의 여왕이라 불리는 망고스틴은 자주색에 꼭지가 달려있으며 두꺼운 껍질을 벗기면 말랑말랑한 하얀 과육이 들어있으며 복숭아 맛과 비슷하다. 우기가 끝나면 과일 제철이 되므로 신기한 열대과일을 많이 만날 수 있다.31)

(2) 결혼문화32)

말레이시아는 말레이계, 중국계, 인도계가 인구의 대부분을 차지하며 각각 종교나 습관이 다르기 때문에 결혼방식이 상이하다.

말레이인의 결혼식은 결혼식 이전이나 당일에는 전통관습에 따라 여러 가지 의식이 행하여지나 하객은 친족에 한정되기 때문에 이러한 의식에 참가할 기회는 거의 없다.

친구나 친지는 Majlis Persandingan이라고 불리는 결혼 피로연에 초대받는다. 결혼 피로연 의식은 신부의 집에서 그리고 다음 주에는 신랑의 집에서 2회 행해진다. 신부 쪽이 더욱 화려하며 최근에는 신부 쪽에서만 의식을 하는 경향이 많다. 입구에는 양친이 서있기 때문에 인사를 하고 축의금이나 선물을 전달한다. 축의금 봉투는 녹색이며 대체로 50링깃 정도를 넣는다.

피로연장에는 식사준비가 되어있기 때문에 신랑, 신부가 입장할 때까지 식사를 하면서 기다린다. 피로연은 대체로 오후 3시에 시작하며 콤빵이라고 불리는 말레이 타악기 소리와 함께 친구들에게 둘러싸인 신랑이 신부가 기다리는 방에 신부를 데리러 가서 신랑, 신부가 함께 피로연장으로 들어온다.

식장 정면에 설치한 무대에 신랑, 신부가 함께 앉으며 그 후에 Menepung Tawaku 라는 의식이 시작된다. 먼저 양친이 신랑, 신부 앞으로 가서 긴 잎 등을 rose water에 묻혀서 신랑 손바닥에 물방울을 떨어뜨린다. 다음 쌀을 조금 손바닥에 떨어뜨린다. 신부에 대해서도 똑같은 방식으로 행한다. 양친 다음으로 친족, 초대객이 계속하여 동 의식을 함으로써 피로연은 끝나게 된다. 초대객의 복장은 자유이나 화려한 색상

---

31) http://www.malay.co.kr, 말레이시아 전문잡지 「The Star」.

32) http://www.posttimes.net/malaysiabook/charter9.htm

이 환영을 받는다. 말레이민족 의상을 입을 경우에는 황색은 피하는 것이 좋다. 황색은 고귀한 색깔로서 왕족이나 의식의 당사자를 의미한다.

중국인의 결혼식은 대체로 오전에 많으나 점을 쳐서 시간을 정하는 경우도 많으며 신랑이 친구들과 함께 신부의 집에 신부를 맞이하러 간다. 신부집에서는 신랑, 신부가 선조의 영혼에 기원하는 것으로 식이 시작되어 차를 양친, 친족 간에 나누어 마신다. 그 후 신랑의 집으로 돌아가서 똑같은 의식을 행한다. 의식이 끝난 후에는 가벼운 식사나 점심식사가 제공된다. 이때에 신랑, 신부 양친으로부터 의식을 도와준 것에 대한 사례로서 참가자에게 5링깃 정도가 들어있는 앙파우가 제공되는 경우도 있다. 신랑, 신부에의 축의금은 저녁에 성대한 피로연이 있으므로 그때에 전달한다.

축의금은 장소나 신랑, 신부와의 관계 등에 따라 규모가 결정되나 RM 50~100정도로 적색이나 분홍색 봉투에 이름을 써서 전달한다. 피로연은 1시간 정도 늦게 시작하는 것이 보통이나 좌석이 정해져 있지 않으며 어린이를 데리고 오는 사람도 있어서 자리가 없다든지 또는 모르는 중국인 속에 홀로 앉아야 하는 가능성도 있기 때문에 시간에 맞춰서 가는 것이 좋다. 피로연은 먹고 마시고 테이블별로 잡담을 하는 등 견디기 힘들 정도이다. 피로연이 끝나면 같은 테이블에 앉은 사람들에게 인사를 하고 출구에서 신랑, 신부에게 축하인사를 하고 돌아온다.

인도인의 결혼식은 대부분 밤에 행해지나 가끔씩 아침에 하는 경우도 있다. 장소는 힌두교 사원이나 공회당이 일반적이며 의식은 정면에 조금 높은 장소를 설치하고 참석자 앞에서 행사를 치른다. 의식 종료 후에는 같은 장소에서 식사대접을 받는다.

선물은 가정용품을 많이 하며 돈을 줄 경우에는 신랑, 신부와의 관계를 고려하여 RM 20~50정도이다. 참석자 복장은 캐주얼 복장이며 흰색 옷을 입는 경우에는 별도로 다른 색깔의 천 등을 두르게 된다. 사리의 경우는 흰색은 미망인을 의미하고 맑은 날에는 어울리지 않기 때문에 색깔이 있는 사리를 사용하여야 한다.

2) 관 습

한국에서는 당연한 행동이 말레이시아에서는 실례가 되는 경우도 있다. 말레이계, 인도계들은 왼손은 불결한 손으로 여기기 때문에 식사 시에도 반드시 오른손을 사용한다. 사람에게 무언가를 전달할 때에도 오른손으로 물건을 잡고 왼손은 오른손 밑에 붙이는 것이 정식이지만 양손으로 전달하는 것도 무방하다. 악수도 물론 오른손으로 하나 윗사람과 악수를 할 때에는 양손으로 상대방의 손을 잡으며 그 후에 자신의 손을 가슴에 얹어서 존경의 뜻을 표한다.

말레이시아에는 이슬람교도, 말레이계, 인도인, 중국인도 있다는 것을 잊어서는 안 되므로 종족에 따라 주의할 필요가 있다. 이슬람교도와 접촉 시 주의해야 할 점으로는 회교도는 종교상으로 돼지고기를 먹지 않으며 개구리나 뱀 등 양서류 및 파충류, 곰도 먹지 않는다. 종교의식에 의하여 도살된 쇠고기를 비롯한 육류는 먹는다.

그리고 주류도 종교상 금지되어 있으며 단식월(라마단) 기간에 태양이 떠있는 시간 중에는 음료수나 담배를 권하는 것도 지양해야 한다. 이슬람교에서는 개도 불결한 것이기 때문에 이슬람교도는 개의 코나 털에 접촉해서는 안 된다. 따라서 개를 키우는 집에서 이슬람교도를 자택에 초대하는 경우에는 이슬람교도에게 개가 접근하지 않도록 사슬을 채운다든지 보이지 않는 곳에 옮기는 등 배려할 필요가 있다.

인도인은 대부분 힌두교이므로 쇠고기를 먹지 않는다. 중국인에 대해서는 특별한 금기사항은 없으나 일부는 쇠고기를 먹지 않는 사람도 있으며 다음 2가지 점에 주의할 필요가 있다. 면을 먹을 때에는 소리를 내어 먹어도 무방하나 이는 품격이 없다고 간주되기 때문에 주의하여야 한다.

면을 먹을 때에는 반드시 숟가락이 따라 나오기 때문에 숟가락 위에 면을 올려서 먹는 등 흘리지 않도록 해야 하며 스프도 숟가락을 사용하여 마신다. 또한 사용하지 않은 젓가락을 옆으로 해서 놓는다든지 그릇 위에 옆으로 해서 놓으면 안 된다. 젓가락을 옆으로 놓는 것은 죽은 사람에 대한 제사의 의미가 있으므로 반드시 세로로 놓아서 사용한다.[33]

말레이시아는 철저한 회교 국가이고 외국인과 기독교라든지 불교라든지 종교 얘길 하는 것을 별로 안 좋아한다. 일단 타종교인은 적이라는 것이 그들 종교의 기본 사상이기 때문이다. 그리고 'BE FOREWARNED DEATH FOR DRUG TRAFFICKERS UNDER MALAYSIAN LAW' 말레이시아 거리에서 자주 볼 수 있는 슬로건입니다. 이는 마약을 매매하는 자는 말레이시아 법률에 따라 사형에 처한다는 말입니다. 마하티르가 대통령이 된 이후 본격적인 마약추방운동을 전개하여 마약을 매매하는 자는 일정한 양 이상의 마약을 가지고 있는 자로 간주되고 매매를 하지 않았더라도 무조건 사형에 처해지며 현재까지 모두 2명의 호주인이 사형되었다

2. 진출시 참고사항

말레이시아는 ASEAN의 중심국가로 지리적으로 동남아시아의 중심에 위치하고 있

33) http://www.malay.co.kr, 말레이시아 전문잡지 「The Star」 최근 호.

다. 따라서 선진국의 동남아 진출의 교두보와 같은 역할을 수행하고 있다. 현재 말레이시아는 인근 ASEAN은 물론 비동맹권가의 경제협력을 활발히 추진하고 있어 앞으로 제3국 진출을 위한 전진기지로 중요성이 높다.

말레이시아시장의 특성은 중국계가 상권을 장악하고 있으며 자본재에 대한 수입의존도가 높다.

제 4 절 태국(Kingdom of Thailand)

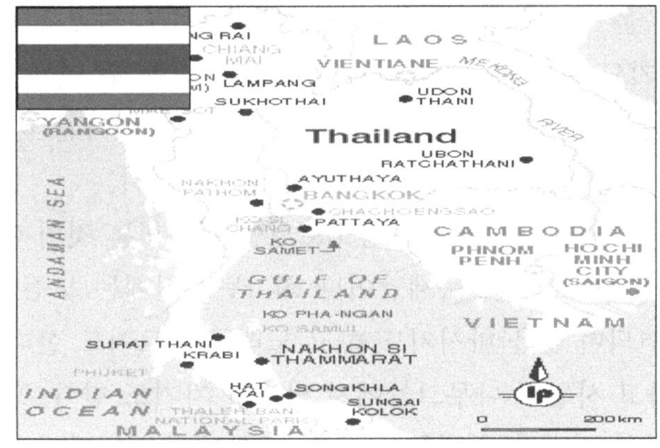

1. 문화와 관습

1) 문 화

(1) 상거래문화

태국인의 성격은 특유의 여유로움이 있으나 비지니스에서는 정확한 일 처리를 중요시하고 있다. 따라서 상담시간은 철저히 지켜야 하며 교통 혼잡 등으로 상담시간에 도착하지 못할 경우 미리 연락을 하여 양해를 구하여야 한다. 상담시간은 최소 1주일 전에 서면으로 요청하는 것이 일반화되어 있다.

태국업체와의 상담은 지루할 정도로 계속되는 경우가 많으며 협의가 끝난 다음에도 추가로 협상을 요구하는 경우도 많이 발생하고 있다. 태국 비즈니스맨의 특징은 대체적으로 체면을 중시하고 서류보다는 말로 거래하려는 경향이 있다. 회사와 거래시에는 실무자와 상담 시에는 즉시 결정이 이루어지지 않는 경우가 많으므로 의사결정권자인 사장과 직접 상담하는 것이 유리한 경우가 많음을 유의하여야 한다.

(2) 기타 문화

가. 종교문화

태국국민의 95%는 소승불교도로 불교는 일상생활 깊숙이 자리 잡아 있으며 사회, 문화전반에 걸쳐 지대한 영향을 미치고 있다. 태국의 불교는 애니미즘적인 요소가 많으며 바라문교적인 색채가 짙다. 우선 애니미즘적 요소로서 '피'라는 존재가 있다. 이는 정령, 악령, 요괴 등 매우 넓은 범위의 초자연적 존재를 총칭하는 것으로 태국인이 불교를 받아들이기 이전부터 믿어온 종교적 대상이었다. 지금도 사람들은 '피'를 인명이나 가옥을 지키는 신으로서 기도를 드리기도 하고 반대로 이들에게 화를 입을까 두려워하기도 한다. 마을의 외진 곳에서 발견할 수 있는 꽃으로 장식된 새의 둥지 같은 사당은 이 '피'를 모신 곳이다. 방콕에서도 에라완 하얏트호텔 모퉁이를 지날 때면 항상 향내를 풍기고 있는 사당을 볼 수 있다.

태국에서의 절은 수행이나 신앙의 장소로서만 이용되는 것이 아니라 오락센터, 병원, 학교와 같은 역할도 한다. 축제날이나 석가탄신절에는 노점상이 나오고 연극이나 부용 등이 공연되며 술을 마시기도 하고 노래를 부르기도 한다. 또 일반 서민들은 설법을 듣기도 하고 사원의 나무그늘에서 낮잠을 자기도 한다. 또한 사원 내에 학교를 마련하여 지방의 가난한 학생들이 사원 내에서 숙식하면서 학교를 다니기도 한다. 그밖에 결혼식, 새집 짓기, 새차 사기, 가게 오픈식 등에도 이 불교 행사는 어김없이 이용된다.[34)]

태국인들은 어느 하나라도 모욕하지 않는 한 모든 종류의 행위에 대하여 관대하다. 왕의 얼굴이 있는 물건도 마치 진짜 왕처럼 생각하는 데 사진을 향하여 손가락질을 한다거나 왕의 얼굴이 있는 동전이나 지폐를 함부로 다루는 것은 삼가야 한다. 불교는 중요한 종교이며 오렌지 색 가사를 입은 승려나 금, 대리석, 돌로 만든 불상들은 흔히 볼 수 있는 환경이다.

태국에서는 왕실에 대한 존경과 깊은 불교신앙은 일상생활에 있어 절대적이다. 왕궁에서는 복장을 단정히 하고, 국왕과 왕족들에게는 공손히 대해야 한다. 사원에 들어갈 때에는 반바지차림은 안되며 불당에 들어갈 때는 신을 벗어야 한다. 불상은 매

---

34) http://www.pufs.ac.kr/~thai/main.html

우 신성시하므로 함부로 다루거나 땅에 내려놓아서는 안 된다.

나. 음식문화

태국은 세계 각국의 요리 전시장으로 음식은 맵고, 달고, 신맛을 특징으로 한다. 매운맛은 고추를 대량으로 사용하기 때문이다. 고추는 적색, 녹색, 황색, 오렌지색 등 색깔도 크기도 다양하다. 그 중에서도 세계에서 가장 맵다는 작은 고추, 말린 고추, 빻은 고추를 많이 사용한 요리는 대단히 맵다. 또한 매운 맛을 내는데 빼놓을 수 없는 것은 후추이다. 태국인 들은 생후추를 생선튀김 등에 대량으로 사용하여 매운 맛을 내고 있다.

단맛은 설탕, 야자 등으로 만든 팜 슈가(palm sugar)나 그래뉴당(granulated sugar)을 많이 사용한다. 그리고 직접적인 것은 아니지만 코코넛 밀크도 단 맛을 돗구어 감칠맛을 낸다. 설탕은 면류 등의 식탁 조미료가 되기도 한다. 신맛은 자연의 과일에서 섭취하는 일이 많다. 가장 많이 사용되는 것은 모양이 귤과 같은 라임, 콩과의 마캄 등이다. 이것들은 그 즙을 조미료로서 사용하는데 마단과 같은 과일이나 토마토는 재료로서 잘게 잘라 섞거나 으깨거나 하여 신맛을 내게 된다.[35]

한편 고소한 맛은 주로 야자즙의 맛으로 야자를 사용하는 음식류는 과자와 떡을 포함하여 백여 종류가 있다. 이러한 태국요리는 뛰어난 맛과 향으로 유명하나 다양한 향신료가 첨가됨으로 독특한 향기가 나기 때문에 익숙지 않은 사람은 먹기가 어려울 수 있다.

다. 결혼문화

태국 농촌사회의 가족형태는 부모를 비롯하여 미혼의 자식들 등으로 구성되어 이른바 핵가족 형태가 가장 보편적이나 부나 모의 부모가 함께 살고 있는 경우도 적지 않다. 이런 사례로 볼 때 가족의 형태는 복합적이라고 볼 수 도 있으나 그것이 과거 우리나라에서 볼 수 있었던 같이 관습적인 것은 아니다. 가족의 수는 평균 5~6인이 된다. 자식이 없는 부부들은 양자나 양녀를 들이는 경우가 있었으나 이러한 현상은 자손을 잇기 위한 목적보다는 노동력의 필요성에 의한 것으로 볼 수 있다.

가족의 구성원은 부모 자식, 형제자매 사이에 비교적 평등한 관계를 유지하고 있다. 아버지는 한 가정의 중심이 되고 있으나 권위가 약하고 자식들의 부모에 대한 복종은 유교적 윤리에서 볼 수 있는 바같이 일방적인 복종이 강조되는 일은 없다.

---

35) 김홍구, 「전게서」, pp.213-216.

이 같은 태국의 가족은 다른 동남아 국가와 같이 핵 가족적 경향이 강하기 때문에 하나의 가족을 중심으로 하여 방계의 가족이 본가와 분가 관계로 연결되는 것 같은 조직이나 씨족과 같은 단계적(單系的) 혈연집단도 없다. 각 세대의 형제자매의 가족은 서로 독립하여 존재하며 상호 평등한 관계를 유지한다. 다만 예를 들면 부모가 사망했을 때 형제자매의 가족이 모여서 공동으로 장례를 거행하는 형태의 가족 연합과 같은 친족은 존재한다.[36)]

태국의 농촌에서는 남성 23~4세, 여성 17~8세가 되면 결혼 상대자를 구하게 된다. 남성의 경우에 성인의 아닌 20세가 되면 우기 3개월 동안인 농한기에 사원으로 일시 출가하여 환속하는 것이 관습화되어 있다. 출가한 경험이 있는 남성을 성숙한 인간이라는 의미로 '콘쑥(khonsuk)'이라고 부른다. 그리고 여성의 경우는 이 같은 남성을 배우자로 선호하게 된다.

태국에는 맞선과 같은 관습은 없다. 보통 같은 마을에서 남성은 여성의 부친에게 찾아가 청혼을 한다. 결혼일자는 신부의 아버지가 승려와 상담하여 정하게 되지만 음력 짝수 달을 선호하고 있다. 결혼식은 신부집에서 보통 치르게 되는 데 필히 수명의 승려를 초청하게 된다. 결혼식장에서 승려들의 앞에 서 있는 신랑, 신부에게 승려의 대표는 성수(聖水)를 뿌려 축복하며 앞으로 가정을 꾸려 나가는 데 있어서의 마음의 준비를 하도록 하는 내용 등을 포함하는 축사를 하게 된다. 결혼식 후 신랑, 신부는 부모로부터 떨어져 독립된 가정을 이루는 경향이 있으나 어떤 규정이 있는 것은 아니다. 예를 들어 동북부에서는 신랑은 일시적으로 신부의 부모와 살게 되며 첫 아이가 태어난 후에는 독립하거나 또는 신랑의 부모와 사는 형태가 많다.

전통적인 태국 농촌에서는 결혼 후 신부는 신랑의 성을 사용하고 있으나 법적으로 신랑, 신부 사이의 엄밀한 상하 관계는 볼 수 없다. 다만 일반적으로 여자는 남자에 대하여 조심스러워하는 경향이 있다. 태국에서 성을 사용하게 된 것은 최근의 일로 1916년 라마 6세의 명을 받아 태국 국민들은 모두 부계의 성인 남 싸군(nam sakun)을 따르게 되었다. 남(nam)은 이름이며 싸꾼(sakun)이라는 말에는 계통 또는 세습이라는 의미가 있다. 그러나 태국인 사이에서는 현재에도 성은 이름과 비교하여 2차적인 의미밖에는 갖지 못하고 있다. 태국에서는 일상생활뿐 아니라 공개 석상에서도 성 대신 이름을 사용하고 있다. 한편 태국인들의 모계적 경향과는 달리 방콕 같은 대도시의 화교들의 결혼습관은 부계적(父系的)경향이 강하게 나타나고 있다.

---

36) 김홍구, 「전게서」, pp.102-104.

결혼을 위하여 신랑 측은 신부 측 부모에게 'Sin Sod'라고 하는 일종의 지참금을 지불하는 관습이 남아 있으나 점차 사라져 가는 추세이다.

2) 관습[37]

태국은 입헌군주국으로 국왕은 정치에 초연하나 모든 국민이 국왕을 존경한다. 국왕은 절약과 국민에 대한 깊은 애정은 물론 재위 50여 년 동안 보여준 행동 하나 하나가 존경을 받을 수밖에 없다.

태국은 오랜 세월동안 주변국의 침략과 지배를 받으면서 독립을 지켜온 민족으로서 애국심은 물론 자존심이 대단하다. 그들의 미소와 경제력을 보고 얕잡아 보는 경향이 관광객 사이에 많지만 태국은 '미소의 나라'이자 '무에타이의 나라'라는 것을 기억하여야 한다. 종교는 거의 전 국민이 불교신자라고 할 수 있을 정도로 불교국가로서의 분위기가 많이 배여 있다. 엄청난 경제적인 격차에도 사회가 유지될 수 있는 근원이 종교이다. 아침 일찍 탁발성에 대한 보시와 더불어 태국의 아침이 시작된다고 하여도 과언이 아니다. 불교와 더불어 중요한 신앙으로서 정령신앙인 '피'가 있다. 불상 외에 조그만 탑 속에 갖가지 조각을 모셔놓은 것이 이 정령신앙인데 한국의 절에서 '산신당'을 연상하면 이해가 쉬울 것이다

주요 관습으로는 발로 사람이나 물건을 가리키는 행동은 무례하게 여기며, 필요 이상으로 상대방을 오래 쳐다보는 것도 무례한 행동으로 여긴다. 태국 사람들은 서로 인사할 때 악수를 하는 것이 아니라 기도하는 자세와 같이 양 손바닥을 합장한 자세로 목례를 한다. 이 때 "Wai"라는 말로 인사를 하며 일반적으로 아랫사람이 윗사람에게 먼저하고 윗사람은 같은 자세로 이에 응답한다. 이와 같은 두 손을 이마나 가슴에 올려 인사하는 의식은 불교의식에서 도입하여 생활화된 것인데 상대의 신분(사회적 혹은 가족적)에 따라 머리나 이마, 가슴 등 위치가 달라진다.

또한 물건을 수수할 때 왼손 사용을 부정한 것으로 여기며 머리를 중히 여겨 머리를 만지면 영혼이 달아난다는 고대 미신에 따라 머리를 쓰다듬지 않는 관습이 있으나 점차 의식이 서구화되어 가는 추세로 도시에서는 그다지 걱정할 일이 아니지만 시골에서는 조심하여야 한다.

태국사회 구조의 특징으로는 첫째, 느슨한 사회라고 할 수 있으며 한 곳에 집착하지 않고 한 일에 열심 내지도 않는다. 이로 인하여 경쟁은 적게 하는 편한 사회가

---

37) http://www.thaifeel.com/info/info_main.html#

되게 할 수도 있다. 둘째 변화가 적은 사회라고 할 수 있다. 농촌은 전혀 변화를 모르고 도시민 일부가 변화를 알뿐이다. 이들은 새 것을 별로 받아들이려고 하지 않기 때문이다. 셋째, 농촌사회라고 할 수 있고, 80%이상이 농업이고 83%가 농민이다. 태국인 하면 바로 농민으로 통한다. 넷째, 예절과 풍습을 기초로 한 사회이다. 이는 새로운 생각을 하지 않으며 옛 풍습과 다르면 불안하게 생각하고 실행치 않기에 변화가 있을 수 없다. 그러나 교육을 받은 사람들에게는 이런 변화가 가능하다. 다섯째, 교육 수준이 낮은 사회이다. 주민의 다수가 가난하기 때문에 교육을 받을 기회가 없고 농촌의 자녀들은 농촌 일을 돕게 하는데 사용하고 있다. 여섯째, 고향에 집착하는 사회이다. 자기의 고향을 사랑하기에 그 지역을 떠나려고 하지 않으나 교육, 직장 때문에 잠시 떠나기는 한다. 일곱째, 계층사회이다. 재산, 신분, 명예, 권력, 교육, 직업에 따라 계층이 구성되는데 상류층으로 왕족, 장관, 국회의원, 고급관리와 경제인이고, 중류층으로는 고급 지식인과 특별관리, 보통관리와 상인, 하류층으로는 말단 관리와 전문인들, 서비스업 종사자와 노임자, 농부와 노동자 및 노점상인이다.[38]

태국인의 가치관을 안다는 것은 태국의 사회와 태국인을 이해하게 되는데 지름길이 된다. 태국인의 가치관은 왕을 존경하고 불교를 신봉하는 것에서 출발하는 데 대략 다음과 같은 가치관을 가지고 있다.

① 개인숭배이다. 특별한 사람을 숭배하는 정신으로 타인으로 타인의 일에 끼어들지 않으며 집착하는 말만하게 되고 그가 하는 것을 모두 옳게 본다.

② 어른 공경이다. 대가족제도의 산물로 집안의 최고 결정권을 가지고 있는 어른을 받드는 것은 자연스러운 것이었다. 이 의식을 사회로 발전하여 나이 많은 사람, 사회적 신분이나 직책이 높은 사람, 정부의 고급 관리에게 적용되었다.

③ 주인을 높임이다. 여기의 주인이란 높은 직책자, 정부를 대신하는 지도자나 관리와 의자에 앉아 행정에 종사하는 사람이며, 사업의 관리자 등을 말하는데 이들을 높이는 가치관이 있다.

④ 부모나 은혜를 베푼 사람들 높임이다.

⑤ 쾌락주의이다. 슬픈 것을 싫어하고 기쁘고 즐기는 것을 좋아한다. 이로 인해 일은 하지 않고 철저함이 없고 양심을 모르며 풍성하게 허비하는 것이 몸에 베여 있다.

⑥ 편의와 편안주의이다. 불편한 것을 싫어하고 편리한 것을 좋아하며, 질서를 싫

38) http://teerak.tripod.com

어하고 쉽게 살기를 원한다.

⑦ 물질주의이다. 옛 사회는 명예를 존중하고 진실을 바탕으로 이루어졌으나 오늘에는 황금만능주의, 물질주의로 전락했다. 그리하여 돈을 최고로 알고 수단과 방법을 가리지 않고 이를 획득하기 위해 최선을 다한다.

⑧ 자유주의이다. 태국인은 누구에게나 간섭받는 것을 싫어하고 자유하기를 원한다. 이것이 역사의 혼란 속에서도 속국이 되지 않은 원인이 된 것이다.

⑨ 개인주의이다. 무엇보다도 자기 자신이 살고 보아야 한다는 생각이어서 연합이 어렵고 관리들도 우선 나부터 살아야 한다는 생각 때문에 부정이 팽배하여 정부에 돌아가야 할 이익을 자기를 위한 이익으로 바꾸는 일이 많다.

⑩ 예식주의이다. 이는 명예를 존중하고 칭찬 받기를 원하기에 타인에게 알게 하기 위한 수단으로 필요한 것이다.

⑪ 중용주의이다. 중용주의 사고가 있어서 남의 마음을 건드리거나 부담주지도 않고 남의 일에 간섭하지도 않는다. 때문에 강한 표현도 없고 강력한 대책도 없고 그때만 지나면 되는 대책을 강구한다.

⑫ 쉽게 잊음이다. 일반 생활을 기분에 따라 살기에 그때뿐이어서 잠시 후에 모든 것을 잊기 쉬운 삶이 된다. 그리고 복잡하지 않은 편안한 삶을 원하여 어느 한 일에 집착하기를 꺼린다.[39]

2. 진출시 참고사항[40]

현재 태국은 해외 시장에서의 태국산 제품의 시장 점유율이 나날이 증가하여 자유 시장경제의 명성을 되찾고 있다. 역사에 의하면 13세기경 Ramkhamhaeng국왕은 태국을 거치거나 수입되는 상품에 대한 세금이나 통과세를 징수하지 않았다. 그는 또한 국민들의 상속 재산에 대해서도 세금을 부과시키지 않았다.

지금까지도 그때의 자유시장경제의 기본적인 주요 철학은 남아 있다. 그로 인하여 태국기업들은 세계무대에서 보다 활동적이고, 눈에 띄며, 성공적으로 성장하였다. 태국의 상업사회와 공무원들은 방문자들에게 보다 나은 방문이 되도록 하고 태국과의 비즈니스에 만족을 드리기 위해 많은 준비와 신경을 쓰고 있다.

태국의 상품은 과거의 쌀에 대한 단일재배 또는 옥수수, 타피오카, 황마, 설탕, 티

39) http://teerak.tripod.com

40) http://www.kotra.co.kr

크나무와 같은 1차 상품들에서 오래 전에 벗어나 현재는 섬유, 컴퓨터와 그에 관계되는 상품, 고무와 플라스틱, 보석 및 장식제품들로 더 잘 알려져 있다. 시멘트, 세라믹 타일, 위생용품, 회로판 조립품, 컴퓨터 주변장치, 하드디스크 드라이브 그리고 냉동가금육을 위시한 여러 가지 농업 관련 상품들은 세계적인 주력 품목들이다.

태국은 현재 천연 고무 생산 1위 국가이고, 동남아시아에서 가장 많은 수의 어선을 보유하고 있으며 참치 통조림, 파인애플, 통조림 그리고 냉동새우를 가장 많이 수출하는 나라가 되었다. 현재, 80% 이상의 태국수출품들은 공산품이며 그 범위는 컴퓨터나 플라스틱 상품에서 자동차 관련 제품, 전자레인지 그리고 고급 패션 의류에 이르기까지 다양해졌다.[41]

태국은 외국인 투자유치를 통한 경제개발을 추진하고 있어 외국인 기업들에게 우호적인 정책을 추진하고 있다. 또한 2002년부터 AFTA발효로 아세안 국가간 자유무역실시로 인근 국가로의 무관세 수출기회를 제공하여 수출 전략지역으로서의 역할을 수행하게 된다. 특히 아세안 국가 중 미얀마, 캄보디아, 라오스 등 태국 인접 사회주의국가 시장진입에 우회진출 기회를 제공할 것으로 전망된다. 또한 태국은 천연자원이 풍부하여 원자재 확보가 용이하고 인구 8천 2백만으로 노동력을 손쉽게 확보할 수 있으며 아세안국가에 비하여 비교적 높은 소득수준으로 내수판매 확대도 가능하다. 특히 기존 외국인 투자가들이 수출산업에 집중되어 일반 소비재는 수입에 의존하고 있기 때문에 고관세율 생활용품의 경우 시장진출이 용이할 것으로 전망된다. 한편 태국은 국왕을 중심으로 정치 및 사회가 안정되어 있고 시장개방의 오랜 역사로 인하여 외국인에 대하여 우호적인 감정을 갖고 있어 외국인들이 생활하기에 좋은 여건을 갖추고 있다. 특히 태국 국민들이 외국 투자업체로부터 습득한 기술을 자기 기술화하여 경쟁상대로 부각되는 경향이 적어 외국인 기업 운영환경이 여타 아세안 국가보다 좋다고 평가할 수 있다.[42] 그러나 내국민대우, 지사·사무소 설치의 제한, 투자 진출분야 제한, 일정금액 채권구매 의무화, 외국업체의 입찰참여 제한, 반덤핑·상계관세 등 아직 많은 장벽들이 있으므로 체계적이고 신중한 투자가 요구된다.[43]

41) http://www.thai4989.com/b_7.html

42) http://www.thai4989.com/business.html

43) 외교통상부, 「외국의 통상환경」, 2000, pp.394-409.

제 5 절 싱가포르(Singapore)

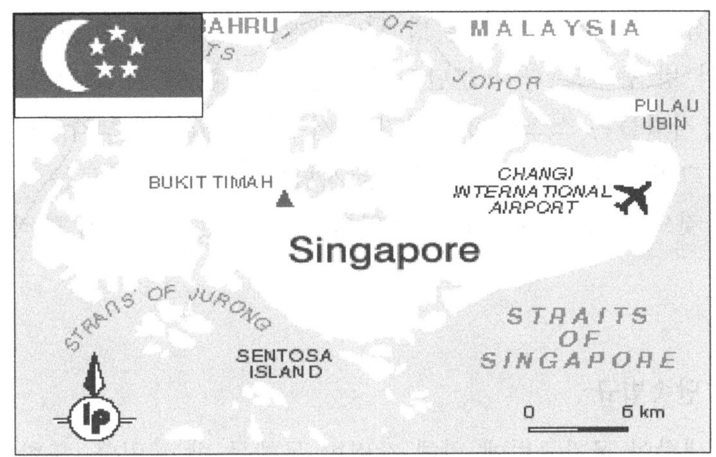

1. 문화와 관습

1) 문화

(1) 상거래문화

싱가포르는 엄격한 법적용으로 인하여 상거래시 신뢰도가 다른 나라에 비하여 높다. 싱가포르는 대부분의 사람들이 중국계로 구성되어 있어 인간관계를 중시하며 성공적인 관계유지를 위해서는 신뢰를 구축하는 것이 중요하다. 상담 시에는 사전에 약속시간을 정하여야 하며, 정해진 약속시간에 늦는 것은 모욕적이고 무례한 것으로 여기므로 약속시간은 철저히 준수하여야 한다.

상담 중에는 담배를 삼가고 상대방에게 부담가지 않는 것을 중심으로 진행하는 것이 좋다. 이때 종교, 정치, 성문제 등을 다루는 것은 부적절하다.

(2) 기타 문화

중국인·말레이인·인도 파키스탄인·유럽계인 등이 저마다 다른 언어·풍속·습관·문화·종교를 가지고 있는데, 서로 섞여 사는 일이 거의 없다. 인종에 따라 직업도 다른 데 중국인은 서비스 부문과 제조부문에 종사하고 말레이인은 하급공무원과 하급노동자로 일하며 인도인은 공무원이 되는 경우가 많다. 이러한 복합사회는 인종간의 대립을 불러일으켜 정치적 불안정을 야기함으로써 많은 문제를 안고 있다.

또 중국인 사이에는 푸젠(福建)·광둥(廣東)·커자(客家)·차오저우(潮州)·하이난(海南) 등 출신지에 따라 서로 다른 사회적 결합관계인 방(幇)이 있는데 상업활동은 이 방을 중심으로 행해지며 다른 방과의 관계는 희박하다. 이처럼 인종적으로 분단되는 데다가 방 등으로 다시 분단되기 때문에 계층문화가 표면화되지는 않는다.[44]

싱가포르 사람들은 스스로 평가하기를 서두르고 있다고 생각하며 결코 천천히 하지 않는다. 그러나 서두름의 원조인 한국사람의 눈에는 서두르는 모습을 별로 볼 수 없다. 더운 것도 하나의 원인일 수도 있지만 걷는 것도 그다지 빨리 걷지 않는다.[45]

2) 관 습

(1) 각종 단속법규

일반국민생활이 국가규범에 의해 강력한 통제를 받고 있다. 또한 "Clean & Green" 정책을 표방하고 있어 거리에서는 담배꽁초나 쓰레기를 버리면 S$500(한화 약 35만원 상당)의 벌금을 내게 된다. 껌의 수입, 제조판매, 사용 및 소지가 금지되어 있다. 마약거래자에게는 강제적 사형을 선고(mandatory death penalty)하며 마약 복용자에게는 의무감호조치를 취한다.

음주운전의 경우 혈중 알콜농도가 100㎖당 80㎎이 넘으면 현장에서 체포되고 수갑이 채워지고 법정에서 음주운전 유죄판결이 나면 초범은 S$1,000~ 5,000의 벌금 또는 6개월 이하의 징역형(최소 1년 이상 운전면허 정지)이며, 재범의 경우는 S $3,000 ~10,000의 벌금 또는 1년 이하의 징역형이다.

또한 기물파손 및 훼손(vandalism), 장물보관, 강간 등 파렴치행위 등에 대해서는 강제적 태형(곤장)제도를 엄격히 집행한다. 1994년 4월 미국인 학생 M. Fay에 대해 태형(곤장)을 집행하였으며, 1999년 10월 한국인 여행객의 파렴치 행위로 태형 6대 집행 및 3개월 징역 복역한 예가 있다. 호텔, 관청 등 공공건물, 학교와 버스정류장 등 사람들이 줄을 서서 있는 곳에서의 흡연은 법으로 금지되어 있다. 이와 같이 싱가포르에서는 대부분이 벌금제도이며 경찰에 의해 직접 적발되지 않았어도 목격한 다른 사람의 신고에 의해서도 벌금이 부과될 수가 있음을 알고 주의하여야 한다.[46]

---

44) http://hankookchon.com/singgen.htm

45) http://my.dreamwiz.com/kokikoki/

46) http://www.mofat.go.kr/main/top.html

흡연은 공공장소 및 정부기관 사무실에서는 담배를 피울 수 없다. 횡단보도로부터 50m 이내의 장소에서 무단 횡단할 경우는 S$50의 벌금이 부과된다. 화장실에서 용변 후 물을 내리지 않는 것도 불법으로 첫 번째 적발 시 S$150의 벌금이 부과되며 두 번째부터는 S$1,000의 벌금이 부과된다. 팁은 대부분이 요금에서 10%의 서비스요금이 부과되기에 싱가포르에서는 별도의 팁을 주는 것은 금지되어 있다.[47]

따라서 싱가포르에서 경찰, 세관 등 정부부서와 접촉시 사례금 등 반대급부 제공은 절대 금하도록 하여야 한다.

2. 진출시 참고사항

인구가 적은데 비하여 큰 소비시장인 이 나라는 소비성향은 영국식 생활 습관의 영향이 강하여 내구성과 경제성을 중시하고 있다. 그러나 의류 등 소비재에 대해서는 유행성과 외양이 중요시되고 있으며 일반적으로 영국상표에 대한 선호도가 높은 경향을 보이고 있다. 이 나라의 유통구조는 수출입, 도소매 등이 뚜렷이 구분되어 있지 않으며 도매업은 비교적 낙후되어 있다. 유통부문에서도 영국계가 지배하고 수입업무 분야에서도 주도권을 갖고 있는데 비해 중국계는 국내 유통단계 전체에 종사하며, 인도계는 주로 섬유, 잡화류 및 귀금속제품 등을 취급하고 있다.[48]

---

47) http://www.seaairtour.co.kr/singapore-info.htm

48) 장홍훈, 「세계의 지역정보와 상거래 문화」, 청목출판사, 2000, p.76.

Chapter 10

오세아니아 지역

제 1 절 호주(Australia)

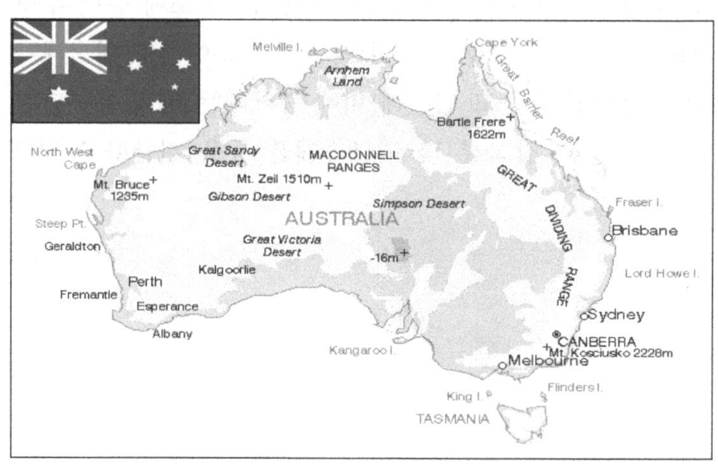

1. 문화와 관습

1) 문 화

호주는 계획적으로 여러 문화를 혼합하여 성립한 사회 중에는 성공한 경우로 알려져 있다. 호주의 다문화정책은 다음과 같은 3가지 원칙에서 시행된다. 즉, 문화적인 정체성을 지킬 권리, 사회정의의 가치존중 그리고 경제적인 효율성이 그것이다. 모든 호주인들은 세부적인 한계 안에서 그들의 언어와 종교를 포함한 개인적인 유산을 표현하고 공유할 수 있다. 호주는 평등한 기회와 대우를 존중하며 또한 호주는 인종, 종족, 문화, 종교, 언어, 성, 출생지를 근거로 하는 장애요소를 제거하려고 노력하고 있다.

호주는 어떤 배경에서든 개인이 기술과 능력을 가지고 개발하여 효율적으로 사용하여 얻는 경제적인 이익을 인정하며 이러한 원칙들은 모든 호주인들에게 적용된다. 그가 원주민, 앵글로 켈틱 또는 비영어권 출신, 호주 태생이거나 귀화한 자라는 사실은 아무런 문제가 되지 않는다. 호주는 호주의 모든 사람들이 그들의 국가의 이익과 미래를 위하고 자신들의 사회의 구조와 원칙에 충실하며 다른 관점과 가치를 표현할 권리를 존중한다.[49)]

호주의 식생활습관은 지난 수십 년간 작은 혁명을 겪었다. 호주의 전통음식은 앵글로-아이리쉬 음식이지만 1945년 이후 계속되는 이민의 물결로 호주의 음식문화는 많은 이민자들의 나라음식들로 다양해지고 풍부해졌다. 호주의 기후와 신선한 작물 다양한 인종적 근거를 고려하면 지중해 태양과 매콤한 맛 그리고 동남아시아의 음식들을 맛볼 수 있다는 것은 별로 놀랄 일이 아니다. 호주에 가면 '월남 쌈'을 한 번 먹어보는 것도 좋다. 처음 먹을 땐 그 맛을 모르지만 몇 번 먹다보면 잊을 수 없는 맛으로 기억된다. 고기는 호주에서 주요한 음식이고 국제적 기준으로 보더라도 고기의 질과 맛은 손색이 없을 정도로 좋고 값도 저렴하다. 주스 즙을 곁들인 비프스테이크, 돼지고기, 닭고기류로 맛좋고 원주민 애버리진들이 좋아하는 캥거루, 에뮤, 악어고기도 먹어볼 수 있다. 호주에는 또 다양한 맛의 해산물이 있는데 새우, 랍스터, 문어, 굴, 게 등이 야채와 샐러드와 곁들여져 제공된다. 호주에서 과일 가격은 저렴한 수준으로 다양한 열대 과일을 맛볼 수 있다. 호주에 가서 호주음식을 먹는다는 것은 다양한 문화의 음식을 먹는다는 것을 의미할 만큼 호주 고유의 음식보다는 여러 나라의 음식을 맛볼 수 있다. 때 묻지 않고 오염되지 않은 곳이 많은 호주에서 수돗물은 안심하고 먹을 수 있다.

호주 슬랭으로 맥주를 칭하는 'amber fluid'라는 호주의 맥주는 우리 맥주보다 도수가 높은 편이지만 아주 맛있다. 또 호주에서 반드시 맛봐야 하는 것이 바로 와인으로 사우스 오스트레일리아(South Australia)주의 Barossa라는 지역과 시드니에서 가까운 뉴사우스웨일즈(NSW)주의 헌터밸리(Hunter Valley)지역이 가장 오래되고 유명한 곳이다. 맥도널드에서 차(tea)를 팔 정도로 호주인 들은 차 마시는 것을 즐기는데 대표

---

49) http://www.aph.gov.au

적인 차로 'Earl Grey Tea'라는 것이 있다.[50)]

주류 음료의 소비와 판매에 대한 규제는 주마다 천양지차를 이루고 있다. 그러나 호텔에서 일반적인 영업허가시간은 월요일에서 토요일까지 매일자정까지 이다. 일요일 영업시간은 주마다 틀리고, 술을 소비·판매하는 데 허용되는 나이는 18세 이상이다. 팩으로 된 주류는 호텔이나 liquor store에서 살 수 있다. 호주는 우리나라같이 다양한 종류의 술집이 없고 대부분 Pub이라는 곳에서 간단히 한 잔 마시는 게 보편적이다. 호주의 술 문화는 깨끗하다고 할 수 있고, liquor store는 동네마다 있어서 술은 여기에서만 구입할 수 있으며 슈퍼마켓이나 구멍가게에서는 팔 수가 없다. 그나마 liquor store도 9시 이전에 영업을 끝내나 관광지정 구역의 몇몇 호텔과 레스토랑에서는 24시간 영업을 한다.[51)]

음주와 관련 호주에서는 엄격하다. 술집이나 공원 등 정해진 장소가 아닌 곳에서 술병을 들고 술을 마시면 현장에서 즉시 체포되며 운전시 혈당 알콜치가 0.05%이상인 사람은 벌금을 부과하거나 금고형에 처해지므로 유의하여야 한다.

이러한 호주의 문화는 원주민 애버리진의 문화와 이주해 온 유럽인들의 문화로 구분해 볼 수 있다. 애버리진의 문화는 고도로 발달하지는 않았으나 그들 나름대로의 독특한 음악과 미술 양식을 보여주고 있다. 애버리진들은 음악을 통해 그들의 역사와 신화를 이어가고 있으며 조상숭배의 종교의식과 관련 있는 조형예술을 발전시켰다. 이에 반해 18세기 이후 이주해 온 유럽계 이민자들에 의한 문화는 유럽의 전통과 미국의 영향이 두드러지며, 특히 식민지의 영향으로 곳곳에서 영국의 분위기를 느낄 수 있다.[52)]

2) 관 습

호주인들은 주위 사람이 재채기를 하면 꼭 옆에 있는 사람이 "Bless you"라고 말을 해준다. 이것은 호주뿐만 아니라 서양사회에서의 에티켓이라고 할 수 있으며 상대방이 재채기를 하면 "Bless you"라고 해주는 것이 예의이다. 원래 유래는 아주 오래 전 페스트가 성행하던 시절에 사람들은 재채기를 하면 페스트가 걸린 것이라고 생각했다. 그래서 재채기를 하면 그 사람이 페스트에 걸려 며칠 내에 죽을 것이라 간주하고 "신의 가호가 있기를 바랍니다."라는 의미로 "Bless you"를 하기 시작했는데 그게 지

50) http://www.idped.com/oz/people.html

51) http://members.nbci.com/deoni/story.html

52) http://www.sydney2000.co.kr/trip/info1.htm

금까지 이어져 오는 것이다. 반대로 자신이 재채기를 해서 "Bless you"라는 말을 받게 되면 반드시 "Thank you"라고 답변을 해줘야 한다. 또한 호주에서는 공공장소에서 코를 푸는 것을 아무렇지도 않게 받아들인다. 오히려 코를 빨리 풀지 않고 훌쩍거리는 것을 더욱 거북하게 생각한다.[53)]

호주에서는 바로 앞에 사람이 서 있거나 버스에서 내려야 하는데 옆에 사람이 앉아 있으면 꼭 "Excuse me"라고 말을 하도록 한다. 그리고 건물 밖으로 가거나 들어올 때 문을 열고 반드시 뒤에 사람이 있는 지 배려해준다. 뒤에 바로 사람이 있을 경우는 먼저 나가는 사람이 잡고 기다려 주는 것이 예의이다. 호주의 버스는 우리나라와 달리 앞문과 뒷문 중 가까운 곳으로 내리도록 되어 있는데 하차할 때도 역시 뒤에 사람이 있으면 잠시 기다려 주는 것이 좋다.

호주에서 생활하다 보면 유난히도 "G'day!", "Good morning!", "How;s it going?", "How're you?" 등의 인사를 많이 듣게 되는데 이것은 호주 사람들의 생활 습관이다. 특별히 뜻이 있는 것은 아니고 으레 하는 인사이므로 꼭 답변을 할 필요는 없고 그냥 "Hi", 또는 "Fine" 등과 같이 대답해 주면 된다. "How are you?"라고 물었을 때 호주 사람들은 아무리 자신의 기분이 안 좋은 상태라고 해도 "Very bad"라고 답하는 경우가 거의 없는데, 그 이유는 상대방의 기분까지도 망칠 수 있기 때문이다. 우울하고 별로 기분이 안 좋을 때에는 그냥 "Not bad"라고 답하면 된다.

이런 인사말고도 상점에서 물건을 살 때나 심지어는 교수한테 과제를 제출할 때에도 호주인 들은 "Thank you", "Ta!" 등으로 답례하는 습관이 있다. 그리고 상대방이 귀찮은 부탁을 들어줬을 때나 실례를 끼쳤을 때에는 우리 사고방식대로 미안하니까 "Sorry"라고 말하지 말고 "Thanks you very much" 또는 "I really appreciate it" 등과 같이 반대로 감사해야 한다.

호주에서는 날짜를 표기할 때 DD/MM/YY 포맷을 사용한다. 즉, 2002년 12월 25일은 25/12/02가 된다. 또한 공식적인 문서에는 25th December, 2002라고 표시해주는 것이 좋다. 참고로 우유 등에 보면 유통기한이 Best Before 25/12/02 등과 같이 표기되어 있는 것을 볼 수 있을 것이다.

호주에서 식사나 파티에 초대를 받으면 포도주나 맥주를 준비해 가는 것이 관례이다. 디저트나 초콜릿을 가져가는 것도 한 가지 방법이다. 포도주를 준비해 갔는데 7 주인이 그 포도주를 대접하지 않는다고 해서 불쾌하게 생각할 필요는 없다. 왜냐하

53) http://my.dreamwiz.com/thaijin/ozframe.htm

면 이미 준비된 음식과 잘 어울리는 포도주를 골라 놓았을 수도 있고 포도주가 충분해서 대접을 하지 않을 수도 있기 때문이다. 그런 경우에는 가지고 간 포도주는 선물로 생각해서 다른 식사 초대를 위해 남겨 두려는 것이다. 너무 비싼 것을 살 필요는 없으며 어떤 것을 준비해 갈지 미리 물어 보는 것도 괜찮다. 때때로 초대장에 "BYO", "BYO drink", 혹은 "BYO grog"라고 적혀 있는 경우가 있다. BYO는 bring-your-own을 나타내는 말로 먹을 것을 직접 준비해 가는 것이다. 대부분의 호주 사람들은 파티 비용을 분담할 수 있으므로 기꺼이 음식 준비를 해간다. 파티에 뭔가를 가지고 오라는 요청을 받을 때에 보통은 술을 준비해오라고 하는데 주인이 많은 양의 술을 대접하려면 비용 부담이 너무 크기 때문이다. 만약 바베큐 파티에 초대된다면 고기를 준비해오라는 요청을 받을 수도 있는데 이것도 술과 마찬가지로 혼자 부담하기에는 액수가 너무 크기 때문이다. 호주에서는 식사 전후에 형식적인 식사 절차를 거치지 않는다. 식당에서도 식사만 하는 것이 보통이고 식사하는 동안에도 계속 얘기를 나눈다. 다른 사람들의 식사가 모두 차려질 때까지 식사를 하지 않고 기다려 주는 것이 예의다.

식사 중에 거절하는 경우에도 형식적인 절차는 없다. 만약 주인이 술을 권하면 정중히 거절하면 되고 그러고 나면 얼마동안은 다시 권하지 않는다. 호주 사람들은 한 번 아니라고 하면 정말 아니라는 뜻이므로 정말로 술을 마시고 싶으면 기회가 왔을 때 "마시겠다"라고 말하는 것이 좋다.[54)]

2. 진출시 참고사항

호주는 버추얼 커뮤니티 계획에 막대한 투자하여 닷컴과 잇따라 제휴하고 있으며 꾸준히 증가하는 인터넷뱅킹 이용자들을 놓고 은행들의 힘겨루기가 한창이다. 올해 안으로 지난해에 비해 두 배 넘게 증가할 것으로 예상되는 인터넷뱅킹 이용자들은 2002년엔 그 규모가 전체 인터넷 인구의 38% 정도에 육박할 것으로 전망된다. 은행들에겐 사이버 공간이라는 새롭고 매력적인 시장이 활짝 열리는 것이다.

현재 호주의 하루 인터넷뱅킹 이용자들은 약 400만 명에 이른다. 호주 인구가 남한의 절반에도 못 미치는 약 1900만 명인 점을 고려할 때 전체 인구 5명 가운데 1명은 인터넷뱅킹을 이용하는 셈이다. internet user로 본다면 2명 중 1명이 인터넷 뱅킹을 이용한다고 할 수 있다. 이들 인터넷뱅킹 이용자는 꾸준히 증가해 2001년 말엔 500만

54) http://www.sydney2000.co.kr/trip/info1.htm

명을 넘어설 것으로 예측된다.

이처럼 빠른 속도로 규모가 커지고 있는 인터넷 뱅킹의 매력은 무엇보다 은행까지 직접 가지 않고도 언제 어디서나 은행 업무를 볼 수 있다는 점이다. 각종 공과금은 물론 카드 결제와 계좌이체까지 대부분의 은행업무가 인터넷을 통해 이루어진다. 사이버 공간에서 잘 나가는 은행들은 대부분 오프라인의 강자들이다. 인터넷 리서치 회사인 레드 셰리프(Red Sheriff)에 따르면 일일 사이버 거래자 수를 기준으로 비교할 때 커먼웰스가 80만9천명으로 1위, 웨스트팩이 72만 명으로 2위, ANZ가 55만7천명으로 3위를 차지했다. 호주국립은행과 세인트조지, 시티뱅크오스트레일리아, 벤디고, ING, 선크라프멧웨이 그리고 에들레이드은행 등이 이들의 뒤를 이어 인터넷뱅킹 톱10을 형성한다.

눈여겨볼만한 점은 세인트조지, 벤디고, 선크라프멧웨이 등 비주류 은행들의 약진이다. 이들의 인터넷뱅킹 거래량은 꾸준히 증가해 사이버 공간에서 입지를 굳히고 있다. 특히 은행 서열 3위권에 들지 않는 세인트조지는 발 빠르고 공격적인 사이버 전략을 추진해 업계의 주목을 받고 있다. 세인트조지는 온라인 뱅킹을 최대의 슬로건으로 삼고 있다. 이 은행은 지난 1월 인터넷 뱅킹을 활성화시키기 위해 커뮤니티와 커뮤니티간의 상거래, 은행업무를 가능하게 하는 '버추얼 커뮤니티'계획을 발표하고, 그 첫 단계 개발비로 무려 1800만 달러를 쏟아 부었다.

최근엔 호주에서는 닷컴에 집중적으로 투자해 전략적 제휴를 맺는가 하면 충성도가 높은 인터넷뱅킹 고객들을 대상으로 마케팅 활동을 강화하는 등 공격적 경영전략을 펴고 있다. 최고의 은행임을 자부하는 커먼웰스도 넷뱅크(Net Bank)란 온라인 뱅킹 사이트를 따로 열어 다양한 서비스를 제공하고 있다. 1,000여 개의 각종 기업들과 연계해 소비자들의 카드 결제는 물론 가스, 전기, 전화료 등 각종 공과금 결제도 온라인 사이트에서 할 수 있도록 했다. 특히 3개월 전까지의 모든 인터넷 거래를 한눈에 살펴볼 수 있도록 해 이용자들의 편의성을 높였다. 커먼웰스는 이밖에도 더 많은 internet user들에게 더 많은 인터넷 뱅킹의 편리성을 제공하기 위해 고심하고 있다. 소비자들에겐 편리성을, 은행들에겐 비용삭감이라는 일석이조의 효과를 겨냥하는 인터넷 뱅킹이 얼마나 빨리 그리고 안전하게 호주의 신 경제를 이끌어나갈 또 하나의 구성요소가 될지 업계의 관심이 쏠리고 있다.[55]

55) 한겨레신문, 2001년 3월 5일자.

제 2 절 뉴질랜드(New Zealand)

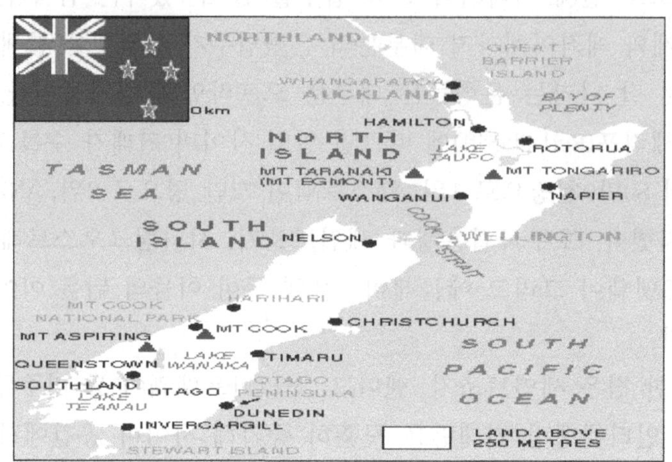

1. 문화와 관습

1) 문 화

(1) 상거래문화

뉴질랜드인과 상거래를 하기 위해서는 특별한 금기사항은 없으며 기본적으로 신용을 바탕으로 하기에 시간 엄수 및 약속 성실 이행이 중요하다. 그리고 수입관행으로는 통상의 수입 절차 및 관행과 일치하며 대금 결제 방식은 L/C보다는 T/T로의 결제를 선호하는 편이다. 이들은 거래 초기에서부터 T/T를 요구하는 사례도 있다.

이들과 거래할 경우에 유의하여야 할 사항은 우리나라 제품에 대해서 경험해 본 경우에는 비교적 양호한 편이나 그렇지 못한 경우에는 중국산이나 동남아산과 동일시하는 경향이 있다. 최근 자동차, 가전제품들의 소개로 가격, 품질 등에 대해서 우리나라 제품에 대한 인지도가 개선되고 있지만 사후서비스, 소량 주문 기피, 납기 지연 및 커뮤니케이션 지연 등으로 가격이나 품질 이외의 보이지 않는 부분에서 경쟁력이 일본이나 대만 등에 뒤떨어져 있는 것으로 보인다. 뉴질랜드 시장을 호주와 묶어 생각하는 것은 큰 오산으로, 규모는 작지만 뉴질랜드를 별도의 시장으로 간주하는 것이 바람직하다.

이들과 상거래를 상담할 때는 시간 엄수 및 약속 성실 이행이 중요하다. 또한 기존의 거래선이 있는 상태에서의 접촉 시에는 상당한 인내심이 요구되며 샘플(Sample), 가격, 품질 보증 등 상당히 까다로운 사항들을 요구하기도 한다. 이들은 통상 일과 근무를 아침 일찍 시작하여 오후 3~4시경 끝내고 남은 오후 시간을 즐기려 하는 경향이 있고 휴가기간이나 휴일을 방해받는 것을 상당히 꺼리는 경향이 강하다. 상대방의 능력을 넘어서는 사항에 대해서는 권한과 책임선이 확실하여 답변을 회피하는 경우가 많다.[56)]

(2) 기타 문화

가. 소개문화

뉴질랜드인 들은 처음 사람을 소개받을 때 남자나 여자에 상관없이 손을 내밀어 악수를 청하는데 주로 여자나 연장자, 상급자가 먼저 손을 내밀어 악수를 하게 된다. "How do you do?"나 "Good Morning" 등으로 인사를 하게 되고 또는 "I am happy to meet you"가 적당한 응답 말이 된다. 본인 자신을 상대방에게 소개시키고 싶을 때에는 악수를 청하기 위해서 손을 내밀면서 "Hello, I am ○○○"(안녕하세요, 나는 ○○○입니다.)라고 말하면 된다. 이미 만난 적이 있는 사람에게는 "Hello"나 "Hi"라고 말하면 된다. "Hi"는 좀 더 친하거나 나이가 동년배이거나 한 경우에 가볍게 쓰이는 말이다. 어떤 사람들은 잘 아는 사이에 만나면 반갑게 가벼운 포옹으로 인사하기도 한다. 만일 이러한 인사 방식이 싫으면 빨리 손을 내밀어 악수를 청하면 포옹대신 악수로 인사를 대신 할 수 있다.[57)]

나. 음주문화

뉴질랜드에서 18세 이하의 사람은 어떤 종류의 주류도 구입할 수 없도록 법으로 금지하고 있다. 주류를 파는 상점에서는 사는 사람의 ID를 봄으로써 나이를 확인하고 술을 팔도록 법으로 금지하고 있다. 술에 관한 자세한 법이 제정되어 있으며 그 법은 주에 따라 다르다. 어떤 주에서는 노상에서 맥주 캔을 연 체로 들고 다니는 것도 법으로 금지되어 있기도 하고 또 어떤 주에서는 공원과 같은 공공장소에서의 음주가 법으로 금지되어 있기도 합니다. 또 주류 판매가 주에서 특별히 허가를 받은 주에서 운영하는 상점에서만 가능한 곳도 있다.

그리고 많은 대학들이 교내에서 음주하는 것을 제한하는 규칙들을 갖고 있다. 따

56) http://www.kotra.or.kr

57) http://www.uhaknews.com

라서 그 지역이나 대학 내의 음주에 관한 규정과 법에 관하여 미리 알고 있는 것이 좋다. 대학 내 기숙사에서는 가끔씩 학생들 파티가 있고 그럴 때 심한 음주를 하는 경우를 볼 수 있게 된다. 서양문화에서 음주는 특별한 행사나 모임, 축하하는 자리에서 과하지 않을 정도로 사교의 과정으로 마시게 되는 것이 보통이다. 특별한 일이 없이 아무 때나 특히 주중에 과음하는 것은 정상적이라고 생각하지 않는다.

또한 뉴질랜드 대부분의 공공건물 내에서는 흡연을 금지하는 지역으로 정해놓고 있어서 건물 내에서는 담배를 피울 수 없다. 그 외 다른 건물들에서는 담배를 피울 수 있는 일정한 장소를 정해놓고 그곳에서만 피우게 되어 있다. 이와 같이 흡연에 관한 규칙이 널리 통용되고 있으므로 흡연하고자 할 때는 장소를 가리고 타인에게 간접흡연의 피해를 주는 일이 없어야 하겠다. 남의 집을 방문하였을 경우에는 함께 자리한 다른 사람들에게 흡연을 해도 괜찮은지 미리 물어 보아야 한다. 교실이나 사무실, 상점 등 어떤 공공장소에 가든 "No Smoking" 사인이 있는지 늘 둘러보고 그 사인에 따라야 한다.[58]

다. 교제문화

뉴질랜드에서는 남녀의 관계가 대체로 형식에 구애받지 않고 자유스러우며 개방적인 것이 일반적이라 할 수 있다. 그러나 로맨틱한 남녀관계가 아닌 친구로서 사귀는 이성관계를 더 많이 볼 수 있다. 일반적으로 뉴질랜드인들은 데이트를 한다고 할 때 남녀가 같이 식사를 한다거나 극장을 가거나 음악회, 파티를 같이 가게 된다. 남녀 누구나 데이트를 신청할 수 있고 보통 데이트 비용은 데이트를 신청한 쪽에서 내게 되지만 요즈음은 많은 커플이 각자 본인의 비용을 내기도 한다.

데이트 신청을 한 번 했다고 해서 또는 그 신청을 받아 들였다고 해서 로맨틱한 관계가 되어야 한다는 의무감을 가질 필요는 없다. 많은 뉴질랜드의 대학생들 간의 남녀 관계는 단순한 친구 사이에서 로맨틱한 관계에 이르기까지 다양할 수 있다. 어떠한 종류의 이성과의 만남에서도 중요한 것은 솔직하게 생각을 표현하는 것이 좋다. 솔직한 표현이 좀 쑥스럽게 느껴지더라도 그렇게 하는 것이 오해를 만들지 않으며 나중에 더 불편한 관계가 되지 않기 위해서 필요하다. 데이트 상대가 육체적인 관계에 관심을 보일 때에는 더욱 부정하는 자기표현을 정확하게 하는 것이 중요하다. 데이트 신청을 수락했다는 것이 두 사람이 정한 시간과 장소에서 만나서 같이 시간을 잠시 보낸다는 것을 동의하는 것 이상의 의미로 해석되어져서는 안 된다.[59]

58) http://www.uhaknews.com

라. 에티켓과 매너

① 초대에 응하기 : 뉴질랜드인 들은 대화 중에 "You must come to see us"(우리 보러 꼭 오십시오)라든가 "See you later"(나중에 봅시다.)라는 말을 할 때가 있는데 이것은 친절을 표시하는 말이지 초대하는 뜻으로 받아 들여서는 안 된다. 초대라는 것은 말이나 글로써 초대하는 날짜와 시간, 장소를 밝힌 경우이다. 이러한 초대를 받았을 때는 "Yes" 또는 "No"로 대답을 해주는 것이 예의이다. 초대에 응한다고 Yes로 대답을 주었는데 피치 못할 사정이 생겨서 참석하지 못할 경우에는 반드시 사전에 전화로 알려야 한다. 모임이나 파티에 초대를 받아서 응한 후 연락이 가지 않는 것은 무례하게 여기기 때문이다. 초대받은 집에 갈 때 선물을 꼭 가져가야 할 필요는 없지만 우리나라 고유의 민속 장신구 등 작은 선물은 주어도 좋습니다. 집으로 돌아올 때 초대해 주어서 고맙다는 인사를 하고 며칠 안에 초대해 주어서 감사하다는 간단한 편지나 카드를 보내는 것도 좋다. 식사 초대 시에는 먹지 않는 음식이 있을 경우 미리 알려 주는 것도 좋으며 칵테일이나 술 종류가 나올 때, 마시고 싶지 않을 경우는 사양하고 대신 과일 주스나 Soft drink를 요청할 수 있다. 남의 집을 방문할 때는 대부분 평상복을 착용해도 좋다. 그러나 크리스마스, Thanks giving 만찬, 연주회 등과 같은 특별한 경우에는 파티복이나 정장과 같은 그 상황에 맞는 옷이 좋다. 어떤 종류의 옷을 입어야 하는지 잘 모를 경우에는 초대하는 사람에게 물어 볼 수도 있다.[60]

② 질문 : 뉴질랜드인에게 나이, 수입, 교육 정도에 관한 질문을 하는 것은 금기(Taboo)로 되어 있다. 남의 소유물에 관하여 그 값을 물어보는 것이나 개인의 사생활에 관한 것을 직접적으로 묻는 것도 실례가 된다. 일반적으로 아주 친한 친구사이가 아닌 이상 개인적인 질문을 하는 것은 좋지 않게 생각한다.[61]

③ 선물 : 선물을 주고받는 것이 서로를 기쁘게 하는 일임에는 우리나라나 외국이나 같다. 생일파티에 초대되었을 때에는 선물을 준비해 가는 것이 좋다. 크리스마스 파티와 같은 경우에도 서로 선물을 주고받는지를 알아보고 준비해 가는 것도 좋다. 그러나 상대방이 기대할 수 있는 것보다 훨씬 큰 선물은 오히려 부담이 되고 오해를 부를 수 있다. 어느 정도가 적당한지 알기 어려울 때는 친하게 지내는 현지인에게 조언을 구하는 것도 좋다. 선물대신 현금을 주는 것이나

59) http://www.uhaknews.com
60) http://www.uhaknews.com
61) http://www.uhaknews.com

고용주가 피고용주에게 주는 경우를 제외하고는 좋은 일이 아니다.62)

④ 식탁매너 : 식탁에서 삼가야 할(don'ts)일 들은 다음과 같다.

- 손가락을 빤다.
- 좋아하는 부분만 골라서 가져간다.
- 자기가 남긴 음식을 남에게 권한다.
- 너무 급하게 많이 먹으려 한다.
- 이미 가져온 음식을 다시 공통 접시에 올려놓는다.
- 너무 많은 양의 음식을 한 번에 입에 넣는다.
- 음식을 입에 넣은 채로 말을 한다.
- 모든 사람이 식사를 끝내지 않았는데 먼저 자리에서 일어난다.

식사가 끝났음을 알리려면 포크와 나이프를 접시 위에 나란히 3시 방향으로 놓으면 된다. 소금이나 후추병 혹은 소스 그릇이 쉽게 손에 닿지 않는 곳에 있을 때에는 남의 앞으로 손을 뻗어서 가져오지 말고 패스해 달라고 가까이 있는 사람에게 말하여야 한다.63)

2. 진출시 참고사항

뉴질랜드는 시장규모가 작고 1차 산품인 축산물, 수산물, 목재 등을 수출하고 제조품은 주로 수입에 의존하고 있다. 한국의 대 뉴질랜드 주요 수출품목은 자동차, 철강, 유기화학품, 직물, 가전제품, 유류, 고무, 일반기계류, 플라스틱제품, 전자부품, 종이제품, 금속제품, 수산물, 산업용전자, 섬유 등이다. 중소 기업제품의 경우 현지 교민이 12,000명 정도 되므로 이들의 수요와 현지 판매망을 통하여 한국 식품, 문구류, 잡화, 의류, 신발, 스포츠용품 등의 수출 방안 모색해볼 수 있다.64)

뉴질랜드와의 교역은 다품종 소량 소액주문이 주종을 이루고 있으며 1회당 주문량은 적은 반면 주문회수가 비교적 많고 꾸준한 것이 특색이다. 거래선을 잘 바꾸지 않는 보수적 상관습을 갖고 있으며 브랜드 제품이나 고급 품질의 제품을 찾거나 저가형의 제품을 선호하며 최근 중가격 제품의 수요가 서서히 확산되고 있는 추세이다.65)

---

62) http://www.uhaknews.com
63) http://www.uhaknews.com
64) http://www.mofat.go.kr/mission/Newzealand.nsf
65) http://www.mofat.go.kr/missions/Newzealand.nsf?opendatabase

뉴질랜드는 한국전 참전 국가로 정치외교 분야에서 전통적인 우호관계를 유지하여 왔으며 한반도 문제에 대해 우리나라의 입장을 전폭적으로 지지하고 있다. 뉴질랜드는 양국 상호간의 긴밀한 협력관계 유지에 높은 관심을 보이고 있으며 특히 우리나라의 국제적 경제적 지위 향상에 따른 교역 및 투자 유치 확대 등 경제협력 강화를 희망하고 있다. 양국교역은 매년 꾸준한 증가세를 보이고 있으며 상호보완적인 특성을 지니고 있는데 매년 우리나라가 적자를 나타내고 있다.

양국간 교역은 상호보완적인 특징을 지니고 있다. 한국은 뉴질랜드로부터 1차 생산품을 주로 수입하고, 뉴질랜드는 한국으로부터 공산품을 주로 수입하고 있다. 우리나라의 뉴질랜드 주·요 수입품목은 목재와 원목, 알루미늄, 양가죽, 펄프, 카세인, 치즈, 어류, 가죽, 소고기, 양모 등이다. 뉴질랜드의 대 한국 수입품목은 자동차, 철강, 화학제품, 자동차 타이어, 전자·통신제품, 컴퓨터, 종이류, 플라스틱 원료, 가전제품, 중장비, 섬유류 등이다.

Chapter 11

중동 · 아프리카지역

제 1 절 쿠웨이트(Kuwait)

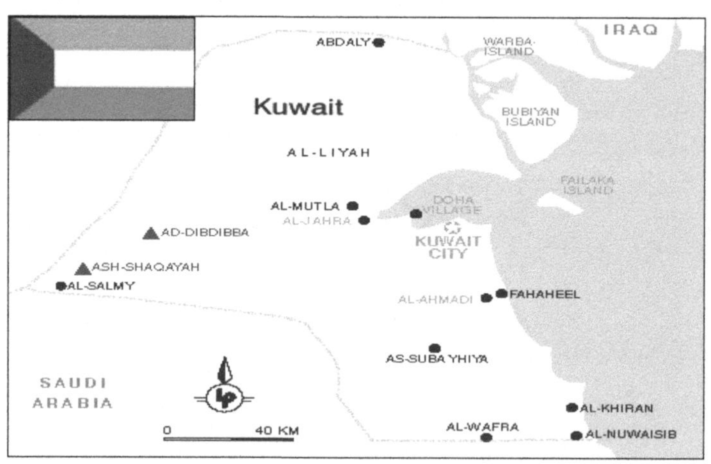

1. 문화와 관습

1) 문 화

(1) 상거래문화[66)]

쿠웨이트는 지리적인 조건 및 오랫동안 주변국의 침범과 간섭 등으로 배타적이고

66) http://www.mofat.go.kr, http://www.kotra.or.kr

자존심이 강하고 책임의식이나 약속개념이 희박하며 모든 일을 자기들 편의위주로 생각하는 경향이 짙다. 따라서 처음 거래시 자존심을 건드릴 수 있는 화제는 삼가하여야 한다. 여자가족 특히 부인의 안부를 묻는 것도 반드시 삼가도록 하여야 한다. 통상 날씨 이야기나 상대방을 칭찬해주는 덕담 등으로 대화를 풀어 나가면 좋은 분위기를 연출할 수 있다.

쿠웨이트에서는 선물문화가 발달해 있기에 선물을 주는 것이 상대방에 대한 관심을 표명하는 것으로 여기기도 한다. 사업을 위해 아랍 국가를 방문하려면 한국적인 선물이나 아랍에서 나지 않는 한국의 맛있는 사과나 배를 선물하면 좋다. 술이 금기사항이기도 하지만 때로는 술이 가장 좋은 선물이 될 수 있다. 아마 이것은 자기들이 술을 직접 살 수 없는 사회적 여건 때문인 것 같다. 그러나 뇌물로 비칠 수 있는 선물은 삼가는 것이 좋다.

쿠웨이트인의 경우 책임의식, 약속개념이 희박하며 모든 일을 자기들 편의위주로 생각하는 경향이 있다. 약속은 통상 자기 자신이 아닌 상대방만을 규약 한다는 잠재의식이 있다. 또한 자기 실수는 과실이 있을 경우 절대로 이를 인정하는 말을 하지 않으며 변명을 늘어놓거나 이러한 사실을 아예 묵살하는 편이다. 자기들이 아쉬울 경우 친절하다가도 자기에게 조그만 손실이라도 미치게 될 경우 표리부동해지는 것이 이들의 습성이기 때문에 접촉 시 맺고 끊은 것을 정확히 하는 냉정함이 필요하다.

(2) 기타 문화

쿠웨이트에는 이슬람문화의 유산이 있다. 그래서 쿠웨이트는 이슬람교도의 성도인 메카 순례에 참가하는 순례자들의 일부가 거쳐 가는 경유지이다. 쿠웨이트 '순례의 도시'에서는 이 여행객들에게 숙식과 함께 기본적인 서비스가 제공된다. 일부 쿠웨이트인들은 지금도 사냥과 낙타경주 같은 전통놀이를 즐긴다.

회교도 최고의 소원은 성지인 메카를 가보는 것이다. 이들은 하루 5번씩 메카를 향해 절을 하며 자신을 뉘우치고 반성하는 기도를 한다. 마을의 스피커를 통해 제사장이 알라를 부르는 그 간절한 소리는 인간 심성 깊숙이 숨어있는 허무와 무의미를 느끼며 슬픔을 가누지 못하게 한다. 예배당에는 그들이 모시는 신의 표지도 없다. 아무 것도 없는 벽면을 보고 절을 한다. 오직 메카를 향해 절을 하는 것뿐이다. 알라신은 이들의 절대적인 정신적 지도자이며 회교 반군들은 죽음을 불사하며 싸움에 임한다.[67]

---

67) http://www.topas.net

아파트에서 부부가 아닌 남녀가 함께 있는 것은 금기 사항이며 공공장소에서 키스하는 것도 그렇다. 이슬람과 코란과 무하마드를 비난하는 것은 실정법 위반이다. 라마단 단식기간 중에 무슬림 앞에서 식사하는 것도 금기사항이다. 결혼하지 않았어도 반지를 끼는 것은 허용되지만 남자가 반지를 끼는 것은 금지된다. 은이나 금으로 된 식기는 금지된다. 백발은 검은 색을 제외한 다른 색으로 염색할 수 있다. 코란과 성경을 소중히 하며 마루에 아무렇게나 두거나 책 더미 밑에 놓아서도 안 된다. 그들은 코란을 펴기 전에 손을 씻는 의식이 있을 정도로 정결히 다룬다.[68]

쿠웨이트는 인구의 95%가 이슬람교도인 철저한 무슬림 국가로서 아직도 종교가 정치, 사회, 문화 등 대부분에 막대한 영향을 미치고 있다. 주요 회교행사로서는 라마단이 있으며 이 기간 중에는 일출로부터 일몰까지 금식이 지켜지고 있다. 원칙적으로 종교의 자유가 허용되고 있어 외국인의 경우 각자의 신앙생활 영위가 가능하나 일정한 장소(성당, 예배당)에서의 예배만이 허용되며 일체의 개인적인 전도 행위는 불가능하다.[69]

3) 관 습

결혼은 이슬람 교리에 따라 4번까지 가능하나 교육받은 젊은 층의 경우 1부 1처제가 확립되고 있으며 대가족 중심의 가정도 점차 핵가족화 되어가고 있는 추세이다. 여자는 종족 번식의 수단일 뿐 그 이상의 일은 수행하지 않는다. 복장은 검정색이나 흰색의 도포를 얼굴까지 뒤집어쓰고 있어 섬뜩함을 준다. 이슬람의 생활화로 도박, 이자놀이, 간음, 매춘, 음주나 돼지고기를 먹는 것은 금기시 되어 있으며 집으로 초대받았을 경우에는 여자 식구를 위해 선물을 가지고 가거나 안부를 물어서도 안 되며 상대방의 발을 밟지 않게 조심해야 한다.[70]

또한 이슬람교도가 아닌 경우 이슬람 사원에 들어가지 않는 것이 바람직하다. 기도하고 있는 사람의 앞을 지나거나 말을 걸지 말고 기도할 때까지는 담요를 밟지 말아야 한다. 친한 경우가 아니면 상대방의 종교나 상대방의 가족에 관한 이야기를 하지 않는 것이 좋다.[71] 노출 된 옷을 금하고 스카프 등으로 얼굴을 최대한 가리는 것이 스스로에게 좋다. 모스크의 실내에서도 절대 남녀가 함께 예배를 보지 않는다. 모

---

68) http://www.topas.net

69) 손효원, 「홀로 떠나는 세계여행－아시아편」, 햇빛, 1990, pp.171-187.

70) http://kotra.or.kr/

71) http://www.hanatour.co.kr

스크를 방문하는 여성은 신경을 써야하며 '혼자서의 여행은 금물'이다. 남성과 동행하거나 3~4명이 어울려 다니는 것이 그나마 안전하다.

중동 국가들은 특히 무슬림들이 철칙인 술을 마시지 않는 것부터 왕이 지배하는 것, 절대적인 통치권이 외부인의 방문으로 무너질 위험이 있기 때문에 철저한 통제를 한다. 입국시 술이나 포르노 잡지를 가지고 가다 들키면 즉심에 넘겨지거나 추방당할 정도로 강경한 자세를 보인다.72)

2. 진출시 참고사항

쿠웨이트는 대부분의 중요물자를 수입에 의존하고 있으며 시장규모를 가늠하는 1인당 수입액은 2001년 현재 US$4,000선으로 중동에서는 매우 높은 수준이다. 한편 소득 수준이 높은 쿠웨이트인과 외국인은 상표위주의 고급 상품을 선호하며 저소득층인 비쿠웨이트인은 값이 싼 물품을 선호하고 있다.

쿠웨이트인의 노동인구 90%이상이 급여 수준이 높은 공공부문에서 일하고 있으며, 이들은 국가로부터 각종 소비행위에 대한 직·간접적인 지원을 받고 있다. 따라서 쿠웨이트인들은 차량의 경우 미국이나 독일제 등의 승용차를, 전자제품의 경우 일본이나 유럽제품을 선호하고 있으며 일본 및 한국 소형차는 주로 외국인력이 주요 고객이다.

쿠웨이트 시장은 에이전트(agent)의 역할이 중요하기 때문에 에이전트 선정시는 회사의 능력이나 자본 등을 면밀히 파악하여야 한다. 일단 에이전트를 선정해 놓으면 에이전트의 판매능력에도 불구하고 타 수입선을 통하여 시장 진출이 불가능하기 때문에 2~3개 회사와 6개월 내지 1년 정도 거래를 한 후 주문량 등을 보아 최종적으로 에이전트를 선정하여야 한다.

상법에 의하면 쿠웨이트 내에서의 상업활동은 쿠웨이트인과 쿠웨이트 기업 그리고 외국자본이 투자된 경우에는 쿠웨이트 자본 비율이 51%이상인 기업에 한정되어 있다. 따라서 유통경로는 첫째, 일수 판매계약방식에 의하여 직접상품 수입이 가능한 쿠웨이트대리점, 둘째, 수입업을 겸하고 있는 쿠웨이트인 소매업자, 셋째, 수입업 또는 위탁 판매업을 겸하고 있는 쿠웨이트인 도매업자 등에서 택일하는 것이 좋다.

72) 손효원, 전게서, pp.171-187.

제 2 절 사우디아라비아(Saudi Arabia)

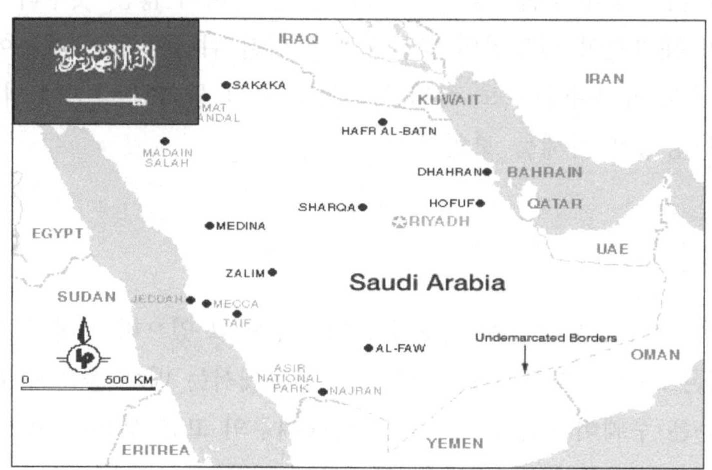

1. 문화와 관습

1) 문 화

(1) 상거래문화

공항입국 시 휴대품 검색이 철저하며 마약소지 시는 공개 참수형, 알코올류 반입 시는 입국 불허되고 음란서적, 조각품(우상숭배 금기), 돼지고기 가공식품 등은 반입이 절대 불허되며 손목시계, 액세서리 등은 샘플이라 하더라도 과세·통관시키는 사례가 많으며 양이 많은 샘플의 경우 통관이 어려움을 겪기도 한다. 일단 사우디 입국을 계획하면 그 기간 동안 일절 오락이나 음주 등과는 관계가 없다고 생각하는 것이 마음이 편할 것이다. 사우디는 이슬람교 종주국으로써 종교가 사회전반을 지배하고 있으므로 현지 출장 활동 시는 이점을 특히 유의하여야 한다. 라마단과 하지기간 등에 모든 비즈니스는 사실상 정지상태에 빠지므로 이 기간 중 출장은 가지 않은 것이 좋다. 그리고 라마단 기간 중 공공장소에서의 식사 및 흡연은 금지되어 있다.

사우디 바이어들은 물품을 구매할 때 반드시 가격을 깎는 것이 관례화되어 있으므로 처음부터 최저가격을 제시해서는 안 되며 어느 정도 여유 있는 가격을 제시해서 목표가격에 접근해 가는 방법이 바람직 할 것이다. 따라서 사우디 바이어와 상담하기 전 현지 쇼룸에서 가격조사를 해보고 나서 상담에 응하는 것이 여러모로 도움이 된다. 사우디에서는 큰 규모의 수입상이라 하더라도 최종결정은 사장이 직접 내리는 경우가 많고 중간 간부들은 대부분 이집트, 시리아 등 인근중동국가 사람들로써 의사전달에 그칠 뿐 실제권한은 없고 매 건마다 사장의 승인을 받아야 한다. 중간 실무자들이 무역거래 실무를 하면서 생길 수 있는 커뮤니케이션상의 사고한 문제를 해결하지 못해 문제가 크게 확대되는 경우도 있으므로 대기업이 아닌 경우 중간 간부진과의 상담보다는 가능한 사장과 직접 상당을 시도하고 실무서류도 일단 사장에게 전달되도록 하는 것이 바람직하다.

사우디 바이어들을 처음에 어수룩하게 보고 쉽게 대하다가 큰 손해를 입는 사례가 많이 발생하고 있으므로 거래시 신중한 자세가 필요하다. Under-Value 및 비정상적인 결제조건을 요구하는 사례가 빈번하며 계약을 체결할 때 꼼꼼하게 문안내용을 검토하는 것이 바람직하다. 사우디는 비자취득이 까다롭기 때문에 세일즈맨들의 출입이 비교적 적은 시장이나 사우디 바이어들은 얼굴을 직접 대하면 거래가 성사되는 경향이 많으며 바이어와 계속 인간관계를 돈독히 해두는 것이 바이어 관리상 효과적인 방법이다. 사우디 바이어들은 자신의 마케팅, 재정능력을 과시하며 에이전트가 처음부터 계약을 요구하는 경우가 가끔 있는데 바이어와 거래를 해가면서 신용 등 종합적으로 판단 후 에이전트 문제를 고려하여야 하며 에이전트로 지정된 후 수출자에게 모든 활동을 미루고 자신은 커미션만 챙기려 바이어들도 상당수 존재하므로 조심해야 한다. 사우디 은행이 신용장을 개설하고 산전 통지한 후에도 바이어가 사소한 것을 문제 삼아서 신용장이 취소되는 경우가 있으며 신용장 개설 후에도 신용장 내용의 정확한 확인 및 품질이상 여부 등을 세세히 챙겨 서류불일치 빌미를 주지 않아야 한다. 또한 사우디에서는 간단한 선물이 상담추진에 효과적인 경우가 많으므로 간단한 선물을 줘보는 것도 괜찮을 것이다. 사우디인과 대화할 때에는 이슬람교 왕정 및 회교전동(일부다처제 등)에 대한 비방은 금기이며 현지인들이 좋아하는 스포츠인 축구에 대한 것을 주제로 삼으면 좋을 것이다.

(2) 기타 문화

가. 종교문화

국민 대다수가 회교도인 사우디는 이슬람권 국가 중 가장 엄격하고 보수적인 이슬람생활이 이루어지고 있으며 전통 이슬람 관습을 지키고 있다.

이슬람교도에 있어 중요한 의식은 라마단으로 이 기간은 1년 354일인 이슬람력의 아홉 번째 달[73] 첫날에 시작되어 한 달 간 지속된다. 이 기간 중 이슬람교도는 해가 뜰 무렵부터 질 때까지 음식·음료는 물론 부부관계와 흡연이 금지된다. 금식을 어긴 자는 60일 동안 라마단식 금식을 하여야 하며, 60명의 배고픈 이들을 흡족하게 먹여야 한다.

사우디아라비아 국민들은 태어나면서부터 모든 무슬림에게 의무로 되어 있는 5가지 의무를 지켜야 한다.

① 샤하다 : '라 일라하 일라라후 무함마둔 라수-둘라'라는 말을 외우는 것으로 이는 알라 이외에는 신이 없고 모하메드는 신의 사도임을 선언하는 것으로 무슬림이 이슬람에 입교할 때 반드시 이 선서를 해야 한다. 이 선서에는 무슬림은 모하메드의 교훈과 행적을 기록한 하디스를 지키고 따른다는 의미가 있다.

② 쌀라 : 하루에 5번씩(새벽 해뜨기 전, 정오, 오후, 해지고 바로, 밤) 메카의 카바(Kabah)를 향하여 예배드리며, 금요일은 모스크(Mosque)에 나가 합동 예배를 보는 것이 의무로 되어 있다.

③ 싸움 : 모하메드가 알라로부터 가브리엘 천사를 통해 코란을 최초로 계시 받았다는 이슬람력으로 아홉 번째 달인 라마단을 성월(聖月)로 정하여 이 달 한 달은 해가 뜰 때부터 질 때까지 일체의 음식이나 음료, 흡연을 금하는 것으로 인간의 본능적인 생활을 금함으로써 자제력과 없는 사람의 생활을 체험하게 하는 수행과 고행의 기간이다.

④ 쟈카트(喜捨) : 세금이 따로 없는 대신 스스로 희사금을 정하여 매년 자기 수입의 2.5%에 해당하는 금액을 스스로 담당관서인 쟈카트청에 자진 납부하는 제도이다. 최근에는 개인의 양심에 따라 납부하도록 하고 있으며 금전 대신 물건으로도 납부가 가능하다.

⑤ 성지순례(하지) : 매년 이슬람력 12월 8일~13일까지 성지인 메카와 메디나(Medina) 등을 순례하는 행사로 일생 한 번의 성지순례가 5대 의무중의 하나이다. 일생을 통해 부정하지 않고 깨끗하게 번 돈을 저축하여 심신을 정결히 하여 개인 또는 온 가족이 순례를 하는 데 의의가 있다. 이 기간 중에는 피를 흘리거나 사냥을 하거나 나무를 뽑는 것을 금하며 모든 기관은 휴가를 실시한다. 하지 순례가 끝나면 큰 잔치를 벌이고 친지 및 이웃을 방문, 인사를 교환하고 서로 축하를 하게 된다.

---

73) 아홉 번째달은 이슬람교의 창시자인 모하메드가 이슬람 성전인 코란을 계시 받은 날로 이 라마단은 서기 623년부터 시작되었다.

나. 결혼문화

사우디아라비아의 결혼식은 저녁 10시 정도부터 시작되어 다음날 새벽 3~4시까지 이어진다. 호텔이나 결혼회관 등을 빌려서 결혼식을 하는 것은 우리와 비슷한데, 한 곳에서 하루에 한 결혼식만 거행하고 장소와 음식을 제외한 나머지 장식이나 예식순서 시간 등은 개성과 형편에 맞추어 가족적으로 치른다는 점이 다르다.

신부는 주로 하얀 드레스를 입지만 개성에 따라 전통 아랍의상이나 간편한 정장스타일을 입기도 한다. 특이한 것은 결혼식이 신부 쪽 중심으로 거행된다는 점이다. 원래 남자들에게 여자의 얼굴을 보여주지 않는 풍습에 따라 저녁 10시 정도부터 모이기 시작한 하객들은 남겨가 구별돼 따로 준비된 축하연회장으로 들어간다.

갖가지 아름다운 장식과 꽃으로 꾸민 신랑 신부의 좌석이 여자 쪽 연회장에 준비돼 있다. 이 때 신부 쪽에서 준비해놓은 접대용 다과는 예술품에 가깝다고 할 수 있다. 리본으로 장식된 초콜릿, 한 개비씩 온갖 정성으로 포장된 담배들, 천연 껌 재료인 '송진'은 다양한 품질에 따라 그 가정의 경제사정을 말해주기도 한다.

기호품과 사우디 전통차인 '샤이'를 즐기며 하객들은 음악에 맞추어 노래하고 춤을 춘다. 평상시 검은 '아바야'로 감싸고 다니던 여인들도 이날 하루는 가장 화려한 옷과 온갖 보석으로 장식하여 가히 파리의 패션쇼를 방불케 하며 영국의 보석 경매장을 연상케 한다. 새벽 1~2시께 신랑신부가 여자 쪽 연회장에 등장하는데 이때가 결혼식의 시작이다. 나란히 입장한 이들은 준비된 무대의 좌석에 앉아 하객들의 축하를 받고 준비한 결혼예물(반지·목걸이 등)을 교환한다. 주례도 없고 서약서도 없으며 행진곡도 없다. 재미있는 것은 이들 순서를 함께 하는 것은 신랑을 제외하고는 모두 여인들이며 신랑이 입장할 때 아바야로 얼굴을 가리는 여성도 많다는 것이다.

2) 관 습

여자는 자신의 재산을 갖을 수 있으며 자신의 수입을 관리할 수 있다. 여자들도 남자들과 함께 코란을 공부할 수 없으며 여자들만의 그룹에서만 가능하다. 모든 여자들은 이혼했거나 과부인자들도 친척 남자들의 감독과 관리를 받아야 한다.

사춘기가 니잔 여인들은 가까운 친척이나 친구들을 혼성으로 대면할 수 없으며 대중 앞에 나설 때에는 반드시 가리개(burqa)를 입어야 한다.

결혼은 일반적으로 부모들에 의해 준비되며 여자들은 모스크에서도 특별하게 남자들로부터 구별된 방에서 기도를 하며 이때 목소리가 남자의 목소리보다 커서는 안 된다. 따라서 대부분의 여자들은 집에서 기도를 권장하며 금요일 기도회는 여자들에게 맡긴다. 그러나 생리 중에는 모스크 출입을 할 수 없다.

2. 진출시 참고사항

사우디아라비아는 중동과 아프리카에서는 최대의 완제품시장으로서 년 320~350억불 수준의 수입이 유지되며 경기의 호황과 불황 사이클이 미미하고 5%이하의 물가안정과 환율안정을 바탕으로 시장의 예측가능성이 높다. 1997년 말 기준으로 620만명(근로자 400만, 근로자 가족 220만)의 외국인이 상주하고 있고 연간 300만 명 이상의 순례객들로 브랜드 파급효과 큰 시장이다.

사우디아라비아 중류이상의 수요층은 과시성향의 고급 브랜드를 선호하며 총인구의 약 40%를 점하는 동남아 외국인 및 사우디 저소득층은 저가 제품을 선호한다. 사우디의 인구구조상 25세 미만의 청소년층이 전체 인구의 약 65%를 넘고 있어 미래고객으로서의 사우디 청소년층을 겨냥한 마케팅 전략이 필요하다. 사우디 시장규모는 세계시장면에서 볼 때 다소 작은 규모이지만 순수한 사우디인의 인구증가율은 매우 높아 지난 1980년대를 통해 연평균 3.4%의 높은 증가를 보였으며 1997년 말 현재 1,200만 명으로 추정되고 있다. 인구구조면에서 젊은 세대의 급속한 증가로 현재 순수한 사우디인 60%가 20세 이하에 분포되어 있으며 반면 60세 이상의 고령자는 5%를 점유하여 극심한 피라미드 구조를 보이고 있다.

소비특성으로는 다수를 차지하고 있는 외국인 장기취업자와 사우디인들의 구매성향은 차이가 있는데 외국인 취업자는 가능한 구매를 억제하며 구매 시에도 부피가 작으며 추후 귀국 시 운반이 용이한 제품위주로 구매하며 구매기준도 가격수준에 의존도가 높은 관계로 사우디가 가격시장의 양상을 보이는 주된 요인이 된다. 성지순례자들의 구매동향도 유사하며 취업자들의 일시 귀국 시 선물용품 등으로 구매하는 태도로 유사하다. 사우디인은 높은 소득수준에 따라 가격보다 브랜드 인지도에 따른 충동구매성향이 크며 과거 해외여행 시에 집중 구매해온 개인기호품 등은 최근 대부분의 유명브랜드들이 사우디시장에 진출해 옴으로서 자국내 구매비중이 크게 확대되었다. 오락산업이 발달해 있지 않은 관계로 가족의 여가선용이 주로 쇼핑활동에 집중되어 있으며 구매시즌, 비즈니스 시즌은 라마단[74]수요를 겨냥한 라마단 개시 2

---

74) 아랍어(語)로 '더운 달'을 뜻하는데, 코란이 내려진 신성한 달로 여겨, 교도는 이 달 27일은 일출에서 일몰까지 의무적으로 금식한다. 다만, 여행자·병자·임신부 등은 면제되는 대신 후에 별도로

개월 전, 하지수요를 겨냥한 라마단 종료 1개월 후, 새해(하지월이 이슬람으로서는 마지막 달임.) 및 학교방학을 겨냥한 하지종료 2개월 후 등으로 구분된다. 라마단기간에 소비자의 구매량이 가장 많으며 하지기간 역시 수백만의 순례객들이 구매하기 때문에 그 양 또한 무시 못 하나 성지인 메카[75]와 메디나[76] 지역 내에서만 쇼핑하도록 조치하고 있기 때문에 이 지역 마케팅이 근래 중요시되고 있다.

사우디 바이어들은 가격 절충 시 반드시 가격을 깎는 것을 관례화하고 있으므로 어느 정도 여유 있는 가격을 제시하여 목표가격에 접근하는 것이 바람직하다.

간단한 선물이 상담추진에 효과적인 경우가 많으며 대화시 이슬람교 왕정 및 일부 다처제에 대한 비방은 금기이며 현지인들이 좋아하는 스포츠인 축구에 대한 것을 주제로 삼는 것이 무난하다.

사우디에서는 큰 규모의 수입상이라 하더라도 최종결정은 사장이 직접 내리는 경우가 많으며 중간간부는 대부분 의사전달에 그칠 뿐 권한은 없으므로 가능한 한 사장과 직접 상담을 시도하고 실무서류도 일단 사장에게 전달하도록 하는 것이 바람직하다.

수일간 금식을 하여야만 한다.

75) 사우디아라비아 헤자즈 지방에 있는 도시.

76) 1인구 약 30만(1990). 아랍어로는 알마디나(al-Madinah)라고 한다. 이슬람교 성지이며, 메카 북쪽 약 340㎞ 지점, 와디함두강 상류의 오아시스 지역에 있다.

제 3 절 이스라엘(Israel)

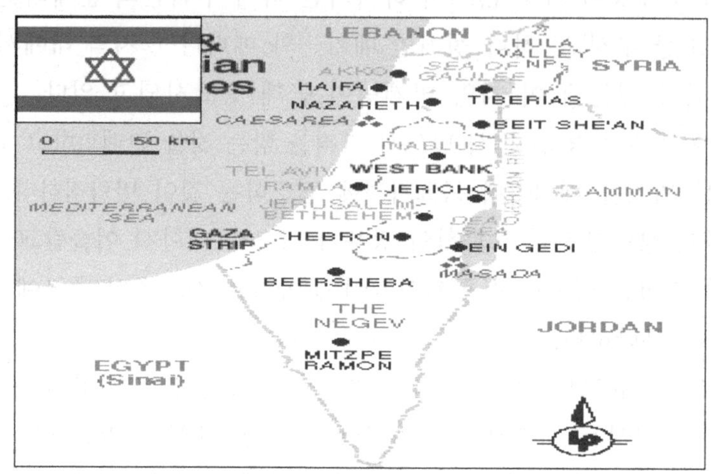

1. 문화와 관습

1) 문 화

(1) 상거래문화

이스라엘 사람들에게 있어 계약은 신과의 약속이라 할 정도로 일단 계약한 것은 무슨 일이 있어도 이행하므로 상대방도 엄격히 계약을 이행할 것을 기대한다. 따라서 일단 합의된 사항은 변경 또는 취소할 수 없다는 점에 유의하여야 한다. 다소 손해가 있다 해도 신용을 생명처럼 생각하므로 계약을 철저히 이행하여야 한다. 이스라엘의 상거래문화는 종교적 율법에 의해 지대한 영향을 받아서 인지 형식보다는 실질을 중시하며 모든 비즈니스는 본론부터 시작하여 본론으로 끝난다. 따라서 질문과 답변이 명확한 사람이 존중을 받고 상거래에서 성공할 확률이 높다.

이스라엘은 교회와 국가가 분리되어 있지 않은 신정주의 사회이다. 현지인을 통해 사업, 법률 및 회계 상의 자문을 받도록 해야 한다. 미묘한 차이일지라도 커다란 문제를 야기할 수 있기 때문이다. 법률은 빠르게 변화하고, 특히 인플레이션 하에서는 모든 것이 급속히 변화한다.

대부분의 비즈니스 업무는 금요일 오후에 종료되고 토요일이 안식일이다. 비즈니스 파트너의 종교의식을 존중해 줄 필요성도 있다. 암시나 설득에 의한 은근한 사업은 주의를 끌지 못하므로 이스라엘에서는 강압적인 판매를 하여야 하다.

이스라엘 사람들은 아랍인과 이스라엘인간의 분쟁을 인정하지 않는다 하더라도, 이 문제에 아주 민감하다. 이들은 사람의 위협을 받고 있고 따라서 수비적인 자세를 취하고 있다. 이들은 객관적 토론도 인정하려 들지 않는다. 종교적인 의식이 또한 중요하다. 안식일에 자동차를 몰거나 담배를 피우면 화를 낼지도 모른다. 분명 히 유대인에 반하는 농담은 감정을 상하게 할 것이며 상대가 격렬한 반정부주의 자일지라도 절대로 정부를 비판하는 발언을 해서는 안 된다.

이스라엘인들이 저녁식사는 가볍게 하고 점심식사의 초대가 보다 일상적이다. 전형적으로 1시 약속의 점심식사라면 12시 30분경에 도착한다. 책, 캔디 또는 꽃이 좋은 선물이 될 것이다. 연장자나 집주인이 먼저 식사를 시작할 것이다. 떠날 때에 주인에게 감사하다는 말을 하고 후에 다시 감사카드나 꽃을 보내야 한다. 많은 사람들이 돼지고기, 햄, 조개류 등 금기의 음식물에 대한 계율을 지킨다.[77]

이스라엘인과 상거래를 하기 위한 주의사항으로는 일상생활에서 계약을 문서화하는 것이 보편화되어 있으므로 문서로 명기되지 않은 구두 약속은 언제든지 변경 가능하다는 것이 유태인의 일반적인 관념이다. 따라서 약속을 할 경우 반드시 문서화(정형화된 문서 불필요) 해두는 것이 유리하며 약속위반 시 보상규정을 삽입해 두는 것이 약속이행을 강제할 수 있다. 대형 발주 프로젝트 등 계약 시 전문변호사를 참여시켜 문안을 꼼꼼히 살펴보는 것이 필요하다.(계약문안이 매우 장문이고, 계약직전 조건 등을 통보하는 경향이 있으므로 충분한 시간을 갖고 검토가 필요)

일반적으로 이스라엘 국민의 교육수준이 높고 다양한 문화와 언어에 익숙한 세계 각 국으로부터의 이민으로 사회가 구성되어 있어 국제정치, 경제동향을 잘 파악하고 있다. 해외 거주유태인 사회와 잘 연결되어 있고 서로 정보를 공유하고 있으므로 추진하고 있는 계약이 성사되지 않더라도 차후 거래를 위하여 좋은 인상을 남겨줄 필요가 있다.

현지 바이어의 성향 및 효과적인 접근 방법으로는 이스라엘은 1백여 개 국가로부터의 이민으로 구성된 다양한 문화와 언어에 노출된 사회이다. 따라서 출신지, 언어, 문화에 따라 개인적으로 편차가 큰 편이므로 이를 고려하여 접근방식을 달리할 필요가 있다(동구계, 중동·아프리카계, 구미계 등). 또한 이스라엘인들은 개인적으로 금전적 이해관계에 철저하다(오랜 유랑의 역사로 인한 토지소유가 불가능한 과거의 경

77) 이승영, 「국제협상의 ABC」, 일신사, 1992, pp.312-313.

험과 생존을 위해 상업이나 고리대금업에 의존한 역사적 경험에서 기인한 것으로 추정됨). 이스라엘인들은 전반적으로 참을성이 부족하고 성격이 급한 편이다. 외국인의 눈으로 보아 무례하고 시끄러우며, 공공시설에 대한 준법정신이 부족하다. 이들은 선민사상에 입각하여 인류의 발전에 크게 이바지해 왔다고 자부하고 있으므로 이를 활용할 필요가 있다. 그러나 유태인 학살, 히틀러 등에 대한 우호적인 의견은 금기사항이란 것을 명심해야 한다. 그리고 골란고원 반환, 팔레스타인 독립국가 건설, 예루살렘 문제 등 현재 중동평화협상 관련 사항도 가급적 회피하는 것이 좋다.

이스라엘인들은 선물을 받기를 좋아하므로 조그만 선물을 준비할 경우 효과가 있다. 이스라엘인들과 상담할 때 유태역사, 유명한 유태인, 해외 유태 커뮤니티 현황 등에 알고 있는 경우 도움이 된다.

(2) 기타 문화

가. 집단 공동체문화

이스라엘의 집단 공동체인 키부츠(kibbutz)는 2차 세계대전 이후 이스라엘이란 국가가 UN에 의해 성립되고 그 후 사회주의(공산주의) 체제에 살던 이주 유대인의 사회적응 프로그램으로서 1세대 이후 도시로 떠난 2세대의 빈자리를 세계 각 국의 자원봉사자(volunteer)란 명목으로 받아 일을 시켜 유지하고 있다.[78]

하지만 여러 가지 문화생활이 풍족한 곳이다. 키부츠는 성공한 사회주의의 표본으로 평가받고 있다. 예전 농장위주의 키부츠가 요즘은 경쟁력 있는 플라스틱제품이나 특산품을 생산하는 수준으로 변화되고 있으며 점점 volunteer를 줄이고 노동자를 쓰는 곳이 많아지고 있다. 키부츠는 가장 이상적인 집단 공동체로서 서로의 수익금을 균등히 배분하며 일도 서로 돌아가면서 하며 세탁소, 도서관, 영화관 각종 문화시설이 키부츠 내에 있으며 현찰이 사용되지 않는 곳이다. 키부츠 내에 사는 사람들을 키부츠인이라고 한다.[79]

나. 교육문화

유태인들은 자녀를 굳건한 신앙과 신념의 소유자로 키우는 것을 중요하게 생각한다. 그리고 이런 종교교육의 일차적 책임은 부모, 특히 어머니에게 있다고 본다. 어머니는 아이에게 최초의 교육자이며 아이가 정통 유태인으로 자라게 하는 주체이다. 아이들은

---

78) http://members.tripod.lycos.co.kr/yanne/frame1.htm

79) http://members.tripod.lycos.co.kr

어머니로부터 전통과 유태인만의 독특한 생활양식과 의식을 전수 받는다. 그래서 유태인 어머니들의 자녀에 대한 애정은 하느님 못지않게 절대적이다. 때로는 그것이 지나쳐 영어에서 '유태의 어머니(Jewish Mother)'라는 말은 과보호와 자녀 교육에 극성스런 엄마의 대명사로도 쓰인다.

그러나 유태인 사회는 엄연히 부계사회이다. 철저하게 남성의 권위가 존중되며, 남녀 성별을 구별하는데도 엄격하다. 사내아이가 생후 8일이 되면 받는 할례나 13세가 되면 치르는 성인식은 유태인에게 있어 결혼식 못지않게 중요한 행사이다. 그들은 남녀 간의 내외도 엄격하며 결혼도 중매결혼을 한다. 아이들은 유치원에서부터 남녀를 분리시켜 수업한다.

그러나 사회구조나 업무에서는 남녀의 차별이 거의 없으며 일에서 남녀를 구분하는 것은 그야말로 출산능력 여부뿐이다. 이스라엘에서는 여성도 남성과 똑같이 군대에 가서 군 복무를 한다(여성은 20개월, 남성은 36개월). 또 여성들이 일할 수 있는 기반도 충분히 마련돼 있다. 그래서 이스라엘에는 전업주부는 거의 없으며 전 인구의 95%가 맞벌이 부부이다.

가사나 육아도 남녀가 평등하게 하는 풍토가 굳어져 있어 아빠가 부엌에서 밥을 하고 아이를 돌보는 풍경이 흔하고 자연스럽다. 이런 환경에서 아이들도 엄마가 사회에서 일을 하는 것에 대하여 상당히 자부심을 느낀다. 또 남자가 여자를 지배한다는 것은 상상도 못하며 남녀가 동등한 인격체라는 것을 본능적으로 몸에 익히며 자란다.

이스라엘에는 모든 사회제도도 가정을 생활의 중심에 두도록 짜여 있다. 이스라엘 부모들이 합리적이고 너그러울 수 있는 비결은 바로 이러한 사회 구조 덕분이라고 한다. 이스라엘 남자들은 직장에서 일이 끝나면 99%가 집으로 직행한다. 그러니 자연히 아이들과 함께 있는 시간이 길어지고 그만큼 아이에 대해 많은 것을 안다.

히브리어로 아버지는 교사, 지도자라는 의미로도 해석된다. 아버지들은 매주 안식일이 되면 아이들을 한 사람씩 방으로 불러 대화를 나눈다. 그러므로 부모와 자식 간의 대화의 단절이란 있을 수 없으며 아이들은 아버지를 가장인 동시에 산교육을 행하는 선생님으로 여기게 된다. 그래서 어릴 적부터 공부하는 것도 친구를 사귀는 것도 모두 아버지한테서 배운다.

유태인은 오늘날에도 조부모나 삼촌, 숙모, 사촌형제까지 한 가족으로 보는 대가족 제도를 고수하고 있다. 물론 그들도 대가족이 한 집에 모여 살기는 어렵다. 하지만, 수시로 연락을 하며 축제일이나 주말에는 함께 보내며 가족의 일체감을 다진다.

자녀들은 이런 분위기 속에서 자기 부모와 다른 사고방식과 직업을 가진 여러 어른들과 친밀하게 접촉하며 다양한 세계를 접하게 된다. 그래서 그들의 지혜는 개인에서 개인으로가 아니라 세대에서 세대로 전해진다고 한다.[80)]

유태인은 말을 잘하며 머리가 좋은 민족으로도 알려져 있다. 그들은 그 비결은 독서와 토론을 좋아하고 지혜를 숭상하도록 키우는 자신들의 전통적인 교육 방법에 있다고 강조한다. 특히 그 중 두드러진 것으로 베갯머리 이야기(Bed Side Story)와 헤브루타식 교육을 들 수 있다.

이스라엘 아이들은 돌이 지나면 누구나 침대 머리맡에서 부모가 책 읽어주는 소리를 들으면서 하루를 마친다. 그들은 '베갯머리 이야기'를 부모의 의무이자 전통적인 일과로 여긴다. 이 때 읽어주는 이야기는 예전에는 대체로 구약성서 중에서 골랐는데, 아이들은 대개 모세나 다윗 왕 등의 영웅담을 즐겼다고 한다.

베갯머리 이야기는 무엇보다도 아이의 언어 발달에 도움을 준다. 이스라엘 아이들은 4살 정도면 평균 1500개 이상의 어휘를 소화한다고 한다. 한참 말을 배우는 아이가 책에 나오는 무수한 단어들 아름다운 문장들과 접촉하니 어휘력이 발달할 수밖에 없는 것이다. 더구나 이야기를 듣는 동안 아이들은 추상적인 개념들도 자연스럽게 익히며 여러 가지 감정적 경험을 하게 된다. 또 성서의 역사를 거슬러 올라가 상상의 날개를 펼치며 시간과 역사에 대한 감각을 익히기도 한다.

이야기를 들려 준 뒤 그 느낌을 나누는 과정도 책을 읽어주는 과정만큼 더 중요하다. 처음에는 질문의 의미조차 이해하지 못하던 어린아이들도 몇 번이고 반복해서 쉬운 말로 질문을 던지면 자기의 생각을 서툴게나마 말하게 되고 결국엔 이야기의 교훈을 나름대로 찾아내게 된다. 이 과정에서 아이들은 사고력도 키우고 책읽기와 표현하기, 글쓰기에도 익숙해진다. 유태인 중에서 세계적으로 유명한 문인들이 많이 배출된 것도 그 때문이라고 한다. 베갯머리 이야기는 아이들이 정해진 시간에 잠드는 습관을 붙이게도 만든다. 또 부모자식 간의 신뢰와 애정을 더 깊게 하여, 자녀가 자란 후에도 가족관계를 긴밀히 유지하는데 도움이 된다.

헤브루타식 교육이란 이런 베갯머리 이야기와 대화와 토론의 교육이 일상생활 속에 연장된 것이다. 그들은 아이를 키울 때 매사에 대화와 토론을 중시한다. 이렇게 키우다 보면 아이가 어른 이야기에 끼어들고 고집을 피우며 말대답을 하는 경우도 있지만 그럴 때도 아이의 말문을 막지 않는다. 그들은 어린이도 옳은 의견을 가질

---

80) http://www.dapis.go.kr/mndweb/daily/1999/11/1123-30.htm

수 있는 하나의 동등한 인격체로 본다.

유태인들은 토론을 좋아한다. 유태인들이 자랑하는 탈무드도 과거 5천년 동안 벌어진 수많은 유태교 현인들의 토론집이다. 이러한 탈무드의 전통이 오늘날의 이스라엘의 육아와 교육에도 그대로 반영되고 있는 것이다. 그들 사회에서는 점잖은 것은 덕이 아니라, 적극적으로 자기 의사를 표현하는 것이 덕이다. 특히 유태인 사회에서 제일 존경받는 랍비가 되려면 표현력이 절대조건이다. 그러므로 우리나라의 부모들은 유치원이나 초등학교에 입학하는 아이들에게 "선생님 말씀 잘 들어라"하는 말을 가장 많이 하지만 그들은 "질문을 많이 해라"라는 말을 가장 많이 한다고 한다. 또 "아이가 얌전하다"는 말은 이해력이나 사회성이 부족한 바보라는 뜻으로 여긴다.

유치원에서도 대화와 토론이 교육의 중심이다. 유치원에 등교하면서부터 마칠 때까지 교사와 아이들은 재잘거리며 서로 많은 질문과 대화를 한다. 칠판이나 분필, 책으로 수업을 진행하는 것이 아니라 말로 수업을 진행하는 것이다. 그러므로 말을 하지 않는 아이는 수업에 참여하기 힘들며 그 무엇도 자기 것으로 만들 수 없다.

또한 주제를 정해 토론을 하기도 한다. 교사가 주제를 설명하고 방향을 잡아주면 아이들이 나서서 토론을 이끈다. 지켜보던 교사는 토론이 끝나면 나온 의견을 모아 정리하고 결론을 내려 준다. 토론 중에 아이들이 자기주장을 고집하면서 싸우면 교사는 아이들 각자에게 변론할 기회를 준 뒤 잘잘못을 가려준다. 그 과정은 단순한 판결과정이 아니라 아이 스스로 문제를 깨닫고 여러 가지 방식으로 해결방법도 생각하게 하는 과정이다. 이렇게 아이와 교사가 한 곳에 둘러앉아 토론을 벌이는 모습은 마치 작은 국회의 모습 같다고 한다. 이런 대화와 토론 중심의 교육에 길들여진 아이들은 논리적인 사고력과 표현력뿐 아니라 문제를 뿌리까지 캐서 해결하려는 적극적이고 능동적인 태도와 자신감도 키우게 된다.[81]

이스라엘에서는 어린아이들에게는 글씨를 익히고, 숫자를 외우고, 피아노를 치는 것과 같은 기능교육을 시키지 않는다. 대신 많은 음악을 들려주고 그림을 많이 그리게 한다. 유치원에서도 초등학교 입학 몇 달 전까지는 글자나 숫자를 가르치지 않으며 '노크', '화장실' 등 생활에 꼭 필요한 단어나 기초적인 수 개념도 그림이나 게임으로 가르친다. 그래서 이스라엘 아이들은 공룡이란 단어를 글자로 쓰지는 못하지만 그림으로 그려 설명하는 것은 잘한다.

그들은 책상 앞에서 하는 공부보다는 현장에서의 체험 학습을 중요시한다. 이스라

81) http://www.chosun.ac.kr/~oasis/life/a17.html

엘에서는 아이가 어리다고 다른 사람에게 맡기고 부부끼리 여행을 떠나는 법이 거의 없다. 아무리 어려도 아이를 배낭에 업고 다니면서 자연과 국토를 느끼도록 하는 것은 그들의 전통이다. 그래서 주말이면 그들의 주된 일과도 아이들과 함께 야외로 소풍을 가거나 공원 나들이를 하는 것이다.

더구나 공동체 생활을 하는 키부츠에서는 현장 학습을 자주 한다. 어린이집에서 현장학습을 할 때마다 키부츠의 부모들은 현장 지도교사가 된다. 아이들은 농장에서 농부들처럼 일을 해보기도 하고 목장으로 견학 가기도 한다. 물론 이렇게 아이들이 일을 하는 것은 노동이라기보다는 일종의 개구쟁이들의 놀이와 같은 과정이다. 키부츠 어린이집의 여러 가지 시설들은 체험 학습에 적합하게 되어 있다. 키부츠에는 풀장이나 실내체육관, 도서관, 시청각 시설을 갖춘 강당과 같이 다른 시설은 최고급이지만 어린이집의 시설만은 허름하다고 한다. 건물은 낡은 건물을 쓰며 책걸상도 헌 것들만 주워 쓴다. 장난감도 공장제품들보다 아빠들이 농장에서 쓰던 연장이나 엄마들이 부엌에서 쓰던 가재도구들을 쓴다. 그래서 어린이집의 마당은 고물상을 방불케 한다. 그런데 이렇게 하는 데는 교육적인 이유가 있다.

아이들은 고물들 속에서 생활, 과학, 미술, 자연을 더욱 잘 배운다. 찌그러진 자동차의 핸들을 잡고 운전도 해보고 구멍이 뚫린 그릇에 물을 담아보면서 생활도구들과 친숙해진다. 또 상상력도 키우고 집에서는 만지지 못하게 하던 물건들을 마음껏 만지고 부수며 스트레스도 해소한다. 또 키부츠에는 군대 유격장과 비슷한 아이들의 유격장도 있다고 한다. 넓은 공터에 사다리와 구름다리, 굴렁쇠, 드럼통 등을 늘어놓은 이 유격장에서 아이들은 조를 맞춰 훈련을 하는 것이다.

도시 유치원의 아이들도 매주 한번 정도는 가까운 동·식물원, 공원, 박물관에서 현장 학습 시간을 가진다. 이스라엘 도시의 공원에는 마치 유격장과 같은 놀이시설이 갖춰져 있는 곳이 많다. 교육 당국이나 지역 사회 개발 센터에서도 다양한 현장 학습 프로그램을 개발하여 진행하고 있는데 온 가족이 함께 천연기념물로 지정된 꽃이나 새를 탐사하고 광야의 계곡을 따라가며 지형을 탐구하는 벤처 프로그램도 있어 인기가 높다.

부모들은 학교나 유치원에서 가는 1박 2일의 여행이나 캠프에도 적극적으로 보낸다. 또 대여섯 살부터는 아이를 외가나 친척집에 보내기도 하고 버스 한 두 정류장 거리의 친구 집 정도는 혼자 가도록 내버려둔다. 그래서 이스라엘에서는 글자도 못 읽는 아이들이 버스표를 쥔 작은 손을 운전사에게 내밀며 여행을 다니는 풍경을 쉽게 볼 수 있다. 그들은 아이들이 자연 속에서 벌거벗고 맨발의 야생마처럼 거침없이 뛰어 놀게 한다. 그리고 아이가 이 세상에 널린 것은 무엇이든 경험할 수 있게 배려한다. 이처럼 어려서부터 사고나 행동을 자유롭게 구사하도록 만드는 환경은 아이들의 두뇌를 유연하게 만들며 창의적이고 자립적인 인간으로 자라게 한다.[82)]

유태인 엄마들은 아이들과 신체 접촉을 많이 하고 아주 열심히 노는 편이다. 그리고 같이 보내는 시간의 길이보다는 그 시간을 어떻게 보냈는지에 대하여 더 많이 신경 쓴다. 유태인 엄마들이 아이와 자주 하는 놀이는 다양하다.

첫째, 책을 읽고 그 느낌을 이야기하는 것이다.

둘째, 블록놀이와 조각 맞추기(퍼즐)처럼 관찰력과 구성력을 필요로 하는 놀이도 자주 한다. 이런 놀이는 일일이 손으로 해야 하기 때문에 아이가 손가락을 많이 쓰도록 하는데 연령이 낮은 아이일수록 필요한 놀이이다. 그들은 그림을 그릴 때도 아이의 손을 붙잡고 그려주는 법이 없다. 혼자서 마음대로 그리도록 내버려둔다. 이스라엘에서는 유치원에서도 아이들에게 사인펜이나 색연필을 주지 않고 크레용을 쓰게 한다. 그 이유는 크레용을 쓰면 몸을 움직이며 힘을 들여야 하므로 손가락의 힘을 더 강하게 만든다는 것이다.

셋째, 찰흙놀이나 손가락으로 그림 그리기 등도 일상적인 놀이 아이템이다. 이런 놀이는 아이에게 촉감과 쾌감을 주면서 정서 발달과 두뇌 발달을 촉진시킨다. 첫돌 이전의 아기들은 거울놀이도 자주 한다. 거울을 통해 무서운 표정을 지어본다든지 자신의 웃는 모습을 직접 볼 수 있게 해주는 것은 아이의 자아를 키워준다. 또 아이가 짜증을 부리면 욕조에 집어넣고 물놀이를 시킨다. 물놀이는 아이의 스트레스를 풀어주고 심리적인 안정감을 주는 놀이이다. 이외에도 아이의 감각을 발달시키기 위한 놀이를 많이 한다.

그런데 엄마들은 무엇을 하고 놀든지 한 가지 놀이만 하는 게 아니라 2~3가지 놀이를 연결하고 노는 동안 대화를 주고받으며 '꼬리에 꼬리를 무는 교육'이 되도록 유도한다. 그리하여 신체 발달과 IQ+EQ 발달을 함께 도모하는 통합교육을 하는 것이다. 유치원에서도 일상의 소재를 활용하여 자유 놀이를 중심으로 한 통합교육을 많이 실시하고 있다. 그들은 특히 아이들의 눈높이에서 재미있게 가르쳐 집중력을 키울 수 있도록 유도하고 있다.

이스라엘에서는 아이들의 게임 도구나 장난감도 이러한 통합교육의 의도에 맞게 개발되어 있다. 그들은 어른들의 시각이나 수준에서 장난감을 만들지 않고 철저히

---

82) http://www.cozytour.co.kr/cozy/information/BIBLE/is_nomal.htm

아이들의 시각과 수준에 맞춰 만든다. 우선 재미있게 만든다. 또 점차로 단계를 높일 수 있게 하고 조금만 변형시켜도 새로운 놀이를 할 수 있게 만든다. 그래서 아이가 쉽게 싫증내지 않고 빠져들어 노는 동안 자신도 모르는 사이에 기억력, 관찰력, 집중력도 생기고 지적, 정서적으로 발달할 수 있도록 한다. 또 아이가 혼자서 놀이를 하게 하기보다 부모와 함께 대화를 나누며 놀이를 즐기도록 만들어 여러 가지 개념을 자연스럽게 터득하도록 유도하는 것도 많다. 이러한 이스라엘의 장난감은 그 교육적 효과가 세계적으로도 널리 알려져 있다. 최근 이스라엘의 교육부는 이렇게 재미있는 유치원 교재의 세계 표준화를 목표로 3백여 명의 전문가를 유치원교재 제작에 투입하였다고 한다.[83)]

첨단 벤처 산업의 발달한 이스라엘에서는 영어 조기교육과 함께 과학기술 교육에도 힘쓰고 있다. 이스라엘의 규모가 큰 유치원에는 현미경 사용법만 전문적으로 가르치는 과학교사가 따로 있다. 또 그들은 아이가 어릴 때부터 컴퓨터에 익숙해지도록 해준다.

유치원에서도 교육과정에 컴퓨터를 적극적으로 활용한다. 예를 들어, 우리나라의 식목일과 비슷한 '뚜 비 슈밧'이라는 명절이 되면 나무를 심는 요령에 대하여 교육용 비디오를 보여준 뒤 나무 열매를 따거나 벌레를 잡는 컴퓨터 게임을 하면서 여러 가지 나무와 벌레들을 구별하는 눈을 키우게 한다.

이스라엘은 영재 교육을 집중적으로 실시하는 나라이기도 하다. 이미 1971년부터 교육문화부에 영재교육과를 두었으며 1988년부터는 영재교육과와 과학영재교육과를 구분하였다. 그리고 국가의 지원 하에 12종류의 다양한 영재 교육기관을 설치하여 운영 중이다. 여기서는 학급에서 상위권 3%에 해당하는 아이들과 자격시험을 통과하여 선발된 학생들을 교육한다.

그들은 특정한 한 분야(예를 들어, 스포츠, 승마, 컴퓨터 등)에서 뛰어난 재주를 가진 아이를 영재라고 한다. 그런데 이스라엘 부모들은 자기 아이가 영재로 판정 받으면 무척 부담스러워 한다고 한다. 그리고 사회성 지도와 함께 아이의 전인적인 발달을 위해 각별히 더 신경을 쓴다고 한다. 영재교육 기관에서도 아이들의 지적 능력의 계발뿐 아니라 전인교육과 창의성 계발을 중요한 교육목표로 삼고 있다.[84)]

---

83) http://kid.chosun.com/site/data/html_dir/2000/10/19/2000101900005.html

84) http://100.naver.com/search.naver?

다. 예절문화

보통 만났을 때 인사는 평화를 의미하는 샬롬(Shalom)이라고 하며 인사할 때에는 일반적으로 악수를 한다. 친한 친구와 인사할 때는 서로 상대방의 어깨와 등을 가볍게 두드린다. 이스라엘 사람은 시간관념이 아주 뚜렷해 시간을 엄수한다.[85)]

라. 가족문화

유태문화에서는 가정이 매우 중요시되고 있다. 최근에 핵가족화 경향이 보이지만 평균 가족 수는 3.8명이다. 아버지가 가장으로서 가정에서는 커다란 영향력을 가지지만 여성도 과거 수 십 년에 걸쳐 계속 영향력을 넓히고 있다. 현재는 노동력 부족으로 여성이 밖에 나가 일하는 경우가 늘고 있다. 이스라엘의 부모들은 자녀의 장래를 위해 모든 것을 준비하고 생각하며 자녀가 결혼하게 되면 결혼에 관한 모든 것들을 준비해준다. 쌍방의 부모들은 수일간 함께 자녀의 결혼계획을 세운다.

이스라엘에서 결혼은 사회적으로 중요한 일로 보고 있기 때문에 보통 유대교의 랍비에 의해 진행된다. 악단을 불러 몇 백 명을 초대해 성대한 디너파티를 여는 결혼도 있다. 방식은 당사자 가족의 문화적 배경에 따라 여러 가지이며 노래나 춤이 밤까지 계속된다.[86)]

마. 음식문화

이스라엘은 아랍인이나 이민 온 유대인의 문화적 배경이 다르므로 세계 각지의 다양한 요리를 먹을 수 있다. 유대인이 경영하는 레스토랑에서는 코세르(KEEPING KOSHER), 즉 유대인의 율법을 엄격히 지키는 곳이 많다.

디저트로는 특산물인 포도 주스나 오렌지가 많이 나온다. 길가에서 팔고 있는 '팔라펠'이란 요리가 있는데 이 요리는 피타라고도 불리며 평평하고 납작한 빵에 기름으로 요리한 고기나 샐러드를 넣어 먹는 음식으로 미국의 햄버거만큼이나 이스라엘에서 인기가 있다.

야채나 과일은 선하며 종류도 다양하고 가격도 적당하다. 육류는 유대교 교리에 따라 피를 완전히 빼서 요리하므로 그다지 맛있지는 않다. 쇠고기보다 닭고기 종류를 즐겨먹는데 쇠고기는 주 1회 금요일 저녁이나 안식일 저녁식사로 보통 먹는다.

닭고기나 칠면조 고기는 풍부하고 가격도 적당하다. 유대인은 돼지고기를 먹지 않

---

85) http://www.chosun.ac.kr/~oasis/life/a8.html

86) http://www.chosun.ac.kr/~oasis/life/a8.html

지만 외국인들을 위해 두 세 개의 가게가 있다. 또한 이스라엘은 바다와 접한 나라서 생선의 종류가 아주 다양하며 신선한 것들이 많다.[87]

이스라엘에서는 유대교 율법에 따라 '코세르'라고 하는 '음식물 제한 규정'이 있다. 돼지고기나 조개류 등은 코세르 식당에서 금지되고 있고, 육류와 유제품을 함께 먹거나 같은 그릇에 담지 못한다. 따라서 코세르 식당에서는 특히 점심과 저녁때 유제품을(버터 등)요청하거나 반입하지 않도록 해야 한다. 이스라엘 아침식사 때는 소시지 등 유제품이 제공되지 않는 것을 이와 관련하여 참고하도록 한다.[88]

2) 관 습

유태인들은 현실주의적이고 합리주의적인 사람들이다. 그들은 겉치레를 싫어하며 내면의 충실성을 중히 여긴다. 물건을 고를 때도 포장에 신경 쓰지 않으며, 사람을 만날 때도 그렇다. 그들은 매사에 지나치게 집착하거나 탐닉하는 주관적 자세를 싫어하며 사후 세계를 믿지 않는다. 그래서 아이들에게 죽음과 같은 문제도 무리하게 가르치려 하지 않고 구약성서에 의거해서 간결하게 가르친다. 성에 대해서도 신으로부터 허락된 자연의 일부로 받아들이므로 아이들에게 질문을 받으면 얼버무리지 않고 성경에 씌어 있는 대로 간결하게 가르친다. 또 아이가 섹스와 관련된 행위를 하더라도 자연 그대로 맡겨두며 간단하게 주의를 주는 것으로 그친다고 한다.

유태교에서는 우상을 거부하므로 신을 인간처럼 그린 그림이나 조각이 없다. 그러므로 그들은 늘 추상적인 어떤 존재인 신을 생각하는 훈련을 하는 셈이며, 이것은 추상 능력을 발달시킨다. 그래서 유태인 아이들은 유치원 시기까지 셈을 배우지 않아도 초등학교에 들어간 후 수학을 잘한다. 또 과학이나 금융에 밝아 유태인 중에는 세계적인 과학자나 사업가 등이 많다.

그들은 시간에 대해서도 합리적이다. 유태인들은 영생이나 윤회 사상을 믿지 않으므로 매일, 매 순간에 최선을 다하며 주어진 현재의 인생을 효율적으로 살고자 애쓴다. 탈무드에는 "날마다 오늘이 최후라고 생각하라"는 말조차 있다. 보통 유태인들은 매일 할 일에 대한 계획을 상세하게 짜는 습관이 있으며 그에 맞춰 일을 해냈을 때는 일종의 쾌감마저 느낀다고 한다.

시간을 소중히 여기는 것은 아이들의 생활에서도 마찬가지다. 매일 저녁 아이들은 아버지가 오시면 바로 식사할 수 있도록 준비하고 안식일엔 숙제를 일찍 마친 다음 불이

87) http://www.chosun.ac.kr/~oasis/life/a8.html

88) http://www.topas.net

켜지기 전에 목욕을 하고 제일 좋은 옷을 입고 있지 않으면 안 된다. 어릴 때부터 정해진 순서와 시간에 따라 일하며 시간을 효율적으로 관리하는 습관을 익히는 것이다.

흔히들 유태인은 돈에 인색하다고 한다. 셰익스피어의 '베니스의 상인'에 나오는 고리대금업자 샤일록의 모습은 그 전형이다. 그러나 그들은, 셰익스피어는 영국 땅에서 유태인에 대한 편견이 한창이던 시대에 태어난 사람이며 샤일록의 모습은 이러한 편견의 산물이라고 항변한다. 대신 유태인들은 돈의 가치에 대하여 현실적으로 생각하며, 돈의 사용 방법에 신경을 많이 쓴다. 돈은 쓰는 사람의 인격과 사용 방법에 따라 가치가 달라진다는 것이다. 아이들에게는 애초에 용돈을 따로 주지 않고 필요로 할 때만 주며, 쓰고 남는 돈은 저금하게 한다.

그들은 아이들에게 어릴 때 저금통을 2개 마련해준다. 하나는 자기 자신을 위한 저금통이고 또 하나는 자선을 위한 저금통이다. 그들은 빈민이나 장애자에 대한 선행을 대단히 높이 평가한다. 영어의 '자선(Charity)'이 라틴어의 '베풀다'라는 말에서 나온 것과 달리 히브리어의 '자선(체다카)'은 정의라는 뜻으로도 쓰인다. 즉 그들은 자선행위란 단순한 선심 행위가 아니라 정의를 실현하는 것이라고 여긴다.

집안에서도 '네 것', '내 것', '우리 것'을 구별시키고, 자기 물건 외에는 손대지 못하도록 가르친다. 형제간이라도 다른 사람의 물건을 쓰려면 허락을 받고 빌리도록 한다. 이렇게 가족 전체의 물건이나 형제의 물건을 소중히 하도록 배운 아이들은 도덕교육을 따로 하지 않아도, 밖에서 남의 물건이나 공공물을 소중히 다루며 남에게 폐를 끼치는 행동을 하지 않는 것이다.[89]

2. 진출시 참고사항

이스라엘 경제체제는 서비스업과 제조업에 바탕을 둔 혼합 경제체제이다. GNP의 약 17%를 차지하는 제조업은 아주 다양하게 발전해 왔다. 전체 노동력 가운데 1/5 이상이 종사하고 있으며, 주로 원료와 반(半)가공 원료의 가공업종에 집중되어 있다. 이스라엘 시장은 지역적으로 중동에 위치해 있으나 EU 및 북미지역 과 심리적으로 밀접하게 연결되어 있는 1인당 GDP 17,000불의 선진국 시장으로서 국가 이미지, 브랜드 명칭, 품질 등이 상품판매에 있어서 중요한 역할을 하고 있다. 이스라엘은 선진국 제품시장과 개도국 제품시장으로 확연히 구분되어 있는 바 소비자 층의 구매행위도 이에 따라 차이를 보이고 있다.

89) http://kid.chosun.com

이스라엘은 인구 600만 명 규모의 작은 시장으로서 세율과 중계상의 마진이 높아 일반 소비자는 수입원가보다 훨씬 높은 가격에 제품을 구매하고 있다. 특히 제조업 분야 산업기반이 취약하여 많은 소비재를 수입에 의존하고 있다. 그리고 인접 유럽 시장의 제품이 최종적으로 소비되는 골목시장으로서 유럽의 값싼 제품이 유입되어 소비되는 시장이다.

상품판매에 있어서는 가격경쟁력이 우선적으로 고려되고 있으나 고급품 시장은 유럽, 일본, 북미산 제품이 석권하고 있으며 가격에 앞서 품질을 구매행위의 기준으로 삼고 있다(차량, 가전제품 등 내구재 포함). 중·저가 상품은 중국, ASEAN, 인도 등 개도국과 선진국 시장의 하자 있는 제품이 수입되어 구 소련계 이민 등 구매력이 저조한 계층이 주로 소비하고 있다.

제 4 절 남아프리카공화국(South Africa)

1. 문화와 관습

1) 문 화

(1) 상거래문화

남아프리카공화국을 처음 방문하는 사람들은 대체로 남아공이 이렇게 서구화된 줄 몰랐다고 한다. 대부분 사람들은 남아공을 발전된 국가라고 하지만 그래도 아프리카 국가인데 하는 선입견을 가지고 있다. 그러나 잘 정비된 도로망, 우뚝 선 빌딩, 울창한 숲에 들어선 주택 등을 보면 유럽의 한 나라에 와 있는 듯 한 착각을 한다는 것이다. 남아공에는 아프리카를 연상시키는 것과 상반되는 요소들이 많다. 연중 강우량이 적어 고생하는 것이 그렇고 요하네스버그 인근은 해발 1,760m로 냉난방 시설이 없어도 불편하지 않을 정도다.

남아공의 도로공학은 세계적으로 인정받는 수준이고 물품을 구입하고 한 달 안에 자유롭게 반품할 수 있는데서 서구식 유통구조를 발견할 수 있다. 흑인 인구 비율이 76%에 이르는 남아공은 문맹률이 높을 것 같은데 15세 이상을 기준으로 하면 18%라고 하니 높은 편이 아니다. 남아공은 3명이 노벨평화상을 받은 것을 비롯해 5명의 노벨상 수상자를 배출하였다. 남아공은 예약문화가 정착되어 있어 유명 관광지의 숙박예약은 1년 전부터 이루어지고 이발소도 예약하지 않으면 손님 대접을 못 받는다.

남아공은 인종과 문화적 전통이 다양하여 '무지개 나라'라고 부르기도 한다. 만델라 대통령의 재혼으로 축제분위기였던 나라인 남아공을 아프리카 후진국 중의 하나라고 생각하는 것은 큰 착각이다.

이 나라는 아프리카에서 광공업이 가장 발달한 나라로 특히 킴벌리를 중심으로 하는 다이아몬드와 요하네스버그를 중심으로 하는 금은 세계적으로 유명하며, 금은 세계 제1위, 다이아몬드는 세계 제2위를 차지하고 있다. 이 밖에도 우라늄, 석탄, 구리, 철, 납, 망간, 크롬, 백금 등의 지 자원도 풍부하다.

공업도 종래에는 양조, 제당 등 식품 가공을 중심으로 하는 경공업 위주였으나 현재는 철강, 기계, 섬유, 화학 공업 등도 발달하였다. 한편 국토의 10%가 농경지로써 농장에서는 옥수수를 비롯해 밀, 포도, 오렌지, 사탕수수, 담배 등이 대규모로 재배되고 있으며 또 고원에서는 목축이 성하다. 행정수도인 프리토리아는 보어인이 내륙 고원에 건설한 도시로 교외에 이 나라 최대의 제철 공장이 있다. 남아공에서는 대부분의 산업체들이 흑인 노동력을 사용하고 있으므로 흑인들의 사기를 높여줄 필요도 있다.

우리나라와 남아공의 관계는 우리나라가 경제발전을 이룬 이후에 이루어진 것이어서 그런지 남아공 사람들이 우리나라 사람들에 대해 가지는 인식은 아주 좋다. 따라서 남아공에 수출된 한국 상품에도 좋은 영향을 미쳐 '품질은 일본산과 대등하나 가격은 저렴한 상품'이라는 이미지를 갖고 있다.

남아공의 비즈니스 활동은 협상, 사교 등에 있어서 유럽식을 많이 따른다. 중요한 비즈니스 협상의 경우 짙은 색의 양복, 하얀 셔츠, 넥타이 정장차림이 좋으며 향수는 은은한 향을 사용하는 것이 좋다. 아침 9시 이전의 이른 시간이나 오후 4시 이후의 늦은 시간에는 상담 약속을 하지 않는 것이 좋지만 영세한 개인사업자의 경우 바쁜 시간대를 피해 4시 이후에 상담약속을 해오는 경우도 있다.

상담이 어느 정도 성공적이라고 평가하면 자신의 사무실이나 공장으로 상대방을 초대하는 경우가 있으며 언어는 영어를 사용하나 주로 영국식 영어를 사용하기 때문에 발음의 차이를 주의 깊게 알아들어야 한다. 대화가 어느 정도 마무리되었다고 생각하면 "O.K."라는 말을 자주 사용한다. 이때의 OK 발음은 뒷부분을 높였다가 내리는 억양을 구사한다. 20초 이내에 2번 이상 OK라는 말을 하면 이제 상담을 끝내자는 뜻으로 이해해도 무방하다.

남아공 사람들과의 비즈니스는 흑인과 백인의 역할을 제외하면 영국에서와 거의 같다고 생각하면 된다. 대부분의 국제상거래는 영국계 가문의 사람들에 의해서 이루어진다. 이들과 만날 때와 헤어질 때에 보편적으로 하는 인사는 악수이다. 인사말은 단지 "Hello"로 끝나는 것이 아니라 가족에 대한 안부나 기타 사교상의 대화로 연장되어야 한다. 남아공의 일부지역에서 흑인들이 아주 가까운 친구사이에는 악수를 할 때에 엄지손가락을 거머쥐고 좌우로 흔든다.

남아공에는 살얼음과 같은 인종간의 긴장상태가 유지되고 있다. 흑인들은 백인들이 이러한 긴장상태를 변화시키기에 충분한 활동을 하고 있지 않다고 비난하고 있고 백인들은 외부인의 이러한 비난에 거북해 한다. 따라서 대화나 상담할 때에는 인종간의 갈등이나 정치현황 등에 관해 언급하는 것은 피해야 한다. 그리고 이들은 약간 보수적이어서 영국계 백인과 아프리카 흑인들은 일반적으로 말이 적은 편이다. 따라서 이들과 상담이나 대화를 할 때에는 큰소리로 말하거나 떠들지 않아야 한다.

이들과 상거래에 대한 상담을 할 때에는 시간을 엄수하여야 하지만 상대방이 약속시간보다 늦게 왔더라도 화를 내서는 안 된다. 이들과 상담할 때에는 어느 정도 격식을 차려야 하지만 아프리카 특유의 관료정치의 복잡성과 업무의 지연에 대비하여야 한다. 그리고 상거래를 이행하기 위해서는 자신이 스스로 의욕과 동기를 찾아야 하는데 일부 해외주재원들이 말하기를 경제내부의 부정부패 때문에 관리자들의 긴장이 풀려있다고 말한다.

이들과 비즈니스 하기 위해 주의할 것은 주말(토, 일요일)에는 상담이 불가능하며 금요일 오후 2시 이후에는 상담약속을 하지 않는 것이 좋고 특히 남아공의 여름철인 12월 중순부터 1월 중순까지는 대부분의 업체들이 휴가를 떠나는 기간으로 거의 비

즈니스 업무가 중단된다는 점을 유의하여야 한다.[90]

이들이 손님을 접대할 때 만찬은 저녁 일찍 오후 5시에 시작하는 것이 보통이다. 따라서 식사초대를 받았을 때는 정시에 도착해야 하고 선물을 꼭 가져가야 한다. 그리고 이들과 식사할 때 손님은 식탁에서 어떤 것을 건네 달라고 부탁하지 않아야 하고 식사가 끝난 후 몇 시간 동안은 자리에 머물러 이야기를 나눠야 한다.

2) 관 습

남아프리카 공화국은 1486년 희망봉이 발견된 이후 네덜란드인의 이주가 시작되었고 1815년부터 영국의 식민지가 되었다가 1910년 4개의 주가 합병하여 영국 연방의 자치령으로 독립하였다. 그러나 정치권력을 쥐고 있는 소수 백인들의 인종차별 정책에 대해 영국이 비방하자 1961년에 영연방에서 탈퇴하고 공화국이 되었다.

이 나라는 그 동안 전 인구의 1/5에 지나지 않는 유럽계 백인이 나머지의 유색 인종을 지배하였는데 유럽계 백인은 네덜란드인의 후손인 보어인과 영국의 이주민들로서 그 비율은 3 : 2정도이다. 비 유럽계 주민들로는 전 인구의 2/3이상을 차지하는 반투니그로족 외에 혼혈족·인도인·말레이인 등이 있다.

남아프리카 공화국에서는 '아파르트헤이트'라고 불리는 인종 차별 정책을 법률로 정하여 유색 인종(특히 흑인)들에게 여러 가지 제약을 가하였다. 예를 들면 유색 인종은 참정권이 없을 뿐만 아니라 광산에서의 임금도 백인의 1/10~1/16에 지나지 않는다. 또 백인과 흑인은 서로 혼인할 수가 없고 시내의 호텔이나 식당·영화관 등에도 유색 인종은 출입할 수 없으며 관청이나 우체국의 창구, 버스나 학교 등에도 백인과 유색 인종의 자리가 구별되어 있었다. 그리고 산지나 황지에 '홈랜드'라는 일정한 구역을 만들어 흑인들을 그 곳에서만 거주하게 하였다.

이러한 정부의 인종 차별에 반대하여 흑인들이 1960년 이후 계속적으로 폭동을 일으켰고, 남아공은 국제 사회에서 고립 상태에 있었다. 그러나 1989년에 집권한 드클레르크 대통령은 30년간 비합법조직이었던 흑인해방조직인 아프리카 민족회의(ANC)를 합법화하고 만델라의장을 석방하였다. 또한 1990년 흑백분리법을 폐지하고 흑인 참정권을 보장하는 신 헌법을 선거에 붙여 통과시켰지만 이후에 흑인 42명이 학살되는 '보이파통' 사건으로 흑백간에 유혈사태가 발생하였다. 이에 정부는 1994년 자유총선거 실시를 조건으로 흑인들의 불만을 무마하였고 흑인지도자 만델라가 대통령

---

90) 대한무역투자진흥공사, 「지구촌 비즈니스 테크닉」, 청년정신출판사, 1999, pp.360-365.

으로 당선됨으로써 백인 통치는 마감하게 되었다.

2. 진출시 참고사항

남아공화국 시장은 크게 3대 권역으로 구분할 수 있으며 그 첫 번째는 경제중심지인 요하네스버그와 행정수도인 프레토리아를 중심으로 한 지역이며, 두 번째는 남아공 최대항구인 더반항구를 중심으로 한 지역, 세 번째는 케이프타운을 중심으로 한 상권이다. 요하네스버그 지역은 금광이 많으며 제반 무역업, 제조업이 발달하여 있고 더반 지역은 섬유산업 및 운송산업이 발달하여 있다. 케이프타운 지역은 수산업, 섬유 산업, 관광업 등이 발달하여 있다.[91]

남아공화국은 우리나라의 아프리카 최대 교역대상국(대 라이베리아 선박수출은 제외)으로서 1999년 우리나라의 대 남아공화국 수출은 약 4.6억 달러에 달했다. 남아공화국은 남부아프리카 14개국 GDP의 약 80%를 점하고 있으며 아프리카 국가 전체 GDP의 1/3을 점하고 있는 시장이다. 총 수입시장 규모는 1999년 약 US$240억 정도로서 1999년 기준으로 한국은 4.6억불을 수출하여 총 수입시장의 1.9%를 점하고 있으며 14대 수입 대상국이다. 경쟁국인 대만(12위), 호주(11위), 중국(8위) 등은 우리보다 높은 수입시장 점유율을 보이고 있어 우리의 노력여하에 따라 추가적으로 시장을 확대할 수 있다.

남아공화국은 제조업이 발달하지 못하며 많은 생필품을 수입에 많이 의존하고 있으며 제조업은 해외에서 부품을 수입하여 조립하는 제조업이 대부분이다. 과거유엔 경제제재 이전부터 투자·진출한 미국계, 유럽계 업체들의 독점현상이 심하며 시장이 개방된 현재에도 이들 업체들의 독과점현상은 악명이 높으며 새로운 시장진출을 막으려는 진출방해전략이 반덤핑제소, 제품등록, 특허권주장, 남아공 표준규격획득 등으로 나타나고 있다.

인구는 4,342만 명을 약간 상회하고 있으나 총 인구의 77%를 차지하고 있는 흑인계층은 중·고가의 수입상품 수요계층으로 볼 수 없으며 대부분의 중·고가품 수입상품 수요계층은 총 인구의 10.9%를 차지하고 있는 백인계층과 2.6%를 차지하고 있는 아시아인 계층이다. 그러나 1994년 흑인정부 탄생이후 흑인 신 부유층이 늘어나고 있어 이들을 수요 계층으로 한 새로운 시장진출 전략이 필요하다.

교역은 주로 원자재를 수출하고 공산품을 수입하는 구조를 가지고 있다.

---

91) http://www.kotra.or.kr/ktc/jnb/country/CountryDetail.php3

제 5 절 이집트(The Arab Republic of Egypt)

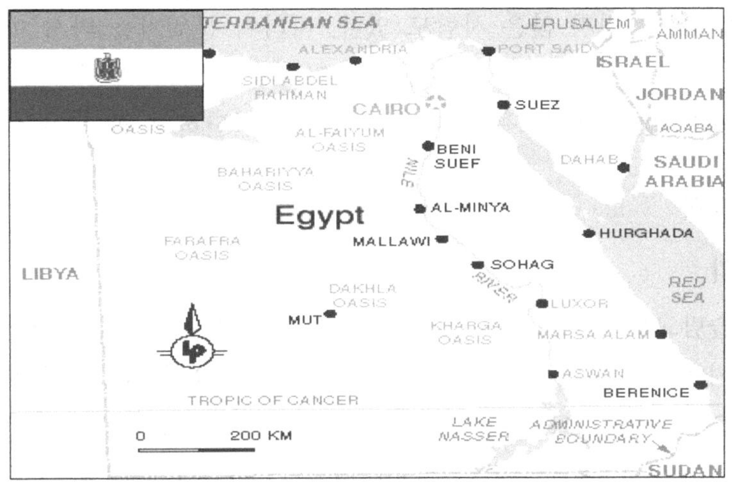

1. 문화와 관습

1) 문 화

(1) 상거래문화92)

이집트는 사회적·문화적 전통이 아랍·이슬람의 전통임을 의심할 여지가 없으나 이집트문명은 여러 가지 면에서 범세계적이며 서구의 영향을 많이 드러낸다. 이집트는 조금 융통성 있는 이슬람국가 이긴 하지만 이슬람 국가이다. 따라서 상거래과정에서 이에 관련된 사항을 주의하여야 한다.

이슬람교를 비난하는 행동이나 언사를 하지 않아야 하며 이슬람교 여성들과는 대화를 자제하는 편이 좋다. 이집트는 개방된 이슬람 국가이지만 지방에서는 아직까지 많은 여성들이 'Hijab(차도르)'를 사용하여 얼굴을 감추고 몸의 노출을 꺼리는 실정이므로 사진 촬영은 주의를 하여야 하며 날고기나 돼지고기를 공공장소에서 먹지 않는 것이 좋다.

무슬림은 1일 5회 예배를 실시하는 바 예배중인 사람을 방해하는 것은 실례이다. 따라서 무슬림이 아닌 사람이 관광차 모스크에 들어갈 경우에는 정숙하여야 한다.

---

92) 정선행, 「이집트사회의 이해」, 한빛출판사, 1999, p.57.(http://www.mofat.go.kr/egypt)

이슬람교의 금식기간인 라마단 기간(약 1개월)중에는 외국인도 낮에는 공공장소에서의 흡연, 식음 등을 삼가는 것이 신상에 좋다.

이집트인은 동양인에 강한 호기심을 가지고 있어 개중엔 좋은 뜻으로 말을 걸어오는 사람도 있지만 그렇지 않은 사람도 있다. 따라서 분위기를 봐서 아니다 싶으면 딱 거절('라 슈크란' : No Thanks)하도록 하며 거래과정에서 간단한 아랍어 표현과 숫자표현은 익히는 것이 좋다. 특히 아랍어 숫자는 간단하니 꼭 외우는 것이 좋다.

(2) 기타 문화

가. 종교문화

종교는 이슬람교를 국교로 하고 있으며 이집트의 일상생활은 양력에 따르고 있으나 이슬람국가이므로 휴일은 금요일이며 일주일은 토요일부터 시작된다. 종교행사는 이슬람력으로 행하고 이슬람력은 태음력이므로 1년이 364일로서 양력과는 1년에 11일 차이가 있으며 이슬람력에 따르는 라마단 기간(약 1개월) 등 종료행사도 매년 11일씩 빨라진다. 무슬림은 1일 5회 예배를 실시하며 예배중인 사람을 방해하는 것은 실례이다. 금식기간인 라마단 기간 중에는 외국인도 낮에는 공공장소에서 흡연, 음식 등을 삼가야 한다.

나. 예절문화[93)]

이슬람 국가로서 매우 서구화되었지만 근본적으로 회교문화의 보수성이 있으므로 여성과의 신체접촉을 하지 말 것이며 만일 호텔 룸에 현지 여성과 같이 들어갈 경우 경찰에 신고 된다. 인사할 때는 남녀 모두 악수를 할 수 있으나 남성일 경우 친근감의 표시로 오른쪽 볼과 왼쪽 볼을 번갈아 대면서 인사하기도 하면 여성일 경우는 여성이 먼저 손을 내밀 때만 악수를 한다. 단 머리에 베일을 쓴 여성과는 악수를 하지 말고 행동에 굉장히 조심해야 한다. 기도시간이 매일 5번 있는데 이중 12시 및 오후 3시가 근무시간에 중복되는데 이때는 방문을 피하거나 기다려 주어야 한다. 친한 사람을 부를 때는 경칭이나 직함을 붙여 불러야 하며 상대방이 허락하지 않은 상태에서 퍼스트 네임으로 불러서는 안 된다. 방문할 때는 꽃이나 초콜릿을 가지고 가는 것이 일반적으로 술은 이슬람교에서는 금지되어 있으므로 선물해서는 안 된다. 선물을 주고받을 때는 꼭 양손이나 오른손으로 받아야 한다. 팁은 아랍어로 '바꾸시시'라

---

93) http://egypt.x-y.net/

고 부르는데 이집트에서 널리 퍼져있는 습관으로 팁은 '부를 나눈다'는 행위로 간주되고 있다. 모든 공공 서비스에는 서비스의 양에 상관없이 팁을 주는 것이 보통이다.

다. 음식문화

식사 전에 반드시 화장실에 가서 손을 씻어야 한다. 식사 전에는 "비스밀라히 알라 하르만 알라힘(In the Name of God All Merciful and Compassionate)"이라고 말하며 식사를 시작하고 식사가 끝나면 "알 함드릴라(God! Be Braised)"라고 말한다. 오른손을 사용하여 식사를 하며 왼손은 빵이나 고기를 양손으로 찢을 때 이외에 가급적으로 사용하지 않는다. 이집트에서의 정찬은 저녁식사가 아니라 점심식사라서 초대도 점심 때 이루어지는 경우가 많으며 날고기나 돼지고기는 공공장소에서 먹지 말아야 한다.

초대와 방문은 이집트인의 중요한 교제수단이므로 응접실은 가장 좋은 방을 택하며 주인은 손님의 말동무가 되어야 한다. 이집트인들의 손님 접대는 융숭하게 대접하는 것이 예의범절이다. 그래서 음식을 많이 내놓고 그릇에 가득 담아 주는 것이 초대예절이며 음식이나 과일 등을 손님들 눈에 보이는 곳에 많이 놓아둔다. 손님은 많이 먹어주어야 하는 것이 예의이나 접시에 있는 음식을 전부 먹는 것은 좋은 매너가 아니다.

처음 초대를 받아 방문하면 인사는 장황하고 길게 그리고 많은 덕담을 큰 소리로 이야기한다. 보통의 경우는 남자손님의 경우 남자주인이 접대하며 부부가 초청된 경우는 주인 부부가 함께 나와 접대한다. 초대받은 집안의 여자에게 남자손님이 직접 이야기하는 것은 큰 실례이다. 여름철 저녁식사에 초대받는 경우는 밤 12시 이후에 음식이 나오기 때문에 외국의 경우는 방문 전 간단하게 식사를 하고 가는 것이 좋다. 식사에 초대된 사람은 꽃이나 초콜릿을 선물하는 것이 일반적이다. 선물을 건넬 때는 양손이나 오른손으로 주어야 하며 왼손으로만 건네서는 안 된다.

인사를 할 때에는 양 볼에 키스를 하는데 키스라기보다는 오른쪽, 왼쪽 양 볼에 서로의 뺨을 맞대고 '뽀뽀'를 하는 것으로 생각하면 무난할 것 같다. 친족, 형제, 부자, 부녀 등 친족관계가 아닌 여자와 남자 이성 간에는 뺨을 맞대는 인사는 하지 않는다. 보통 남자와 남자, 여자와 여자의 경우에 이러한 인사를 하며 오랜만에 만난 경우는 포옹을 하기도 하나 처음 만났을 때는 보통 악수를 한다. 우리나라처럼 목례를 하거나 큰절을 하는 것은 우상숭배라 하여 금기사항이다. 중요한 것은 양 볼에 키스를 한 후는 서로 양손을 잡고 장황하게 인사를 하며 상대방의 가족 등 많은 사람의 안부를 함께 물어보는 것이 좋은 인사 예절이다.

여성의 경우 남성은 여성이 손을 내밀었을 때만 악수를 한다. 호칭은 친해진 사람에게는 경칭이나 직함을 부르거나 성에 경칭이나 직함을 붙여 부른다. '마담'과 같은 프랑스식 여성 경칭도 사용되고 있다. 단 상대방이 허락하지 않은 상태에서 직함을 붙이지 않고 성만 불러서는 안 된다. 경칭어로는 연장자로서 남성에게는 하드라타카, 야아판딤, 야바샤가 있고, 여성은 야하님이 사용된다. 식당이나 호텔 종업원을 부를 때 '라우 사마흐트'라고 부르면 좋다.

라. 결혼문화

이집트는 종교를 기반으로 한 가부장 중심사회이며, 일부다처제로 아내는 4명을 둘 수 있지만 실제로 그런 일은 드물다. 이집트의 혼인문제는 개인의 문제가 아닌 가족 전체의 문제이기 때문에 인생의 반려자는 가족 구성원이 공동으로 물색하여 서로 상의하여 선택한다. 이것은 개인보다는 집안을 중요시하는 이슬람적 혈연의식의 대표적인 특징으로서 개인간의 결혼이 아닌 집안과 집안, 씨족과 씨족, 부족과 부족의 결혼으로 생각하기 때문이다. 무슬림 남자가 기독교 여자나 유태교 여자와 결혼하는 것은 가능하지만 무슬림 여자가 유태교나 기독교 남자하고 결혼하는 것은 불가능하다.

여자의 경우 결혼할 수 있는 연령은 16세이고 남성들의 결혼 적령기는 30대 초반으로 이유는 경제적인 이유 때문이다. 이집트에서의 결혼은 약혼지참금(또는 결혼지참금)을 보내고 계약서가 교환됨으로써 성립된다. 남자 측에서 준비하는 약혼지참금과 이혼 시 지불해야 할 위자료의 액수와 여성 측이 갖추게 될 장신구에 대해 쌍방이 대체로 합의하고 양해되면 남자 측이 정식으로 결혼신청을 한다. 그리고 여자 측이 결혼 신청을 받아들이며 두 집안의 대표자 사이에 최종적인 지참금 액수와 가구, 장신구의 수가 결정된다. 이런 금전에 관계되는 이야기는 '와킬'이라는 대리인이 나서는 경우가 많다.

카이로 중산층 청년이 결혼에 드는 비용은 약 10만 파운드(30,000 달러) 정도이다. 신부의 처녀성은 남편에 대한 명예이며 자기만이 독점할 수 있다는 여자에 대한 남편의 권한의 상징이기도 하다. 침실에 들어간 신부는 일주일 동안 침실 밖에 나오지 않고 외부에서 날라다주는 음식을 침실에서 먹고 아침식사는 꼭 닭고기를 들여보낸다. 이슬람 교리에 따라 생리 중에는 신부와 부부관계를 갖지 않는다.[94)]

이집트 사회에서 결혼상대자의 선택은 서구사회와는 판이하게 다르다. 이슬람이 여성이 정조와 얌전함을 너무 강조하고 있으므로 이집트 내에서 젊은 남녀의 자유로운 연애는 찾아보기 힘들다. 간단한 신체적 접촉이라도 할 수 있는 사이는 십중팔구

94) http://egypt.x-y.net/

약혼한 사이이거나 결혼한 사이라고 보면 된다. 아주 서구화된 소수의 학교를 제외하고 일반적으로 이집트의 중학교부터는 남녀공학제도가 시행되지 않고 있다. 사회적 분위기가 남녀유별을 엄격히 강요하고 있으므로 이집트에서 결혼 전에 어떤 형태의 이성교제도 이루어진다는 것은 아주 힘든 일이다.

이성교제가 힘든 이집트 사회에서 사촌이 아니라면 사랑하는 사이라 해도 결혼하기는 매우 힘들다. 무슬림들끼리의 결혼에서 사랑은 분명히 중요한 것이지만 사랑한다고 결혼이 전부 이루어지지는 않는다. 오히려 사랑과는 상관없이 부모의 강요로 사촌과 결혼하는 경우가 많다. 그러므로 아랍판 로미오와 줄리엣의 가능성이 항상 존재하는 사회가 바로 이집트 사회이다.

부모의 의사대로 결혼하는 경우 대부분의 경우 결혼상대자는 부모에 의해 선택된다. 이집트 친구들에게 물어보니 결혼 당사자들도 적극적으로 자신의 의견을 말할 수 있다고는 하지만 실제로 부모가 선택한 배우자를 마다하고 자신의 자유의지대로 배우자를 선택하는 경우는 드물다는 것이다.

결혼의 신청은 신랑 측에서 하는 것이 더 보편적인데 서양의 영화에서 보듯이 남자가 여자에게 직접 장미꽃 한 송이를 바치며 구혼하는 것이 아니다. 커플들은 거의 아무 것도 하지 않고 부모들이 알아서 해주는 대로 따른다. 이집트의 시골이나 몇몇 보수적인 이슬람 국가에서는 그 특별한 사회적 전통에 따라 신랑과 신부가 얼굴을 보지 않고 결혼하는 경우도 많다. 결혼에 앞서 만나는 기회가 간혹 주어지는 수가 있으나 어디까지나 항상 가족들이 보는 앞에서 만나야 한다.

이집트에서는 이슬람의 마흐람(친족; mahram)에 따라 성숙한 여자는 아버지, 아들, 오빠나 남동생, 할아버지, 삼촌, 조카를 제외한 다른 남자와 한 자리에 앉아 있을 수 없다. 마흐람이란 이슬람법상 결혼할 수 없을 정도로 가까운 친척들이므로 이 사람들과는 같이 앉아 있을 수 있는 것이다. 그러므로 이 마흐람은 무슬림들의 가족 및 사회생활을 눈에 보이지 않게 통제하는 중요한 기준이자 사회적 규범이라고 할 수 있을 것이다.

사촌끼리 결혼하는 이집트의 풍습은 사실 이집트뿐만 아니라 대부분의 아랍국가들에 보편적인 현상이다. 이집트에서는 결혼할 연령이 된 사람이 가족 중에 있으면 우선 사촌들 중에서 결혼할 만한 상대자를 구하는 것이 첫 번째 수순이다. 만약 사촌이 전혀 없거나 결혼하기에 적합하지 않은 사촌인 경우(장애인이라든가)에는 좀 더 먼 친척 중에서 배우자를 선택하게 된다. 실정법적인 구속력은 없지만 이 사촌 간 결혼 풍습은 이집트에 보편화 되어있고 반대의 의견이 있음에도 불구하고 아직까지

줄기차게 지켜지고 있다.

사촌간의 결혼은 교육을 받지 못한 사람들뿐만 아니라 고등교육까지 받은 사람들 사이에서도 보편화되어 있다. 사촌 간 결혼 풍습은 개인주의가 아니라 집단주의적 가치관을 지니고 있는 이집트 사회에서는 불가피한 현상이 아닌가 생각되어진다. 개인보다 가족, 가족보다 가문을 중시하는 사회에서는 개인의 이익이나 가치를 전체의 이익이나 가치가 우선시할 수 있다는 것이다.

이집트인들의 가족 집단주의적 사고방식이 나타나는 또 하나의 실례가 아무데나 휴지를 버리는 것이라고 생각되는데 이집트인들이 자기 집은 깨끗이 하면서도 일단 집을 벗어나면 아무렇지도 않게 쓰레기를 버리고 질서를 어기는데 그러한 행위는 자기가 소속된 가족이나 집단에서는 전혀 볼 수 없는 것들이다. 또 이집트인들이 자기들끼리는 이성 간에 말을 함부로 하거나 신체적 접촉을 꿈도 꾸지 못하면서 외국인들에게는 지나칠 정도로 행동하는 경우가 많은데 그 것도 따지고 보면 자기 가족을 벗어나는 즉시 무한한 자유를 느끼기 때문일 것이다. 사촌 간 결혼이 아랍 이슬람 국가에 보편적이긴 하지만 그렇다고 이슬람법이 그렇게 규정하고 있다고 보는 것은 잘못된 생각이다.[95)]

이집트에 대해 모르는 것도 많지만 안다고 생각하는 것도 사실은 오해나 편견인 경우가 적지 않으며 그 한 가지 예가 이슬람의 일부다처제라고 생각한다. 사실 많은 한국 사람들이 이슬람하면 일부다처제, 일부다처제하면 이슬람을 떠올린다. 이슬람의 경전 쿠란은 한 남자가 4명의 여자를 거느릴 수 있다고 밝히고 있다. 그러나 이집트에서는 4명의 부인을 데리고 사는 남자는 아주 시골을 제외하고는 거의 없으며 오히려 경제적인 이유로 한 명의 여자와도 살지 못하는 사람이 뜻밖에 많다.

이집트에는 결혼 적령기를 한참 넘겨 거의 40세가 다 된 총각들이 많다. 한국 사람들의 생각과는 달리 4명의 부인은 커녕 아직 결혼조차 못하고 있는 사람들이 많은 까닭은 경제적인 이유 때문이다. 노총각을 만났을 때 언제쯤 결혼할 수 있냐고 물어보면 이집트 노총각들은 쑥스럽다는 듯이 미소를 지으며 한결같이 "인샬라"(하나님이 원하시면)라고 대답한다.

경제력이 있는 사람들도 무조건 4명의 부인을 거느리는 것은 아니다. 일부다처제 제도는 터키, 튀니지, 모로코 등과 같은 이슬람국가에서는 법적으로 금지되어 있는 실정이며 법적으로 금하지 않는 많은 이슬람국가 역시 이 제도의 시행에 많은 조건과

---

95) http://www.kbsworld.net/midleeast/egypt/index.htm

제약을 부과하고 있어서 한 명 이상의 부인을 거느리기가 생각보다는 쉽지가 않다.

이슬람의 경전 꾸란은 인간이 다른 여자에게 불순한 마음을 품거나 불의를 행하지 않도록 4명까지 결혼할 수 있다고 규정하고 있으나 그 경우에도 한 여인만을 특별히 사랑하는 것은 금하고 있다. 그런가하면 부인 모두를 공평하게 사랑할 자신이 없는 사람은 처음부터 한 명하고만 결혼하도록 권장하고 있다.

쿠란에 일부다처제가 규정되어 있는 것도 따지고 보면 아라비아 반도의 특수한 시대적 상황과 관련이 있음을 알아야 한다. 즉, 예언자 무함마드에게 계시된 위의 구절들은 시기적으로 아라비아 반도에서 두 번의 큰 전투(바드르 전투와 우흐드 전투)가 발생하여 부족의 많은 남자들이 사망함으로써 과부와 고아들이 사회적 문제가 되었을 때라는 것이다. 어떠한 종교도 그 발생지의 시대적 사회적 배경의 이해 없이 제대로 알 수 없듯이 쿠란이 말하고 있는 일부다처제 역시 자연환경이 거친 아라비아 반도에서 두 차례의 큰 전쟁 후 남자는 드물었던 시기에 생계유지가 어려운 미망인과 그 자녀들을 위해 특별히 마련된 장치라고 이해하는 것이 바람직할 것이다.

이집트에서는 결혼 상대자가 결정되면 신랑은 신부에게 마흐르(지참금 : Mahr)를 주어야 한다. 이 지참금은 쿠란에도 언급되어 무슬림들끼리의 결혼에는 빠지지 않고 등장하게 된다. 지참금을 한국의 결혼풍습에 비유하면 신랑이 신부의 집에 보내는 함과 비슷하다. 다만 예물을 보내지 않고 돈으로 보내는 것이 다를 것이다. 지참금의 액수를 결정하는 과정은 매우 힘들고 신경이 많이 쓰이는 작업이다. 보통 신부 측에서는 이 지참금을 TV, 세탁기, 가구 등을 구입하는데 사용하는데 지참금을 많이 요구하는 신부의 어머니(훗날의 장모)와 깎아 달라고 사정하는 신랑사이에 신경전이 빈번하게 발생된다.

이 야릇한 싸움 때문에 결혼식이 이루어진 다음에도 사위와 장모사이에 항상 감정의 앙금이 남아 있게 된다. 한국 속담에 '사위 사랑은 장모'라는 말이 있으나 이집트의 사위와 장모는 '견원지간'의 형세를 오랫동안 유지하는 것이 보통이다. 사양하는 친구에게 음식을 먹도록 권하는데 잘 쓰이는 이집트 말 중에 "장모님이 당신을 사랑합니다."라는 표현이 있는데 이 말은 장모님이 사위인 당신을 사랑할 정도인데 나는 당신을 얼마나 환대하겠는가라는 의미로 우리말로 옮기자면 "너무 사양하지 마십시오."정도가 될 것이다.

지참금의 액수는 신랑 측의 사회적 지위나 경제적 정도에 따라 천문학적 금액에서부터 우리 돈 몇 만원에 이르기까지 다양하다. 여자의 교육이 잘 이루어지고 있지 않은 시골이나 사막의 오지로 갈수록 신부로 맞이하기 위한 지참금의 액수는 제로에 가까워진다. 생계가 어려운 집안일수록 빵을 위해서 지참금 없이 거저 자신의 딸들을 셋째나 넷째 부인으로 시집보내는 경우가 많다.

이집트의 결혼식은 일생일대의 축제이다. 이집트는 제3세계에 속해 있고 경제적인 면에서 보았을 때 1인당 국민소득이 약 1,217불 정도에 불과한 가난한 나라이다. 그러나 결혼식만큼은 어느 부유한 나라 못지않게 화려하고 요란스럽게 벌이는데 결혼식 날이 되면 악단을 동원하여 온 동네가 떠나갈 듯이 연주하고 폭죽을 터뜨리는 것이 보통이다. 그런가하면 신랑 신부는 빚을 내서라도 화려한 드레스와 좋은 옷을 입으며 수많은 하객들이 몰려와 먹고 마신다.96)

장례와 관련하여 한국 사람들 중에 이집트 사람들이 죽으면 아직도 미라를 만든다고 생각하는 사람들이 있는데 사실은 그렇지 않다. 이집트 사람들이 미라를 만든 것은 이슬람교를 믿기 전이며 지금은 미라를 만드는 풍습이 사라진지 오래되었다. 640년 이슬람 국가가 된 후 이집트 사람들의 정신세계를 지배하여 온 철학과 종교는 이슬람이므로 장례와 관련된 풍습 역시 이슬람적으로 바뀐 것이다. 그러나 미라를 만들던 당시의 관습 중 일부는 현재까지도 남아 있다고 생각된다. 옛날에 평민들의 미라를 만드는데 보통 사흘이 걸렸는데 현재는 미라를 만들지 않으나 장례 애도기간으로 사흘장을 서는 것이 그 유산이 아닌가 한다.

한편 우리나라의 관습과는 달리 사람이 죽을 경우 24시간을 넘기지 않고 가능한 빨리 매장하는 것이 이슬람적인 관습이다. 다시 말하면 장례 애도기간에 유족을 만날 때 이미 매장은 끝난 상태인 것이다. 이집트인들이 서둘러서 시신을 매장하는 까닭은 죽음은 그것으로 끝이 아니라 천국에 있는 알라(하나님)를 만나는 기쁜 일이라고 믿기 때문이다. 매장을 할 때는 고인의 머리가 메카를 향하게 하는데 죽어서도 하나님의 집이 있는 메카를 바라보도록 하기 위함일 것이다.

일반적으로 이집트에서 상을 당하게 되면 앞에서 말한 것처럼 서둘러 매장한 후, 동네의 이슬람 사원에 울긋불긋한 붉은 색 천막을 치고 꾸란 독경사가 밤새도록 쿠란을 낭송한다. 시신은 이미 매장된 상태에서 조문객들은 상주를 찾아 위로하고 독경사를 향해 몇 줄로 배치된 의자에 앉아 쿠란의 낭송을 들으며 고인에 대해 애도를 표하게 된다.

장례식장으로 주로 쓰이는 이슬람 사원은 카이로 도심의 타흐리르 광장에 있는 오마르 마크람 사원과 헬리오폴리스에 있는 다르 알무나사바트 두 곳이다. 장례식 기

96) http://www.kbsworld.net/midleeast/egypt/index.htm

간 중 조문객들은 장례식장으로 찾아가 상주와 가족들을 위로하고 애도의 표현을 하는데 여자들은 장례식장이 아니라 집으로 찾아가 여자상주들을 위로하는 것이 전통이다. 장례식장에 여자가 나와 있는 경우는 거의 없다. 집으로 찾아가는 애도 방문기간은 3일이다.

장례식장에서 고인의 가족들에게 위로하는 말이 무엇인지 알아두는 것은 매우 중요한 일이다. 상을 당한 가족에게 가장 흔히 쓰는 위로의 말은 "알 바이야 피 하야탁"(그 분이 못 다한 삶을 당신이 사십시오)이다. 이집트인들은 이런 위로의 말을 하면서 껴안고 양 볼에 키스를 한다. 키스의 횟수는 2~3회가 대부분이지만 많이 할수록 친한 사이라고 보면 된다. 주의할 점은 볼에 키스를 하는 이 풍습은 이성간일 경우 아주 가까운 친척이 아니면 하지 않는다는 것이다. 동성 간에도 처음 만나는 사람끼리는 하지 않는 것이 보통이다.[97)]

마. 비둘기 잡아먹기

이집트에서 비둘기의 양육과 훈련은 길고도 화려한 역사를 가지고 있다. 639년 이집트를 정복한 아랍의 장수 아므르 븐 알아스는 광적인 비둘기 애호가였다고 한다. 잘 알려진 바와 같이 중세에는 비둘기가 왕들이나 귀족들의 비밀서신을 전하는 우편 배달부의 역할을 담당하였다. 특히 이슬람 세계와 기독교 세계의 싸움이라고 알려진 십자군 전쟁기간 동안 유럽에는 우편배달부 비둘기가 아직 알려져 있지 않았던 반면 이슬람 군대는 비둘기를 이용할 줄 알았기 때문에 통신상 이점을 가지고 있었다고도 한다.

고객들은 비둘기를 살 때 그 날개 아래를 살펴보는데 그렇게 함으로써 비둘기의 나이, 건강, 가격을 금방 계산해 낼 수 있다. 이집트인들이 비둘기를 구입하는 이유는 먹기 위해서인데 이집트인들처럼 비둘기 고기를 즐겨먹는 민족도 드물 것이다. 이집트인들이 비둘기 고기를 먹는 방법은 우리의 삼계탕처럼 비둘기의 내장을 긁어내고 속에 쌀(안남미)을 집어넣은 후 실로 꿰맨 다음 삶아 먹는다. 이러한 점이 우리와 비슷하지만 결정적으로 다른 점은 뜨거운 증기로 삶아 먹기 때문에 국물이 없다는 점이다.

이 비둘기 요리는 아무 때나 먹지 않고 주로 결혼식 날 먹는다. 이집트 사람들은 축제나 결혼 등 경사스러운 자리에는 언제나 비둘기 요리를 대접하는 것이 관습이다. 하지만 이집트 사람들이 비둘기 고기를 먹는 행위는 그들의 종교인 이슬람의 관행에 위배되는 행위이다. 이슬람의 역사를 읽어보면 교조 무함마드가 자신이 태어나고 자란 메카에서는 박해 때문에 선교를 하지 못하고 이웃 도시인 메니다로 피난하

97) http://www.kbsworld.net/midleeast/egypt/index.htm

는 사건이 있는데 교조와 그의 친구들이 메디나로 몰래 도망한 것을 안 메카의 세력자들은 군사를 보내 추격한다. 추격병과의 거리가 가까워지자 생명의 위협을 느낀 무함마드와 그 일행은 어느 동굴에 숨는다. 그런데 그 앞을 지나치던 추격병들이 동굴 속을 수색하려고 하다가 동굴 앞에 둥지를 틀고 앉아 있는 비둘기를 발견하고 그냥 돌아간다는 것이다. 이런 이유로 오늘날까지 많은 무슬림들은 위급한 상황에서 교조를 살려준 비둘기를 죽이는 사람을 배은망덕한 사람으로 간주한다는 것이다. 도주자들이 동굴 속에 피신했을 때 비둘기와 함께 거미 한 마리가 나타나 동굴 입구에 거미줄을 쳐 추격병들을 돌아가게 하였으므로 이집트인들은 거미도 유익하고 고마운 동물로 간주하고 있다.[98)]

2) 관습

이집트 사람들은 그들이 사는 지역에 따라 도시 거주민, 팔라힌(시골의 농부), 베드윈(Bedwin; 사막의 유목민), 그리고 나일강 상류지방에 사는 누비안족(Nubians)으로 나눌 수 있다. 이집트의 도시인들은 서구화되어 있어서 우리의 도시 생활자와 비슷한 생활양식을 가지고 있으나 나머지 3부류의 사람들은 생활의 터전이나 생활양식이 각기 다르므로 이집트 사람들 전부를 하나의 카테고리 안에서 이해하려고 할 때 종종 이해가 않는 경우가 발생한다. 팔라힌은 나일강을 따라 길게 벨트모양을 형성하며 늘어져 있는 농경지를 따라 농사를 짓고 사는 농부들이다. 이들은 아직까지 수천 년 전 파라오 시대의 조상들이 영위하던 생활방식을 그대로 고수하고 있다. 예를 들어 농부들은 나일강의 진흙으로 만든 벽돌집에서 살고 있는데 이러한 가옥 양식은 성경의출 애굽기에도 언급이 되어 있다.

성경에 보면 애굽왕 바로가 이스라엘 백성들에게 나일강의 진흙으로 벽돌을 만들라고 명하면서 정작 벽돌 만드는데 필수적인 짚을 주지 않는 등 탄압하였음을 전하고 있는데 이 벽돌 만드는 방법이 오늘날에도 그대로 사용되고 있는 것이다. "고역으로 그들의 생활을 괴롭게 하니 곧 흙 이기기와 벽돌 굽기와 농사의 여러 가지 일이라 그 시키는 역사가 엄하였더라."(출애굽기 1장 14절)

현대 이집트 농부들이 벽돌을 만드는 방법은 나일강의 진흙을 파서 이긴 후, 나무틀에 채워 벽돌을 만들고, 햇빛에 말려 단단하게 굳히는 방법인데 수천 년 전의 방식과 거의 다르지 않다. 이집트는 1년 내내 거의 비가 내리지 않아 지붕을 만들 필요가

98) http://www.kbsworld.net/midleeast/egypt/index.htm

없으므로 이렇게 해서 만든 벽돌로 담만 쌓으면 한 채의 집이 완성된다. 벽돌의 긴 옆면과 짧은 앞면을 차례로 쌓아 압력을 견디게 하는 방식도 그대로인데 이와 같은 벽돌 제조방식은 우리나라뿐만 아니라 세계 많은 나라에서도 발견할 수 있어 흥미롭다. 흙으로 만든 벽돌집은 겉보기와는 달리 여름에는 신기할 정도로 시원하고 겨울에는 매우 따뜻하기 때문에 살기에 편하다.

이집트의 농촌생활이 한국과 다른 점은 대부분의 부락들이 자체적으로 무장을 하고 있다는 점이다. 시골이나 벽지로 갈수록 자체무장의 경향은 심각하다. 여기에는 여러 가지 이유가 있겠으나 경찰력이 미치지 못하는 상황에서 스스로 안전을 책임져야 하는 것이 주된 이유일 것이다. 이집트 시골에서는 집안이나 마을끼리 싸움이 벌어져 평화적으로 해결이 안 될 경우 무기를 동원한 집단 유혈 사태로 번지는 일이 비일비재하다. 싸움의 발단은 수로(水路)때문일 수도 있고 개인적인 감정일 수도 있다. 이 싸움에서 죽고 다치는 사람들이 수십 명씩 나오는 데도 경찰이 개입하지 않고 먼발치에서 바라만 본다는 것이다. 이는 경찰국가인 이집트 정부가 경찰이 없어서 개입하지 않는 것은 아니었다. 그들이 팔짱을 끼고 수수방관하는 이유는 "눈에는 눈, 이에는 이"라고 하는 아랍세계에 전래대로 내려오는 관습을 존중하기 때문이다.

상대 마을이나 가족 구성원이 끼친 피해와 싸움에서 그에 상응하는 복수를 하는 것이 관습적인 이집트 시골사회에서는 경찰이 개입할 여지가 없는 것이고, 그런 상황에서 자기 부족의 안전을 보장받는 유일한 방법은 스스로 무력을 가지는 길밖에 없을 것이다. 이집트 정부는 또 각 마을에 있기 마련인 우두머리의 존재를 인정하고 그에게 사실상의 사법권까지 묵인하고 있다. 흔히 쉐이크(Sheikh; 연장자, 우두머리, 종교 지도자)라고 불리는 이 마을의 우두머리는 구성원이 마을의 관습을 어기거나 죄를 지을 경우 처벌을 내리는데, 이 처벌은 때로는 사형의 언도까지를 포함한다. 처벌 기준은 대개의 경우 전통과 관습에 입각하지만 경우에 따라서는 쉐이크 자신의 주관적인 판단에 의존하므로 이집트의 시골에서는 쉐이크의 말이 곧 법이자 진리라고 말할 수 있다.

한편 베드윈의 수는 약 50만 명으로 추산되는데 사막에서 떠돌이 유목생활을 한다. 누비아인은 이집트 토착 원주민으로 찬란한 고대 이집트 문명을 건설한 주역들이 이들의 조상이다. 주로 이집트 남부 수단과의 국경근처에 살고 있는 누비아인은 그들의 조상과는 달리 생활수준이 매우 낮다. 현대 문명에 뒤진 이들의 모습을 바라보노라면 단군 할아버지가 태어나기 수백 년 전에 불가사의한 피라미드나 거대한 신전을 건설한 사람들이 이들의 조상이라는 사실이 믿기지 않는다. 파라오 문명을 건설한 주역이

외계인이라고 생각하는 사람들이 많은 것도 바로 그런 이유 때문일 것이다.[99)]

이집트의 금기사항으로서 술과 마약은 정신을 흐리게 하는 것이라고 하여 금기시하고 있으나 이집트에서는 맥주가 음식점이나 호텔 등지에서 마실 수 있다. 도둑질, 도박, 살인, 거짓말, 간음, 간통, 낙태, 동성연애도 금기사항이다. 또한 돼지고기나 짐승의 피를 재료로 한 음식은 먹지 않는다. 반바지차림이나 노출이 심한 옷은 입지 않는 것이 좋다. 수영장에서도 여자들은 옷을 입고 '히잡'을 쓰고 수영을 한다. 따라서 수영장은 클럽의 한쪽 구석에 위치하고 있다. 그 외에 특별한 금기사항은 없으나 여성에 대한 지나친 호의나 관심이 오해를 살 여지가 있으므로 행동에 조심하여야 한다.[100)]

2. 진출시 참고사항

이집트는 경제 규모, 인구, 지정학적 중요성 등으로 외국 투자가들의 관심을 끄는 아랍권내 주요 투자 시장이라 할 수 있다.

이집트 정부는 낮은 국내 저축률을 감안하여 외국인 투자 유치만이 경제성장을 이룰 수 있는 길이라는 인식 하에 경제 구조 개혁 추진과 이에 따른 민영화, 금융 및 자본시장 개방, 투자법 개정 등을 통해 외국인 투자에 유리한 환경을 조성하기 위해 노력하고 있다. 외국인 투자가들은 이집트를 제 3국 수출 기지로 활용하려는 추세이다. 지중해 연안지역에서 가장 저렴한 노동력을 활용, 경제 개혁의 결과 이집트 국내 산업 기반 및 민간기업의 성장, 이집트 정부의 무역 정책 개선 등으로 이집트에서의 수출 여건이 외국인 투자가들에게 유리하게 작용하고 있다.

이집트에서는 전자제품, 자동차 등을 중심으로 우리 상품의 인지도가 높은 편이다. TV의 경우 10년 간 이집트 내수시장 판매율이 1위를 기록하였다. 현대, 대우의 현지 조립생산 차량의 내수시장 판매율 1위를 비롯하여 우리 자동차가 현지 시장 점유율 1위를 유지하고 있다. 폴리에스터 직물류 및 타이어(15%)에 대한 이미지도 좋은 편이다. 그러나 기타 상품에 대해서는 유럽, 미국, 일본 등 수입제품에 대한 선호도가 상대적으로 높은 것으로 평가되고 있는 바, 수출 경쟁력 강화를 통해 우리 상품에 대한 인지도를 제고할 필요가 있다.[101)]

---

99) http://www.chosun.ac.kr(http : //myhome.naver.com/slashin/main.htm)

100) http://egypt.x-y.net/

101) http://www.mofat.go.kr/egypt

Chapter 12

북미 · 중남미 지역

제 1 절 미국(The United States of America)

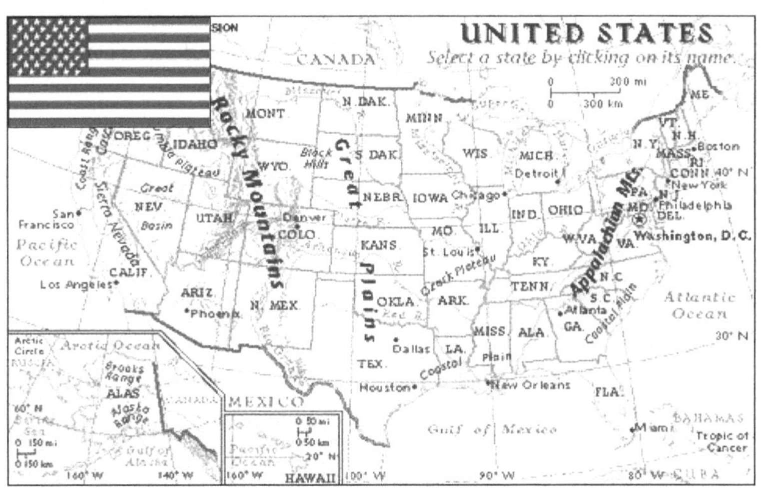

1. 문화와 관습

1) 문 화

(1) 상거래문화

미국인과 비즈니스 상담을 할 때에는 정장을 하도록 하여야 하며 아무리 더운 날씨라도 여성들은 반드시 양말을 신어야 한다. 대화 시 인종차별, 음주, 흡연 등에 있어서는 특별히 주의하여야 하며 특히 특정종교, 소수민족, 인종, 여성 등에 대한 차별적 발언은 절대 금하여야 하며 많은 민족이 모여 사는 나라이므로 인종문제에 관한 화제는 피하도록 한다.[102] 또한 여성의 외모에 대해서는 절대로 언급하지 말아야 한다.

음주와 관련하여 공공장소나 자동차안에서는 절대 금물이다. 음주운전은 각 주마다 그 기준이 다르므로 이를 준수하여야 하며 흡연은 대부분의 건물에서는 지정된 장소에서만 허용되고 있다.

상거래시 상대방과 상담 시 지켜야 할 사항으로는 상대방과 이야기 시 Could, Please, Thank You 등과 같은 용어를 적절히 사용하여 기본적인 예절을 지키도록 하여야 한다. 또한 여자와 같이 걸어갈 때나 자리에 앉을 때에는 여자가 오른쪽에 있도록 노력하며, 'Next time'이라는 말은 한국인에게는 부정적인 이미지이나 미국인에게는 약속을 긍정하는 의미로 이해되므로 신중히 생각하여 사용하여야 한다.

모든 계약서는 표준계약서와 첨가계약서가 있는 데 이중 첨가계약서는 당자자간의 협약이므로 매우 주의하여 계약하여야 한다. 미국인들은 저녁식사를 개인적인 관계를 위해 하는 경향이 강하므로 대부분의 비즈니스는 점심식사에 이루어진다. 미국인들은 한국인들과는 달리 간편한 옷차림을 좋아하고 연령 등 격식에 얽매이지 않고 손님을 대하는 경향이 있다.

미국은 다양한 문화가 복합적으로 융화하여 형성된 사회이므로 인종, 문화 등을 적절히 활용할 경우 성공할 확률이 높다. 미국인과의 거래에서 참고할 점을 살펴보면 다음과 같다.

가. 환경

미국인들은 자연과 조화를 이루며 일하기보다는 자신들의 목적에 맞게 자연을 통제하고 변화시키려 한다. 환경운동이 일어나면서 이러한 통제의 경향에도 변화가 일어나고 있긴 하지만 실용적 지식을 적용하여 환경을 개척하자는 시각이 여전히 지배적이다. 이러한 강한 통제의 경향은 남녀를 불문하고 모든 사람이 가지고 있는 자신의 의무를 변화시킬 수 있고 지배할 수 있다고 보는 강한 자립적 세계관은 세계적으로 보기 드문 독특한 관점이다. 또한 기업가 정신이 주도해온 미국문화는 변화를 추구한다. 그러므로 이들을 대할 때는 자신감 있고 책임감 있는 태도를 보일 것, 측정 가능한 목표와 목적을 세울 것, 상세한 계획과 스케줄을 제시할 준비를 갖출 것, 자립심과 독립심을 과시할 것, 안정과 예측에 관심을 두기 보다 변화와 계속적인 발전에 관심이 있음

---

102) (사)한국라보·서울특별시, 「민박안내서」, 2000, p.17.

을 보여줄 것, 변화를 일으키고 유지하는 주요한 힘은 기술이란 점을 인정하는 것이 필요하다.

나. 시간

미국 비즈니스맨들은 시간을 귀하게 여긴다. 일등국민의 자부심과 물질적 세계관을 가지고 있으며 시간관념이 철저하다. 그것은 한번 간 시간은 다시 오지 않으며 시간은 한정된 자원이므로 현명하고 유익하게 이용하여야 한다고 보기 때문이다.

대부분의 미국인은 약속과 회의는 반드시 정한 시간에 시작될 것으로 기대하며, 시간에 늦는 것은 관심부족, 거만함 혹은 서툰 시간관리로 해석한다.[103] 또한 미국인들은 단일초점적 시간의 경향을 보이며 현재와 단기적 미래를 중시한다. 그들은 결과를 철저하게 측정하며 신속한 결과를 낳을 수 있는 투자를 좋아한다.

다. 행동

미국인들은 '행동인들'이다. 미국은 세계에서도 가장 동적인 경향을 가진 문화이다. 말보다 결과, 태도, 행동이 다 중요하다고 여기며 일을 끝내는 것이 미덕이다. 그러므로 자신의 직업윤리를 적극적으로 과시하며 단호하고 주도적으로 행동해 보이며 핵심을 재빨리 포착하여 결론지을 때 활용할 수 있어야 할 것이다.

라. 커뮤니케이션

미국의 비즈니스 커뮤니케이션은 대체로 비형식적이고 직접적이며 도구적이다. 정확성과 빠른 결과를 얻어내는 것이 주목적이다. 대부분의 미국인이 의견이 다르면 직접적으로 표현하는 것이 좋다고 여기며 또 그것을 권장하기도 한다. 그러므로 그들을 대할 때에는 개방적, 직접적 그리고 대체로 비형식적인 태도를 보일 것, 지나치게 감정적으로 되지 말 것, 갈등과 논쟁에 대비할 것, 설득력 있게 행동하는 것이 필요하다.

마. 공간

미국인은 사적 공간을 중요시 여기므로 지나치게 가까이에서 일하는 것을 불편해한다. 그러므로 당신과 다른 사람들과의 거리가 적어도 3피트는 되도록 하고 악수는 짧고 강하게 하며 상대의 눈을 쳐다보되 노려보지는 말아야 한다.

---

103) 김종숙, 「PASSPORT 미국」, 경성라인, 1998, p.75.

바. 개인주의

개인주의가 미국인 생활의 특성이 된 것은 서부개척 이후의 일이다. 개인의 성공은 자유경제체제를 배경으로 개인이 열심히 노력하고 능력을 발휘한 결과로 인식되고 있다. 그리하여 다른 집단적 사회들과 달리 미국인들은 팀이 아닌 단독으로 일하는 경우가 많으며 의사결정도 합리적이라기보다 개인주의적으로 이루어지는 경향이 있다. 즉 집단보다 개인을 중시하며 현실적이다. 지금은 미국 기업에도 팀 개념이 도입되긴 했지만 미국식 체제에 쉽게 정착되지 못하고 있다. 그러므로 그들을 대할 때에는 충성심보다 자신의 성공을 강조하고 성공이든 실패든 당신 자신이 책임질 것임을 인정하며 자발적인 사람으로 보이도록 행동하여야 할 것이다.[104]

(2) 기타 문화

가. 호텔문화

미국에는 호텔 외에도 간편하고 요금도 싼 모텔 젊은이 대상의 유스호스텔 등 여러 가지 숙박시설이 있다. YMCA와 YWCA는 U$25~30으로 숙박이 가능하다. 중심지의 편리한 곳에 있는 곳이 많은 대신 건물이 낡고 서비스가 좋지 않은 것이 단점이다. 특히 대도시에는 시설이나 청결상태가 나쁜 곳이 많으므로 선택할 때 주의해야 한다. 화장실과 샤워실은 공용이며 스포츠시설이 있다.

유스호스텔에서 주의할 점은 애완동물과 술은 반입할 수 없다. 모텔은 자동차여행을 할 때 빼놓을 수 없는 숙소이다. 도로변에 'vacancy' 또는 'no vacancy'의 간판이 붙어 있기 때문에 차안에서도 숙박여부를 결정할 수 있다. 'B and B'는 bed and breakfast의 약자로 개인이 경영하는 민박식 호텔이고 일반가정에 묵는 것 같은 따뜻함을 느낄 수 있다. 시내 중심가보다는 교외나 시골마을에 많으며, 서해안 쪽의 몬터레이와 카멜의 'B and B'는 바다가 보이는 로맨틱한 분위기로 특히 인기가 있다. 호텔은 1급이라는 딱지가 붙은 호텔은 장소와 시즌에 따라 차이가 있지만 평균 트윈으로 1박에 U$100이상이다. 중급인 경우는 U$50~70정도이며 그 이하인 U$30~50인 숙박시설은 쾌적도나 치안면에서 문제가 있다. 어떤 급이든지 정규숙박요금 외에 세금이 따로 6~12% 붙는 점에 유의하여야 한다. 한국과는 달리 대부분의 호텔은 예약을 하지 않아도 괜찮지만 복잡한 도시인 뉴욕과 로스앤젤레스, 샌프란시스코 등에서 1박을 할 때는 한국에서 미리 예약을 해둔다.

---

104) 테렌스 브레이크 외, 「국제협상 문화를 알아야 성공한다」, 21세기북스, 1997, pp.220-228.

이용 시 주의할 점은 방문을 열고 나오면 문이 자동으로 잠기므로 방에서 나올 때는 항상 열쇠를 가지고 나와야 하고 외출할 때는 프런트에 맡겨 분실염려를 줄여야 한다. 간혹 베란다도 문을 열고 나오면 자동적으로 닫히는 경우가 있으므로 주의하여야 하고 방밖은 공공장소이므로 옆방에 가더라도 잠옷과 슬리퍼는 곤란하다. 또 해변의 호텔이라도 수영복 차림으로 로비나 거리를 다니는 것은 예의에 어긋나므로 수영복 위에 티셔츠 등을 걸쳐야 한다. 세탁물은 발코니에 널지 말고 욕실을 이용하도록 하고 샤워 커튼을 욕조 안에 넣어 물이 넘치지 않게 하는 것도 잊지 말아야 한다. 팁(tip)은 매일 아침 객실을 나오면서 한 사람 당 US$1 이상을, 방을 어지럽혔을 경우에는 좀 더 여유 있게 두어야 한다. 팁은 대개 베개 위나 탁자 위에 놓는데 다른 곳에 두면 빠뜨린 것인 줄 알고 그냥 두기도 한다. 팁은 지폐를 이용해야 한다. 동전을 놔두면 서비스가 마음에 들지 않았다거나 기분이 나쁘다는 뜻으로 받아들인다.[105]

나. 음식문화[106]

미국요리라고 하면 우선 양이 많은 스테이크와 햄버거, 핫도그를 떠올리게 마련이지만 바다가 가까운 동해안이나 서해안, 남부의 각 도시에서는 신선하고 맛있는 어패류도 즐길 수 있다. 다민족국가라 세계 각 국의 요리를 모두 맛볼 수 있고 웬만한 큰 도시에서는 우리나라 전통음식도 충분히 맛볼 수 있다. 전국적인 체인음식점이 많아 메뉴에서부터 재료구입, 양념에 이르기까지 비슷한 방법으로 운영되어 독특한 맛 같은 것은 기대하기 어렵지만 음식의 종류와 값의 다양함에서는 따라갈 곳이 없다. 가장 값싸게 먹을 수 있는 장소는 역시 패스트푸드점이다. 그 다음으로는 카페테리아, 커피숍, 레스토랑 순으로 가격이 비싸진다. 레스토랑에서는 세금에 팁까지 주기 때문에 패스트푸드점과 레스토랑은 금액의 차이가 꽤 크다.

대표적인 패스트푸드는 햄버거와 핫도그이고 주문방식은 한국과 같다. 팁은 필요 없고 접시는 직접 치워야 한다. 카페테리아에서 팁은 필요 없다. 미국 커피는 연하지만 양이 많아 우리나라의 엽차처럼 마실 수 있다. 커피숍과 레스토랑에서 커피는 몇 잔씩 마셔도 값이 같으므로 마음껏 마셔도 좋다. 컵이 비면 종업원이 와서 계속 부어준다. 돌아갈 때는 테이블 위에 팁(음식값의 10%)을 놓는 것이 예의이다. 한국에서는 예약이 필요한 레스토랑은 아주 적지만 미국에서는 중류 이상의 레스토랑이면 예약

105) http://kr.travel.yahoo.com

106) 스테파니 폴(Stephanie Faul), 유시민(편역), 「유시민과 함께 읽는 미국 문화 이야기」, 푸른 나무, 1999, pp.44-62.

하는 것이 관례이다. 복장은 남성은 넥타이와 양복일 필요는 없지만 긴 바지와 구두는 갖추는 것이 좋고, 여성은 특별히 갖춰야 할 옷은 없다. 핸드백은 테이블 위에 놓지 않는다. 식사 후에 테이블 위에 놓는 계산서에 합계액의 15% 정도의 팁을 올려놓는다. 음식 값에 서비스요금이 포함된 경우는 따로 팁을 놓지 않아도 된다. 꼭 지폐를 사용하도록 하며 동전을 주는 것은 실례가 된다.[107]

미국인들은 식사 때마다 접시 위의 음식이 갑자기 뛰어 올라 자기를 잡아먹기라도 할 것처럼 걱정을 하며 먹는다. 뚱뚱해지는 것을 죽는 것보다 더 무서워한다. 다이어트가 질병예방에 기여한 바도 있는데 특히 심장병에는 아주 도움이 된다. 무얼 잘못 먹어서 탈이 날지 알 수 없기 때문이다. 스테이크(일명 '접시 위의 심장마비')는 물론 이요 모든 고지방, 콜레스테롤, 고 칼로리, 저 식이 섬유 음식은 일단 의심을 받는다. 예를 들어 설탕, 버터, 치즈, 아이스크림, 흰 빵 그리고 튀긴 음식이 그렇다. 과학자들이 너무 열심히 식료품의 안전성과 유독성 여부를 밝혀낸 탓에 미국인들은 먹거리에 관한 강박관념에 시달린다. FDA(식품의약품국)에서는 미국 내에서 유통되는 모든 식품과 의약품을 검사하여 위해성(危害性) 여부를 공표한다. 미국의 명품 핫도그는 최근 어린이 백혈병과 관련되어 있다는 혐의를 받고 있다. 시금치와 사탕무우 역시 예외는 아니다. 이 식품들에는 수산 함유량이 많아서 많이 먹으면 해롭다는 것이다. 미국인들은 영원히 늙지 않으려고 끊임없이 투쟁한다. 건강하고 매력적으로 보이기 위한 투쟁 바로 이 전선의 건너편에 음식이 있다. 건강에 좋고 몸매를 날씬하게 해 준다고 하면 미국인들은 아무리 맛없고 구역질나는 것이라도 서슴지 않고 먹는다. 레스토랑에서는 특별히 'heart healthy' 라거나 'light' 라는 표시가 붙은 요리를 내 놓는다. 슈퍼마켓에는 '저 염분', '저 칼로리', '콜레스테롤 제거', '다이어트', '이미테이션(맛만 비슷하게 낸)' 따위의 표시를 한 별도 코너가 마련되어 있다.

2) 관 습

(1) 변호사의 나라

미국인은 져서는 안 된다고 생각한다. 불행한 일을 당해도 실력이 부족해서가 아니다. 심지어는 재수가 없어서 진 것도 아니라고 주장한다. 그 대신 다른 무언가에 책임을 돌리고 화풀이를 한다. 어찌됐든 자기의 책임은 아니라는 것이다. 미국인은 사소한 장애나 불행에 직면하면 "이걸 어떻게 이겨내야지?"가 아니라, "내 그 자식들

107) http://kr.travel.yahoo.com

을 고발하고 말거야."라는 생각부터 한다. 그래서 미국은 세계에서 변호사가 제일 많은 나라가 되었다. 인구 2억 7,030만 여명에 변호사가 약 75만 명이나 된다. 이렇게 소송이 많은 나라이니 만큼 제조업자들은 책임 소지를 줄이려고 노력한다. 그 결과 거의 모든 제품이나 장치들이 일종의 경고문이 적힌 라벨을 달고 나온다. 그 예로 헤어드라이어에는 '샤워 중 사용금지' 딱지가 붙어 있다.[108)]

(2) 휴일

미국인들은 이중적 공휴일 시스템을 채택했다. 하나는 정부가 공포한 공식 휴일이다. 이런 국경일은 1년에 12일 남짓 되는데 주로 국가적으로 중요한 사람이나 사건과 관계된 날이다. 이런 날들은 대개 월요일에 있어서 놀기 좋아하는 직장인들은 토요일부터 월요일까지 3일 연휴를 즐길 수 있다. 은행과 공장은 문을 닫고 우편배달도 중지되며 공공기관도 모두 문을 닫는다. 하지만 상점은 문을 열며 상점 문이 닫히는 날은 크리스마스밖에 없다.

비공식적 공휴일도 일 년에 12일 정도 되는데 종교나 대중문화와 관련된 기념일이 많다. 예를 들면 '전국 비서의 날', '할아버지 할머니의 날', 'Sweetest Day' 등과 같은 날이 있다. 할로윈데이처럼 미국인의 심리에 맞는 휴일은 별로 없다. 이러한 할로윈데이에는 어른 아이 할 것 없이 심지어는 직장에서까지 괴상한 옷을 입고 일한다(비행기 승무원까지도 마녀나 요정 차림을 하고 일하는 것을 흔히 볼 수 있음). 11월의 세 번째 목요일인 추수감사절은 멀리 떨어져 있던 가족들이 한 자리에 모이는 날이다. 이 시기에는 부모의 집을 찾아가는 자식들로 전국이 북새통을 이룬다. 이날의 전통음식은 빵 가루와 사루비아 잎을 채워 구운 칠면조 요리가 핵심이다.

(3) 선물

미국에서는 무언가 일이 있으면 생일, 기념일, 취직, 결혼, 임신 등 그 무엇이든 말로만 축하를 해서는 안 되고 물질적인 증거가 있어야 한다. 결혼한 지 얼마 되지 않은 여자와 첫 임신을 한 새댁을 위해서는 선물 증정식을 열어 모두들 '물질적으로'축복을 한다. 선물은 실용품에서부터 낯 뜨거운 것에 이르기까지 매우 다양하다.

---

108) 스테파니 폴(Stephanie Faul), 유시민(편역), 「유시민과 함께 읽는 미국 문화 이야기」, 푸른 나무, 1999, pp.44-62.

(4) 술

평균적으로 미국시민은 1년에 1인당 37갤런의 술을 마신다. 대부분의 지역에서 (유타주는 예외) 음주는 완전히 합법적이다. 전통적 미국 맥주는 독특하다. 특별히 훌륭하다는 말이 아니다. 미국인은 그들의 기후로 인해 스포츠 경기를 보거나 날씨가 화씨 90도를 넘으면 맥주를 엄청나게 마신다. 그래서 미국 맥주는 땀이 잘나오는데 도움이 되도록 물 함유량이 많고 차게 식혀서 마신다. 그리고 지방 주류 규제법이 약화되면서 레스토랑에서 직접 술을 만들어 팔 수 있게 되었다.

(5) 텔레비전

텔레비전은 미국인의 생활에 가장 강력한 문화적 영향력을 미치는 유일한 매체이며 가장 기초적인 공통분모로 간주된다. 배관시설이 제대로 되어 있지 않은 집에도 텔레비전만은 반드시 갖춰 놓는다. 아이들은 학교에서 보내는 것보다 더 긴 시간을 텔레비전 앞에서 보낸다.[109)]

2. 진출시 참고사항

미국경제의 둔화는 우리나라의 대미 수출 둔화, 주식시장 불안 파급, 통상마찰 등 부정적인 영향을 미칠 수 있으나 국제원유가 하락 등 긍정적 효과도 기대된다. 우리나라에 대한 통상정책은 기본적으로 한·미 관계의 전반적인 큰 틀 속에서 대화와 협의를 통한 상호보완적 통상협력 관계를 추구해 나갈 것으로 예상되나 미국 업계에 대한 이익을 대변하는데 적극성을 보여 왔던 과거 공화당 행정부의 정책성향에 비추어 부시 행정부하에서도 우리나라에 대한 양자 및 다자 차원의 시장개방, 규제완화 압력은 계속될 것으로 전망되며 특히, 자동차, 지적재산권, 농산물, 철강산업 분야에서의 교역장벽 제거 및 규제완화 요구가 예상된다.

최근 미국의 무역수지 적자폭이 확대되고 있고 공화·민주 양당으로 균분된 의회 구성으로 인해 행정부에 대한 의회의 견제가 클 것이기 때문에 수입규제나 시장개방 압력이 더욱 증대될 가능성이 있으며 미국 경제의 둔화에 따른 수입 수요 감퇴, 중국의 WTO가입에 따른 미국 시장에서의 경쟁격화 등도 우리의 대미 수출에 부정적인 영향을 줄 가능성도 있다. 우리나라의 대미 무역흑자는 중국, 일본 등에 비해 그 규

---

109) 스테파니 폴(Stephanie Faul), 유시민(편역), 「유시민과 함께 읽는 미국 문화 이야기」, 푸른나무, 1999, pp.44-62.

모가 작기 때문에 무역 불균형 문제가 한·미 양국 간 구조적인 통상문제로 발전될 가능성은 크지 않을 것으로 예상한다.[110]

제 2 절 멕시코(Mexico)

1. 문화와 관습

1) 문 화

(1) 상거래문화

멕시코는 고대의 찬란한 문화유산을 이어받고 있으므로 고대 피라미드 조각 및 미술품이 많으며 도시중심지에도 각종 문화센터 및 공원시설을 갖추고 있다. 특히 영화 및 연극극장이 많아 서민들은 대개 영화 및 연극 관람으로 소일하고 있다. 멕시코는 15만 부 이상 발행하는 중앙 일간지가 10개나 되며 기타 신문의 종류는 다양한 편이다. 그 외에 잡지도 200여 개가 발행되고 있다. 그러나 멕시코인의 독서률은 낮은 편이다. TV방송은 국영 2개 채널과 민영 TV통합체의 4개 채널 이외에 외국 TV방송 유선중계방송망 등 전국에 220여 개의 TV 방송국이 운영되고 있으며 라디오 방

110) http://emb.dsdn.net/USecono1

송국수는 2,300여 개에 달한다.

현재 멕시코에서는 인구문제가 심각하게 대두되고 있으며 경제 성장률로는 따라잡을 수가 없다. 북미자유무역협정(NAFTA)에 힘입어 경제적 성과를 거두는 듯 했으나 무리한 경제정책으로 회생·불가능한 경제난에 시달리고 있다. 전형적인 1차 산업국가로 설탕, 커피, 석유, 동 등이 주요 산업이며 자동차와 다른 경공업제품도 생산하고 있다. 최근 페소화의 폭락, 자유민주주의적 정치체계의 미흡으로 고전을 하고 있으며, 정치는 유럽과 미국의 제도를 혼합한 방식의 연방공화제를 유지하고 있다.[111)]

비즈니스를 하는 경우 멕시코에서는 초대받은 파티에 도착하면 먼저 손님들과 주인에게 악수로 인사를 나누어야 하고 아는 사람이 있다고 그쪽으로 먼저 가는 것은 실례가 된다. 가급적이면 밝은 표정을 하고 술을 선물로 가져갈 때에는 주인이 어떤 술을 좋아하는지 사전에 알아보고 가져가야 하며 식사시간 방문을 피하고 장시간 체류는 금하고 또한 주인 안내 없이 집안 내부를 둘러보지 말아야 한다.

그리고 그밖에도 교통과 운전 중에는 스쿨버스에게 항상 양보하고 대부분 도로가 일방통행이므로 방향 표지판을 주의해야 한다. 교통사고를 당했을 때 가해자 면허증을 필히 받아 내거나 증인을 확보해야 하며 불법주차를 하지 말고 가급적이면 주차장을 이용해야 한다. 그리고 어떤 사람들은 텁으로만 수입원을 삼고 있기도 하며 모든 서비스는 텁이 따른다. 초대를 받을 때에는 선물을 반드시 준비 하고 어린아이의 동행은 피해야 한다.

상담 시에는 깨끗한 용모와 복장을 유지 비서에게도 정중해야 한다. 상담 중 우리말의 대화가 필요할 경우 상대방에게 양해를 구해야 하며 현지 사원에게 업무처리나 기타 일을 부탁 시 "por favor"를 꼭 덧붙여야 한다. 식사를 할 경우는 식사 전에 동석자에게 간단한 인사말을 건네야 하며 식사 중에 음식 소리를 내서는 안 된다. 식사속도를 놓치지 말고 손가락으로 O.K 표시를 하지 말아야 하는 데 이 사인은 나쁜 것을 뜻한다. 엄지손가락을 세운 "thumb up"이 좋다.[112)]

(2) 기타 문화

가. 음식문화

멕시코는 "사랑과 정열의 맛" 의 나라로 지도상으로 북미에 위치한 이 나라는 미국

111) http://travelcafe.tourtotal.com/
112) http://www.kbsword.net

과 인접하고 있으면서도 사람들의 생활은 언어, 습관, 풍속 그리고 요리에서도 특이한 색조를 창출하고 있다. "화제의 요리 따꼬스"는 멕시코의 주식이며 또르띠야(Tortilla)라고 불리우며, 물에 불린 옥수수를 으깬 것으로 마사라고 하는데 이마사를 원형으로 구워서 나온 것이 또르띠야 이다. 또르띠야는 독자적으로 주요 메뉴가 되지는 못하고 같이 먹을 수 있는 소스나 우리의 만두처럼 안을 채울 수 있는 다른 음식재료와 함께 등장한다. 이 또르띠야에 좋아하는 재료를 싸서 먹는 것이 따꼬스다. 속에 들어가는 것은 소고기, 닭고기, 내장 등 다양하다. 멕시코에서는 샌드위치 감각으로 먹을 수 있는 것이다. 따라서 일류 레스토랑에 가면 따꼬스는 메뉴에 나와 있지 않다. 그러나 멕시코에 장기 체류하는 경우라면 따꼬스는 손쉬운 요리이고 아주 친밀하게 즐길 수 있다.[113] 대부분의 멕시코 음식들은 우리나라 사람의 입맛에 정확하게 맞는데 그 이유는 맛이 맵기 때문이다. 그러나 우리나라의 매운맛과는 다른 맛이기는 하다. 일반적으로 우리나라 고추장을 먹는 경우 보통 혓바닥이 매운 것이 일반적이나 멕시코의 매운맛은 목구멍에서 맵다는 것이다.[114]

나. 음주문화

멕시코의 술이라 하면은 '데낄라'(도수가 써서 레몬과 소금을 뿌려서 먹게 되면 미란다와 같은 음료수를 섞어 마신다.)가 유명하지만 실제로는 할리스꼬 주(州) 이외에는 별로 마시지 않는다. 데낄라는 용설란의 일종인 마게이라는 식물을 가지고 잎은 모두 잘라내고 구형의 포기만을 찐 다음 발효시켜 증류한 독특한 술이다. 알코올 함유량은 40~60도나 되는 독한 술이지만 냄새가 없고 산뜻한 맛이 특징이다.

데낄라는 레몬즙을 손등에 바르고 소금을 뿌린 뒤 이것을 혀로 핥고 술을 마시는 '슈터'라는 재미있는 음주방법으로 인해 유명해진 술이다. 이 음주방법 외에도 양주잔에 술을 반 정도 따른 후 소다수나 사이다를 채우고 냅킨 등으로 잔을 덮은 뒤 테이블에 내리쳐 기포가 일 때 한 번에 들이키는 '슬래머' 방식이 있고 파트너의 몸에 묻힌 레몬즙과 소금을 혀로 핥고 데낄라를 마신 후 파트너가 입에 물고 있는 레몬조각을 입으로 깨무는 '보디샷'이라는 방식이 있다.[115]

멕시코에 맥주는 수 십 종류나 된다. 그 중에서도 인기가 가장 높은 것은 "보에미나"라는 것이다. 각 지방의 맥주들을 하나씩 시음하면서 여행해도 즐거울 것이다. 멕

113) 유승삼, 「세계를 간다(멕시코·중미)」, 중앙M&B.

114) http:///www.kbsword.net

115) 매일경제, 「세계요리 특선」, 멕시코 타코.

시코인들은 럼즈와 브렌디를 좋아한다. 럼즈는 사탕수수로 만든 술로, 쿠바 카리브해가 본고장인데 멕시코에서는 '바까르디'라는 명주가 더 잘 알려져 있다. 이 술은 스트레이트로 마시는 것도 좋은데 콜라를 탄 '리브레'가 사랑을 받고 있다. 안주로는 '구사노스 데마게이'이 있으며, 이것은 용설란에 붙어 있는 애벌레를 튀긴 것인데 멕시코에서는 진미이다. 그리고 돼지껍질을 튀긴 '치차론'도 안주로는 최고이다.

2) 관습

멕시코는 백인과 인디언의 혼혈족인 메스티조가 60%, 인디언이 30%, 스페인계(系) 백인이 9%이고 그밖에 뮬라토, 삼보 등으로 구성된다. 인구의 지역적 분포는 기후조건으로 인해 고르지 못하다. 국토의 14%를 차지하는 중앙고원에는 전 인구의 45%가 거주하는데 비해 북부 태평양지역은 국토의 21%를 차지하는데도 거주민은 전 인구의 8%에 불과하다. 수도에는 전 인구의 15% 이상이 집중되어 있고 전 인구의 60%는 도시에 거주한다.

인구증가율은 해마다 상승하는 경향이다. 연령별 인구 구성을 보면 자연증가율이 높고 유소년층의 비율이 높은 피라미드형의 특색을 보인다. 스페인어가 국어이지만 인디언들은 아직 그들 고유의 언어를 일상어로 사용한다. 전 국민의 93%가 스페인 통치시대에 보급된 카톨릭을 믿는다.[116)]

영국식과 조금은 다른데 레이디 퍼스트 국가인 것은 확실하다. 멕시코의 경우에는 마치스모(남성 우월주의)적 요소가 더해진다. 멕시코는 핵가족 제도이며 자녀 교육은 매우 엄격하며, 경제가 약화되면서 맞벌이 부부가 점차 증가되고 있는 추세이다. 또한 대다수 중남미 인들이 그렇듯이 멕시코 인들도 가족친지나 친구들이 모이면 당연히 춤을 추며 파티를 즐긴다. 도시의 멕시코 인들은 실용적이며 타산적이지만 시골의 인디오는 순수하고 정이 많다.[117)]

2. 진출시 참고사항

1910년의 멕시코 혁명은 대토지 소유제도를 어느 정도 타파하였으며 집단농장의 개선과 금융·관개·농업기술 등의 개선이 촉진되어 상품작물이 증가하였다. 주요 농산물은 옥수수·사탕수수·보리·커피 등이다. 석유산업은 국영 멕시코석유회사

116) http://travelcafe.tourtotal.com/

117) 유승삼, 「세계를 간다」. 멕시코·중미 중앙 M&B.

(PEMEX)가 독점하고 있으며 1995년 현재 원유생산국 6위이며 석유산업은 1993년 국가재정수입의 30%를 차지한다.

광물자원도 풍부해 은 생산량은 세계 1위, 납 4위, 수은, 안티몬은 4위를 차지한다. 임산 자원으로는 열대기후지역인 남부에서 마호가니·삼목 등 가구재가 많이 산출되고 껌의 원료인 사포딜라가 생산된다. 수산자원으로는 캘리포니아반도의 천연진주가 유명하고 굴, 새우, 다랑어, 정어리, 대구 등의 생산이 많으며 새우는 수출한다.

이 밖에도 경제발전을 위한 외국인 투자유치의 장려, 독점방지를 위한 공기업(公企業)의 민영화 등의 정책을 추진하고 있다. 1994년 초 NAFTA 출범과 함께 경제성장국면으로 진입하였던 멕시코 경제는 1994년 말 페소화 폭락사태로 1995년 경제성장률이 전년대비 2%로 마이너스 성장하였다.

그러나 정부의 긴축정책과 미국의 긴급자원지원 등에 힘입어 1997년에는 1981년 이후 최대의 성장률을 기록하였다. 1998년 8월 국제금융시장의 불안정으로 멕시코의 페소화와 주식의 약세 고금리로 인하여 경제가 불안하였으나 1998년 11월 이후 안정을 되찾았다.[118)]

멕시코와 한국은 문화협정, 무역협정(1966), 사증면제협정(1979), 항공협정(1988), 경제·과학기술협력협정(1989), 이중 과세방지협약(1994) 등을 체결하였다. 무역협정 이후로도 별다른 교역을 이루지 못하다가 1970년대에 들어 본격적으로 교역량이 증대되었다. 최근의 주요 수출품은 화학, 금속, 유리제품 등이며 수입품은 전자, 전기제품, 섬유류 기계류 등이다.[119)]

118) http://travelcafe.tourtotal.com/

119) http://www.mofat.go.kr, http://www.kbsworld.net

제 3 절 캐나다(Canada)

1. 문화와 관습

1) 문 화

(1) 상거래문화

캐나다의 사업 에티켓은 다른 선진 공업 국가와 비슷하다. 사업가들은 서로의 시간을 존중해주며 약속 시간을 엄수하여야 한다. 어쩔 수 없이 늦을 경우 사과를 하는 것이 좋은 매너이다. 만약 20분 이상 늦을 것 같다면 전화로 상황을 설명하고 미팅을 재조정하는 것이 좋다. 사업 미팅은 남성이나 여성이나 주로 악수와 함께 시작된다. 명함의 교환은 미팅 중 언제라도 가능하지만 다른 나라처럼 공식화된 것은 아니다. 만약 방문하는 회사에 비서가 있을 경우 명함을 남기는 것이 좋다. 사업 미팅에서는 팜플렛과 같은 홍보물의 교환이 자주 일어난다.

대부분의 정부기관들은 안보를 위하여 로비에서 신분 검사를 하고 있다. 가능하면 이를 감안하여 시간적 여유를 남겨 두는 것이 좋다. 신분 검사 이후에 약속 장소로 이동하면 된다. 특히 점심식사는 사업 상대와의 격의 없는 미팅을 위한 좋은 시간이지만 첫 만남으로는 부적격하다. 저녁은 주로 잠재 사업 파트너들과의 공식적인 만남을 위한 시간이다. 이 비용은 초청자가 지불하는 것이 관례이다. 외국인들에 대해 비교적 친절한 캐나다 사람들이기는 하나 개인 신상에 관한 질문을 심하게 하는 것은 결례로 되어 있으며(예 : 나이, 체중, 소득 수준 등) 사교석상 일지라도 과음하는 것은 피하는 것이 좋다. 사무실과 회의장과 같은 대부분의 캐나다 사업장에서는 금연이다. 식당에서의 흡연은 특별히 지정된 좌석에서만 가능하다. 일부 호텔은 특별히 지정된 층에서 흡연을 금하는 경우가 있다. 특별히 지정된 렌트카 모든 여객기의 국내선, 기차, 버스 내에서는 금연이다. 대부분의 캐나다인은 자신의 앞에서 흡연하는 것을 불쾌하게 생각하기 때문에 담배를 피우기 전에 "담배를 피워도 괜찮겠습니까?"라고 묻는 것이 좋은 에티켓이다. 하지만 담배를 피우기 위해 잠시 자리를 비우는 것은 괜찮고 대부분의 회사에는 흡연석이 따로 지정되어 있다.

캐나다의 사업 동료가 자신의 집으로 초대하는 것은 개인적인 친분을 나타내는 행동이며 이 때는 정중하게 받아들여야 한다. 방문 시에 꽃이나 와인, 자국에서 가지고 온 물건 등의 선물이 꼭 필요한 것은 아니지만 이러한 선물을 하는 것이 좋다. 사업상의 선물은 큰 거래가 성사되었을 경우를 제외하면 별로 흔하지 않다. 정부의 관리에게 하는 선물은 핀이나 펜과 같은 외국인 회사나 자국의 기념품을 제외하고는 절대로 안 하는 것이 좋다. 택시 운전사, 운반인, 벨 보이, 이발사, 웨이터들의 서비스에 대하여 팁을 주는 것은 관례이다. 일반적으로 전체 금액의 10~15%를 팁으로 주는데 운반인에게는 보통 1불을 준다.[120)]

(2) 기타 문화

가. 결혼문화

캐나다에는 다양한 민족이 살기 때문에 당연히 다른 민족 간에 결혼하여 이루어진 가정도 있다. 캐나다에서는 대부분 부부가 다 같이 일해서 돈을 번다. 공장 노동자, 개인 사업자, 의사, 기업체 소유자 등 거의 모든 소득수준에서 공통적인 현상이다. 가족을 부양하기 위해서건 아니면 인생의 목표를 달성하기 위해서건 간에 부부는 모두 직장을 가지고 있는 경우가 많다. 캐나다의 이혼율(divorce rate)은 다른 서구의 선진국과 비교하여 높지 않다. 이혼은 사회에서 용납되고 있으며 이혼자의 다수는 다시 결혼한다. 아버지와 어머니만 있는 편부모 가정이 점점 더 보편화되는 추세이다. 그러한 경우 아이를 양육하는 쪽은 대부분이 여성인 어머니이다. 교육을 마친 성인 자녀는 대개 부모와 함께 살지 않는다. 이는 스스로 생활해보는 것이 중요하다고 대다수가 믿기 때문이다. 그래서 새로 결혼한 부부는 대부분 부모와 떨어져 사는 것을 원한다.[121)]

---

120) http://www.kotra.or.kr/ktc/yyz/country/CountryDetail.php3

캐나다 법률은 결혼을 두 사람 사이의 법적동의(Legal Agreement) 즉 계약(Contract)으로 보고 있다. 결혼한 사람들은 평등한 파트너(partner)로 간주된다. 목사(Minister), 사제(Priest), 랍비(Rabbi)와 같은 종교 지도자들도 법적으로는 결혼생활을 영위할 수 있다. 결혼에 관하여 종교가 가지는 규제와 관습은 개인적으로 선택할 문제인 것이다. 결혼하지 않은 두 사람이 함께 사는 경우도 있다. 결혼하지 않고 특정한 기간 동안 함께 살아온 남녀 한 쌍(heterosexual couple)의 법적인 지위는 대부분의 주에서 관습법상의 부부(Common-law Couple)로 인정된다. 이렇게 동거하는 사람도 서로를 파트너라고 부를 수 있다. 캐나다의 법률은 동성의 두 사람 사이에 하는 결혼은 인정하지 않는다. 관습법상의 동성 부부(homosexual couple)에 대한 법적인 지위는 주에 따라서 다르다. 이혼은 아내 혹은 남편의 요구에 의하여 가능하고 합의이혼도 가능하다. 만약 한 파트너가 학대(cruelty), 간통(adultery) 혹은 그와 유사한 부정(injustice)을 저질러 다른 파트너가 피해를 입었다면 이혼은 법정에서 인정될 것이다. 만약 아이를 가진 부부가 이혼한다면 보다 많은 수입을 올리고 있는 사람에게 그 아이와 배우자를 재정적으로 지원하도록 하는 것이 법원의 통상적인 명령이다.122)

나. 음식문화

역사가 짧은 캐나다에는 전통적인 캐나다 요리라고 할 만 한 것이 없다. 단, 이민이 많은 나라답게 지역마다 신선한 재료를 사용한 여러 나라의 요리를 먹을 수 있다. 동서가 바다로 막힌 광대한 국토에는 수많은 호수와 강이 있으며 농·목축업에 적합한 토양이 펼쳐져 있다. 즉 지역마다 신선한 해산물·농산물·육류 등 먹거리 재료에 부족함이 없다. 예를 들면 대서양 연안은 대구와 연어의 보고이며 담수호나 강에서는 송어·농어·빙어 등이 풍부하게 잡힌다. 서해안의 밴쿠버에서는 매우 맛있는 훈제 연어나 연어 스테이크를 맛볼 수 있는데 맛에서나 양에서나 만족할 만하다. 특히 밴쿠버는 어패류가 풍부하고 신선하기로 유명하다. 대서양 연안의 뉴펀들랜드 섬과 프린스에드워드 섬에서 막 잡은 바닷가재·대서양 연어·홍합·큰 가리비와 같은 해산물을 담백한 요리에서부터 감칠맛 나는 클램차우더까지 다양하게 맛볼 수 있다. 또한 프린스에드워드 섬은 큰 가리비의 명산지이기도 해서 따끈따끈하게 요리된 큰 가리비 맛을 즐길 수 있다. 내륙의 대평원지대는 밀과 목축의 산지이다. US $ 10만 내면 최상의 앨버타 소고기로 만든 바비큐나 스테이크가 믿을 수 없을 정도로 큼직

121) http://www.canadanet.co.kr/VerMenu/CulSys/LifeStandard/Family.htm
122) http://www.canadanet.co.kr/VerMenu/CulSys/LifeStandard/Family.htm

하게 나온다. 과일도 풍부해서 잼도 싸고 맛있다.

세계 각 국에서 들어온 이민자들이 많은 만큼 전 세계의 음식을 맛볼 수 있다. 특히 영국과 프랑스에서 들어온 이민자들의 프랑스계 요리와 영국계 요리가 특별하다. 영국음식으로는 토스트나 '피쉬 앤 칩스 머핀' 등이 있고 프랑스계 지역에서는 크로아상이나 바게트, 케이크 등이 있다. 또한 세계 각 국처럼 캐나다 어느 도시에나 있는 중국식당은 가격도 싸고 한국인 입맛에도 잘 맞는다. 맥도널드 같은 패스트푸드점도 쉽게 찾을 수 있는데 특히 상가 등의 지하에 'Food Court'라 하여 패스트푸드점이 모여 있다. 이곳에는 햄버거에서부터 스파게티·아랍요리·일본요리 등 다양한 요리를 즐길 수 있다.[123)]

대서양쪽 지방의 식사로 가장 중요한 음식의 하나는 생선이다. 바닷가재와 게는 자주 식탁에 오르고 가격도 비교적 싼 편이다. 유제품이 다량으로 소비되며 과일과 야채가 재배되고 있으나 재배할 수 있는 기간은 비교적 짧다. 퀘백 요리는 프랑스풍이다. 콩스프, 어린 양고기, 송아지 고기, 프랑스풍의 페스트리, 프랑스 빵, 키드니 파이, 카만베르와 같은 프랑스 치즈 등이 주종을 이룬다. 메이플 시럽(Maple Syrup)과 애플사이다는 퀘백인들이 가장 좋아하는 것이다. 메이플 시럽 디너(Maple Syrup Dinner)는 이곳을 방문한 사람에 대한 송별회로 자주 열린다. 요리의 맛에 정통한 사람들은 퀘백의 요리를 북미 제일의 수준이라고 칭찬하기도 한다.

오타와시의 겨울동안에는 야채, 과일류는 주로 미국으로부터의 수입에 의존한 것이기 때문에 식료품의 가격은 미국보다 비싸다. 그렇지만 종류, 양 모두 풍부하게 시장에 나오고 있고 대부분의 물건은 가까운 상점에서 쉽게 살 수 있다. 토론토시에서는 선식품, 과일 등이 각처에 있는 미국식 슈퍼마켓에서 편리하게 구입할 수 있다. 몬트리올 시에서는 일상생활에 필요한 식료품을 일 년 내내 슈퍼마켓이나 그 밖의 상점에서 구입할 수 있다. 겨울철에는 야채와 과일은 주로 미국에서 수입한 것이기 때문에 가격이 비싸지만 육류는 비교적 싸다. 또 양질의 캘리포니아 쌀이나 간장은 쉽게 구입할 수 있다. 해산물이 비교적 풍부하고 연어, 다랑어, 도미, 오징어, 게, 새우 등 여러 가지를 구입할 수 있다. 또 중국인 거리에서는 두부도 팔고 있다.

벤쿠버시에서는 식료품 가운데 쌀은 캘리포니아산을 구입할 수 있고 생선, 야채, 어패류, 육류, 유제품 등을 구입하는데 별 어려움이 없다. 과일도 오렌지, 바나나, 메론, 배, 사과, 매실 등이 계절에 따라 차례차례 시장에 나오고 있다. 가격은 비싸지만

123) http://www.eyeofeagle.co.kr

김, 된장, 간장, 두부, 생우동, 어묵 등도 벤쿠버의 일본상점이나 중국인 상점에서 구입할 수 있다. 일반적으로 식비에 지출되는 비용은 한국과 비슷하거나 싸다. 기본적인 농·축산물이 아주 싼 편이다. 사 먹는 것도 식당을 잘 활용하면 싸게 먹을 수 있다. 중국 뷔페식당이 입에도 맞고 음식도 싼 편이다. 그러나 고급 레스토랑(시중을 드는 사람이 있는 경우)에는 대단히 비싸다. 학교나 학원 등에서도 쉽게 간단한 음식들(햄버거, 핫도그 등)을 사 먹을 수 있다. 단 아침을 사 먹기는 어려운 경우가 많으므로 아침은 집에서 준비해 먹는 것이 좋다. 식당을 이용할 때는 예약을 하고 가야하며 고급 레스토랑일수록 예약을 하고 가야만 좌석을 준다. 식사는 급히 먹지 않으며 대화를 하면서 즐기고 천천히 먹는다.[124)]

다. 음주문화

우리나라에서처럼 음식점이면 어디에서나 술을 마실 수 있는 것이 아닌 캐나다에서는 알코올 도수가 높은 위스키나 코냑 등의 술 대신 맥주를 즐긴다. 다른 종류의 술처럼 제약이 없는 맥주는 어느 음식점에서든지 부담 없이 즐길 수 있다. 그러나 공원 같은 곳에서는 술을 마시지 않는다. 수퍼마켓에서도 다른 종류의 술은 팔지 않지만 맥주는 쉽게 살 수 있다. 맥주 중 일반적으로 라거(Lager)는 저장용 맥주이고, 에일(Ale)은 약 6%의 알코올을 함유하고 있는 맥주이며, 라이트(Light)는 알코올이 약 4% 정도인 맥주이다. 그밖에 포터(Porter)는 흑맥주 종류이며, 스타우트(Stout)는 독한 흑맥주이다. 물이 좋은 캐나다에서는 특히 맥주가 맛있기로 유명한데, 위와 같은 종류의 맥주들이 풍부하다.[125)]

2) 관 습

(1) 인사와 소개

캐나다인들은 처음 사람을 소개받을 때 남자나 여자에 상관없이 손을 내밀어 악수를 청하는데 주로 여자나 연장자, 상급자가 먼저 손을 내밀어 악수를 하게 된다. "How do you do?"나 "Good Morning" 등으로 인사를 하게 되고 또는 "I am happy to meet you"(만나서 반갑습니다)라고 말하면 된다. 이미 만난 적이 있는 사람에게는 "Hello"나 "Hi"라고 말하면 된다. "Hi"는 좀 더 친하거나 나이가 동년배인 경우에 가볍

---

124) http://www.eyeofeagle.co.kr

125) http://kr.travel.yahoo.com

게 쓰이는 말이다. 어떤 캐나다 사람들은 잘 아는 사이에 만나면 반갑게 가벼운 포옹으로 인사하기도 한다. 만일 이러한 인사방식이 싫으면 빨리 손을 내밀어 악수를 청하면 포옹대신 악수로 인사를 대신할 수 있다.[126)]

(2) 에티켓과 매너

가. 방문 시

사전에 약속 없이 남의 집을 방문하는 것은 그것이 설사 짧은 시간의 방문이라도 개인 privacy의 침해로 여겨져 좋은 매너가 아니다. 급하게 방문해야 할 때라도 꼭 전화를 해서 알리고 가야 한다.

나. 공공장소에서

소풍(picnic)이나 야유회 같은 야외에서의 공공모임 장소에서 음식을 나누는 것은 예외이나 사람들이 다니는 공공장소에서 음식을 먹는 것은 좋은 매너가 아니다. 음식 찌꺼기나 음식을 쌌던 종이들을 남기고 가는 것은 더욱 나쁘다.

다. 선물

선물을 주고받는 것이 서로를 기쁘게 하는 일임에는 우리나라와 같다. 생일파티에 초대되었을 때에는 선물을 준비해 가는 것이 좋다. 크리스마스 파티와 같은 경우에도 서로 선물을 주고받는지를 알아보고 준비해 가는 것도 좋다. 그러나 상대방이 기대할 수 있는 것보다 훨씬 큰 선물은 오히려 부담이 되고 오해를 부를 수 있다. 어느 정도가 적당한지 알기 어려울 때는 친하게 지내는 캐나다인에게 조언을 구하는 것도 좋다. 선물대신 현금을 주는 것은 어린아이에게 조금 주는 것이나 고용주가 피고용주에게 주는 경우를 제외하고는 좋은 일이 아니며, 선물시 주의할 것은 흰 백합은 장례용 꽃이므로 선물하지 않는다.

라. 식탁매너

식탁에서 하지 않아야 할 일들은 다음과 같다. 손가락을 빠는 것, 좋아하는 부분만 골라서 가져가는 것, 자기가 남긴 음식을 남에게 권하는 것, 너무 급하게 많이 먹으려 하는 것, 이미 가져온 음식을 다시 공통접시에 올려놓는 것, 너무 많은 양의 음식을 한 번에 입에 넣는 것, 음식을 입에 넣은 채로 말을 하는 것 등이다. 그리고 모든

---

126) http://www.uhaknews.com/stepby/prestuff/distri.asp?var=oksk&kind=b11

사람이 식사를 끝내지 않았는데 먼저 자리에서 일어나는 것이다.

식사를 마치고 우리나라 사람들 중에는 당연스럽게 트림을 하는 사람이 많은데 이는 큰 결례이다. 실수로 트림을 했더라도 꼭 "Excuse me"라고 사과의 인사를 하여야 한다. 또한 식사가 끝나면 바로 그 자리에 앉아서 이를 훤히 드러낸 채로 치아청소를 하는 사람이 있는데 이 또한 좋지 않은 습관이다. 상대방이 보지 않는 곳에서 할 수 없는 상황이라면 한 손으로 입을 가리고 이쑤시개를 사용하는 것이 바람직하다.

어쩔 수 없이 식사 중에 꼭 화장실에 가야 할 경우에는 실례를 표하고 일어서는 것이 예의이다. 그러나 더욱 좋은 것은 미리 볼일을 다 끝내고 식사를 시작하는 것이다. 이 때 냅킨은 반드시 의자 위에 두는 것이 좋다. 식탁 위에 놓고 가면 식사가 끝난 것으로 생각하기 쉬우므로 식사 중에 잠시 자리를 비웠다는 표시를 해 둔다.

세계적으로 금연 인구가 많이 늘어나고 있다. 그 때문에 잠시도 입에서 담배를 떼지 못하는 애연가들은 곤혹스러워 할 때가 많다. 해외여행을 하다보면 국내에서보다 담배를 피울 수 있는 장소가 제한되어 있다는 것을 알 수 있다. 식사를 하며 음료수도 마시는 레스토랑인 경우에는 일반적으로 흡연이 허용되고 있다.

그러나 요즘엔 많은 관공서나 공공장소에서의 흡연이 타인의 건강과 기분을 해친다는 이유로 금지되는 사례가 점차 늘어가고 있는 추세이다. 식사 중에는 국내에서도 흡연을 삼가 하듯이 해외에 나가서도 마찬가지다. 식사 중에는 담배 피우는 것을 삼가는 것이 좋다. 담배연기가 음식의 맛을 감소시킬 뿐 아니라 앞에 있는 사람의 기분을 상하게 할 수도 있기 때문이다. 담배는 식사가 모두 끝나고 디저트까지 먹고 난 후에 피우는 것이 적당하다. 그러나 그것도 먼저 흡연이 가능한 곳 인지의 여부를 판단한 후 상대방에게 "May I smoke?"라며 양해를 구하는 매너도 잊어서는 안 된다.[127]

마. 초대에 응하기

캐나다인들은 대화 중에 "You must come to see us."(우리 보러 꼭 오십시요.)라든가 "See you later."(나중에 봅시다)라는 말을 할 때가 있는데 이것은 친절을 표시하는 말이지 초대라는 것은 말이나 글로써 초대하는 날짜와 시간, 장소를 밝힌 경우이다. 이러한 초대를 받았을 때에는 "Yes" 또는 "No"로 대답을 해주는 것이 예의이다. 초대에 응한다고 Yes로 대답을 주었는데 피치 못할 사정이 생겨서 참석하지 못할 경우에는 반드시 사전에 전화로 가지 못하게 됨을 알려야 한다. 모임이나 파티에 초대를 받아서 응해놓고서 연락 없이 가지 않는 것은 무례하게 여긴다.

---

127) 두산세계대백과 EnCyber

초대받은 집에 갈 때 꼭 선물을 가져가야 할 필요는 없지만 우리나라 고유의 민속 장신구 등 작은 선물을 주어도 좋다. 집으로 돌아올 때 초대해 주어서 고맙다는 인사를 하고 그 며칠 안에 초대해 주어서 감사하다는 간단한 편지나 카드를 보내는 것이 좋다. 식사 초대 시는 먹지 않는 음식이 있을 경우 미리 알려주는 것이 좋다. 칵테일이나 술 종류가 나올 때 마시고 싶지 않을 경우는 사양하고 대신 과일 주스나 Soft Drink를 요청할 수 있다.[128)]

(3) 세대 차이

10대(teenager)들은 때때로 부모와 충돌을 빚기도 한다. 그들은 부모의 가치와 전통에 반하여 독립(independence)을 시도하며 시험해 보기도 하는 데 이것을 세대 차이(generation gap)라고 한다. 거의 모든 부모는 가정교육(parenting)의 이러한 부분에서 스트레스를 많이 받는다. 이민자의 가정은 이와 유사한 경험을 하게 될 가능성이 매우 높다. 이민자의 자녀는 2개의 세상을 산다. 가정과 사회에서 요구하는 가치가 다르기 때문이다. 가정에서는, 성인 이민자는 자신이 교육받은 것과 마찬가지로 자녀가 행동하기를 당연한 것처럼 요구한다. 그러나 학교와 지역사회에서는, 교사와 동료는 그 자녀가 캐나다 식으로 살기를 기대한다. 이민자인 부모의 태도, 신념, 습관 등은 이미 굳어져버린 것이지만 자녀는 그렇지 않다. 자녀의 사고방식은 그가 캐나다 사회에서 보고 경험한 바에 의해서 형성된다. 이러한 상황 하에서 자녀가 부모와 소원해지거나 반기를 드는 것이 비정상적인 일만은 아니다. 자녀는 옛날 방식을 비난하기까지도 할 것이다. 그러나 아이도 새로운 생활양식에 적응하면서 자신만의 문제에 직면하게 된다는 것을 부모는 이해하도록 노력하여야 한다.

그리고 인내심과 이해(understanding)가 있으면, 자녀와의 관계에서 발생할 수 있는 문제를 해결할 수 있다는 것을 알아야 한다. 이러한 문제에 대해서 지역사회에 있는 교사, 가정의, 병원, 공중위생 간호사, 의료 진료소(medical clinic), 사회사업가 등에게서 도움을 받을 수 있다. 그러한 것을 이미 경험해본 다른 부모도 도움이 될 수 있다.[129)]

(4) 공용어, 언어관련 정보

캐나다는 다양한 국적과 문화권의 사람들이 모여 산다. 그중 대다수는 영국계이며 그 다음으로는 프랑스계, 독일계, 우크라이나계, 이태리계 등의 순으로 비중을 차지

---

128) http://www.uhaknews.com/stepby/prestuff/distri.asp?var=oksk&kind=b11
129) http://www.canadanet.co.kr/VerMenu/CulSys/LifeStandard/Family.htm

한다. 약 70%를 차지하는 영국계, 프랑스계 국민과 이민을 잘 받아들이는 정책에 따라 언어 문제는 아주 복잡하다. 공식 언어는 영어와 불어로서 프랑스계 주민이 많은 퀘백주를 제외하면 공용어는 영어로 되어있다. 민족마다 모국어를 제2언어로 쓰고 있다. 인구의 81%가 프랑스계인 퀘백주는 유일하게 불어를 공용어로 쓰고 있다

캐나다는 헌법에 의해 영어와 프랑스어가 둘 다 공용어로 규정되어 있다. 퀘백주는 주민의 82%가 프랑스계이고 프랑스어를 사용하고 있으며 강력한 분리 독립 움직임을 보이고 있다. 여기에 많은 이민자들을 받아들였던 캐나다는 세계 각국에서 온 이민자들이 하나의 사회적 문화적 테두리 안에서 조화를 이루면 살아가고 있다. 또한 각 국의 소수언어에도 세심한 신경을 쓰고 있어 이에 대한 교육에도 많은 지원을 하고 있다.[130]

2. 진출시 참고사항

캐나다는 G7의 일원으로 세계에서 7번째로 큰 경제대국이다. 현재 캐나다는 생산된 제품의 40%정도를 수출하고 있으며 1995년도에는 280억 달러의 무역수지 흑자를 이룩하였다. 전체 수출입의 2/3정도가 미국과의 무역으로 발생된 것으로 미국 의존도가 심한 편이다. 주요 수출품으로는 광산업을 들 수 있는데 천연가스, 금, 우라늄, 니켈, 구리가 많이 생산되며 자동차와 기계도 주요 수출품이다. 또한 캐나다는 세계 주요 곡물산지로 밀, 감자, 사과 등이 많이 생산되며, 산림지대가 많아 원목도 많이 수출하고 있다. 주요 수입품으로는 자동차, 기계설비, 전자제품 등이다. 미국 다음으로 영국, EU제국과 경제적 유대가 강했으나 최근에는 일본이 캐나다의 두 번째 교역국이 되었다.[131]

캐나다는 자유세계 제7위의 공업국가인 동시에 광대한 토지와 풍부한 자원을 가진 세계 유수의 농업 및 임업국이다. 예를 들어 밀 생산은 러시아·미국에 이어 제3위이며, 임업과 밀접하게 관련되는 신문용지 생산은 세계 제1위이다. 또 광물자원도 풍부하여 니켈, 아스베스토, 백금 등의 생산량은 세계 제1위, 금, 아연, 우라늄, 알루미늄 등은 세계 제2위, 납은 제3위, 은, 철광석, 구리 등도 세계 유수의 위치에 있다. 캐나다 경제는 제2차 세계대전을 계기로 급속히 선진공업국으로 발전하였으며, 이와 더불어 산업구조에도 변화가 생겨 농업은 비중이 크게 낮아지고 제조업이 크게 신장하였다.

특히 제지, 자동차, 금속 공업 등이 대표적이며 최근에는 서북부의 자원개발을 위

---

130) http://www.eyeofeagle.co.kr

131) http://www.geotravel.co.kr

한 진출이 활발하다. 1980년 중반 이후 G7 가운데 일본 다음으로 고도성장을 지속해 오다 1980년대 종반부터 미국의 경기침체와 퀘벡주 분리운동, 임금상승, 잇따른 파업 등으로 경기가 하강곡선을 그리기 시작했다. 공업부문에는 미국 자본의 진출이 많으며, 무역의 반은 미국과의 사이에 이루어지고 있다. 주요 수출품은 컴퓨터와 자동차, 반도체 등이고 수입품은 석탄과 목재 펄프, 기계류 등이다.

양국 간의 협정으로는 무역협정(1965), 기술협력협정(1976), 원자력개발·응용에 관한 협정(1976), 이중과세방지협정(1978), 섬유류 교역협정(1979) 등이 있다. 1994년 5월에 비자면제협정이 체결되었으며, 주요 수출품은 석탄, 광물, 펄프 등이고 수입품은 의류, 기계류, 전자제품, 자동차 등이다.[132]

제 4 절 브라질(Brazil)

1. 문화와 관습

1) 문화

(1) 상거래문화

브라질의 현실을 표현하는 말 중에 “벨인디아”라는 것이 있다. 전체 경제규모는 벨

132) 양성모, 「두산 세계대백과사전」, 두산동아, 1996.

기에 수준이지만 사회발전은 인도 수준이라는 얘기다. 브라질은 세계 6위의 항공기 수출국, 세계 6위의 군수품 수출국이지만 빈부격차 면에서도 세계 1위다. 인구의 60%이상이 빈민층으로 분류되고 최고 부유층의 1%의 소득이 저소득층 50%의 소득과 맞먹는다. 게다가 선거권자 40%가 문맹자이거나 준문맹이고 선거권자의 68%가 초등교육을 이수하지 못한 상태다.[133]

브라질인과 거래하기 위해서는 다음과 같은 사항에서 유의하여야 한다.

가. 비지니스 약속

비즈니스 시간을 엄수하여야 하며 최소한 2주전에 약속을 하고 사무실이나 관공서를 즉흥적으로 방문하지 말아야한다. 근무시간은 오전 8시 30분~오후 5시 30분이지만 정책 결정자들은 대개 더 늦게 출근해서 더 늦게까지 일한다. 따라서 오전 10시~12시 사이와 오후 3시~5시 사이에 약속을 하는 것이 좋다. 만약 점심시간에 걸리게 되면 최소한 두 시간은 준비하여야 한다.

카니발 무렵에는 상거래를 피하여야 하는데 카니발은 사순절의 시작인 성회일 이전에 열린다. 브라질에서는 돈독한 관계를 다지기 위해서는 장기적인 관점에서 자원, 시간, 돈을 투자할 수 없다면 그곳에서 비즈니스를 하려 시도해도 효과가 없다.

브라질 사람들은 인맥을 통해 비즈니스를 하며 장기적인 관계를 기대한다. 따라서 투자하기 전에 그 업체에서 적당한 브라질 현지인을 고용하여 적합한 사람들을 만날 수 있도록 도움을 받는 것이 좋다. 브라질의 연락책을 포르투갈어로 'Despechante'라 불린다.

나. 비즈니스 협상

브라질인과 협상하기 위해서는 인내심을 가져야 한다. 거래과정을 거치는 데는 몇 가지 과정이 필요하다. 협상 중 계약의 모든 면을 차례로 보기보다는 동시적으로 보도록 준비하는 것이 좋다. 명백해 보이는 데이터도 검토에 검토를 거듭하고 확답을 내리기보다는 융통성을 가지는 것이 중요하다.

브라질에서 협상 팀을 바꾼다면 계약 전체를 무산시킬 수도 있다. 브라질 사람들은 거래하는 회사 이름보다는 거래하는 개인의 이름을 더 중요하게 생각한다.

현지에 계약 관련 문제를 논의하기 위해 회계사와 'Notorio'(변호사와 유사함) 또는 변호사를 두도록 하는 것이 좋다. 그런데 브라질 사람들은 외부 법률 고문을 싫어한

133) www.bastpractice.co.kr

다. 대화가 활기에 차 있고 끼어드는 일이 많고 아니라고 내뱉는 일, 신체 접촉 등이 많은 것은 자연스러운 일이다.

브라질 사람들은 열광적인 축구 팬으로 축구는 생생한 화제 거리를 제공한다. 브라질 사람들은 자신들도 아메리칸이라고 생각한다. 미국을 지칭할 때 아메리카라고 하지 말아야 한다.

다. 비즈니스 접대

당신의 고객 후보의 비서에게 좋은 레스토랑을 소개해 달라고 부탁하는 것이 좋다. 식사 중 업무얘기를 하지 않는 것이 좋다. 이들과 대화에 참여해야 하는 것은 좋지만 지나치게 이끌어 가려고 하지 않은 것이 좋다. 그리고 커피가 나올 때까지는 기다렸다가 그때야 업무이야기를 꺼내야 한다. 참고로 강한 커피가 나오는데 이를 맛있게 마셔주면 좋아한다.

일급 호텔에 머무르고 호텔에 멋진 레스토랑이 있으면 브라질인을 그곳에서 접대하면 효과적이다. 파티에 초대되면 집보다는 개인 클럽에서 이루어질 공산이 크다. 이 경우 최소한 15분 늦게 도착하는 것이 좋다. 또한 참고로 초대된 다음날 꽃과 간단한 메모를 건네는 것이 예의이다.

브라질 사람의 저녁 식사는 저녁 7시에서 10시 사이이다. 디너파티는 새벽 2시까지 계속된다. 브라질인의 인사는 좀 혼란스럽다. 처음 만났을 때는 악수가 일반적이고 일단관계가 성립되면 포옹한다. 여성들은 볼을 바꾸며 결혼했을 경우엔 두 번, 미혼일 경우엔 세 번 키스한다. 세 번째 키스는 배우자를 찾으라는 행운을 의미한다.

도착할 때와 떠날 때는 그룹 내 모든 사람들과 악수하는 것이 정중한 인사다. 브라질 사람들은 극히 가까운 거리에서 이야기한다. 대화하는 중에 팔이나 손, 어깨 등을 부딪히며 계속 신체접촉을 갖는다. 친절하고 활달하며 신체 상호작용은 단지 브라질의 성향일 뿐이니 물러서지 않는 것이 좋다.[134)]

(2) 기타 문화

가. 음식문화

브라질은 다양한 민족으로 형성하는 국가인 만큼 정말 아주 다양한 음식을 접할 수 있는 곳이다. 그 중에서도 브라질을 대표하는 요리는 'Feijoada(페이조아다)'와

134) www.goodl.or.kr

'Churrasco(슈하스코)'가 있다. 페이조아다의 유례는 그 옛날 식민지시대에 흑인 노예들이 만든 음식이다. 당시 소, 돼지를 잡으면 백인들이 우선으로 좋은 부위를 가져가고 좋은 부위를 배어가고 남은 부위를(꼬리, 뼈, 귀, 족발 등) 콩과 함께 노예들에게 주었다. 이것들을 가지고 노예들은 딱딱한 콩을 고기, 뼈 등과 함께 푹 삶아 먹었다. 그리고 이 페이조아다는 콩으로 만든 요리라 그 영양가는 정말 풍부하다. 백인들은 흑인들이 어찌 조금만 먹어도 힘이 넘쳐날까 유심히 지켜보다가 페이조아다를 발견했다. 그 후로부터 백인들도 먹기 시작한 페이조아다는 지금은 브라질을 가장 대표하는 음식이다.

그리고 슈하스코의 유례는 유럽의 백인들이다. 육식이 주식이며 가장 브라질인들이 좋아하는 음식이다. 소고기, 닭고기, 돼지고기를 각 부위로 썰어 덩어리 채로 숯불에 굽는다. 브라질인들의 축제 때는 항상 인기 있는 요리이며 야채샐러드와 함께 먹는다. 슈하스코와 페이조아다에 가장 어울리는 브라질의 칵테일은 'Pinga(삥가)'라는 보드카와 비슷한 술이다. 이 술은 레몬과 설탕으로 만드는 칵테일인데 브라질인들이 맥주와 함께 가장 좋아하는 술이고 아주 독한 술이다. 약 40도는 기본이다.[135)]

나. 축제문화

초기 식민화 시기에 흑인노예들이 브라질로 이주하여 온 이 후로 지금까지도 아프리카 음악과 춤의 전통이 강하게 남아있다. 앙골라(Tam－tam)의 음악적 요소들은 리우축제로 인하여 널리 알려진 '삼바'에 많은 영향을 끼쳤다. 카니발은 15, 16세기의 '아조레스' 지역에서 개최되는 페스티발로 거슬러 올라가며 식민지 시기에는 '리우'지역에서 카니발이 개최되기 시작하였다. 대규모의 첫 번째 리우축제는 1854년에 개최되었는데 가난한 이와 부유한 이들이 동시에 참가한 축제였다. 리우축제의 최고 히로인은 리우지역의 슬럼가에서 사는 뮬라토 여인들이다. 뮬라토는 백인과 흑인간의 혼혈로 생긴 새로운 인종이다. 흔히 우리나라 TV에서 소개되는 리우축제 때, 화려하고도 아슬아슬한 옷을 입고 있는 여인들이 이들이며 현재 브라질의 대통령인 '까루도주' 역시 백인이기는 하지만 뮬라토의 피가 흐른다는 말이 있다.

브라질에서 뮬라토라고 해서 인종적인 차별은 없으며 브라질인들은 오히려 백인, 흑인, 황인종 그리고 뮬라토종이 있는 것으로 그렇게 생각한다. 리우축제 마지막 날 밤 하루를 위하여 뮬라토 여인들은 365일을 '쌈바학교'에서 춤 연습을 한다. 브라질인들에게 있어서 삶의 어려움 등은 리우축제를 생각하고 그리고 리우축제에서 여러 역

135) http://my.netian.com/~palmeira/html/brasil.htm 부분인용

할들을 미리 예약하고 기대하는 것으로 이겨낸다는 말도 있다. 즉, 브라질인들은 리우축제를 위하여 1년 동안을 일한다는 말도 있다. 리우축제는 보통 일요일 저녁에 시작하여 화요일에 끝이 나며 수많은 삼바학교는 서로의 춤과 의상경연을 벌인다. 길거리에는 60,000여 개의 좌석이 준비되며 춤의 행렬은 약650야드(6킬로미터)정도의 거대한 행렬이다.[136]

다. 운동문화

전 세계에서 축구열기가 가장 뜨거운 나라가 바로 브라질이라는 사실은 누구나 다 잘 알고 있는 사실이다. 그러나 브라질은 지나칠 정도로 월드컵 때문에 나라 전체가 들썩들썩한다.[137] 브라질의 축구가 발전하는 이유는 선수들이 조기실전을 거치는데다 인적자원이 어느 나라보다 풍부하기 때문이고 또한 브라질인들의 축구를 사랑하는 열정 때문이 아닐까한다.

2) 관습

브라질은 각 국의 인종이 모여 있는데 각기 자기 나라의 문화를 가지고 와서 그것들이 전통적인 포르투갈의 문화와 뒤섞여 점차로 독자적인 브라질 문화를 형성했다. 특히 남부의 상파울루주에서는 이탈리아 이민(移民)의 영향이 크고 남쪽에 있는 리우그란데주에서는 독일이나 동(東)유럽에서 온 이민의 영향이 크다. 이와 같이 남부의 여러 지방은 유럽계(系)의 이민이 많이 모여 있기 때문에 문화수준도 상당히 높고, 교육도 앞서 있다. 지방적·민족적인 문화와 유럽문화를 혼교(混交)시켜서 독자적인 브라질 문화를 창조하는 데 기여한 사람도 많다. 특히 음악부문의 로보스, 문예(文藝)의 쿠냐와 아마도, 건축의 코스타와 니마이어가 뛰어난 인물이다. 문학은 최초 포르투갈 문학의 이식시대를 거쳐 유럽의 낭만주의, 사실주의 등의 문학이 전래되면서 문학의 개화기를 맞이하여 현재에 이르고 있다. 음악은 북동부 특히 바이아주의 주민들 사이에 생겨난 아프리카의 영향을 받은 '쌈바' 등의 무용을 동반한 민중음악 외에는 고유의 음악이 없었다. 그러나 브라질인들은 본래부터 음악을 좋아하고 소질도 풍부하여 작곡가, 연출가들을 많이 배출해 내고 있다. 미술은 식민시대에는 주로 종교적인 것이 많았으며 19세기에 국립미술학교가 창립되면서 번성기를 맞이하게 되었고 1951년 상파울로에서 근대미술전이 개최되고 나서부터 근대미술 특히 추상

136) http://www.geocities.com/Hollywood/5889/frame.html-브라질로 가는 길.
137) 김인규, 「브라질 문화의 틈새」, 다다미디어, 1997, p.119.

미술이 발전되어 왔다. 건축은 포르투갈을 모방하여 브라질 자연조건에 맞게 개조한 것으로부터 시작하였으며 1930년 이후 근대 건축이 도입된 이래 리오데 자네이로시의 문교부 건물에 새로운 조형미술을 결합하는데 성공하였다. 또한 수도 브라질리아의 도시계획설계 및 건축설계, 근대미술관설계 등을 통해 근대건축이 발전되어 왔다.

브라질은 인적관계를 중요시하는 사회로서 농촌의 지주들은 아직도 가부장적 성향이 있으나 도시에서는 근대적 생활방식이 지배적이다. 포르투갈 등 남부유럽의 풍속과 습관이 기저를 이루며 특히 축구 등 스포츠와 카니발이 국민생활 속에 깊이 자리 잡고 있다.[138)]

2. 진출시 참고사항

브라질은 내정 불간섭의 원칙아래 친 서방 실리외교를 펼치고 있으며 특히 현 정부는 세계 10대 경제 대국에 걸맞은 역할과 지역공동체에 대한 적극적인 참여를 통한 자국 경제의 안정과 발전을 추구하고 있다. 또한 경제 대국에 걸맞은 국제적 위상을 강화하기 위해 최근 유엔 안보리 상임이사국 후보로 나설 움직임을 보이고 있다. 아울러 남미공동시장 창설에서뿐만 아니라 2005년을 목표로 추진되고 있는 미주자유무역지대의 창설에 있어서 남미 대륙의 리더로서 위상을 굳히기 위해 유럽연합을 비롯하여 미국에 대한 적극적인 외교 전략을 추진하고 있다. 특히 미국과는 달리 지역 통합(예, FTAA)에 쿠바를 참여를 적극 독려하고 있으며 1999년 랑쁘레이아 외무장관의 쿠바 방문 등 중남미의 상호 협력을 위해 노력하는 등 다각적인 실리외교를 추진하고 있다.

대미관계를 보면 국내 경제안정 및 발전에 필수적인 자본과 선진기술 도입을 위해 관계긴밀화를 추진 중이나 지적 소유권 문제를 비롯하여 여러 가지 알력이 발생할 소지가 있으며 FTAA 창설에 있어서도 미국이 개별협상축진 방식을 통한 포괄협상을 선호하고 있는 반면 브라질은 지역통합체를 바탕으로 한 점진적, 단계적 통합을 원하고 있다. 또한 미국의 중남미 시장 조기 잠식을 견제하는 의미에서 유럽연합과도 우호관계를 유지하려 하고 있다. 아울러 비동맹 국가들과 관련하여 중국, 인도, 파키스탄 등과의 협력관계도 모색하고 있으며 최근 들어서는 ASEAN의 기술과 자본 그리고 브라질의 자원을 결합한 합작 투자에도 높은 관심을 나타내고 있다.

1959년 브라질과 국교를 수립한 이후 초기에는 별 다른 교류가 없었으나 1990년대

---

138) http://kr.encycl.yahoo.com/

에 들어서면서 양국관계는 상당히 발전되고 있다. 특히 양국이 자유 민주주의를 신봉하는 국가이자 경제 규모 GDP를 기준으로 볼 때 세계 10위 안팎을 차지하고 있어서 상호 선의의 경쟁 대상이 되고 있으며 우리나라 입장에서는 브라질이 남미 대륙, 특히 남미공동시장을 중심으로 한 역내 최대 교역국인 만큼 남미 지출을 위한 교두보로써 그리고 자원고갈에 대비하여 브라질의 풍부한 천연자원을 활용한다는 차원에서 적극적인 자세를 보이고 있다. 브라질도 21세기 태평양시대에 아시아 국가들과의 협력 체제를 다진다는 의미에서 관계 강화를 모색하고 있으며 한국의 높은 기술력을 끌어들이기 위해 직접투자를 권유하고 있는 상황이다. 따라서 향후 한국과 브라질 관계는 경제 협력차원에서 상당한 활기를 띨 전망이다.

우리나라의 대 브라질 주요 수출 품목을 보면 1998년과 1999년을 기준으로 할 때 전기·전자 제품, 섬유류, 기계류 및 운반용 기계, 플라스틱 및 고무 등이며 주요 수입품은 광산물, 철강 및 금속제품, 농림수산품, 화학공업 생산품 등 주로 1차 산업제품이다. 특히 1998년 우리나라는 1997년 11월 IMF행을 택함으로써 그 여파로 인해 수입이 급감하여 대 브라질 교역이 사상 최대의 흑자를 기록하였으며 브라질이 IMF의 긴급 금융구제를 받던 1998년 11월과 1999년 1월의 외환위기로 브라질의 수입이 감소, 우리나라의 흑자규모가 줄어들었다.[139]

최근에는 양국간 경제교류가 활발히 추진되어 현재 브라질리아와 서울에 각각 상주대사관을 개설하고 있으며 상파울루에는 외환은행 지점, KOTRA, 대한항공, 포항제철 등의 해외지사가 진출하여 있다. 1998년 현재 대 한국 수출 6억9,000만 달러, 수입 17억8,000만 달러이다. 주요 수출품은 철광, 펄프, 동물사료, 과일, 주스 등이며 수입품은 타이어 및 튜브, 폴리에스텔 직물, 자동차, 편직물 등이다.[140]

브라질은 남미시장의 주요 수출 대상국으로 부상하고 있을 뿐만 아니라 향후 중남미시장진출을 위한 거점과 풍부한 자원을 보유하고 있는 우리의 원자재수입대상국으로서의 중요성이 높아지고 있다.

139) http://www.mofat.go.kr/missions/Brazil.nsf?opendatabase
140) 두산세계대백과, www.encyber.com

Chapter 13

유럽 지역

제 1 절 독일(Germany)

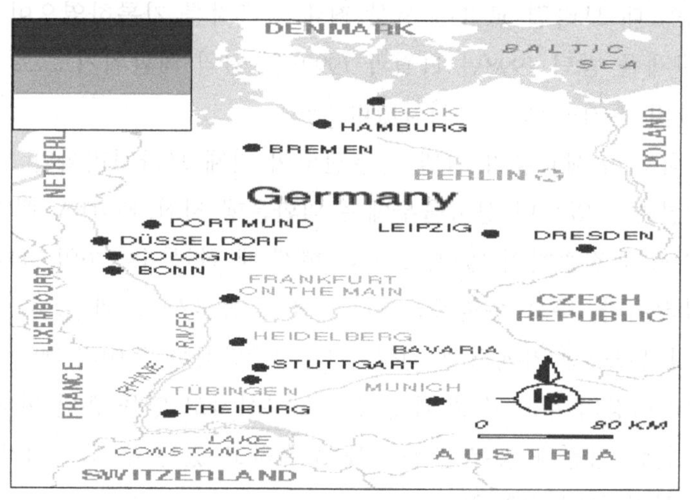

1. 문화와 관습

1) 문화

(1) 상거래문화

독일인의 우정은 한번 맺어지면 오래가는 대신 친구사이로 발전하기까지는 상당한 시간이 소요된다. 이는 비즈니스 관계에도 적용되며 여러 번의 반복된 만남, 저녁

식사, 성실한 거래 실적 등이 쌓이면 신뢰할 만한 비즈니스 파트너 관계를 맺을 수 있다. 독일인에게는 항상 일이 먼저이고 우정은 그 다음이다. 친분관계나 인척관계를 이용하여 협상을 유리하게 만들려는 시도는 불필요한 헛수고이다.

엄격한 계획성과 합리적인 사고방식으로 계획구매가 이루어지고 있어 신규시장 확보에 어려움이 있다. 독일과의 거래를 시작할 때에는 신규거래에 신중한 태도를 보이고 있어 장기간의 시험기간을 거쳐 소량주문부터 시작하는 것이 관례이다. 상담 시에는 결론부터 이야기하고 나중에 그 이유나 근거를 제시하는 것이 바람직하다. 특히 첫 만남에서 거래관계의 성립여부가 결정되기 때문에 신뢰감을 줄 수 있어야 한다.[141]

독일은 철저히 일 중심이다. 인간관계가 비즈니스 협상의 결과에 큰 영향을 미치는 아시아나 라틴 아메리카의 기업문화와 달리 독일인들은 일의 우선적(task oriented)이다. 신뢰를 구축하는 데에는 시간이 상당히 걸리지만 일단 신뢰를 잃게 되면 다시 회복하기가 어렵다.[142]

다른 유럽국가와 마찬가지로 독일 비즈니스맨들도 국경을 넘는 당일 여행을 수시로 하지만 발달된 철도망 덕분에 저녁약속에 늦는 법은 없다. 그러나 저녁 시간을 넉넉히 남겨두고 도착하는 경우는 거의 없으므로 미리 인간적인 친분을 쌓을 수 있는 가능성은 적은 편이다.

독일에서 개최되는 국제박람회에 참여하는 것은 사업상 교분을 쌓을 수 있는 좋은 방법이다. 세계 5대 국제박람회 개최도시 중 3개 도시가 독일에 있으며 150대 국제박람회 중 2/3가 독일에서 개최되고 있을 만큼 1년 내내 박람회가 열리고 있다.

베를린의 가전제품 전문 박람회는 1996년부터 식품 및 호텔업, 유치원 업까지 추가하였다. 프랑크푸르트에서는 국제 오토쇼, 세계 최대의 도서 박람회 등이 열리며 뉴렌베르크는 장난감 박람회로 유명하다. 쾰른에서는 세계 최대의 사진기 자재전 외에도 크고 작은 39개의 박람회가 열린다. 뒤셀도르프에서는 연중 40~60개의 박람회가 개최되며 그 중 보건, 포장, 기계 박람회는 세계 최대 수준이다.[143]

가. 우리와 다른 약속개념

우리는 약속을 하면 예를 들어 납기를 결정해 놓으면, 무슨 일이 있어도 지켜야

141) 무역일보사, 「세계시장정보 ⑤ 독일」, 1999, p.67.

142) 정영만 옮김, 「PASSPORT 독일」, 경성라인, 1998, p.59.

143) http://segero.hufs.ac.kr/

한다고 생각을 한다. 그리고 그것을 지키지 못하면 신용이 없는 사람으로 여긴다. 물론 그들도 그렇게 생각을 한다. 하지만 그것은 자신의 환경, 여건 등이 현재대로 잘 돌아간다는 전제하에 그렇다. 가공 중에 특수 틀이 부러져서 납기를 맞출 수 없게 된 경우 당신은 틀이 부러져 새로 만드는 기간만큼 납기가 늦어진다는 내용의 편지를 받게 될 것이다. 그것은 네 사정이고 어떻게 해서라도 납기는 맞춰달라고 요구해봐야 그들은 이해를 하지 못한다. 자신의 잘못이 아니고 불가피한 상황이 발생된 것은 자신의 책임이 아니라고 생각하며 너무나 당당히 늦어진다고 얘기할 것이다. 우리처럼 밤을 새우거나 주말에 작업을 해서라도 맞춰 준다는 것은 기대하지 않아야 한다. 만일 그것을 원한다면 계약당시 미리 지연 보상금을 계약서에 넣어 두어야 한다. 지연보상금의 크기가 크면 그들도 주말에 일을 하게 된다.

나. 문서가 필요한 이유

독일 사람들은 대기업 간부와 중소기업의 간부의 일하는 능력차이가 엄청 난다. 대기업 간부정도 되면 계약서를 한번 읽어보고 거의 모든 내용을 머릿속에 외울 정도로 똑똑하다. 하지만 대부분의 사람들은 그렇지 못한 경우가 많다. 너무나 쉽게 업무 내용을 잊어버린다. 회의가 끝나서 회의실을 나오는 순간 그들은 거의 머릿속을 비워버리고 2~3일만 지나면 완벽하게 잊어버린다. 그래서 그들은 회의록이 없으면 그 회의는 하지 않은 것과 거의 같다. 그들의 업무 능력은 문서화를 잘하고 그 문서를 잘 분류·보관하여 필요시 금방 찾을 수 있게 관리하는 능력이 업무 능력과 같다. 우리나라 사람들은 거의 모든 업무를 자신의 기억력에 의존하여 일을 한다. 문서는 단지 보조 수단이며 증빙서류 정도로 취급하지만 그들은 문서가 없으면, 자신이 업무를 얼마만큼 진행했는지 기억조차 못하는 경우도 많다.

전화로 어떤 약속을 한다면 거의 지켜지길 기대하기 어렵다. 그래서 그들은 전화가 끝난 다음에 "Telephone call report"라는 것을 주고받는다. 전화상으로 통화한 것을 잘 지킨다. 이것을 이해한다면 서양인들이 왜 ISO 9000을 요구하는지 이해가 될 것이다.

우리의 시각으로 보면 그것은 불필요할 정도의 서류작성을 요구한다. 우리 문화와는 잘 맞지 않는다. 그래서 많은 기업이 ISO 9000심사용 서류와 업무용 서류를 따로 관리하기도 한다. 하지만 그들은 스스로 문서가 잘 정리되지 않은 상태에서는 일을 할 수 없다고 생각하고 서류작성 및 분류, 관리체계가 갖추어지지 않은 기업은 업무능력이 없다고 판단하기 때문에 이를 표준화하여 기업에 요구하는 것이 ISO 9000인 것이다.[144)]

(2) 기타 문화

가. 음주문화

① 맥 주

독일요리의 특징은 가정적이며 소박하고 깊은 맛이 특징이다. 유명한 요리로는 감자와 소시지가 유명하다. 독일의 역시 맥주 역시 빼 놓을 수 없는 술이다. 한 사회에는 여가를 보내는 대표적인 문화공간이 있다. 프랑스에는 '카페'가 있고 영국인들에게는 '클럽'이라는 사교장이 있다.

그러면 독일에는 무엇이 있을까? 좀 마땅치는 않은 것 같지만 전통적인 선술집이라 할 수 있는 '슈탐로칼(Stammlokal)'이 있다. 이러한 곳에서 대개 맥주를 마신다. 일찍이 시성 괴테가 지적했듯이 순수한 상식과 선의의 영국 사람들과 사려 깊고 재치가 넘치는 프랑스 사람에 비해 상당히 둔감하다고 느껴지는 독일인이 나름대로 서민의식을 키울 수 있는 있었던 곳은 바로 이 슈탐로칼이다. 일찍이 영국과 프랑스의 궁중 중심의 문화를 발전시켜 온 것에 비해 독일은 영주를 중심으로 한 소규모 정치체제의 결합이어서 처음부터 시민문화가 자연스레 조성되었다. 독일의 사교장에서 서민들은 맥주를 주고받으며 그들의 애환도 주고받는다. 여기에서 조정된 의견들이 구조적인 여과장치를 거쳐 대회의에서 무리 없이 결정된다. 이것이 지방자치적 분권통치로 발전하여 연방공화제의 초석이며 경제력 부강의 원동력이라 말하는 사람이 있다.

독일에서의 맥주는 문화현상으로 지방마다 독특한 문화를 키우며 그 표현으로서 아주 다양하게 맥주를 발전시켜 왔다. 그래서 양조법에 따라 입맛이 서로 다르다. 가장 사랑 받는 맥주는 필젠식, 맑은 색의 저온 발효의 맥주로 1295년부터 체코 필젠지방에서 양조되었다. 호프를 덜 사용하였으니 덜 쓰다고 할 수 있다. '비엔나식' 은 오늘날에는 독일 전역에 보편화되었고 특히 북부 지방에서 인기가 높다. 남부지방에서는 밀맥주, 밝은 맥주, 흑맥주 등이 선호된다. 지역에 따라서 알트, 쾰른식 맥주, 버크가 애호되기도 한다.

맥주보다 종류가 많은 것이 와인이다. 서부지역만 해도 5만 여종의 와인이 있다. 독일의 와인은 대개로 백포도주로 향이 높고 산뜻한 프랑스 와인과는 또 다른 맛이 있다. 이처럼 독일 전국에는 수 십 가지 생산방식과 약 1,500종 이상의 맥주가 있지만 한 가지 공통점이 있다. 1516년에 공포된 법에 따라 오늘날까지도 지켜지고 있는 순도 규정이

144) http://www.boltmall.co.kr

다. 맥주의 참 맛은 준법의식으로 유지된다. 그것은 신뢰사회가 쌓은 독일문화의 꽃이다. 그것이 전 세계로 퍼져 이제는 모두가 기쁨을 한께 나누는 대상이 되었다.

② 포도주

독일의 음주문화는 맥주만이 지배하고 있는 것이 아니다. 포도주도 중요한 위치를 차지하고 있어 집집마다 웬만하면 포도주를 저장해 두는 바인켈러(지하실)를 갖고 있다. 백포도주, 적포도주, 맥주잔이 각각 다르고 또한 술 종류나 계제에 따라 잔의 모양이 다르다. 실제로 독일의 문화생활에 포도주가 차지하는 자리는 나름대로 크고 넓다. 흔히 포도주 하면 프랑스나 이탈리아를 손꼽지만 와인문화는 모젤 강 주변을 중심으로 광범위하게 퍼져 있다. 로마 병사들이 라인강 유역을 점령하고 그들 문화의 흔적을 남긴 곳마다 꽃을 피운 와인문화 "'In Vino Veritas' 포도주 안에 진리가 있다."는 말은 삶을 문화의 향기 속으로 끌어올린 원동력이라 할 수 있다.[145]

나. 가족문화

독일은 핵가족제도가 정착되어 있으며 최근에는 결혼하지 않고 동거하는 경향이 높아지고 있다. 따라서 출생률이 낮기 때문에 출생 장려 정책을 펴고 있으나 이혼율도 계속 상승 추세이다. 그리고 부친이 보통 가장이며 평균적인 가정은 아이들이 1명 내지 2명이다. 동부에서는 아이들을 보육원 혹은 탁아소에 맡기는 것이 보통이다. 서부에서는 이 경향이 동부에 비해 적다. 젊은이들의 경우는 보통 20대에 결혼하지만 어느 정도 재정적 기반이 생긴 후 아기를 가지는 경우도 가끔 있다. 젊은이들이 결혼 전에 혹은 결혼 대신 동거 생활을 하는 일이 많으며 심지어 계약 결혼도 유행하고 있다. 법적 혼인은 시청에서 신고하고 종교적 예식은 개인마다 다르다.[146]

2) 관습

(1) 법규준수

독일인의 질서(오르두농)은 수많은 규칙과 법칙으로 잘 나타난다. 일상생활의 아주 작은 부분도 여러 가지 법으로 통제되고 있어 독일 전역에 걸쳐 "조용한 시간"인 오후 1:30부터 3:30까지는 아무 소리도 내어서는 안 된다.[147]

---

145) 조두환, 「독일문화기행」, 자연사랑, pp.182-185.

146) http://www.eyeofeagle.co.kr/

147) 정영만 옮김, 「PASSPORT 독일」, 경성라인, 1998, p.24.

우리나라에서 얼마 전에 텔레비전을 통하여 외국의 교통법규 지키는 모습을 방영한 적이 있다. 경찰이 있다고 해서 지키는 것이 아니라 생활습관처럼 지켜지는 모습을 볼 때 부럽기까지 했다. 저녁 늦게나 새벽에 차들이 많지 않은 시간에도 빨간 불이 켜있으면 어김없이 차들이 멈춰서 파란 불로 바뀌면 출발하는 모습 바로 그런 모습들이 부러운 모습이 아닐까 싶다. 우선 독일인들은 상호생활의 편리함 때문에 세세한 사항까지 규범을 만들어 놓고 이를 지키고 있다.

예를 들어 자전거에 관한 규범을 보면 알 수 있다. 자전거 도로가 잘 발달된 도시에서 자전거가 우측의 자전거 도로로 가지 않고 반대 방향으로 갈 경우에 벌금을 물어야 한다. 또한 음주를 하고 자전거를 탈 경우 역시 벌금이며 신호도 역시 지켜야 한다. 더욱이 야간에 자전거 등을 켜지 않고 타고 다녀도 벌금을 내야 한다.

독일인의 준법정신을 볼 수 있는 곳이 지하철이라고 할 수 있다. 지하철을 탈 때는 우리나라에서처럼 한 사람 한 사람 표를 검사하고 탑승을 하는 모습은 어디에서도 볼 수 없다. 독일에서는 누구나 차표를 제시할 필요 없이 지하철의 객차에 탄다. 그렇기 때문에 시간도 많이 절약되고 물건을 들고 탈 때 좁은 입구에서의 불편함도 없다. 물론 차표를 검사하는 단속원들이 불시에 차에 올라타서 단속을 하지만 이 단속에 걸리는 사람은 거의 없다. 이러한 제도에서는 시간절약 및 출입의 용이함이라는 장점들뿐만 아니라 공동체의식, 상호존중의식이 얻어지리라 본다. 서로 상대방을 믿어주는 시민의식이 바로 선진국의 시민 의식이 아닌가 한다.

준법정신과 더불어 시간을 지키는 것 역시 독일에서는 가급적 정확히 지켜지고 있다. 우리들은 버스를 이용하기 위해 기다릴 때 차가 이미 갔는지 아니면 아직 오지 않았는지 걱정을 하는 경우가 있다. 그러나 독일에서는 항상 운행시간표가 비치되어 그 운행시간표에 맞추어 운행이 되고 있다. 물론 그 시간이 정확히 지켜지지 않는 경우도 있지만 대부분 정확히 지켜지고 있어 시간이 없다고 하여 불법운행을 한다거나 무리한 운행으로 승객의 안전까지 책임을 지지 못하는 우리의 현실을 볼 때 이러한 합리적인 모습은 부러움을 갖게 된다.[148]

(2) 인사

우리 주변에서 보면 우리들은 인사를 하지 않는 사람들이 많다. 가게, 식당, 제과점 등을 들어갈 때 인사를 하는 사람들은 별로 없다. 하지만 독일 사람들은 인사를

---

148) http://www.eyeofeagle.co.kr/

자주하는 사람들이다. 예를 들어 병원의 환자 대기실에 들어 설 때도 '안녕하십니까!(Guten Tag!)'라고 인사하면서 들어온다. 빵집에 들어설 때나 기차객실에 들어설 때도 인사하기는 마찬가지이다.

이와 더불어 아주 사소한 일에 '감사합니다' 또는 '고맙습니다(Danke!)'라는 인사를 하고 이에 대해 '천만에요!(Bitte!)'라고 화답한다. 우리가 고맙다는 말을 사용하는데 인색한 반면에 독일인들은 이를 애용한다. 식당에서 물 한잔을 갖다 주어도 이들은 '고맙습니다!(Danke!)'라 말한다.[149]

(3) 예절

독일에서 여성에 대한 예의는 각별하다. 여성이 방에 들어오면 자리에서 일어나야 하며 여성이 서 있는 동안에는 나이와 지위에 관계없이 남성은 서 있어야 한다.[150]

독일에서 기본적이고도 보편적인 인사법은 악수로 여성이 있는 경우는 우선 여성과 악수한다. 특별한 사이가 아니면 포옹하거나 볼을 비비거나 하는 등의 인사를 잘 나누지 않는다. 여러 사람과 인사할 때는 동시에 여러 사람과 악수하지 않는 것이 좋다. 위에서부터 손을 내미는 것은 실례로 친다. 호칭에서 퍼스트네임을 부르는 것은 전통적으로 가족과 친한 친구에게 하고 다른 사람에게는 직책을 붙여 성을 부른다. 상대방을 지칭할 때 존칭인 'Sie'대신에 'du'를 사용하는 것이 일반적이다. 상대방이 40세 이하라면 별로 신경 쓸 필요가 없다. 나이가 많은 독일인들은 아주 가까운 친구 사이를 제외하고는 일상적인 대화에서 여전히 'Herr'와 'Frau'라는 호칭을 사용한다.

인사말은 제일 평범한 것으로 'Guten Tag'이라고 부르는 것이 좋다. 가정집을 방문할 경우 시간을 정확히 지키는 것은 굉장히 중시되고 있다. 초대된 손님은 여주인에게 꽃을 주는 일이 종종 있지만 이 경우 장미나 카네이션은 삼가야 하면 여주인에게는 포장을 풀어서 건네야 한다. 방에 들어와서는 앉으라고 할 때까지 기다려야 하며 여성이 방으로 들어오면 일어서는 것이 예의이다.

독일에서는 사전에 알리지 않고 방문하는 것은 실례이며 이웃 사이에서도 그다지 없다. 가정집을 방문하게 되면 보통 음식을 대접받는다. 식사법은 식사는 포크를 왼손에 나이프를 오른손에 쥐며 식사 중에는 바꿔 쥐지 않는다. 양손은 테이블 위에 올려놓고 식사 시에 왼손을 무릎 위에 올려놓는 것은 예의에 어긋나므로 왼손은 식탁 위에 살며시 올려놓아야 한다. 감자와 생선을 자를 때는 나이프를 사용하지 않는

---

149) http://www.eyeofeagle.co.kr/

150) 원융희, 「글로벌 비즈니스에티켓」, 두남, 2001, p.144.

다. 독일인은 얼음을 넣지 않고 마시는 것을 즐기며 생수를 마시는 일이 드물고 맥주, 와인, 미네랄워터를 마신다.

식사 전에는 식탁에 앉은 사람들에게 'Guten Appetit'라고 말하고, 이에 대한 대답으로 'Ebenfalls'라고 한다. 자신을 초대한 사람에게는 선물을 하며 이때 포장되지 않은 꽃을 함께 선물하는데 전통적으로 꽃은 언제나 13개를 피한 홀수여야 하고[151] 붉은 장미는 연인을 위한 선물로, 흰 백합은 장례식용으로 사용되는 것으로 되어있다.[152]

상점이나 레스토랑에 들어갈 때에는 'Guten Tag'(바이에른 지방에서는 'Gruess Gott')이라고 가볍게 인사하며 나올 때에도 'Auf Wiedersehen'이라고 하지 않으면 상대방에게 불쾌감을 줄 수 있다. 마찬가지로 전화를 걸 때에도 자신의 이름을 먼저 밝히지 않고 누군가와의 통화를 요청한다면 무례한 사람으로 생각될 것이다. 레스토랑에서 계산은 서비스료가 들어가며 지불은 테이블에서 한다. 손님은 웨이터에게 잔돈을 팁으로 남기며 지불시 끝자리 수가 없도록 계산을 하는 일이 많다. 그리고 공공장소에서는 껌을 씹지 않는 것이 좋다. 사람과 이야기를 할 때는 주머니에 손을 넣은 채 이야기하는 것도 실례이다. 한국과 같은 경로 우대사상은 없지만 노인에 대한 철저한 사회보장제도가 유지되고 있으며 장애자에 대한 각종 우대정책을 펴고 있다.[153]

(4) 예약 및 통보

우리들에게 익숙하지 못한 것 중의 하나가 예약 및 사전 통보라고 할 수 있다. 모임이 있는 경우는 사전에 예약을 하지만 일반적으로 2~3명 정도의 사람들이 식사를 할 때는 거의 예약을 하지 않고 식당에 들어간다. 하지만 독일 사람들은 2명이라고 해도 항시 미리 예약을 하는 습관을 가지고 있다. 특히 병원에 갈 때도 사전에 미리 예약을 하는 것을 볼 수 있다.

한국에서 독일로 유학을 갈려고 준비하는 대부분의 학생들은 독일의 어느 대학이 입학허가를 해줄지 몰라 여러 대학에 입학허가를 신청한다. 그래서 어느 때는 3~4군데의 대학에서 입학허가를 해주는 경우가 있다. 이때 학생들이 알아야 할 것은 못 가게 된 대학에는 반드시 통보를 해주는 것을 잊지 말아야 한다. 대부분의 학생들이 이를 하지 않아서 독일인들에게 한국인의 인상이 좋지 않게 인식될 수 있다는 것을 유의하여야 할 것이다.[154]

---

151) (사)한국라보·서울특별시, 「민박안내서」, 2002, p.18.

152) 정영만 옮김, 「PASSPORT 독일」, 경성라인, 1998, p.98.

153) http://www.eyeofeagle.co.kr/

2. 진출시 참고사항

독일은 선진국의 대열에서 선두 자리를 차지하고 있다. 경제력을 종합해 볼 때 세계 4위의 위치에 있고 무역 분야에 있어서는 세계 2위이다. 독일은 1975년 이래로 서방 선진 7개국의 모임인 G-7의 회원국이다. 우리나라와 독일과의 교역비중을 보면 수출은 영국에 이어 두 번째, 수출은 첫 번째를 차지하고 있어 유럽교역의 최대의 교두보이다. 세계는 제2차 세계 대전 이후의 독일의 경제 부흥을 '라인 강의 기적'이라고 하지만 서독의 첫 경제 장관에 의하면 이것은 기적이 아니라 자유 경쟁의 원칙하에 인간의 창의력과 자유, 열성을 보장받은 독일 민족 전체의 노력에서 나온 결과일 뿐이라고 한다.

독일은 통일 후 동독의 재건이라는 어려운 과제를 안고 있다. 시장경제체제를 지향하는 서부와 역동적이지 못한 중앙경제체제의 동부지역 간에 경제발전의 격차에서 생긴 불평등으로 통일이 이루어지면서 동부에서 민영화의 대가로 상당한 실업이 발생하여 어려움을 겪는 등의 대혼란이 야기되었다. 독일민주공화국 정부에 의해 몰수되었던 토지와 재산의 소유권 문제해결이 1990년대 초엽에 시작되었다. 독일연방공화국 경제의 힘은 주로 제조업에서 나온다. 독일 경제는 사회주의적 시장경제이나 실질적으로는 시장에서의 정부, 기업경영자, 노동자, 금융의 역할에 대해 명백한 합의가 이루어져 있는 자유시장 경제체제이다.

정부는 독일 경제에 있어 주로 조절기능을 한다. 국가는 경제와 사회에 필수적이지만 이익을 내지 않는 상품 및 서비스 부문에만 직접적으로 관여하는데 특히 수송, 우편, 전기통신, 무연탄광업, 농업 등이 여기에 해당된다. 또한 정부는 세금과 기부금으로 재원을 충당해 광범위한 사회보장제도를 운영, 관리하는데 여기에는 건강보호, 실직-장애 보상, 출산-양육비 보조, 직업재훈련, 연금 등 여러 가지가 있다.

연방정부 외의 경제계획기관으로는 독립적인 독일연방은행, 고용주협회, 노동조합 등이 있다. 경제정책위원회는 연방정부의 경제, 재무각료들, 각 주 정부의 대표 1명, 자치체들의 대표들 등으로 구성되며 연방 은행이 참여하는 가운데 통일된 금융정책을 마련한다. 비슷한 구성의 지정계획위원회는 연방, 주, 지방 등의 재정정책들을 조정한다. 정부 차원에서의 모든 주요수입원은 세금으로 연방정부가 총수입의 반이 약간 안 되는 몫을 가지며 그 나머지를 주 정부와 지방 정부들이 사용한다. 소득세, 법인세, 일반 거래세, 원유세, 관세 등 5종류의 세금이 총 세입의 4/5를 차지한다.[155]

---

154) http://www.eyeofeagle.co.kr/

제 2 절 영국(Great Britain)

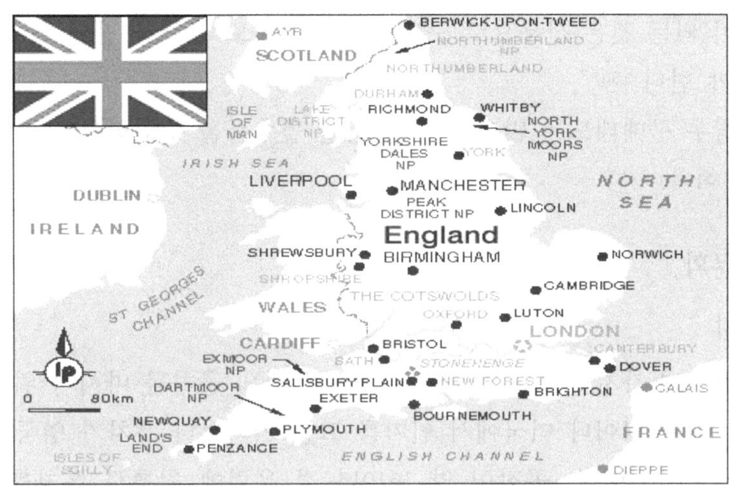

1. 문화와 관습

1) 문 화

(1) 상거래문화

영국의 상거래문화는 철저하게 합의한 내용을 근거로 문서화하는 것이며 상담과정에서 가급적 단정적인 표현을 피한다. 영국인들의 소비성향은 전통적, 보수적인 국민성을 반영하듯이 선호 브랜드와 단골 쇼핑몰에 대한 충성도가 높다. 최근 다변화된 수입시장과 급성장하는 인터넷 관련 시장의 영향으로 신세대들의 구매 패턴이 역동적으로 변화하고 있지만 노령의 소비자들은 여전히 보수적인 구매 패턴을 유지하고 있고 고소득 노령인구가 지속적으로 증가하는 현상도 주목할 만한 특징이다.

또한 수입위주의 시장여건 때문에 대회 수입선 확보와 안정적인 거래유지를 위하여 세계시장을 무대로 활발한 구매활동을 벌이고 있다. 따라서 한국 중소기업들의 적극적인 대 영국시장 개척과 바이어 발굴을 위한 노력은 기업성장의 새로운 비전을 제시할 것이다.

영국시장의 특징은 전통적이고 보수적인 거래 관행이 이루어지고 있다. 영국에서

155) http://andorra.ms98.net

는 거래 초기에 많은 노력과 인내가 요구되지만 일단 거래가 시작되면 특별한 문제가 없는 한 거래가 유지된다. 특히 신용을 중시하는 거래 관행이 있어 신용거래를 원칙으로 하며 다품종 소량 구매를 선호한다. 영국인들이 거래 상대방을 평가함에 있어서 기준이 되는 것은 신용으로 구두상의 것이라도 당사자 간에 이루어진 합의는 반드시 지켜야 한다.156)

소비자의 경우 구매태도는 많은 부분의 생활 필수품을 수입하므로 타국 제품에 대한 배타성이 적다.157)

(2) 기타 문화

가. 음식문화

어떤 팝송과 마찬가지로 영국의 모든 것은 "한 잔의 홍차를 마시기 위해 잠시 일손을 놓는다." 유럽 전역이나 미국에서 인기를 끄는 커피보다 홍차가 영국에서 훨씬 인기 있다는 것은 사실이다. 공작이 약 1610년 경 유럽에 최초로 홍차를 들여왔으나 최초의 홍차 광고는 1658년부터 런던의 신문에 실리기 시작했다. 홍차 1파운드 가격이 숙련된 노동자 주급의 1/3에 해당했음에도 불구하고, 1750년까지 홍차는 영국 모든 계급의 주요 음료가 되었다. 홍차는 홍차 통에 담아 보통 가정의 안주인이 보관했다. 홍차 마시기는 서서히 유행을 따르는 사회적 관습으로 발전되었다. 차를 기르는 정원들이 런던의 복스홀이나 메릴본 같은 곳에 우후죽순 생겨나 연인들이 오후에 산책을 하면서 한 잔의 홍차를 버터 바른 빵이나 케이크와 함께 마셨다. 집에서 갖는 티(tea) 파티 또한 인기 있어 "애프터눈 티(afternoon tea)"의 관습이 확고히 자리 잡았다.

오늘날 영국의 집, 홍차 전문점 또는 호텔에서의 티타임은 계속되고 있으며 크리켓 경기나 하계 축제의 행사로 남아 있다. 하이 티는 많은 양의 음식을 제공하는 저녁 식사로 잉글랜드 북부와 스코틀랜드에서 특히 인기가 있다. 전통적으로 영국 홍차는 도자기로 된 차 주전자를 사용해서 만들며 일인당 대략 한 스푼의 찻잎을 넣는다. 금방 끓인 물을 사용하는 것이 차 맛을 내는데 상당히 중요하며 물에 찻잎을 넣은 다음 몇 분 있으면 차가 만들어진다. 대부분의 영국인들은 우유를 넣은 풍부하고 진한 홍차를 즐기며 맛을 내기 위해 설탕을 넣기도 한다.158)

음주문화와 관련 위스키하면 스카치위스키(Scotch Whisky)라고 할 정도로 스코틀

---

156) 원융희, 「글로벌 비즈니스에티켓」, 두남, 2001, p.152.

157) http://anglo.co.kr/anglo/anglo_sub1_03.html

158) http://www.uhak24.com/top/england/en01_03.html

랜드에서 유래된 위스키는 매우 유명하며 영국 최대의 식음료 수출품목이다. 원래 위스키의 어원은 겔릭말로 생명수(the water of life)를 뜻하는 위스키 베아타(Uisge Beatha)에서 나왔는데 1618년 스코틀랜드에서 제일 먼저 만들어졌다는 기록이 있으나 실제로는 이보다 수백 년 전에 만들어진 것으로 알려지고 있다. 위스키를 만드는 과정은 보리를 이삼일 물에 담갔다가 널면 싹이 트는데 열흘쯤 지나서 철망 위에 놓고 피트(Peat)를 태워서 말리면 피트의 연기 냄새가 엿기름에 스며들어서 스카치위스키가 독특한 타는 냄새 비슷한 향내를 내는 것이다. 이것이 참나무 술통에서 6년, 12년, 18년, 21년 이상 보관하면 숙성한 맛이 나게 되며 오래 될수록 부드러운 맛과 독특한 향내로 값이 비싸다.

그러나 실제적으로 영국인은 위스키보다 맥주를 더 많이 마시며 맥주 소비량은 미국, 독일에 이어 세계 제 3위이다. 그밖에 유명한 영국의 주류를 살펴보기로 한다. 1769년으로 그 역사가 거슬러 올라가는 '고든즈'(Gordons's)는 영국 최고의 진(Gin)으로 대접받고 있으며 고든즈라는 말이 진(Gin)의 대명사가 될 정도로 높은 인기를 모았다.

영국에서 부담 없이 영국적인 분위기에 젖어 볼 수 있는 곳이 펍(Public House)으로 영국의 선술집이라고 할 수 있는 이곳에서는 술 마시는 시간이 정해져 있으며 점심때는 생선 및 감자튀김(fish and chips)과 같은 간단한 식사를 그리고 저녁때는 맥주를 팔고 있다. 영국의 명물인 펍은 단순히 간단히 식사나 한 잔을 거치는 곳이 아니라 그곳은 가장 평범한 영국인들의 가장 평범한 삶과 생각이 녹아들어 있는 영국 서민문화의 진수이며 모든 영국인에게는 마음의 고향이다. 본래 펍은 여관이 주 기능이었고 음료나 식사를 파는 것은 부수적인 기능이었다. 펍이 발달한 것은 그 당시 유행하던 성지 순례자들의 잠자리 해결의 방안으로 생겼기 때문이며 그래서 펍의 이름도 교황의 머리(Head of Pope), 주교의 집(House of Bishop) 등 종교적인 색채가 있는 것이 많다. 대부분의 펍들이 오래 전, 말이 주요한 장거리 교통수단이었던 시절의 역마차 여관들에서 유래되어서 아직도 시골지방에 가면 지나간 시절의 정취를 간직하고 있는 오래 된 건물들에 많은 펍들이 들어서 있는 것을 볼 수 있다.[159]

나. 의복문화

영국인의 복장은 보수적으로 영국 스코틀랜드의 수도, 에든버러에는 우리의 명동격인 프린세스 거리가 있다. 그곳의 스카치 하우스라는 가게에는 한 층의 벽면에 바

159) 한동만, 「영국 그 나라를 알고 싶다」, 서문당, 1996.

바리코트의 역사와 그에 얽힌 이야기들을 빙 둘러 붙여 놓아 장사를 하는 가게라기보다는 무슨 거창한 박물관에 서 있는 착각이 들 정도였기 때문이다. 관광객이 많이 들어오는 곳이니 만큼 홍보도 하고 장사도 하면서 적절하게 이들이 상술과 자긍심을 잘 혼합한 것이다. 잘 정리된 이 벽면을 어느 정도 읽다보면 바바리는 단순히 걸치는 옷이 아니라 국보급 보물로 지정하여 보존해야 하는 것이 아닌가 싶을 정도이다.

원래 트렌치코트에서 트렌치라는 것은 전쟁 중에 적의 포탄으로부터 몸을 보호하기 위하여 파는 참호라는 뜻을 가진 영어단어이다. 이 참호 속의 군인들을 위하여 남아프리카 보어 전쟁 때부터 지급된 방수복이 트렌치코트의 기원이다. 보어 전쟁 중에 착용된 바바리사의 개버딘 트렌치코트는 전쟁을 수행해야 하는 실용적인 이유 때문에 팔의 움직임을 자유롭게 하는 래글런 소매, 가슴 쪽에는 비바람을 차단하기 위한 스톰 플랫이 달린 나폴레옹 칼라, 수류탄과 칼 등 각종 무기의 휴대를 위한 D고리 등이 첨가되어 오늘날의 디자인과 많은 유사점이 있다.

결국 전쟁 중에 바바리코트의 뛰어난 방수성과 실용성을 직접 체험한 장교들이 전쟁이 끝난 뒤까지도 이 바바리코트를 애용하여 일반 가정에까지 알려지면서 오늘날 계절과 유행에 전혀 관계가 없이 만인의 사랑을 받는 영원한 클래식, 바바리코트가 탄생하게 된 것이다.

영국은 10월 마지막 일요일에 섬머 타임이 해제되면서 5개월 정도는 깊은 동면의 땅이 된다. 해가 무척 짧아지고 일기가 좋지 못하여 해를 보는 것은 기대도 못하고 하루 종일 전깃불을 켜 놓고 지내야 하는 날이 부지기수이다. 그래서 가을이 오면 우울증에 걸리는 사람이 많다고 한다. 그 중에는 겨울잠을 자는 곰이나 개구리처럼 계속 졸음이 쏟아져 병원에서 일정시간 동안 인조햇빛을 쬐어야 하는 사람이 있을 정도라고 한다.

그럼에도 불구하고 영국 사람들이 자신들의 기후가 마일드 하다면서 기온에 극과 극이 없음을 자랑삼아 이야기할 때면 어떻게 해석해야 할지 난감할 정도이다. 사실 겨울에도 수은주가 영하로 떨어지는 일이 드물고 여름에는 섭씨 30도를 넘기는 무더위는 생각도 할 수 없을 만큼 쾌적한 기온이라 마일드 하다는 말이 맞기는 맞는 말이다. 그런데도 영국의 날씨가 나쁜 날씨의 대명사로 불리는 이유는 따로 있다. 바로 기온과 관계없이 하루에도 몇 번씩 안면을 바꾸는 기상 변화와 그 와중에 꼭꼭 숨어버린 햇빛 때문이다. 아침에 잠깐 개였다 싶으면 오후엔 꼭 찌푸리고 아침에 안개비가 흩뿌려 우산이라도 챙겨 들면 오후에는 거센 바람으로 무용지물이 되는 경우가 허다하다.

불행 중 다행으로 영국의 여름인 6, 7, 8월은 다른 달에 비해 쾌적하다. 일 년 내내 보기 힘든 해도 9시 무렵까지 하늘에 걸려 있고 무엇보다 무덥지가 않다. 영국의 거의 모든 스포츠 행사, 음악행사, 사교계의 크고 작은 행사, 각종 축제가 모두 여름 3달에 집중되어 있는 것만 봐도 알 수 있다. 9개월 내내 고생하는 영국민들을 위해 하나님이 특별히 주신 선물 같은 3달이다.

그래서 영국에서 사는 동안 여름을 제외한 나머지 기간 동안에는 특별히 철 따라 옷장 정리에 신경 쓰지 않아도 되었다. 그만큼 하루에도 몇 번씩 봄, 여름, 가을, 겨울 사계절의 날씨를 번갈아 겪곤 했기 때문이다. 그래서인지 영국의 길거리에는 겨울, 코트를 입은 사람과 배꼽티에 짧은 미니스커트를 입은 사람이 한 날 한시에 똑같은 장소에 있으면서도 서로 상대에게 관심의 눈길 한 번 안주고 지나칠 수 있다.

그러나 이렇게 다양한 옷차림 가운데 몇 십 년을 영국민의 변함없는 패션으로 늘 길거리를 메우고 있는 옷이 바바리코트이다. 얼음은 얼지 않지만 북해에서 불어오는 바람만큼은 매서운 겨울에는 무릎까지 내려와 방한복으로 좋고, 가을에는 부슬부슬 내리는 가을비로 온 몸이 젖는 것을 막아 주는 방수복으로 좋고, 잔인한 계절이라는 봄에는 우박과 비로 하늘이 복통을 앓아도 갑옷처럼 두르고 나설 수 있어 좋은 옷이 바바리이다. 급격한 변화를 좋아하지 않고 튀는 옷차림보다는 옛것을 아끼는 영국 사람들의 패션 감각과, 날씨만큼은 축복을 내려 주시지 않은 영국 땅이 운명이 결국 바바리코트를 가장 영국적인 옷으로 사랑받게 한 것이다.[160)]

2) 관습

(1) 할로인

10월의 마지막 날은 일 년 중 가장 초자연적인 힘이 강해져서 나쁜 악령들이나 죽은 사람들이 땅 속에서 나와 활개를 치고 다닌다는 할로윈이다. 할로윈 하면 가장 먼저 떠오르는 것이 호박 귀신이다. 달걀귀신도 아니고, 처녀 귀신도 아니고 따끈 따끈한 호박죽을 끓여 먹는 바로 그 늙은 호박을 속을 파낸 뒤 삐뚤어진 눈을 뚫고 번개 모양의 입을 새긴다. 그런 다음 촛불을 집어넣으면 바람에 일렁이는 불꽃의 음영을 따라 오렌지색으로 물든 호박귀신이 흐흐거리는 것 같아 제법 을씨년스럽다. 할로윈이라는 호박 귀신을 문 밖에 두는 것은 공포 분위기를 조성하여 진짜 나쁜 악령들을 쫓아내기 위해서라는데 그 효과가 의심스러울 만큼 호박귀신은 우리에게 친숙

160) 정미선, 「이층버스와 버버리코트」, 김영사, 1999, pp.175-178.

하다. 오히려 나쁜 귀신을 쫓아내기는커녕 과자 주머니를 들고 집집마다 돌아다니며 어설픈 귀신 흉내를 내는 동네 꼬마들에게 좋은 안내자가 되어 버린다.

할로윈은 본래 이교적인 축제여서 교회에서는 썩 달가워하지 않는 날이다. 그도 그럴 것이 너도나도 마녀나 드라큘라, 유령 같은 얌전치 못한 인물로 분장하고 맛있는 토마토 주스를 갑자기 '붉은 피'라고 하면 귀신 파티를 펼쳐서 영화 〈인디아나 존스〉의 한 장면을 방불케 하니 교리와는 어긋날 수밖에 없다. 심지어는 할로윈 파티가 열리는 바깥에 지켜 서서 "당신은 지금 지옥의 문으로 들어서고 있소!"라며 협박을 하는 교회신자들도 있다. 그래서 교회에서는 할로윈 다음날인 11월 1일을 아예 모든 성인의 날로 정하여 나쁜 귀신의 날인 할로윈의 인기를 잠재워 보려고까지 하였으나 켈트족의 전통이 강한 스코트랜드나 아일랜드 등지에서는 여전히 할로윈은 큰 축제라고 한다.

영국의 경우 11월 5일인 가이 폭스데이와 날짜가 비슷하여 할로윈에 대한 열기가 이 가이 폭스데이로 옮겨가고 있는 추세라고 한다. 그래서 할로윈을 큰 축제로 여겨 아이들과 어른 모두 극성인 미국에 비하면 영국의 할로윈은 다소 시들해 보이기도 한다.

(2) 공휴일

원래 영국의 공휴일은 40일이 넘었다고 한다. 이 40일이란 성탄절, 부활절을 비롯해서 영국의 수호성인인 성 조지의 날, 바느질의 수호성인인 성녀 캐서린의 날처럼 대개 무슨 무슨 성인의 날이었다. 일 년 365일 가운데 40일을 공휴일이라고 쉬고 52일을 주일이라고 쉬고 나면 거의 일 년의 1/4을 놀다가 지내야 할 정도이다.

언제나 빨간 날만 기다리는 우리 눈에도 많아 보이는 공휴일이 근면과 성실을 미덕으로 알던 빅토리아 사람들에게는 제정신이 아닌 미친 짓쯤으로 보였던 것도 당연하다. 그래서 빅토리아 시대엔 이 휴일을 몽땅 없애버리고 부지런히 일만 했다. 하지만 일만 하다 보니 자기들이 무슨 일의 노예인가 싶었는지 다시 몇 개의 공휴일이 생기고 휴가라는 것도 생겨서 현대 영국인들의 휴일로 자리 잡았다고 한다.

오늘날 영국에는 대략 8일간의 'bank holiday'가 있다. 순서대로 적어보면 새해 첫날, 부활절 금요일과 부활절 월요일, 5월 첫 주와 마지막 주의 월요일, 여름을 마감하는 8월 마지막 주 월요일 그리고 크리스마스와 다음날인 복싱 데이이다. 이 'bank holiday'를 조금만 신경 써서 살펴보면 대부분 주말과 이어지는 월요일이라는 것을 알 수 있다. 이왕이면 연휴로 정해 더욱 여유 있고 즐거운 시간이 되도록 배려한 것이다. 그래서 이 연휴만 되면 'bank holiday'의 연유야 어찌 됐든 연휴를 마음껏 즐기려는 사람들로 온 영국 땅이 몸살을 앓는다.161)

2. 진출시 참고사항

영국은 남한 단독수교국으로 우리나라와 교역량이 가장 많은 국가 중 하나이다. EU와 아프리카 진출의 교두보인 영국과 우리나라와 공식관계는 1882년의 한국·영국 조약의 조인이래 1세기에 이른다. 그러나 실제적인 통상관계가 확립된 것은 1949년 영국정부가 신생 대한민국을 정식 승인하면서부터 시작되었다. 그 후 6·25전쟁을 전후하여 일방적인 대 한국 원조시대를 거쳤으며 1957년 양국 대사관이 설치되어 외교 통상관계는 더욱 활발히 전개되었다.

1986년 4월 대통령 전두환의 방영에 이어 5월 영국의 대처가 내한하였고 1989년 11월 대통령 노태우가 방영하였다. 1992년 11월에는 찰스 왕세자와 다이애나 왕세자비 내외가 한국을 방문하였다. 1998년 김대중 대통령이 영국을 방문 1999년 엘리자베스 여왕이 한국을 방문하여 한국의 안동에서 한국 전통의 70회 생일 잔치를 치렀다. 양국 간에는 친선위원협회, 한영경제협력위원회 등이 구성되어 있다.

1998년 현재 대 한국 수입 41억 1,790만 달러, 수출 16억 6,300만 달러이다. 주요 수입품은 전자 부품, 산업용 전자, 수송기계, 광산물, 가전제품 등이며 수출품은 기계류, 화학제품 등이다. 1998년 12월 현재 2,690명의 교민과 8,640명의 체류자가 살고 있다.162)

---

161) 정미선, 「이층버스와 버버리코트」, 김영사, 1999, pp.175-178.

162) http://kr.encycl.yahoo.com/result.html?id=723715

제 3 절 스페인(Spain)

1. 문화와 관습

1) 문 화

(1) 상거래문화

스페인 사람들은 하루를 두 번 잔다고 한다. 왜냐하면 시에스따(siesta)가 있기 때문이다. 일반적으로 낮잠시간이라고 알려진 시에스따는 더운 날씨에 적응해 살기 위한 생활의 지혜로 스페인식 요가라고 부를 정도로 그들의 건강에 중요한 부분이다.

이 시에스따는 스페인의 40도를 오르내리는 여름 날씨와 풍요로운 귀족문화가 이루어낸 합작품이다. 이 습관은 초기에는 귀족들에게서 유래되었는데 신대륙에서 가지고 온 막대한 부와 풍요로움이 이 시에스따의 시발점이다. 지난밤의 파티로 느즈막하게 일어난 귀족들은 새벽까지 먹고 마셨으니 입맛이 있을 리는 없고 간단히 아침을 때우고 그럭저럭 지내다 보면 오후, 그 때서야 시장기가 돈 귀족은 점심을 거나하게 차려먹는다. 그러고 나면 배는 부르고 날씨는 덥고 지난밤 피로가 몰려오나 할 일은 없으니 잠이나 잘 수밖에 없다. 이것이 굳어진 것이 '시에스따' 라는 낮잠 습관이 되었다. 하지만 이 시간에도 대다수의 서민들은 뙤약볕 아래서 구슬땀을 흘려야 했다. 그런데 귀족들이 잠을 자니 관공서 업무는 정지되고 자연히 이런 귀족들의 습관이 전파된 것이다.

그러나 이런 습관을 꼭 나쁘게만 볼 것은 아니다. 스페인의 여름 한낮은 사람이 활동하기 힘들만큼 더우므로 아침나절과 태양 빛이 약해지는 늦은 시간에 일하고 한낮에 쉬는 것은 어쩌면 자연에 적응한 삶의 지혜라고 할 수도 있는 것이다. 사실 다른 유럽나라는 오후 5시면 관공서이고 상점이고 모두 문을 닫지만 스페인의 대부분 상점은 저녁 8시까지 영업을 한다. 특히 고원지대인 스페인 중부에선 시에스따 없이 여름을 나긴 무척 힘들다. 시에스따 시간은 보통 13~16시까지 약 3시간 정도이다. 로마에 가면 로마법을 따르듯 스페인에서는 시에스따를 지키면서 완벽한 현지적응을 통해 스페인의 밤 문화를 제대로 즐기는 것이 스페인 여행의 지혜이다.[163)]

스페인과의 거래를 시작하기 위해서는 비즈니스로만 시작해서는 어려움이 있고 함께 어울려 시간을 보낼 수 있는 인간적인 관계의 유지가 선행되어야 한다. 스페인에서는 친구(Amigo)와 같은 개인적 친분가 중시되며 친구로 인정하기까지에는 많은 시간이 소요된다. 인사방법은 악수가 일반적이지만 친한 친구사이에는 포옹을 하며 여성이 손을 내밀 때만 악수를 하고 헤어질 때는 '아디오스(Adios, 안녕히 가세요)'나 '아스따루에고(Hasta Luego, 나중에 봅시다)' 등을 자주 쓴다.[164)]

(2) 기타 문화

가. 종교문화

국민 전체가 카톨릭을 단일 종교로 삼고 있으며 4세기경에 이베리아 반도로 카톨릭이 전래되었는데 8세기부터 북아프리카의 무어족들의 식민 지배를 받기 시작하여 15세기 말엽에 국토를 완전히 회복할 때까지 카톨릭은 이슬람교의 억압을 받아 크게 발전하지 못하였다. 이 식민시대에 카톨릭은 스페인 국민들의 지하 종교로 꾸준히 명맥을 유지하였다. 오늘날까지 남아 있는 그 시대의 건축물은 세계적으로 매우 특이한 양식을 보이는데 카톨릭의 전통적인 건축 양식에 이슬람적인 양식이 가미되어 무데하르(Mudejar)라는 독창적인 양식을 보인다.

15세기 말 세계적인 대현제인 이사벨 여왕이 반도 내의 북부에 위치한 아라곤왕국의 페르난도 왕자와 결혼하면서 분리·통치되던 이베리아 반도가 통일을 하고 이사벨 여왕은 정식으로 카톨릭을 국교로 선포하게 되는데, 역사적으로 이사벨과 페르난도를 묶어서 '카톨릭 국왕 부처'라고 칭한다. 이사벨 여왕이 국토를 완전히 회복하게

163) 배낭 박, 「여행천하 유럽」, 도서출판 엘 까미노, 2000, pp.520-521.
164) 원융희, 전게서, p.188.

되는 1492년까지 스페인 역사는 700년 동안 줄곧 국토 회복 전쟁의 역사인데 국토 회복 전쟁에 참가하는 모든 군사들은 카톨릭 교도들로서 예수 그리스도의 이름으로 전쟁이 치러졌다.

종교적 영향으로 일상생활에 높은 수준의 문화 의식이 깃들어 있다. 즉 건축 양식이나 미술 등에서 종교적 영향을 볼 수 있다. 오늘날 세계적으로 유명한 많은 화가들을 배출하는 것과 아름다운 건축물을 건립하는 전통을 갖는 것도 모두 종교적 영향이라 하겠다. 스페인에서는 노년층과 여성들 대부분 성당을 빠짐없이 다닌다. 일요일 시내에 정장 차림을 한 시민의 모습을 많이 보게 되는데 일요일에 성당을 찾거나 경건하게 보내려는 이유에서이다.

각 지방에는 종교 기념일이 있는데 수호성인으로 받드는 성인의 날을 택하여 각종 행사와 축제를 벌인다. 또한 각 도시에는 많은 성당이 있는데 제일 규모가 크고 화려한 것을 '카테드랄(Catedral)', 그 외의 것은 '이글레시아(Iglesia)'라고 부른다. 카테드랄에는 그 지역의 교구장, 주교, 대주교 등의 최고 성직자가 있다. 도시의 중앙 광장에는 카테드랄이 반드시 있다. 중세에는 성당의 종루가 그 도시에서 가장 높았으며 인근 도시의 종루를 잇는 선을 따라 도로를 만들었다. 그리고 성당에는 대부분 보물실이 있는데 중세부터 전래되는 값진 보물들이 그대로 보관, 전시되어 있다. 모든 경조사 행사(결혼식, 장례식 등)는 반드시 카톨릭식으로 거행된다.[165]

나. 음식문화

스페인 사람들은 하루에 다섯 끼를 먹는다고 할 정도로 이 나라 사람들은 먹고 마시기를 좋아한다. 그런데 그 이상으로 좋아하는 것은 노는 것인데 스페인에는 밤 문화가 발달해 있다. 아침은 집이나 바르(Bar)에서 간단히 먹고(전날 밤늦게까지 마시고 놀았기 때문에 당연히 아침은 간단하게), 점심 먹기 전에 또 바르 등에서 가볍게 한잔하면서 간식 그리고 집이나 레스토랑에서 크게 점심을 먹고 시에스타(낮잠)를 즐긴다. 점심을 잘 먹어서 저녁시간이 늦을 수밖에 없는데 보통 밤 10시 전후해서 저녁을 먹는다. 그리고 그 사이에 출출한 사람은 또 간식을 먹기 때문에 스페인 사람은 하루에 다섯 끼를 먹는 셈이다.[166]

---

165) www.travel21.co.kr

166) 배낭 박, 「여행천하 유럽」, 도서출판 엘 까미노, 2000, pp.520-521.

2) 관습

스페인은 카톨릭 국가임을 염두에 두어 성당을 방문할 때는 단정한 옷차림으로 조용하고 엄숙한 분위기를 유지하여야 한다. 질서를 잘 지켜야 하며 공공장소에서는 거의 대부분 기다리는 순서를 질서 있게 맞추기 위해 번호표(투르노 : Turno)가 있으며 이 번호표는 기계에서 자동으로 배포된다. 모르는 사람을 만나도 가볍게 'Hola' 인사를 해야 한다. 스페인에서는 아는 사람에게는 먼저 인사하는 것이 좋다.

식사를 할 때에는 스페인식사 예절에 맞게 행동하여야 한다. 저녁식사의 경우 통상 9시 이후부터 시작되며 포도주와 요리에 대한 지식이 보편화되어 있어 이에 대한 사전지식이 필요하다. 식사를 할 때는 입을 다물고 국물은 소리 나지 않게 먹으며 트림을 하지 않아야 한다. 커피를 마실 때에도 후룩후룩 분다든지 홀쩍홀쩍 마시지 않도록 한다.

술잔을 건네주는 행동은 삼가야 하며, 상대방 술잔이 바닥나기 전에 채워 주고 술잔에 가득 채우지 않는다. 또한 술에 취해 비틀거리는 일이 없도록 주의해야 하며 특히 투우장이나 축구장에 술병을 가지고 들어가지 않는다.

토요일이나 일요일 오전 11시 이전에는 상대방의 집에 전화하지 않는 것이 좋다. 그 이유는 주말의 단잠을 자고 있을 때이기 때문이다.

여성에게 우선 양보해야 하며 반드시 문을 열어 주고 차에 탑승·하차하도록 도와주어야 한다. 또한 여닫이 문이나 엘리베이터 앞에서는 여성에게 먼저 양보해 주는 것이 예의이다. 공중전화를 사용할 경우 스페인 사람들은 대부분 통화를 길게 하므로 인내와 끈기를 지고 기다려야 한다. "통화를 짧게 합시다."라는 식으로 말해서는 안 된다. 또한 모든 방문에는 예약과 약속을 해야 한다. 이발소나 식당 등에서는 예약을 안 했다가 거절당하는 경우도 있으며 스페인 사람들의 시간 개념은 우리와 비슷하지만 비즈니스나 돈에 관련되는 등 자신에게 유리하고 필요한 시간은 반드시 지킨다.[167)]

2. 진출시 참고사항

포도는 스페인 각지에서 널리 재배되고 있는데 특히 라만차 지방, 발렌시아, 안달루시아의 말라가 부근 등 관개경지에서 대규모로 재배된다. 감귤류는 특히 발렌시아

---

167) http://www.espain.co.kr/g_so.htm

와 무르시아에서 재배되는데 최근에는 해외 시장수요가 확대됨에 따라 생산량이 급격히 늘어나고 있다. 감귤류 중에서 가장 중요한 것은 오렌지이다. 스페인은 전통적인 목양의 나라로 지금도 카스티야와 에스트레마두라에서는 메리노종(種)의 양이 집중적으로 사육되며 북서부를 중심으로 젖소도 사육된다. 스페인 사람들은 포르투갈 사람들과 마찬가지로 생선을 잘 먹는 국민으로 알려져 있다. 따라서 어업이 활발하여 정어리·참치·대구 등을 어획하고 통조림 가공도 한다.

스페인은 남한과 단독수교국이다. 1950년 3월 17일 외교관계 수립에 합의하였으며 현재 양국 간에는 상주 대사관이 개설되어 있다. 우리나라의 스페인 수출 활동이 본격적으로 시작된 것은 1970년 1월 주(駐)스페인 상주대사관이 개설된 데 이어 1972년 초 마드리드에 대한무역진흥공사(KOTRA) 무역관이 개설되면서부터이다. 1973년 2월에는 양국 민간경제인의 상호협정을 통한 양국 간 경제·무역 협력의 확대를 위하여 한국·스페인 경제협력위원회가 발족되었으며 1975년 6월 마드리드에서 제1차 합동회의가 개최되었다.

이어 1977년 7월에는 서울에서 제2차 합동회의가 개최되었으며 1978년 6월에는 바르셀로나에서 제3차 합동회의가, 1979년 7월에는 서울에서 제4차 합동회의가 각각 개최되었다. 양국 간 무역수지면에서는 한국이 전통적으로 흑자를 보이고 있는데 1974년 스페인산 탱커 수입이 늘어났을 때 한국이 3,438만 6,000달러의 적자를 기록하였다. 1998년 현재 대 한 수입 15억 1,700만 달러, 대 한 수출 1억 7,500만 달러이다. 주요 수입품은 자동차, 전자제품, 섬유, 의류, 철강, 수산물(원양어류) 등이고, 수출품은 소비재, 가죽, 가죽제품, 기계류 등이다. 1974년 사증면제협정 체결을 시작으로 1994년 범죄인인도조약, 이중과세방지협정, 투자보장협정, 경제협력협정, 문화협력협정이 체결되었다.[168)]

168) http://100.naver.com/search.naver?where

제 4 절 프랑스(France)

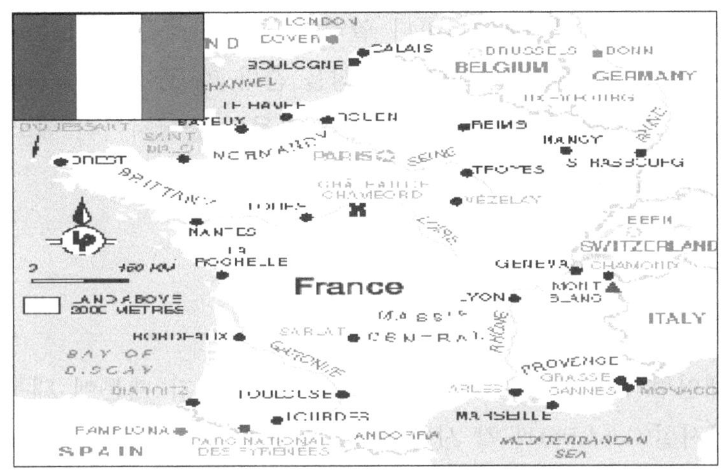

1. 문화와 관습

1) 문 화

(1) 상거래문화

프랑스는 미국, 극동 지역과 어깨를 나란히 하는 유럽 공동체의 심장부이며 사업 활동에 필요한 모든 편리함과 개인적인 안락함을 제공하는 세계적인 비즈니스의 중심지 프랑스는 국제적 규모의 사업을 하기에 이상적인 지역이다. 파리의 대형 호텔은 의사소통에 필요한 모든 설비를 갖추고 있으며 또한 회의실, 개인용 식당, 50명에서 4천 명까지의 사업가들 모두가 불편함 없이 회의와 세미나를 주최할 수 있는 시설이 준비되어 있다. 그리고 원활한 의사소통을 도와주는 접객원, 통역관, 번역가들의 서비스도 이용하실 수 있다.

파리에는 대형 무역 박람회를 개최할 수 있는 전시관도 있다. 60만 평방미터가 넘는 '포르트 드 베르사유' 등이 있다. 그래서 매년 파리는 신사, 숙녀 기성복 전시회, 란제리 전시회, 보석 전시회로 세계 패션의 중심부가 된다. 작은 돛단배와 호화로운 요트, 그리고 보트들이 전시될 때면 전시장은 금장 항구로 변해버린다. 이밖에도 컴퓨터 음악, 인테리어 장식, 음식, 가정용품, 농기구들의 전시장마다 수많은 관광객들이 모여들고 있으며 1989년에는 무려 백만 명의 사업가들이 프랑스이 전시장을 찾았다.

예술 시장도 예외는 아니다. 파리에서는 국제적인 예술가들의 현대 회화 전시회도 열리고 있으니까 말이다. 드루어 경매장에서는 오래된 고가구와 그림들이 경매에 붙여지고 있는데 거의 천문학적인 숫자로 거래된다. 그러나 아직도 좋은 물건을 적당한 가격으로 구입할 수 있다. 2년마다 열리는 국제 자동차 전시회와 국제 항공기 전시회도 세계 각국에서 온 바이어들의 관심을 끈다. 이곳에서의 거래 규모는 상상을 초월할 정도로 엄청난 경우가 많다. 파리가 활동의 중심지이긴 해도 지방도시 역시 비즈니스 고객에게 좋은 장소가 된다.[169]

(2) 기타 문화

가. 가족문화

프랑스는 개인주의의 발달로 핵가족제도가 대부분이기 때문에 대부분의 부부가 맞벌이로 탁아시설(Garderie)과 각 시청에서 운영하는 유아원(Ecole Maternelle)시설이 잘 발달되어 있어 출근 전 아이들을 맡기고 직장에 출근하는 것이 보편화되어 있다. 프랑스는 법률적으로 성인(만 18세)이 되면 부모로부터 독립하는 것이 당연시되며 부모의 경제적 도움 없이 자립하는 것이 보편화되어 있다. 슈퍼나 공공장소에서 버릇없이 구는 애들을 무자비할 정도로 머리를 쥐어박는 등 자녀교육은 대단히 엄격한 편이다. 여성의 독신률이 매우 높은 사회 지난 1991년 여성잡지인 'Elles'지에서 설문조사한 바에 의하면 파리와 근교의 경우 여성 10명중 2명만이 결혼하며 결혼한 여성 2명중 1명이 이혼하는데 그 주요인은 결혼을 하나의 유행이라고 생각하고 있기 때문이며 대부분의 미·기혼 여성을 불문하고 직장을 갖고 있어 경제적 자립이 가능하며 여성의 사회참여도가 극히 높은 편이다.[170]

나. 외출문화

프랑스에서는 미술전람회, 연극, 영화, 레스토랑 외식, 캬바레, 음악회 등에 부부동반이나 남녀 친구와 어울려 다녀오는 것이 일상생활의 매우 중요한 부분을 차지한다. 프랑스인들의 여가시간 중 가장 많이 차지하는 부분이 집안수리(Bricolage)라 할 수 있는데, 인건비가 비싼 면도 있지만 프랑스인들은 이런 것을 취미로 즐기는 경향이 있다. 이런 경향을 반영해 프랑스에는 DIY(Do it yourself) 용품시장이 상당히 발전

---

169) http://france.co.kr/fetes/france-affaires.htm

170) http://www.changwon.ac.kr/~hfrench/genf.htm

되어 있는데, 파리시내에 있는 BHV, Samartine 백화점에는 동 용품 전문매장이 잘 발달되어 있다.[171)]

2) 관습

프랑스에서는 악수로 인사를 교환하는 것이 일반적이나 상대방이 이성일 경우는 여성 측이 악수를 먼저 청하지 않는 한 남자 편에서 악수를 청하는 것은 실례이지만, 신분이 높은 경우는 예외이다. 상대방이 보행중이나 참석 중에 상대방의 등에 손을 얹는다거나 등을 두드리거나 손을 잡는 행위는 상대방을 가장 기분 나쁘게 하는 실례되는 행동이다.

프랑스 가정에 초대받을 경우에는 정장을 하는 것이 예의이며 안내를 받기 전에 이곳저곳을 기웃거리거나 집안 물건에 손을 대는 것은 실례가 된다. 손님은 초대받은 시간보다 10여분정도 늦게 도착하는 것이 예의라는 것이 좀 색다르다. 식탁에서의 매너에 있어서 코트와 담배 등은 남성이 여성에게 배려하고 테이블 순은 주인이 권해 주는 대로하고 여성, 연배자순으로 의자에 앉으며 여주인이 식사를 시작하고부터 여자 손님이 시작하는 것이 일반적이다. 자신의 음식물은 남기지 말 것이며 여주인의 요리솜씨를 칭찬하는 것이 예의이다. 또한 수프나 커피 등은 소리 내지 않고 마셔야 한다. 만찬의 경우는 밤 12시가 넘는 경우도 있으며, 돌아올 때는 손님 중 주빈이 돌아갈 때 일어서는 것이 원칙이다. 병문안을 할 때 꽃을 들고 가는 관습은 없으나 만약 꽃을 들고 간다면 장미가 좋으며 상대가 여성이면 되도록 홀수로 하여 5, 7송이의 장미꽃 선물이 바람직하다.[172)]

프랑스인들은 새로운 것을 좋아한다. 이는 또한 변화를 거부하지 않는다는 의미도 된다. 그래서 프랑스인들은 구식이라는 평가가 내려지면 주저 없이 버린다. '파세(Passe : 지났다, 구식이다)'라는 말은 그래서 자주 쓰인다. 하지만 그러면서 사실상 변화하는 것은 별로 없다. 기본적인 틀 자체는 보수적으로 굳게 유지하면서 필요에 따라 그 내용은 주저 없이 바꾸는 말하자면 하드웨어는 그대로 둔 채 소프트웨어만 자주 바꾸는 셈이다. 관례라는 것도 '파세'라고 인정되면 새롭게 바꿈직 한데 대부분 변함없이 지켜져 내려온다.[173)]

프랑스인들은 규칙, 규율 등 강요된 것을 끔찍하게 싫어하며 전혀 질서가 없는 듯

---

171) http://www.changwon.ac.kr/~hfrench/genf.htm

172) http://www.changwon.ac.kr/~hfrench/genf.htm

173) 이원복, 「진짜 유럽이야기」, 두산동아, pp.24-30.

한 가운데 상황에 따라 모든 일을 융통성 있게 처리한다. 파리의 거리에서 빨간 신호등 앞에 멈추는 사람은 독일 사람이거나 방금 도착한 한국인 정도 일 것이다. 프랑스인들은 불친절하고 거친 면이 있지만 뒤끝이 없다. 예를 들어 프랑스 젊은이들은 욕이 입에 배어 서로 대놓고 욕설과 모욕, 비난을 퍼부어 대지만 다음날이면 아무런 일도 없었다는 듯 자연스러운 관계로 되돌아간다. 또 프랑스인들이 제멋대로 행동하는 것 중 대표적인 것이 화장실 사용이다. 프랑스인들에게는 소변이 마렵다고 느끼면 그곳이 곧바로 화장실이 된다. 강, 바다, 담, 호수, 전봇대 등 어디서든 볼일을 본다. 따라서 파리는 대도시이지만 공중 화장실을 찾아보기 힘들고(최근 동전을 넣는 간이 화장실이 간혹 등장했지만) 지하철이나 백화점 그리고 큰 상점에도 화장실이 없다. 거리에서 화장실 못 찾을 경우 흔히 이용되는 것이 카페의 화장실(toilet)이다.

프랑스인들이 즐겨 쓰는 말 가운데 '주 멍 푸(Je m'en fous)'란 게 있다. 이 말은 "나는 이 일과 아무 관련이 없다."라는 뜻이다. 흥미도 없는 제3자의 일에 지나지 않으니 내게 말하지 말라는 의미이다. 세상의 말 중에 이렇게 짤막한 문장으로 자신과 외부세계를 단칼에 격리시키는 말은 찾아보기 어렵다. 이 말이야말로 프랑스인들의 사고방식을 단적으로 드러내는 상징적인 어휘다. 이런 철저한 개인주의적 성향은 교통사고 현장에서도 적나라하게 드러난다. 프랑스에서는 목격자들이 다 도주해 버려 증인찾기가 여간 어려운 것이 아니다. 조국과 국가에 대해서 자기 가족이나 재산이 위험한 상황이라면 누구보다 용감하게 앞장서 잔타르크처럼 싸울 민족이지만 자신의 이익과 관련된 일이 아니고서는 모든 게 '주 멍 푸'이다. '힘, 프랑스, 위대한 국가'는 그들에게 이익과 명예를 가져다주기 때문에 '주 멍 푸'가 될 수 없고 결국 그들은 그 한계 안에서만 애국자들이 것이다. 프랑스인들의 애국심은 그들이 보기에 누구라도 수긍할 수밖에 없는 위대한 역사적 업적을 근거로 하고 있으며 국가의 노력보다는 국민의 자발적인 애국심이라는 점이 독특하다. 애국심이 큰 이유는 개인이 국가에 봉사하여 프랑스의 발전을 꾀하겠다는 의지 때문이 아니라 그들이 프랑스인임으로 해서 얻는 이익이 크기 때문이다.[174)]

프랑스인들은 윤리(moral)에 대해 열린 사고를 지니고 있다. 바람을 피우고 안 피우고는 어디까지나 개인의 문제이지 사회적 윤리와는 전혀 별개의 문제다. '주 멍 푸' 그래서 프랑스에서는 스캔들이 신문에 보도되는 경우가 드물다. 남자가 여자를 자기 집으로 초대하면 반드시 섹스를 전제로 하는 것이며 그렇지 않은 경우 여성은 커다

174) 이원복, 「전게서」, pp.24-30.

란 모욕으로 받아들이는 경우가 많다. 유혹은 그 자체가 예술이며 아름다움이지 윤리나 도덕이 개입될 성질의 것은 전혀 아닌 것이다. 그러나 유혹에도 최소한의 윤리는 있다. 즉 친구나 동료의 아내는 유혹할 수 있어도 그 딸에게는 손을 뻗치지 않는다는 것, 그건 프랑스 사회의 불문율이다.[175]

2. 진출시 참고사항

프랑스는 EU회원국으로 각종 비관세장벽을 통한 보호무역주의가 가장 강한 나라 중의 하나이다. 프랑스는 1970년대 우리나라의 5대 수입국 중 하나였으나 최근 들어 다른 지역에서의 수입이 증가함에 따라 프랑스가 차지하는 비중이 낮아지고 있다. 프랑스는 2000년에 3.2% 경제성장을 시현함으로써 1997년 이후 4년 연속, 높은 경제성장을 달성하였으나 당초 예상보다 급격히 진행되고 있는 미국경기 후퇴, 일본경제의 침체 그리고 독일경제의 부진 등에 따른 역 내외 수요 감소로 인하여 2001년에는 그 성장세가 2.7%~3.1% 수준으로 다소 주춤할 것으로 전망이다.[176]

최근 프랑스 현지 진출 여건에 대해 살펴보면 우선 외국기업은 정식 법인등기 없이도 영업 가능하다. 외국 기업들은 사무실을 임대할 수도 있고 비즈니스 서비스 센터에 영업거점을 마련하거나 비거주자용 은행구좌를 개설할 수도 있다. 또 사원을 한 명 고용하여 급여를 주고 관련 사회보장 부담금과 관련 세액을 지급할 수 있는데 이 경우 해당 사원은 관련당국에 해당 금액을 납부할 의무를 지닌다. 프랑스 내에 자체 사무소를 갖추거나 2인 이상을 고용하는 기업은 반드시 주재원사무소, 지점 혹은 자회사 형태로 상업기업등기소(Registre du Commerce et des Societes)에 정식 등록하여야 한다.

주재원사무소에는 법인세 및 부가가치세 면제하고 있다. 프랑스에 진출해 있는 기업이 상업적 활동을 하지 않는 한편 그 밖의 광고 선전, 정보 제공, 보관, 기타 예비적 단계의 한정적 활동만을 할 경우 주재원 사무소를 설립할 수 있다. 이 경우 법인소득세나 부가가치세의 적용을 받지 않으나 일부 지방세, 그리고 급여 관련 세액은 납부하여야 한다. 주재원사무소 설립 안내 자료는 신청하면 Invest in France Network에서 구할 수 있다.

지점 또는 자회사는 상공업 활동에 필요하고 프랑스에서 상공업 활동을 수행하는

175) 이원복, 「전게서」, p.35.
176) http://www.karis.co.kr/amb-coree-fr

기업은 반드시 지점이나 자회사를 설립하여야 한다. 지점 등기절차 및 소요시간은 주재원사무소의 경우와 동일하다. 지점은 세법상 상시적 기구로 간주되며 법인소득세 및 부가가치세의 적용을 받는다. 외국기업이 세계 각국에서 올린 소득이 본국의 과세대상인 경우 각 지점의 수익 및 손실 역시 본국에서 과세된다. 그러나 본국에서의 과세대상에 포함된다는 사실이 프랑스 내 지점의 과세의무에 영향을 미치지 못한다.

지점 설립은 잠정적으로 유리한 방법이라 할 수 있다. 자회사보다는 지점을 설립하는 것이 신속하고 비용도 저렴하다. 법정대리인이 운영하는 지점은 본사의 권한하에 운영되며 특별한 의사결정 절차가 없다. 그러나 지점의 경우 결점도 있다. 재정적 어려움이 발생할 경우 본사가 지점의 부채를 무제한 변제하여야 할 책임이 있다.

또 프랑스 내 잠재 고객과 공급선에게 긍정적인 인상을 주기가 상대적으로 힘들고, 프랑스 정부의 보조금, 면세혜택 그리고 기업내부 거래에 대한 과세 등 여러 면에서 상대적으로 불리하다. 또한 차후에 자회사로 변경하거나 지점을 매각할 경우 특히 조세상 제약이 따를 수 있으므로 자회사를 설립하는 것이 일반적으로 유리하다.[177]

177) http://www.franceimage.or.kr/korea

참고문헌

고영자(2012), "문화의 'culturel(le)'라는 용어의 다층적 쓰임", 민족미학 제11권 1호.

김남시(2007), "문화학", (미학대계 제3권), 서울대학교 출판부.

김우창(2007), "문화의 기율과 자유" -전자매체의 가능성의 한계- 에피스테메(1), 고려대응용 문화연구소, 2007.

김윤지(2021), "K드라마 영화 산업 현황 및 글로벌 전망", 산업통상자원부, 통상, 16.

김현수(2014). "소셜미디어 문화의 형성과 표현의 자유", 법학논고, 46, 경북대법학연구소.

문화체육관광부(2018), 『우리나라의 문화비전2030 사람이 있는 문화』.

박종삼(2003), "우리나라의 문화콘텐츠산업 경쟁력 강화방안에 관한 연구". 한국문화무역학회, 문화무역연구.

______(2005), "정보화에 따른 문화의 세계화", 한국문화산업학회, 발표논문집.

______(2007), "문화산업의 수출활성화 방안", 한국문화산업학회, 발표논문집

______(2007), "문화와 물류", 한국물류학회, NEWS LETTER, 2007.4.

______(2018), "지역문화축제의 제반 만족도에 대한 소고", 한국문화산업학회 동계학술발표대회 발표논문.

______(2019), "4차 산업혁명시대에서 문화산업의 경쟁력 강화방안, 한국문화산업학회, 문화산업연구.

______(2019), "지역문화축제의 효율적 운용방안에 관한 연구", 한국문화산업학회, 문화산업연구, 제19권 제2호.

______(2020), "문화의 자유로움 재음미", 한국문화산업학회, 문화산업연구.

박종삼외(2001), 『무역문화론』, 도서출판 두남, 2001.

산업자원통상부(2021), "K콘텐츠의 성과와 도전", 통상, 19.

______________(2021), "메타버스", 통상, 별첨.

______________(2021), "키워드로 보는 K콘텐츠", 통상, 6-7.

서범강(2021), "K만화 웹툰 산업 현황 및 글로벌 전망", 산업통상자원부, 통상, 17.

성동규(2021), 'K콘텐츠의 글로벌 확산과 경제적 효과", 산업통상자원부, 통상, 12-13.

송요셉(2021), "K팝 산업 현황 및 글로벌 전망", 산업통상자원부, 통상, 14.

염재철(2003), 대중매체의 발달과 문화의 변모에 관한 존재론적 고찰 , 미학 제35집.

______(2012), "문화개념의 존재론적 규명", 민족미학, 11(2).

윤선구(1999), "근세철학에 대한 깊은 통찰의 결실", 철학과 현실, 서평.

이상금(2011), "민족미학은 문화의 자주적 개체성과 생성적 유기체성을 토대로 한 자유로움 지향", 민족미학회, 민족미학.

이영욱(2007), "대중(예술)문화", (미학대계 제3권), 서울대학교 출판부.

이영철(1999), "21세기 문화 미리보기", 시각과 언어, 47.

장민호(2017), "음악 제작 분야의 4차 산업혁명', 한국문화산업학회, 문화산업연구.

장예진(2008). "신자유주의와 낭만주의 네트워크 파워", 국내학술회의, 전남대학교 세계한상문화연구단.

존 스튜어트 밀(2018), 『자유론』, 현대지성.

주형일 옮김(2000), 『문화의 세계화』, 한울, 30.

최승우(2021), "K게임 산업 현황 및 글로벌 전망", 산업통상자원부, 통상, 15.

최준호(2003). "자연으로부터 자유로이 이행과 문화의 성숙을 통한 자유의 실현을 다룬 이성의 자기비판의 마지막 작업", 철학과 현실, 철학문제연구소.

한국콘텐츠진흥원(2020), 2020 해외컨텐츠시장분석.

한국헌법 제9조8항.

Ⅱ. Heidegger (1977), Sein und Zeit, GA. Bd.2, Fankfurt, Vorträge und Aufsätze, GA. Bd.20, Fankfurt, 2000.

Friedrich Schiller (1964), ÜberNaive und Sentimentalische Dichtung, Schillers Werke, 2er Band, Knauer.

J. Pouillon (1991), 〈Tradition〉 in P.BONTE et M. IZARD, "Dictionaire de l'etnnologic et de l'antbropologic", PUF, paris.

Kant (1956), Kritik der reinen Vernunft, Hamburg.

Nietzsche (1968), Also sprach Zarathustra, KG, Bd.VI-1, Berlin.

Perpeet (1976), Kultur in: Historisches Wörterbuch der Philosophie, Bd.4, Stuttgart.

* 그 외 제반 관련 법규 및 인터넷 사이트 참조.

❙ 저자 약력 ❙

강 경 훈

- 목포대학교 무역학과교수, 경제학박사
- 글로발무역전문가 양성사업단 단장
- 목포대학교 경영대학 학장 역임
- 목포대학교 경영행정대학원장 역임
- (사)한국무역학회 부회장
- (사)한국문화무역학회 부회장 역임
- (사)한국전자상거래학회 부회장 역임
- **현)** 미국 UCSD / IRPS 대학원 객원교수
- **현)** (사) 한국문화산업학회 고문

박 종 삼

- 성균관대학교 대학원 수료(경영학석사)
- University of Detorit 대학원 수학
- 숭실대학교 대학원 무역학과 박사과정 수료(경영학박사)
- 한국물류학회 회장, 한국문화산업학회 회장 역임
- **현)** 남서울대학교 글로벌무역학과 교수, 국토교통부 국가물류정책위원회 위원
  산업통상자원부 무역위원회 무역구제전문가그룹 위원, 국방부 주한미군이전사업단 자문위원
  관세청·코레일 평가 및 심사위원, 대한상사중재원 중재인, 국가고시 출제 및 선정위원

[주요 저서 및 논문]

- 신 국제통상론, 삼영사, 2010
- 무역실무, 비즈프레스, 2019
- 국제거래분쟁론, 삼영사, 2014
- 신 무역계약론, 비즈프레스, 2020
- 신 무역결제론, 삼영사, 2021
- 최신 무역학개론, 박영사, 2007
- 국제운송물류론, 도서출판 두남, 2005
- 신 해상보험론, 도서출판 두남, 2021
- 신용장거래에서의 운송서류 수리적격성에 관한 연구(한국무역학회)
- 국제계약에서 사정변경에 따른 계약적응중재에 관한 연구(한국무역통상학회)
- 한·중 FTA 체결이 충남 주력산업에 미치는 영향(한국유통경영학회)
- 물류서비스산업의 시계열예측 및 타 산업과의 인과관계분석(한국물류학회)
- 문화콘텐츠산업의 수출경쟁력 강화방안에 관한 연구(한국문화산업학회)
- 드론산업의 분쟁해결을 위한 정책적 과제(한국중재학회)

신글로벌통상문화론

초 판 1쇄 인쇄 —— 2021년 12월 18일
초 판 1쇄 발행 —— 2021년 12월 23일
지은이 —— 강 경 훈 · 박 종 삼
펴낸이 —— 전 두 표
펴낸데 —— 도서출판 **두남**
서울시 강동구 성내로6길 34-16 두남빌딩
신고 : 제25100-1988-9호
TEL : (02) 478-2065~7, 478-2311
FAX : (02) 478-2068
E-mail : dunam1@unitel.co.kr
http://www.dunam.co.kr

정가 24,000원

ISBN 978-89-6414-934-8 93320